Erich von Stroheim

Du Ghetto au Gotha

Collection *Champs Visuels*
dirigée par Pierre-Jean Benghozi,
Jean-Pierre Esquenazi et Bruno Péquignot

Michel AZZOPARDI, *Le temps des vamps.1915-1965 (Cinquante ans de sex appeal)*, 1997.
José MOURE, *Vers une esthétique du vide au cinéma*, 1997.
René NOIZET, *Tous les chemins mènent à Hollywood*, 1997.
Eric LE ROY, *Camille de Morlhon, homme de cinéma (1869-1952)*, 1997.
Régis DUBOIS, *Images du Noir dans le cinéma américain blanc (1980-1995)*, 1997.
Ariel SCHWEITZER, *Le cinéma israélien de la modernité*, 1997.
Denis RESERBAT-PLANTEY, *La vidéo dans tous ses états. Dans le secteur de la santé et le secteur social*, 1997.
Pierre-Jean BENGHOZI, C. DELAGE, *Une histoire économique du cinéma français (1895-1995). Regards croisés franco-américains*, 1997.
Gérard CAMY, *Sam Peckinpah*, 1997.
Eric SCHMULEVITCH, *Une décennie de cinéma soviétique en textes (1919-1930). Le système derrière la fable.* 1997.
S. P. ESQUENAZI (dir), *Vertov, l'invention du réel*, 1997.
Marie-Françoise GRANGE, Eric VANDECASTEELE, *Arts plastiques et cinéma, les territoires du passeur*, 1997.
Henri AGEL, *Le beau ténébreux à l'écran*, 1997.
Michel AZZOPARDI, *Massimo Girotti : un acteur aux 100 visages*, 1997.
J. MOTTET, *L'invention de la scène américaine. Cinéma et paysage.* 1998.
Roger ODIN, *L'âge d'or du documentaire*, T1, T2, 1998.
M.F. GRANGE, E. VANDECASTEELE, *Arts plastiques et cinéma, les territoires du passeur,* 1998.
Jacques WALTER, *Le Téléthon*, 1998.
Pierre GRAS, *Médias et citoyens dans la ville*, 1998.
A. BA, *Les téléspectateurs africains à l'heure des satellites*, 1998.
J.L. DENAT, P. GUINGAMP, *Les tontons flingueurs et les barbouzes*, 1998.
JJ. BOUTAUD, *Sémiotique et communication, du signe au sens*, 1998.
Stéphane CALBO, *Réception télévisuelle et affectivité*, 1998.
Monique MAZA, *Les installations vidéo, «oeuvres d'art»*, 1998.

© L'Harmattan, 1998

ISBN : 2-7384-7423-3

Fanny Lignon

Erich von Stroheim

Du Ghetto au Gotha

Éditions L'Harmattan
5-7, rue de L'École-Polytechnique
75005 Paris

L'Harmattan Inc.
55, rue Saint-Jacques
Montréal (Qc) - CANADA H2Y 1K9

REMERCIEMENTS

Je tiens à remercier ici tous ceux qui par leurs conseils éclairés, leur compétence et leur dévouement m'ont permis de mener à bien la rédaction de cet ouvrage.

Mes professeurs, Messieurs Claude Beylie, Jean-Loup Bourget, Antoine Faivre, Jean A. Gili, Jean-Paul Török, Christian Viviani,

Monsieur André Conti et les membres du jury qui m'ont décerné en 1997 le prix Simone Genevois,

Les historiens du cinéma et spécialistes d'Erich von Stroheim, Messieurs Bob Bergut, Maurice Bessy, Kevin Brownlow, Michel Ciment, Richard Koszarski, Denis Marion, Robert Valey,

La Cinémathèque Française, la Bibliothèque de l'Image Filmothèque et en particulier Monsieur Marc Vernet et Mesdames Dominique Brun et Marion Crès, la Cinémathèque Universitaire de Paris I et Madame Geneviève Le Baut, l'Institut Autrichien et Madame Waltmuller-Periffon, l'Institut d'Histoire du Temps Présent et Messieurs Claude Levy et Jean Astruc, la paroisse de Maurepas et le père Eric de Martels, le Musée de l'Armée de Vienne et le Docteur Franz Kaindl, l'Institut Goethe, le Centre de Documentation Juive Contemporaine, le Centre de Documentation Benjamin Franklin, l'Ambassade de France à Prague, la Communauté Juive de Prague,

Et tous ceux qui dans notre entourage ont bien voulu s'intéresser à ce travail.

Pour mon Père

AVANT-PROPOS

Erich von Stroheim a-t-il jamais dit la vérité ? La plupart des témoignages qui le concernent sont sujets à caution et ses propres déclarations se contredisent trop souvent. Il s'est servi du mensonge pour protéger son intimité, mais aussi pour se construire lui-même. Il a si bien réussi dans son entreprise qu'il ne reste qu'une seule voie d'accès à sa véritable personnalité : les chefs-d'œuvre qu'il a créés. C'est pourquoi nous nous proposons d'explorer les neuf films qu'il a réalisés en essayant de surprendre à travers eux et grâce à eux l'évolution de l'homme et de l'artiste.

J'ai toujours dit la vérité, telle que je l'ai vue. Ça a plu ou ça n'a pas plu mais en tout cas c'était la vérité telle que je l'ai vue.[1]

N.B : Les notes chiffrées renvoient à des références groupées à la fin de cet ouvrage.

I

AUTOPSIE D'UN MYTHE

Erich von Stroheim ne s'est jamais fait prier pour raconter sa vie. Il ne lui déplaisait pas non plus qu'on parlât de lui. Près de 1 000 références bibliographiques peuvent être recensées à son sujet.

Son profil est entré dans la légende. Peu de silhouettes sont aussi caractéristiques que la sienne. L'apparence de tout son être semble affirmer sa personnalité.

Noble Junker, vivant anachronisme, officier de cavalerie, « L'uniforme est pour lui une seconde peau ».[2] Personne ne peut oublier le commandant von Rauffenstein de *La grande illusion*.

Un passé imaginaire

Stroheim, en 1956, résumait ainsi sa propre biographie pour le *Who's who in France* :

« STROHEIM (Erich von). Pseudo de : Stroheim (Erich von Nordenwall). Né le 22 septembre 1885 à Vienne (Autriche). Fils d'Hans Stroheim, fonctionnaire, et de Mme, née von Nordenwall. Etudes : Université de Vienne, Ecole des Cadets de l'Académie Militaire à Neustadt (Autriche). Carr. : Lieutenant de Cavalerie, Journaliste. Emigre aux Etats-Unis... »[3]

C'est la version la plus modeste qu'il ait donnée de ses premières années. Le livre de Bob Bergut, qui retranscrit fidèlement les entretiens qu'il eut avec le comte Erich Hans Oswald Karl Maria Stroheim von Nordenwall peu de temps avant sa mort, est infiniment plus circonstancié.[4] On y trouve l'évocation d'un jeune et brillant aristocrate, cynique et désinvolte, brûlant la chandelle par les deux bouts ; un officier de cavalerie écrivant pour des revues d'avant-garde des articles scandaleux ou obscènes ; un Don Juan satanique reçu par la meilleure société et ménagé en haut lieu. L'état-major, plein de respect pour le nom qu'il porte, n'envisage-t-il pas d'exiler le bouillant jeune homme en le nommant colonel ?

Malgré toute notre admiration pour Stroheim, il est assez difficile de prendre pour argent comptant ces affabulations extravagantes. Pourtant, de Fronval à Sadoul, tous ses biographes ont écrit à peu près la même chose. Et, en 1984, Maurice Bessy semblait toujours subjugué par le personnage et sa légende lorsqu'il compare Erich von Stroheim à « Siegfried poursuivant le dragon sur les rives du beau Danube bleu. »[5]

En dehors de ces descriptions littéraires, quelques renseignements recueillis auprès de témoins des dernières années de la vie de Stroheim font état d'un homme qui dans la vie courante restait relativement modéré, courtois et sensible, bien qu'un peu prétentieux. Alors qu'il était presque complètement ruiné, il tenait à offrir chaque année un goûter et des cadeaux de Noël aux enfants de Maurepas, le petit village d'Ile-de-France où il s'était fixé.[6]

Rien ne manquait au blason de Stroheim. Ce digne descendant d'une aristocratique lignée savait allier la prestance au tempérament, la noblesse à la philanthropie. On ne pouvait concevoir plus logique assemblage. Mais cet édifice était vraiment trop cohérent, trop harmonieux, en un mot trop parfait, pour être tout à fait naturel.

Jean Renoir raconte une anecdote apparemment insignifiante mais cependant significative. Erich von Stroheim, invité chez lui, avait ce soir-là trop forcé sur le whisky pour faire honneur à sa réputation de grand buveur.[7] Son estomac lui avait infligé un démenti peu glorieux. Ce banal incident jette un indiscutable discrédit sur les affirmations de Stroheim. Il n'est pas douteux que son amour-propre a dû subir bien d'autres mésaventures du même genre.

Mais on peut pardonner quelques peccadilles à un être d'exception. Un seigneur si bien né ne peut mentir, même s'il lui arrive de se vanter un peu. L'image de marque d'Erich von Stroheim est restée intacte jusqu'à sa mort et même au-delà. Jusqu'en 1966, pour être précis.

Denis Marion[8] publie cette année-là le résultat de ses recherches dans la revue *Etudes Cinématographiques*.[9] Il avait depuis longtemps remarqué « que toutes les déclarations de Stroheim concernant sa famille, ses parents, son passé viennois étaient contradictoires. Il disait tantôt blanc, tantôt vert, tantôt rouge. Cela changeait continuellement. Il s'était alors dit qu'il y avait quelque chose d'anormal et qu'il fallait chercher. »[10] Il avait demandé à son ami Jean Egon Kieffer, un journaliste autrichien, de se renseigner. Il fut surpris d'apprendre qu'Erich von Stroheim était pratiquement inconnu dans son pays natal. « Quelques rumeurs circulaient cependant à Vienne et Kieffer eut l'idée d'aller voir l'état civil israélite. »[10] Il découvrit que Stroheim était le fils d'un chapelier et que ses parents étaient juifs. Comme preuve, Denis Marion présente le fac-similé de son acte de naissance.

1 - EXTRAIT D'ACTE DE NAISSANCE DU REGISTRE D'ETAT-CIVIL DE LA COMMUNAUTE ISRAELITE DE VIENNE (Recto)
NUMERO D'ORDRE : 1464
JOUR, MOIS ET ANNEE DE NAISSANCE : 22 septembre 1885
NOM DU NOUVEAU NE : Erich Oswald Stroheim
SEXE : Masculin
DESCENDANCE : Légitime
PARENTS :
PRENOM, NOM, PROFESSION, LIEU DE NAISSANCE DU PERE : Benno Stroheim, commerçant, Gleivitz en Prusse
PRENOM, NOM DE LA MERE : Jeanne née Bondy

2 - EXTRAIT D'ACTE DE NAISSANCE DU REGISTRE D'ETAT-CIVIL DE LA COMMUNAUTE ISRAELITE DE VIENNE (Verso)
DOMICILE DES PARENTS : VII, Lindengasse 17, a
NOM DE LA SAGE-FEMME : Wilhelmine Schrotz
JOUR DE LA CIRCONCISION ET DE L'OCTROI DU PRENOM HEBREU OU LITURGIQUE : 29.9
NOM DE L'OPERATEUR DE LA CIRCONCISION : Elia Weiss
SIGNATURE DES TEMOINS : Dr. August Mayer, Bognerg.
2 - Sigm. Bondy Berggasse 26
OBSERVATION : a quitté la communauté israélite le 17.11.1908

Vienne, le 19 janvier 1961
Le Chef assermenté de l'état civil :
(Sé) Illisible

Le bruit a couru que ce document était un faux fabriqué par les nazis dont l'aversion pour Stroheim n'était un secret pour personne. (On sait qu'ils avaient interdit les films où il tenait un rôle en Allemagne, en Autriche et dans les pays occupés.) Pour mettre un terme à cette rumeur, nous avons poursuivi l'étude généalogique entreprise par Denis Marion. Selon la tradition hébraïque, est juif celui dont la mère est juive. La Communauté Israélite de Prague nous a transmis l'état-civil de Johanna Bondy, la mère d'Eric. Voici la traduction des deux documents les plus explicites qui nous ont été transmis.

MATRICULE DANS LE REGISTRE DES NAISSANCES DE LA COMMUNAUTE ISRAELITE : Prague 1858-1863-107-94
DATE DE NAISSANCE : 27/07/1863 Prague 1/433
NOM DE L'ENFANT : Johanna Bondy (première née)
PERE : Sigmund Bondy, commerçant, fils de Juda Simon Bondy et Rebeka née Austelitz
MERE : Ernestine, fille de Juda Abraham Wahle et de Caroline née Bondy
REMARQUES : Néant

MATRICULE DANS LE REGISTRE DES MARIAGES DE LA COMMUNAUTE ISRAELITE : Prague 1884-1884-16-141
EPOUX : Benno Stroheim, commerçant à Vienne, né le 26/11/1857, célibataire, fils de Moïse Dawid Stroheim de Gliwitz en Prusse et de Mina née Holländer
EPOUSE : Johanna fille de Sigmund Bondy à Prague et d'Ernestine fille de Juda Abraham Wahle née le 27/7/1863, célibataire
MARIAGE : 3/8/1884 Synagogue de Prague
NOM DES TEMOINS : Dawid Strohheim (sic), Sigmund Bondy
REMARQUES : Néant

Ces fiches ont été établies en recopiant directement les registres manuscrits. L'appartenance à la communauté israélite de la mère, du père et même des grands-parents de Stroheim ne fait aucun doute. Ces documents confirment aussi la profession de Benno Stroheim et de son beau-père.

De plus, Denis Marion est entré en contact avec le cousin germain de Stroheim, Emil Feldmar, qui était encore vivant en 1961. Celui-ci lui a fourni certaines informations des plus surprenantes selon lesquelles : « Après quelque temps dans le commerce paternel, Erich avait été appelé sous les drapeaux à l'âge de 20 ans, et avait déserté après six mois de service. »[11]

Stroheim, tel que le révèle cette enquête, est aux antipodes de celui que l'on connaissait jusqu'alors. Le livre de Denis Marion aurait dû déclencher une véritable révolution, mais les mensonges ont la vie dure. Ces découvertes passèrent presque inaperçues. Un peu plus tard, l'*Encyclopedia Universalis* lui demanda de rédiger une courte notice sur Stroheim. Denis Marion signala sans autre commentaire les patronymes exacts des parents du cinéaste. Lorsqu'on lui soumit les épreuves de son texte, il constata avec surprise que le correcteur avait transformé Johanna Bondy en Madame von Nordenwall. Il dut insister pour que la vérité soit rétablie. L'historien du cinéma Kevin Brownlow a par la suite écrit à François Bondy, un parent de la mère de Stroheim. Celui-ci lui répondit que : « Ni les origines d'Erich, ni ses soi-disant états de service, n'avaient été pris à l'époque pour parole d'évangile. Il y avait à Vienne trop de gens qui connaissaient sa famille. Chez eux c'était un secret de polichinelle. »[12] En 1970, Thomas Quinn Curtiss ne veut toujours pas croire la réalité. Pour écrire son ouvrage, il fait état de documents autobiographiques où « l'histoire de la jeunesse de Stroheim et de sa famille est relatée comme il avait estimé devoir la raconter ».[12] Curtiss, qui était un ami intime du metteur en scène, est le seul qui aurait eu en main ses mémoires. Bob Bergut, pour sa part, a entendu parler d'un mystérieux journal de 20 000 pages... mais il avoue ne l'avoir jamais vu. Il a interrogé à ce sujet la dernière compagne de Stroheim qui s'est contentée d'une réponse évasive. Actuellement encore, certains journalistes jugent nécessaire d'apprendre à leurs lecteurs qu'Erich von Stroheim n'était ni noble ni officier. Le mensonge est en effet plus vraisemblable que la réalité. Tout simplement parce qu'il correspond beaucoup mieux à l'image de Stroheim.

Le passé simple

Il y a donc deux catégories de biographies : les vraies et les fausses. Celles-ci, grandiloquentes et hautes en couleur, sont nées des confidences d'Erich von Stroheim lui-même. Nous en avons vu un exemple. Celles-là résulteraient plutôt d'un travail d'historien. Malgré tout, le personnage de Stroheim continue à être auréolé d'un mystère que l'abondance des écrits n'a pas réussi à dissiper. Il faut rappeler ici ce qui dans l'état actuel des recherches est définitivement avéré. Après le passé composé, le passé simple !

Erich Oswald Stroheim est né le 22 septembre 1885 à Vienne dans le VIIème arrondissement. Ses parents étaient tous deux juifs pratiquants. Son père, Benno Stroheim, originaire de Gleiwitz en Prusse Orientale, était commerçant. Sa mère, née Johanna Bondy, fille d'un riche marchand de Prague, appartenait à un milieu social plus élevé que celui de son mari. Leurs deux enfants, Erich et Bruno, ont passé leur enfance à Vienne.

Après des études sans histoire, Erich fréquente pendant peu de temps une école de commerce. Le 29 septembre 1906, il est appelé sous les drapeaux. Il se porte volontaire pour servir pendant un an dans le 1er Régiment du train, 2ème Division, prenant à sa charge ses frais d'habillement. Il signe ensuite un engagement de 10 ans. Le 23 décembre 1906, il est nommé caporal, le 20 avril 1907 il devient « Superarbitriert » (un grade intermédiaire entre caporal et sergent qui n'existe que dans l'armée autrichienne). Trois jours plus tard Stroheim est réformé pour incapacité à porter les armes (« invalid waffenunfähig »). Il est définitivement rayé des cadres le 29 mai 1907. Ces informations ont été réunies par Gernot Heiß d'après les archives militaires autrichiennes.[14] Curieusement, ces découvertes semblent avoir jusqu'à maintenant été systématiquement ignorées par les historiens du cinéma. Elles détruisent non seulement les prétentions de Stroheim au grade d'officier de cavalerie, mais elles détruisent aussi la désobligeante légende de sa désertion.

L'état civil de la Communauté Israélite de Vienne mentionne le départ définitif d'Erich Stroheim le 17 novembre 1908. Le 15 novembre 1909, il embarque à Brême. Dix jours plus tard, il arrive à New York. Richard Koszarski a trouvé le nom d'Erich "von" Stroheim sur le registre de débarquement du "Prinz Friedrich Wilhelm".[15] Il figure aussi dans la liste des immigrants. Pendant quatre années Stroheim va exercer mille métiers, se marier, divorcer. En 1914, il arrive à Hollywood où il commence par être figurant et cascadeur.

Arrêtons là ce curriculum vitæ puisque le but de cette étude est de chercher à élucider l'influence sur l'œuvre de Stroheim de la première partie de son existence, c'est-à-dire, au sens étymologique du terme, le principe de son génie. L'enchaînement des faits révèle d'emblée une solution de continuité qui n'a jamais été élucidée ni même remarquée. Entre le 29 mai 1907 et le 15 novembre 1909, on perd complètement la trace de Stroheim.

A vrai dire, c'est à partir du moment où il devient soldat que la logique des événements commence à perdre sa cohérence. La chose militaire a tenu une telle importance dans les préoccupations du cinéaste, qu'il est indispensable de s'intéresser de près à cette période. Au cours de son service, pourquoi s'engage-t-il pour dix ans si ce n'est dans le but de faire carrière dans l'armée ? (On ne signait d'habitude que pour sept ans). Et comment se fait-il qu'au bout de huit mois on découvre qu'il est physiquement incapable de porter les armes ? D'autre part, le train des équipages ne jouit pas d'un prestige suffisant pour susciter une vocation. C'est une unité qui lors des combats reste à l'arrière et ne participe pas directement aux actions. Enfin, dans le jargon antisémite de l'époque, ses soldats étaient surnommés les « Dragons de Moïse » car il y avait parmi eux une majorité d'israélites. Cette expression traduit bien le mépris dans lequel les autres militaires tenaient ce régiment.

Autre détail énigmatique, la mention « a. e. K. » (auf eigene Kosten) qui stipule que l'impétrant a payé son uniforme de ses propres deniers. Pour Gernot Heiß, cet uniforme est celui que porte le jeune homme sur une photographie bien connue que Stroheim a divulguée plus tard en prétendant qu'elle le représentait alors qu'il était cadet. Le docteur Franz Kaindl, conservateur du Musée de l'Armée de Vienne, a formellement identifié le manteau d'un dragon de l'armée impériale. Or Stroheim a toute sa vie durant prétendu qu'il avait servi dans la cavalerie. L'engagement de dix ans s'expliquerait, toujours selon Gernot Heiß, par la promesse d'une mutation du 1er Régiment du train au 3ème Régiment de dragons. Stroheim aurait acquis par anticipation une tenue de dragon dont il aurait en attendant changé les écussons. Il existe pourtant une photographie où il arbore l'uniforme d'un capitaine de dragon, mais c'est celle d'un homme mûr alors que Stroheim n'avait que 24 ans quand il a quitté l'Autriche. Selon toute vraisemblance ce cliché a été pris en Amérique. Accessoires et costumes ont certainement été empruntés pour la circonstance aux magasins des studios.

Dernière anomalie, pourquoi Stroheim est-il renvoyé seulement trois jours après être monté en grade et sous un prétexte aussi fallacieux ? S'agit-il d'une démission masquée ou d'une sanction dissimulée ? On peut supposer que le licenciement de Stroheim est lié au rejet de sa demande de mutation dans le corps des dragons. Comprenant qu'il ne pourrait jamais réaliser son rêve, il se serait rendu compte de l'inanité de l'engagement qu'il avait imprudemment contracté. Les autorités militaires auraient préféré le rendre à la vie civile, se sentant peut-être coupables de ne pas avoir tenu une promesse et pensant que de toute façon un homme qui avait subi une telle déception ne serait jamais une bonne recrue. Elles l'auraient alors réformé pour raisons médicales plutôt que d'annuler son engagement.

Quoi qu'il en soit, une question restera toujours en suspens : pourquoi n'a-t-on pas voulu de lui comme dragon ? Toutes les hypothèses qui peuvent être envisagées ne remplaceront jamais la réalité des faits, mais il y a fort à parier que Stroheim a été victime de l'antisémitisme qui régnait chez les militaires. Peut-être même s'est-il passé quelque chose de grave, quelque chose qu'on n'a pas voulu faire figurer dans les archives...

Un autre aspect du problème a trait aux relations entre Stroheim et sa famille. S'engager pour dix ans dans l'armée lui permettait d'échapper à l'influence de ses parents et en particulier au métier de commerçant. Lorsque les militaires le renvoient dans ses foyers, il ne regagne pas pour autant le domicile familial puisqu'un an plus tard il est radié de la communauté israélite. Son départ pour les Etats-Unis s'inscrit également dans cette optique.

Il est à noter que Stroheim, d'habitude si prolixe, n'a jamais voulu dire pourquoi il avait quitté son pays. Il a préféré laisser libre cours à l'imagination des journalistes. Comme ses romans, sa biographie s'écrit avec autant de points d'interrogation que de points de suspension !

Il est temps maintenant d'adopter un point de vue différent et de regarder la vie de Stroheim non plus de manière linéaire, mais en essayant de tenir compte de tout ce qui a pu l'influencer.

Un Juif à Vienne, un Viennois en Amérique, un Américain à Paris

« La situation est certes désespérée, mais on ne peut pas dire qu'elle soit vraiment grave ! »[16] C'est ainsi que les Viennois les plus lucides jugeaient avec une ironie désabusée la fin du XIXème siècle. Vienne est alors une très grande, très belle ville, la capitale du puissant empire austro-hongrois. La vie y est brillante, élégante et factice. Victime de son gigantisme, d'une politique malhabile et des ambitions de ses voisins, l'Autriche-Hongrie n'est pourtant qu'une mosaïque sans cohérence. L'empereur François-Joseph 1er, "Bon Papa" comme l'appellent les Viennois, n'a plus guère d'autorité. Les institutions, à vrai dire, ne tiennent debout que parce qu'on ne les bouscule pas. Mais c'est la Belle Epoque, sur fond de valses, de bals et d'opérettes, malgré, ou peut-être à cause, de la décadence. D'une certaine manière, la ville ne sait de quel côté se tourner : vers son passé glorieux ou vers l'avenir. Les anciens courent sur leur erre, la nouvelle génération est en plein essor. Vienne, laboratoire de la modernité. Cette société, dont les bases restent conservatrices, engendre les avant-gardes les plus audacieuses. Schiele, Klimt, Malher, Schönberg, Schnitzler, Hofmannsthal, Broch, Wittgenstein, Freud, Herzl... Ces enfants terribles dévoilent l'envers du décor viennois, l'atmosphère trouble et tourmentée, l'air saturé de sexualité que l'hypocrisie des conventions mondaines dissimulait soigneusement. Egon Schiele fut condamné pour pornographie. Georg Trakl affichait deux passions : la drogue et sa sœur. Arthur Schnitzler vivait dans les maisons closes. Gustav Klimt ne peignait que des femmes fatales et Oskar Kokoschka des corps torturés. Stroheim est né dans cette "joyeuse apocalypse". On retrouve sans peine ce goût de la dépravation dans ses films.

Vienne était une ville extrêmement cosmopolite, comme l'empire austro-hongrois lui-même, et le rayonnement de la cité avait attiré au temps de sa splendeur de nombreux immigrants. Parmi eux, Benno Stroheim et Johanna Bondy. La famille d'Erich a appartenu à la moyenne puis à la petite bourgeoisie. La nationalité autrichienne avait été accordée aux israélites depuis près d'un siècle. Ils ne subissaient pas de persécution ni d'ostracisme comme, par exemple, en Russie. Il y avait parmi les bourgeois beaucoup de juifs. Cette communauté était acceptée dans une Autriche catholique, mais l'équilibre restait précaire.

La jeunesse d'Erich Stroheim coïncide avec une vague d'immigration à Vienne de juifs polonais et ukrainiens. Les Chrétiens Sociaux Démocrates durcissent leur campagne antisémite. Karl Lueger est élu bourgmestre de Vienne en 1895, sur un programme proposant entre autres la limitation du nombre des juifs dans la fonction publique et les affaires. L'empereur lui refuse tout d'abord l'investiture municipale, mais doit céder deux ans plus tard. François-Joseph n'était pas du tout partisan de ces mesures parfaitement mesquines qui visaient l'élite des israélites autrichiens et voulaient les maintenir de force dans une médiocrité vulnérable. L'antisémitisme était un moyen facile de réunir une majorité en offrant un bouc émissaire à des insatisfaits, en flattant les jalousies. Rien ne permet de dire si les parents de Stroheim ont souffert directement de cette politique ; ils étaient commerçants, c'est-à-dire peu de chose. Le père d'Erich avait dû prouver avant de s'établir qu'il n'avait jamais été usurier. Ce climat n'avait rien pour favoriser l'épanouissement d'un jeune garçon.

Les seuls juifs auxquels les Viennois accordaient quelque considération étaient artistes, hommes de science ou riches banquiers. Depuis toujours il était difficile à un juif de faire carrière dans l'armée, à plus forte raison maintenant. De plus, les échos de l'affaire Dreyfus étaient arrivés jusqu'à Vienne. L'état d'esprit des militaires vis-à-vis des juifs n'était guère différent de ce qu'il était en France. C'est ainsi que Sigmund Freud a été très marqué par l'humiliation que trois officiers avaient infligée à son père en jetant à terre son chapeau.[17] Il s'était courbé et l'avait ramassé sans rien dire pendant que les trois autres se moquaient de lui. Stroheim ne se privera pas de caricaturer et de rendre haïssable la morgue des officiers héritiers de l'ancien régime. On se demande qui parle lorsque dans *La grande illusion* Rauffenstein prononce d'un ton dédaigneux le nom de Rosenthal. L'écart entre le Prussien Rauffenstein et le juif Rosenthal, Stroheim le mesure en lui-même. Non sans un certain cynisme, l'acteur reprendra, pour fonder sa popularité, le procédé qui consiste à unir la foule contre un ennemi qu'on lui désigne, cet "ennemi" dût-il être... lui-même !

D'autant plus que ce "lui-même" était un être de fiction qu'il avait sciemment mis sur pied et avec lequel il a cohabité jusqu'à sa mort. Or, cette aptitude aux métamorphoses est considérée par Otto Weininger, théoricien juif, antisémite et antiféministe, comme l'un des traits de la « race juive »[18] : « Ce par quoi en réalité le Juif se rapproche le plus de la femme est son extrême adaptabilité. Les talents de journalistes des Juifs, la "mobilité" de leur pensée, l'absence en eux de tout mouvement de réflexion authentique et original, tout cela autorise à dire du Juif ce qu'on a dit plus haut de la femme, qu'il n'EST rien et par là-même peut tout DEVENIR. »[18]

Otto Weininger publie en 1903 son ouvrage *Geschlecht und Charakter* (*Sexe et caractère*) qui se répand rapidement dans tous les milieux de Vienne. Ses théories exaltées reflètent assez bien le malaise de l'époque. Si Erich Stroheim n'a pas lu ce livre, il est impossible qu'il n'en ait pas entendu parler, d'autant plus que son maître à penser, Max Nordau, dont nous aurons l'occasion de reparler, le recommandait chaleureusement. Les chapitres les plus virulents concernent les juifs et les femmes que Weininger confond dans un égal mépris. Un manifeste aussi agressif n'a pas pu être ignoré de la communauté israélite. Ce livre justifie, par des raisonnements qui présentent toutes les apparences de la logique, des convictions parfaitement odieuses. Mais certaines de ses idées tourmentées résument de façon sarcastique ce que l'on sait des avatars de Stroheim. On verra par exemple qu'il s'est complètement désintéressé des siens dès qu'il a eu quitté Vienne. « Le Juif, prompt au changement, est dépourvu de ce sentiment qu'on retrouve chez l'Aryen le plus pauvre qui fait qu'on honore ses aînés parce qu'ils sont ses aînés, c'est-à-dire qu'on s'honore soi-même en eux. »[18]

Autres coïncidences, lorsque Weininger évoque l'insolence, la manie juive d'emprunter des titres de noblesse. Et la phrase suivante, « Le passé du Juif n'est pas réellement son passé, il est son avenir »[18] semble dicter à Stroheim ce qu'il doit faire maintenant qu'il est en Amérique. Il doit « se libérer de sa judaïté, vaincre la judaïté en lui. »[18] Il ira même jusqu'à se convertir au christianisme, de fait, sinon officiellement : un aumônier catholique lui a administré les derniers sacrements.

« Il (le juif) a la souplesse qui le fait s'adapter de lui-même à toutes les circonstances et à toutes les exigences, à toutes les sociétés et à toutes les races, et jouer, comme le parasite, à chaque fois pour son hôte un personnage différent, tout en ne se transformant jamais lui-même. Il s'assimile à tout et s'assimile tout ; et ainsi, loin qu'il se mette sous la domination d'autrui, c'est lui qui se le soumet. »[18] Le machiavélisme de cette phrase s'applique à la réussite de Stroheim et souligne même le goût qu'il avait pour les détails authentiques. Mais ce que Weininger reproche aux juifs, n'est-ce pas ce qui fait le génie d'un acteur ? On peut se demander, dans le cas de Stroheim, si ce n'est pas justement parce qu'il a suivi ces préceptes qu'il est devenu un maître comédien !

Il reste à savoir pourquoi Stroheim a renié son judaïsme comme s'il avait été antisémite ?

On peut proposer une ébauche d'explication à cette question. C'est en refusant d'être lui-même que Stroheim s'est moulé, trait pour trait, dans le portrait que Weininger brosse du juif : il n'était rien, il n'avait pas de passé, il pouvait tout devenir. Ce comportement semble obéir à une parodie de dialectique. On pourrait l'énoncer de façon imagée par une formule plus générale et tout aussi lapidaire : être juif sans être juif tout en étant juif. Ce raccourci caricatural du raisonnement hébraïque résume à la fois les ontologies juive et antisémite. Il a produit une série de figures spécifiques dont Stroheim est une variation spectaculaire. Freud autant que Weininger ont énoncé le problème et l'ont résolu : l'un, pourrait-on dire, positivement, par son œuvre gigantesque, l'autre négativement, par son suicide. Stroheim a choisi la troisième voie : l'absence de choix. Par cela même, il est celui qui va maintenir vivace, son existence durant, la "contradiction juive".

Remplaçons par des juifs tous les rôles antipathiques des héros stroheimiens : nous trouvons en lieu et place des caricatures chargées de tous les péchés d'Israël ! Que ce soit le lieutenant von Steuben, luxurieux et arrogant, le comte Wladislas Karamzin, faussaire et faux noble, ou bien Trina et Mac Teague, l'une avare, l'autre servile. Peut-être Stroheim s'est-il fait noble et chrétien pour mieux prendre sa revanche sur les antisémites ? Ses films démontreraient alors que les "vices juifs" sont ceux de tous les êtres humains. Stroheim alors rejoindrait Sartre qui dans *Réflexions sur la question juive* écrit que le juif est créé par l'antisémitisme.[19]

Ruptures

La famille Stroheim était à la fois unie, enveloppante et divisée. Thomas Quinn Curtiss rapporte que la mère d'Erich était : « une jeune personne névrosée, encline à une hypocondrie invétérée (...) Elle était toujours au bord de la crise de nerfs et son mari, constamment sur la défensive, opposait une froide indifférence à ces scènes de larmes et d'amers reproches. »[13] Cette évocation par Stroheim de l'atmosphère familiale est probablement exacte ; l'ambiance n'avait rien de chaleureux : « Tout d'abord, ce furent de violentes querelles mais ensuite le mari adopta la politique du mutisme glacial. A table, un silence gêné planait, et sitôt le repas fini, le père de Stroheim s'empressait de quitter la maison pour aller prendre le café au club, avec des amis, ou bien chercher une consolation auprès d'autres femmes. »[13]

L'histoire de la famille Stroheim pendant la jeunesse d'Erich a pu être reconstituée dans ses grandes lignes grâce aux témoignages de son cousin Emil Feldmar. Les dates cruciales sont fournies par le registre de commerce présenté par Denis Marion. Jusqu'en 1895, tout se passe pour le mieux. Benno Stroheim a investi la fortune de sa femme dans une fabrique de chapeaux et un magasin de vente. Ils habitent une maison cossue Mariahilferstrasse. Leurs deux enfants, Bruno et Erich, reçoivent la meilleure éducation et passent leurs vacances dans le Tyrol. Mais Bruno Stroheim[20] a le malheur de tuer un camarade en manipulant maladroitement un fusil de chasse. Pour éviter des poursuites, son père doit dépenser une fortune. C'est cette catastrophe qui l'oblige sans doute à vendre son magasin. Il conserve cependant l'atelier de fabrication. (Erich transformera par la suite ces difficultés en « désastreuses spéculations boursières »).[21] Quoi qu'il en soit, la vie devient de plus en plus difficile pour la famille Stroheim. L'atelier doit être transféré dans un quartier plus modeste. A ce moment Erich, héritier présomptif, travaille dans l'entreprise de son père. Emil Feldmar y est également employé. Celui-ci se souvient surtout de leurs assiduités auprès des jolies modistes.

La première rupture est concrétisée par le service militaire du jeune Erich. Rupture toute relative, puisqu'il reste à Vienne. Mais il ne se présente dès lors que très rarement à la fabrique paternelle, et toujours quand il a besoin d'argent. On a vu que cette période ne s'était pas exactement déroulée comme l'a rapporté Emil Feldmar. Pour se faire une idée de l'accueil réservé aux recrues israélites par leurs supérieurs hiérarchiques, on pourra rappeler le héros de *Der Weg ins Freie* (*Vienne au crépuscule*) d'Arthur Schnitzler.[22] Juif, persécuté pendant tout son service militaire par un officier antisémite, Demeter Stanzides doit attendre la fin de son temps pour provoquer son tortionnaire en duel et le tuer. Stroheim n'a sans doute pas subi les mêmes sévices, mais il a pu essuyer nombre de vexations et d'humiliations. La résiliation de l'engagement de dix ans qu'il avait contracté signifie la fin de son rêve. Erich Stroheim doit renoncer à la carrière militaire parce qu'il est né juif.

C'est la seconde rupture. Elle est double puisqu'Erich se sépare complètement de sa famille et se détache brutalement de l'armée. Emil Feldmar a parlé de désertion. Nous savons maintenant qu'il n'en était rien. On peut cependant lui faire confiance lorsqu'il raconte : « Erich est venu en plein milieu de la nuit emprunter une forte somme pour quitter Vienne et l'Autriche sur le champ. Mon père et la famille d'Erich ont eux aussi participé. »[23] S'il n'a pas assisté à cette scène, Feldmar en a eu une relation de première main. En ce qui concerne par contre les démêlés de son cousin avec l'armée il n'a pu que se faire l'écho d'une hypothèse, car il y a fort à parier que Stroheim a caché à sa famille toutes les tractations auxquelles il s'était livré pour essayer de devenir dragon. Personne n'était même au courant de son engagement décennal. Feldmar n'est donc coupable que d'un mensonge par ignorance qui ne jette pas le discrédit sur ses autres déclarations.

Erich semble donc être parti sans donner d'explication. La rupture est officialisée lorsque, un an plus tard, il est radié des listes de la Communauté Israélite. Denis Marion suppose avec beaucoup de logique que ce décalage s'explique simplement parce que ses parents ne désespéraient pas de le voir revenir.

La troisième rupture est capitale. Erich, en décidant de s'expatrier, se détache définitivement de son pays. Lorsqu'il débarque à New York, il rejette son passé et ses origines. Il ne sera jamais officier, il l'aura été ; il ne sera pas juif, il ne l'a jamais été ! Erich Oswald Stroheim disparaît. Richard Koszarski a consulté le registre des services d'immigration. Il y a trouvé Erich Hans Oswald Karl Maria von Stroheim, se déclarant sujet hongrois, et prétendant exercer la profession de « clerk » (c'est-à-dire employé).[24]

Après cette avalanche de ruptures, on pourrait croire à un détachement total, on pourrait admettre qu'il ne reste plus aucun lien à dénouer. Et pourtant la conduite future de Stroheim va montrer que ces séparations, tout effectives qu'elle aient été, n'arrêteront pas de se reproduire. Le moindre de ses actes, la décision la plus infime, réitère la rupture originelle. Il ne semble pas qu'Erich ait jamais écrit à sa famille, qui n'a su qu'indirectement qu'il avait émigré aux Etats-Unis. En 1930, il passe l'été dans le Tyrol autrichien avec sa femme et son fils, mais les laisse à Innsbruck pendant qu'il ne fait qu'un bref aller retour jusqu'à Vienne pour embrasser sa mère. En 1937, lorsqu'il joue dans *La grande illusion*, il prétend qu'il a oublié l'allemand.[7] En 1948, il tourne avec Ernst Neubach *Le signal rouge* à Vienne, se désole des blessures que la guerre a infligées à sa ville natale, mais ne va voir aucun des membres de sa famille.

La célébrité venant et les interviews se multipliant, chaque fois qu'il reçoit un journaliste, il réitère ce processus de rupture et l'amplifie, étoffant et reconstruisant son ascendance et ses années de jeunesse. Son père s'appelle Frederick, parfois Hans, il oscille entre le grade de commandant et celui de colonel ; sa mère, titulaire de l'ordre d'Elisabeth, est la sœur d'un conseiller impérial (Emil Bondy) ; lui-même a été cadet, officier, blessé et décoré en Bosnie-Herzégovine. Il n'est évidemment pas question de ses origines juives.

Erich von Stroheim a romancé à sa manière tous les événements réels ou imaginaires de son existence. Il a raconté beaucoup de fables, fort séantes au demeurant, et fort imagées. (L'accumulation des détails précis mais secondaires masque probablement le plus important). Stroheim a toujours trouvé des échappatoires pour dissimuler ces ruptures. Mais il ne pouvait pas nier son départ de Vienne ; il ne le commentait pourtant qu'à contrecœur, et n'a jamais donné d'explication véritable à ses interlocuteurs : il n'avait pas quitté l'Autriche de son plein gré, mais ne pouvait pas dire pourquoi sans risquer de compromettre des personnes encore vivantes (peut-être lui-même !) Les journalistes ont émis toutes sortes de suppositions, un duel avec un favori de l'empereur, une aventure déplacée, des dettes de jeux... Stroheim n'a jamais daigné infirmer ni confirmer aucune de ces hypothèses. Lorsque Bob Bergut lui posa la question, Erich eut un sourire crispé et répondit : « C'est mon secret ».[25] Comme s'il cherchait à renforcer par cette seule exception la sincérité de toutes ses autres déclarations !

Ce secret condamnait aussi le seul point de passage entre le Stroheim d'Autriche et le Stroheim d'Amérique. Pour que le passé ne contrarie pas l'avenir, il l'a isolé avant de le transformer. Erich ne voulait plus être ce qu'il avait été.

Comédien à perpétuité

Erich von Stroheim donnait toujours l'impression d'être en représentation. « But why do you pose ? » (Mais pourquoi poses-tu ainsi ?) lui demanda un jour Emmet Flynn, l'un des assistants de John Emerson.[26] « Pose ? What do you mean ? I don't pose ! » (Poser ? Que me dis-tu là ? Je ne pose pas !) répondit-il indigné.

Stroheim était un acteur génial, capable des rôles de composition les plus divers, du professeur d'anglais au général chinois, du ventriloque à l'officier de cavalerie. Renée Lichtig a été émerveillée lorsqu'elle sonorisa *The Wedding March* (*La symphonie nuptiale*) de le voir s'identifier spontanément au rôle qu'il avait tenu vingt ans auparavant.[27] Dans *Sunset Boulevard*, il interprète le propre drame de sa carrière de metteur en scène. Perfectionniste, il respectait pour lui-même la discipline inflexible que, metteur en scène, il imposait à ses acteurs. Soucieux des accessoires, on lui doit la minerve de Rauffenstein (*La grande illusion*) aussi bien que le sifflet du général Tchou King (*Les pirates du rail*, réalisé par Christian-Jaque). Stroheim ne voulait filmer et jouer que le réel. « Je déteste les trucs » s'exclamait-il « Je ne peux pas tricher. J'en suis incapable. Mon esprit ne fonctionne pas de cette façon-là. ».[28] Peut-être compensait-il ainsi l'obligation dans laquelle il se trouvait de mentir constamment.

La personnalité sous laquelle il se montrait habituellement résultait déjà d'une composition. Erich von Stroheim, acteur-né, ne pouvait vivre sans "jouer" sa vie. Le héros qu'il incarnait dans le théâtre de son existence a été défini avec beaucoup de finesse par Jean Renoir dans *Ma vie et mes films*. Selon lui, le personnage idéal que Stroheim s'efforçait naïvement d'imiter était « une réincarnation de mousquetaire mâtinée de Marquis de Sade ».[7] Ce rôle, malgré ses outrances, faisait forte impression. Stroheim l'a joué toute sa vie durant et pour tout le monde, il "était" ce rôle. A tel point que quand il jouait la comédie, si un élément de lui transparaissait, c'était une composante de cette personnalité. Autrement dit, le mensonge permanent auquel il devait d'être celui qu'il voulait être devenait vérité. Stroheim s'était condamné à être comédien à perpétuité.

A la manière des poupées russes, chacune des personnalités que s'attribue Stroheim englobe et dissimule les précédentes. Tout au fond se cache le petit juif fils de chapelier. Juste au-dessus, "von" enferme Stroheim. Au-dessus encore, des enveloppes plus ou moins interchangeables correspondent à ses emplois. Ainsi, trois niveaux cohabitent chez Stroheim et dans tous les cas il est un acteur qui joue la comédie, à la ville comme à l'écran.

Entre ces deux derniers niveaux a lieu une interaction réciproque. Le jeu d'Erich von Stroheim est enrichi par les réminiscences de sa personnalité d'emprunt, de même que le rôle qu'il interprète apporte de nouveaux éléments à son image de marque. Jean Renoir écrit : « Pour moi, les anecdotes sur Stroheim, ce sont les actions des personnages gonflés de vie qu'il projeta sur l'écran.»[29] Les choses se compliquent encore lorsqu'on tient compte de l'évolution d'Erich von Stroheim depuis son débarquement aux Etats-Unis jusqu'à la fin de sa vie.

En réalité, Erich von Stroheim ne mentait pas plus que le comédien qui s'écrie « Je suis Oreste ou bien Agamemnon ». Seulement, jamais il ne faisait entracte ni relâche, il ne quittait un rôle que pour en prendre un autre. Tout s'est passé comme s'il avait réussi à ne jamais rien laisser voir, comme s'il ne s'était jamais trahi, ne serait-ce qu'un instant. Il arrivait pourtant qu'il se contredît, mais personne avant Denis Marion n'avait cherché à expliquer ces anomalies.

On dit souvent d'un artiste qu'il est le fils de ses œuvres. Pour Stroheim, il faut prendre cette expression au pied de la lettre. Non seulement il est devenu célèbre par les films qu'il a mis en scène et par ses interprétations, mais en outre, c'est l'image qu'il donnait dans ses films qui lui a permis de réaliser, c'est-à-dire de rendre réel et vrai, celui qu'il voulait être : Erich von Stroheim. La genèse de ce personnage remonte très loin, à l'époque même où Stroheim ne pensait pas au cinéma, puisque c'est à bord du "Prinz Friedrich Wilhelm" qu'il inventa sa particule. Voulait-il dissimuler sa véritable identité ? C'était insuffisant. S'agissait-il de flatter sa vanité ? Ce mensonge n'aurait pas été le chef de file de tous ceux qui l'ont suivi. Il y avait un calcul certain dans cette décision et on peut reconstituer l'énoncé du problème et la solution à laquelle il est arrivé. Comment, partant de zéro, peut-on séduire l'Amérique ? Pour mettre toutes les chances de son côté : utiliser son accent germanique plutôt que d'essayer vainement de le perdre, jouer de la spécificité de son physique plutôt que de s'épuiser à le camoufler et conserver ses manières européennes. Le tout pouvant être mis en valeur par un titre de noblesse. Les Américains, dit-on, en sont très friands. Ainsi, Stroheim s'est mis lui-même au monde. Il grandira et s'éduquera de la même manière.

Une fois devenu acteur, il s'est enfermé d'autant plus dans son rôle qu'il aurait déçu son public s'il n'avait pas ressemblé à son image cinématographique. Les spectateurs appréciaient de voir un acteur sans artifice, qui était vraiment celui qu'il incarnait. La presse spécialisée, complice involontaire, se faisait un plaisir d'enjoliver, de colporter et de multiplier tous les défauts du personnage, méchant, cynique, sans scrupule, séducteur, sadique... Il est vrai que Stroheim lui facilitait la tâche. Il avait un don incontestable pour l'improvisation et chaque moment de sa vie aurait pu être transformé en scène de film. C'est ainsi que ses anciens assistants se souviennent, par exemple, de son ostensible superstition et de sa manière de casser successivement, lorsqu'il était en fureur, toutes les cannes qu'on lui tendait.

Stroheim, en se "libérant" de son identité originelle, s'est doté d'un formidable pouvoir de reconstitution et de composition. L'énorme travail et la gigantesque énergie qu'il a dû déployer pour domestiquer sa véritable nature lui ont permis d'aborder n'importe quel personnage avec la même conviction et avec la même frénétique véracité que s'il s'agissait de sa personnalité propre.

Lorsqu'il était metteur en scène, il voulait tout faire, tout superviser, tout diriger d'un bout à l'autre. Dès son premier film, *Blind Husbands* (*La loi des montagnes*), il est réalisateur, scénariste, acteur principal, décorateur. Stroheim avait une mémoire prodigieuse, il n'oubliait rien de ce qui le concernait ni de ce qu'il avait inventé. Bob Bergut affirme qu'il était capable d'interrompre un récit et de le reprendre deux mois plus tard au point exact où il l'avait laissé. S'il était pris en flagrant délit de contradiction, il ne s'agissait donc pas d'une faute d'attention. D'ailleurs, il avait toujours une explication à sa disposition. Il accusait d'ordinaire les journalistes d'avoir déformé ses propos. Chez lui, tout était prémédité, et lorsqu'il semblait spontané, il s'agissait en fait du résultat d'une réflexion. Il avait imposé et maîtrisé son personnage jusqu'à juguler ses propres instincts.

"Der Urstroheim"

Ce néologisme germanique n'a pas son équivalent en français. Le préfixe "Ur" indique l'état primitif, initial. (Par exemple, "Urform" est la forme originelle, l'archétype, et "Urdeutsch" désigne stricto sensu les anciens germains, et de façon ironique un allemand plus allemand qu'il n'est permis de l'être...) Nous appellerons donc "Urstroheim" le jeune Erich tel que l'ont connu ses parents quand il était en Autriche, et tel qu'il a ensuite été mis au secret par "von" Stroheim lui-même.

Il est impossible de se faire "disparaître" aussi radicalement. Il faudrait abolir le passé, assassiner ce que l'on a été et supprimer jusqu'au souvenir de cet assassinat. Et Stroheim n'allait pas s'anéantir. Le "Urstroheim" n'a pas pu ne jamais trahir son existence, malgré tous les efforts de von Stroheim pour le réduire au silence. Comparons le Viennois au Prussien d'Amérique : l'un est roturier l'autre se dit noble, l'un est juif l'autre se dit chrétien, l'un a été réformé l'autre se dit officier de carrière, ainsi de suite. Systématiquement, von Stroheim présente rigoureusement l'inverse de ce qu'il a été. Une telle opposition n'est pas fortuite. Si comme il est raisonnable de le supposer Erich a souffert de l'antisémitisme, pourquoi adopte-t-il la tenue, les manières et même la mentalité de ceux qui l'ont persécuté ? Pourquoi cherche-t-il à perpétuer les scènes qui ont été les plus douloureuses de son existence ? Si ce n'est qu'en lui cohabitent la victime et le bourreau.

Cela résulte peut-être d'un équilibre tout à fait logique. La vitalité du "Urstroheim" s'exprime effectivement et conserve la même valeur absolue, mais lorsqu'elle s'extériorise, elle change de signe. Chaque velléité de rébellion du petit juif se transforme en autant d'exactions du hobereau. Stroheim affirmait son judaïsme et sa roture en jouant le rôle du noble et de l'officier.

Mais si ce mécanisme s'explique, sa raison d'être est beaucoup plus mystérieuse. On imagine mal que celui qui a souffert puisse revêtir par la suite la personnalité de ses tortionnaires. Il n'est pas interdit de penser que Stroheim châtie ses anciens ennemis en se punissant lui-même.

De façon plus discrète, il arrivait parfois que le "Urstroheim" trompât la vigilance de "von". Michel Ciment a signalé, sans toutefois donner d'exemples précis, que « le texte original du script de *Greed* (*Les rapaces*), écrit aux Etats-Unis et en langue anglaise par Stroheim, comporte certaines expressions intraduisibles pour un Américain et qui sont d'origine yiddish ».[30] Ce secret si bien gardé n'en était peut-être pas un pour tout le monde !

Qu'en pensaient les proches de Stroheim ? François Bondy laisse entendre qu'à Vienne on ne tenait pas en grande estime ses affabulations. Une lettre d'Emil Feldmar reflète les sentiments teintés d'amertume qu'éprouvaient les membres de sa famille. Un jugement un peu triste, qui plus encore que son ingratitude, reproche à Stroheim d'être devenu un étranger.

Les relations de travail, aussi bien journalistes qu'acteurs et metteurs en scène, ont fidèlement conservé sa mémoire. Denis Marion nous a dit que Pierre Chenal et Christian-Jaque, lorsqu'il leur avait demandé s'ils savaient que Stroheim était juif, avaient tous les deux acquiescé sans commentaire. Or, chaque fois que Stroheim s'est raconté lui-même, il n'est jamais revenu sur ses premières affirmations, pourtant manifestement fallacieuses. Il s'est plu au contraire à les peaufiner, à les enjoliver. Que signifie donc cette fuite en avant dans le mensonge ? Quelles en sont les raisons ? Dans le Nouveau Monde, un passé obscur, des origines modestes, des parents juifs, rien de tout cela n'aurait pu amoindrir la considération que les américains vouent à la réussite.

Les Etats-Unis représentaient pour les immigrants de toutes origines le rêve d'une intégration facile et heureuse. Erich von Stroheim, nouvel Américain semblable à des milliers d'autres n'a peut-être pas voulu se fondre dans la masse. Il a préféré conserver et affirmer bien haut la personnalité qu'il s'était inventée. Il a profité du "melting pot" pour se distinguer. Cette volonté de ne pas passer inaperçu, qu'il tenait de son physique et de son caractère, a été remarquée à maintes reprises. En 1917, alors qu'il joue un petit rôle dans *His Picture in the Papers* (*Son portrait dans les journaux*), il a l'idée d'arborer un bandeau noir sur l'œil afin dit-il « d'attirer l'attention ».[31] Lorsqu'on lui demandait pourquoi il ne laissait pas pousser ses cheveux comme tout le monde, il répondait : « si j'avais les cheveux longs, je serais perdu dans la foule, personne ne me remarquerait ».[31] Le personnage qu'il a mis au point a eu d'autant plus de succès qu'il fallait bien des acteurs convaincants pour incarner les "sales boches" des films de propagande de la guerre de 1914-1918. Cette expérience lui a permis de découvrir qu'un individu antipathique pouvait avoir la faveur du public. "The man you love to hate" (l'homme que vous aimez haïr), ce mot ne sera inventé que plus tard, mais le paradoxe était déjà bien réel. La guerre finie, Stroheim s'est obstiné, certain qu'il n'y avait pour lui d'autre chemin possible. Et c'est ainsi qu'il s'est volontairement emprisonné lui-même, reléguant aux oubliettes l'importun "Urstroheim".

En choisissant de renier ses origines, Stroheim n'avait pas adopté la solution de la facilité. Les déconvenues qu'il a essuyées pendant les premières années qu'il a passées en Amérique montrent bien que la partie était loin d'être gagnée d'avance. On ne peut qu'admirer sa constance et le talent qu'il a déployé pour triompher de tous les obstacles. D'autant plus que même après qu'il fut parvenu au faîte de sa notoriété, il ne pouvait toujours pas se permettre de s'affranchir des servitudes qu'il s'était imposées lui-même.

Pygmalion recréé par son œuvre

Dans les premiers temps du cinéma, le grand public ne connaissait guère que les acteurs. C'est eux qu'on allait voir, c'est tout juste parfois si le nom du metteur en scène apparaissait sur l'affiche. Tous les figurants rêvaient de devenir des vedettes. Pourtant Stroheim s'est orienté presque tout de suite vers la réalisation, commençant par exercer son autorité pour améliorer les jeux de scène de ses rôles, ajouter des accessoires. On verra toute la ténacité dont il a fait preuve pour parvenir à ses fins et diriger son premier film. Il en était aussi l'Acteur principal.

Stroheim aimait à répéter qu'il voulait « filmer la vraie vie ».[32] Mais la vérité est pour lui toute relative. Elle comprend des éléments réels, et des éléments artificiels qui proviennent du personnage qu'il s'est composé. Stroheim voulait ainsi concrétiser et rendre vrais tous les mensonges qu'il avait inventés. Effectivement, tout cela sonne juste, car Stroheim est sincère. Convainquant l'Amérique, il s'est convaincu lui-même. Il ne s'agissait plus de mensonge. Tout se passe comme s'il recréait peu à peu son passé, film à film, remplaçant ses origines "inconvenantes" par celles qu'il avait élaborées.

Par son souci de la réalité, Stroheim s'est montré un précurseur génial ouvrant la voie à bien d'autres en même temps qu'il se confortait lui-même dans sa nouvelle identité. Et seul le cinéma pouvait lui permettre une incarnation aussi parfaite.

Pour le spectateur, il ne pouvait être question de supercherie lorsque Stroheim racontait ce qui se passait en Europe, dans le milieu où il avait vécu. Ces films faisaient presque figure de reportages. Autre certificat d'exterritorialité authentique, son héros de prédilection était un "méchant", mais un méchant beau et séduisant. Cela n'était pas courant dans les productions hollywoodiennes. Outre le succès de scandale auprès de la puritaine Amérique, Stroheim savait jouer de l'hypocrisie ambiante, de la curiosité pour les choses interdites et de la secrète attirance pour tout ce qui est trouble. Il s'étonnait que des gangsters aient le droit d'attaquer une banque alors qu'un homme n'avait pas le droit de désirer une femme. Singulière morale en vérité ! Stroheim noircissait ses héros pour éviter qu'on les admire, mais malgré tous ses efforts, il ne parvenait pas à la méchanceté à l'état pur. Souvenons-nous du jugement de Jean Renoir. Peut-être Stroheim, non sans une certaine naïveté, voulait-il trop bien faire. Il forçait parfois ses caractères au point que l'accumulation des détails donne lieu à des gags qu'on ne saurait croire involontaires. Et cet humour est l'une des clefs de l'humanité des personnages de Stroheim. C'est ce qui les rend attachants et les empêche d'apparaître monolithiques ou caricaturaux.

Le "héros stroheimien" est un personnage complexe et extrêmement vivant. Les spectateurs ont imaginé sans peine qu'Erich von Stroheim en chair et en os était identique à sa création. Et Stroheim lui-même s'est pris au jeu.

Le mystère Stroheim se pare d'une lueur d'ironie dès qu'on le pousse dans ses derniers retranchements. Car des détails contradictoires entravent toutes les hypothèses que l'on pourrait envisager. L'abondance des documents et des témoignages consacrés à Erich von Stroheim est une arme à double tranchant. Certains textes sont faux, d'autres se contredisent. D'autres encore se contentent de recopier les précédents. Toutes les divergences démontrent cependant la complexité du personnage. Plus qu'un monstre sacré, Erich von Stroheim était un homme hors du commun et fascinant. Scénariste, metteur en scène, acteur, écrivain, dessinateur, une telle polyvalence est très rare, à plus forte raison dans le système de spécialisation américain. Le souffle européen qui l'animait et qu'il a su préserver de la contagion hollywoodienne a souvent provoqué de véritables ouragans... dont il n'était pas loin de se délecter. Stroheim est une exception. Il est à lui-même sa propre école et son seul disciple. Alors que la majorité des cinéastes se contentait d'œuvrer dans des catégories bien définies, il a inventé un style cinématographique nouveau. Réalisateur ou acteur, tous ses films portent sa marque.

    La voie est toute tracée. On ne peut comprendre Stroheim qu'à la lumière de son œuvre. Ce qui semble un détour est en fait un processus logique. L'artiste ne travaille pas à la chaîne ni sur des épures. Ce qui vient de l'extérieur, courants artistiques, influences familiales, contexte historique, n'est important que dans la mesure où un esprit particulier est là pour le percevoir. Ce qui est connu de l'existence de Stroheim, ce que l'on sait de lui par ses films et par ses rôles, ne répond pas à une analyse synchronique évidente. Mais ce sont les seuls éléments disponibles pour reconstituer l'articulation première entre sa vie et son œuvre.

    Doit-on reprocher à Erich von Stroheim d'avoir "joué la comédie" ? Peut-on le condamner en tant que mystificateur alors qu'il exerçait totalement sa profession ? Il personnifie l'acteur, il est l'image même de sa structure, et le soliste d'un récital qui ne finit jamais. Le rôle qu'a tenu le "comédien à perpétuité" était suggéré par la seule partie de son être qui n'entrait pas dans le jeu : le "Urstroheim". Il en est résulté un Allemand cohérent et convaincant qui devait paradoxalement sa vraisemblance à la réalité judaïque de son interprète. L'outrance germanique est le reflet de l'irréductibilité hébraïque. Cette dualité, cette juxtaposition de deux éléments antagonistes alimente le talent de l'acteur et stimule la créativité de l'auteur. Au cœur du génie, bien souvent, séjourne l'imposture.

II

UN JEUNE EMIGRANT

"Nothing but the thruth"

On ne possède que très peu de certitudes sur la vie d'Erich von Stroheim entre 1909 et 1914. On ne pourra jamais répertorier toutes les vicissitudes de son existence aux Etats-Unis, vérifier s'il a vraiment exercé tous les métiers dont il aimait se vanter : traducteur franco-allemand, employé dans une agence touristique, maître de manège, chanteur dans un "Ratskeller" (restaurant allemand), pêcheur de grenouilles, représentant en papier tue-mouches... Quant à leur succession dans le temps... l'être le plus sincère ne s'en souviendrait certainement pas.

La liste des documents officiels où figure le nom de Stroheim est restée extrêmement brève malgré tous les efforts des historiens du cinéma.

25 novembre 1909	"Immigration and Naturalization Service, Manifest of the SS Prince Friedrich Wilhelm". Débarquement d'Erich von Stroheim.
30 janvier 1911	"Troop 8, Squadron C, National Guard of New York". Inscription d'Erich von Stroheim au registre matricule.
27 mars 1911	"Troop 8, Squadron C, National Guard of New York". Radiation d'Erich von Stroheim du registre matricule.
16 novembre 1912	"Copyright Office". Dépôt de *In the Morning*, pièce en un acte d'Erich von Stroheim.
19 février 1913	"Unitarian Church", Oakland. Certificat de mariage d'Erich von Stroheim avec Margaret Knox.
28 mai 1914	"Superior Court of The County of Alameda". Jugement de divorce d'Erich von Stroheim et de Margaret Knox.

Comme l'avait fait Denis Marion en Autriche pour les années de jeunesse d'Erich, Richard Koszarski a étudié avec beaucoup de sérieux et de conscience la période qui nous occupe. Son ouvrage, *The Man You Loved to Hate*, fait actuellement autorité.[1] Il est à peu près certain qu'aucun fait marquant écrit, oral ou matériel, n'a pu échapper à sa perspicacité.

Les repères chronologiques cités ci-dessus constituent des jalons authentiques. On sait que Stroheim "est passé par là" à la date indiquée. On sait que l'acte enregistré a eu lieu. Par contre, toutes les autres indications relevées sur ces documents, et en particulier celles qui viennent de Stroheim, restent sujettes à caution.

Les registres du service d'immigration mentionnent le 25 novembre 1909 l'arrivée d'Erich von Stroheim à Ellis Island. Un premier pas sur le sol du nouveau monde, un premier mensonge. « Quand une mécanique est lancée, même à partir d'un mensonge, rien ne peut l'arrêter. » Cette phrase aurait pu être écrite à propos de la vie et de l'évolution d'Erich. En fait, elle est extraite d'un roman écrit en 1989 par Jean-François Deniau, *Un héros très discret*.[2] L'ascension de son personnage dans la société débute elle aussi par une première supercherie. Albert Dehousse échappe à sa mère en s'inventant une fiancée enceinte de ses œuvres, Stroheim échappe à sa condition en ajoutant une particule (et quelques prénoms) à son patronyme. Pour les deux hommes, la "mécanique" était au point, tous les rouages étaient en place. Ils n'attendaient que l'impulsion qui les mettrait en mouvement, propulserait Albert Dehousse dans les hautes sphères de la classe dirigeante et permettrait à Erich von Stroheim de devenir l'un des maîtres de l'art cinématographique. Cette affabulation originelle, ce mensonge fondateur, est le point zéro d'une trajectoire ascendante qui passe inévitablement par de nouveaux mensonges. Et chaque génération de mensonge peut contredire la précédente et fabriquer des vérités inédites.

On retrouve Stroheim 14 mois plus tard dans les rangs de la garde nationale de New York. Cela confirme ses qualités de cavalier et l'attrait qu'exerce toujours sur lui l'état militaire. Il n'est que simple soldat car il ne possède pas la nationalité américaine. Les conditions de son enrôlement ne sont pas précisées, et c'est peut-être pour cette raison que Stroheim se plaît à les raconter. Thomas Quinn Curtiss, journaliste et ami de Stroheim, rapporte dans son livre publié en 1970 : « Témoin sur la Cinquième avenue des mauvais traitements qu'un cocher infligeait à son cheval qui était tombé, von Stroheim intervint et devant une foule ébahie fit relever doucement la bête. Le capitaine McLean, un officier de l'armée américaine, qui assistait par hasard à la scène, se présenta à lui. Il faisait partie de l'escadron C de la cavalerie de New York et il pressa von Stroheim d'entrer dans ce corps. »[3] Cette anecdote est incontestablement cinématographique, ce qui ne signifie pas forcément qu'elle soit fausse... mais ne prouve pas pour autant qu'elle soit vraie ! Il n'existe évidemment aucun moyen de le vérifier. Cependant, un certain capitaine McLeer commandait l'escadron C, comme le prouve le "muster roll" (registre matricule) montré dans le documentaire *The Man You Loved to Hate*.[4] Il est possible que Stroheim, qui en 1911 connaissait encore assez mal l'anglais, ait transformé McLeer en McLean. Quoi qu'il en soit, ce séjour dans la cavalerie s'inscrit tout naturellement après l'apparition discrète de la particule, qu'il confirme et authentifie. Ainsi, le mensonge originel se transforme peu à peu en vérité. Il perdure, mais ce n'est plus en tant que mensonge car il est attesté par un événement irréfutable.

Stroheim se vantait volontiers d'avoir passé deux ans dans la garde nationale de New York. Il ne prenait pas la peine de démentir les chroniqueurs qui parlaient de trois ou quatre ans. Il est regrettable que sa radiation deux mois après son engagement, le 27 mars 1911, vienne trahir cette pittoresque exagération. Sur la fin de sa vie, il confiait encore à Bob Bergut, son dernier biographe : « J'ai servi deux ans et demi dans l'armée américaine, pas comme officier, comme simple soldat... »[5]

Mais il est curieux de constater que si tout le monde admet comme une chose naturelle l'engagement de Stroheim dans la garde de New York, on se croit obligé de trouver des prétextes pour justifier son retour à la vie civile. Comme quoi la légende est particulièrement vivace. Stroheim donnait l'exemple et ne refusait jamais d'énumérer les motifs qui l'avaient incité à quitter l'armée. Toutes les explications qu'il a données sont du reste aussi vraisemblables les unes que les autres. Il parlait certainement très mal l'américain. Il avait sans doute envie de voir du pays. Et comme étranger, il ne pouvait espérer le moindre avancement, contrairement, disait-il, à ce qu'on lui avait promis. Une promotion, même modeste, et très inférieure au grade de lieutenant qu'il s'attribuait dans l'armée impériale d'Autriche, n'aurait en effet pas été inutile pour rendre plus réelles ses nobles origines. On la lui refusait, dès lors, pourquoi s'obstiner ?

L'étape suivante, l'enregistrement en copyright d'une pièce de théâtre intitulée *In the Morning* est la première preuve de l'intérêt de Stroheim pour l'art dramatique. A l'en croire, ce ne serait pas sa première tentative. Il aurait déjà écrit, avant même de quitter l'Autriche, des pamphlets, des essais et des nouvelles, il aurait déjà prononcé des conférences en public. Il ne subsiste aucune trace de ces activités littéraires de jeunesse. Par contre, l'existence de *In the Morning* est incontestable et montre qu'en novembre 1912 Stroheim avait trouvé un moyen de surmonter ses difficultés linguistiques.

L'adresse portée sur le manuscrit est celle du docteur Myra Knox (958 14th Street, Oakland), une dame qui appartenait à la meilleure société de la ville. On sait que Stroheim a épousé sa fille Margaret trois mois plus tard. Comme tout émigrant, Stroheim cherche à s'intégrer dans son pays d'accueil, mais il cherche en plus la reconnaissance sociale. Il veut se faire admettre dans un milieu convenable, obéissant ainsi à la logique de sa noblesse. (Il en a donné lui-même la preuve en décernant à Margaret un titre usurpé de docteur en médecine).

Le certificat de mariage est un point de repère d'autant plus convaincant qu'il est bien dans la manière du futur metteur en scène ! « Stroheim jure qu'il exerce la profession d'importateur, que sa mère est la baronne Bondy et que son père s'appelle Benno "von" Stroheim. Margaret avoue 18 ans, à peu près la moitié de son âge réel. »[6] En l'occurrence, chacun des deux conjoints a triché en insistant sur ce qui lui tenait le plus à cœur. En Europe, pour un véritable aristocrate, un tel mariage était une mésalliance. Aux Etats-Unis, pays neuf et démocratique, la naissance est pourrait-on dire remplacée par la réussite et la respectabilité. Telle est la dot que Margaret apporte à Erich, qui en échange lui offre son nom et ses titres. Le marché est moins déséquilibré qu'il n'y paraît car la noblesse artificielle de Stroheim prend de plus en plus de consistance. Et du fait même de ce contrat de mariage. Mais si l'on remonte jusqu'au fils du chapelier juif, cette union et cette ascension sociale sont un triomphe. Triomphe chèrement payé toutefois, puisque la vérité vraie n'a désormais plus le droit de paraître au grand jour.

Enfin, et ce détail est essentiel, c'est un pasteur unitarien qui a uni les deux époux. Margaret faisait partie de cette église. Or, un aristocrate autrichien catholique de naissance ne se serait pas contenté d'une bénédiction protestante. Mais cette invraisemblance ne risquait guère d'être remarquée par les Américains, habitués à la multiplicité des chapelles. Et Stroheim ipso facto devenait chrétien !

Le divorce est prononcé 15 mois plus tard. Stroheim ne s'est pas montré très disert à ce sujet. Les minutes du procès Margaret von Stroheim contre Erich O. H. von Stroheim ont été retrouvées par Dale Henderson à la requête de Richard Koszarski. C'est Margaret qui a demandé le divorce. Erich von Stroheim ne s'est pas présenté devant le tribunal. Les documents ne contiennent donc que les accusations de sa femme qui sont visiblement exagérées par son avocat pour répondre aux exigences de la procédure. « Il s'était mis à boire, déversant sa mauvaise humeur sur Margaret qu'il menaçait et insultait. Il l'enfermait parfois à clef dans le bungalow. Au mois d'août, il rentrait au moins une fois par semaine en état d'ivresse. Finalement, Margaret s'était échappée et était retournée chez sa mère à Oakland. Elle avait un œil tuméfié et son mari l'avait frappée si fort que ses oreilles commençaient à saigner. »[6] Après l'évocation de quelques tentatives de retour à la vie commune, à l'initiative de Stroheim, Margaret citait textuellement les dernières invectives téléphoniques de son mari : « You God damn dirty beast. I have you and your mother in my fist and I am going to squeeze you. I am coming right down to the house to raise hell. If I could get hold of you I would smash your face ! »[7] (Damnée sale bête. Toi et ta mère, attendez seulement que je vous attrape, et je vous étrangle. Laisse-moi arriver à la maison et je te donne un avant-goût de l'enfer. Si jamais je te mets la main dessus, je t'écrabouille la figure.) Le divorce fut prononcé aux torts de Stroheim pour « extrême cruauté »[7], mais Margaret n'obtint la pension alimentaire de 100 $ par mois qu'elle réclamait.

La brièveté de cette expérience matrimoniale peut certes s'expliquer par la mauvaise entente des époux. A moins qu'il ne s'agisse des mêmes raisons inavouées qui avaient poussé Erich à quitter le régiment des gardes de New York. Il a en effet obtenu tout ce que ce mariage pouvait lui procurer. En plus d'un statut social et d'une étiquette religieuse, il a acquis la pratique nécessaire pour s'exprimer et écrire en anglais.

La personnalité, ou plutôt le personnage, que Stroheim est en train de créer, se dégage irrésistiblement de ces quelques documents, pourtant des plus neutres. « Quand une mécanique est lancée, même à partir d'un mensonge, rien ne peut l'arrêter. »[8]

Le roman d'un tricheur

A lire ce qui précède on pourrait prendre Stroheim pour un arriviste dont le plus grand talent est d'abuser les autres. "Le héros très discret" du roman de Deniau se contente de prospérer aux dépens de ses dupes. La conduite de Stroheim n'est guère plus recommandable, mais pour lui il ne s'agit que d'un procédé, un moyen d'accéder à une situation à partir de laquelle il sera libre de réaliser un dessein plus ambitieux sans avoir à se compromettre : « Je n'ai jamais transigé. Pas plus aux conventions qu'à la mode je n'ai tiré mon chapeau, et je ne l'ai jamais tendu pour qu'y tombent des piécettes. »[9]

La stratégie élaborée par Stroheim va lui permettre de mystifier toute l'Amérique et même le monde entier. Les résultats sont encore modestes, mais déjà appréciables. Sa technique sera aussi efficace sur l'opinion publique que sur chaque individu pris séparément. Elle a été soigneusement mise au point. Le hasard n'y a pas sa place.

Les mensonges de Stroheim sont des petits chefs-d'œuvre. Bien loin de se détériorer avec le temps, ils gagnent en consistance, en pertinence, en vraisemblance. Mêlés à un fond de vérité, ils sont invisibles. Mais il existe un moyen de les détecter : ils ne sont jamais gratuits. Depuis leur première apparition jusqu'à leur complet développement, ils se comportent en serviteurs fidèles, entièrement dévoués à la cause de leur auteur. Cette constance exceptionnelle est trop belle pour être naturelle.

L'anecdote est l'un des moyens d'expression favoris de Stroheim. Il en est généralement l'acteur principal, et peut ainsi se mettre en valeur en racontant avec un art consommé une aventure ou un événement, réel ou imaginaire.

Par exemple, il parle volontiers de l'époque où il était poseur de rails. Une photographie le montre parmi ses compagnons de travail. Il ne s'agit pas d'un retour émouvant sur des temps difficiles, mais d'une manœuvre savamment calculée pour séduire les Américains. Le travail manuel ne le rebute pas, il est fort, dur à la tâche, sociable et modeste... compte tenu de ses origines... Il rejoint presque l'idéal des pionniers. Il fait siennes les vertus fondamentales du Nouveau Monde.

Si l'on en croit le récit qu'Erich von Stroheim a pratiquement dicté à Thomas Quinn Curtiss bien des années plus tard, il ne se présente pas au bureau d'embauche comme un simple demandeur d'emploi. Il demande à voir le vice-président et produit sa carte de visite. Après un bref entretien, il est engagé comme simple ouvrier à la Southern Pacific et devient rapidement aide-contremaître. Curtiss explique : « En tant qu'officier, il avait appris à détruire des voies ferrées mais il ignorait tout de leur construction. Démocratiquement, il prêta la main pour soulever les barres d'acier, les lourds crampons et ses hommes apprécièrent beaucoup son esprit coopératif. »[10]

Tous les détails supplémentaires que donne Stroheim sont rigoureusement invérifiables. Et c'est précisément pour cela qu'il ne se prive pas d'en rajouter. L'affabulation est flagrante, le bénéfice évident. Bon sang ne saurait mentir, il est impossible à Stroheim de dissimuler ses qualités innées. Et s'il ne sait pas tout faire, il est capable de tout apprendre. Il est fait pour diriger, on ne peut résister à son intelligente autorité et rester insensible à son humanité. Et Stroheim, plus américain que jamais se fait encore plus noble qu'il ne le prétend.

On ne peut qu'admirer l'art du conteur qui, à partir d'une réalité banale, compose un prodigieux mélodrame. En apparence, Stroheim s'est contenté d'améliorations, propres à éveiller l'intérêt d'un éventuel auditoire. Nous venons de voir la puissance d'évocation qu'il sait donner au moindre petit détail. Et comment d'un honnête lecteur il fait un complice qui va répercuter ce qui ne lui a été que suggéré. Cependant, la multiplicité des précisions a quelque chose de suspect, on dirait que Stroheim cherche à se disculper. Il prend l'offensive comme s'il avait à se défendre. Il se protège en fait des curieux et des indiscrets. Tous les moyens sont bons pour que son interlocuteur se contente de ce qu'il veut bien raconter. Il le sature d'informations au point de désamorcer toute velléité de vérification.

Les anecdotes stroheimiennes ont été patiemment perfectionnées au cours des ans. Celles qui se rapportent à la période qui nous intéresse s'accordent entre elles comme les nouvelles d'un même recueil. Son titre pourrait être : prélude à la vie d'un grand homme. Chaque nouvelle est une œuvre autonome et originale que Stroheim améliore sans cesse. Ainsi, la forme la plus parfaite est celle de la dernière version. A ce stade, trier le vrai du faux n'a plus de sens, seul compte le talent du narrateur.

Les mésaventures du jeune émigrant ressemblent à des bandes dessinées du début du siècle. Jean Arroy raconte qu'Erich von Stroheim avait tenu une conférence sur le mystère de la mort et la nécessité du suicide.[11] L'indignation du public avait obligé l'orateur à interrompre son discours. Il avait quitté la salle au plus vite en empruntant les échelles de secours. Un autre épisode le montre qui essaye en vain de rentrer chez lui dans la nuit new yorkaise.

« Un soir, alors que pour toute fortune il ne lui restait qu'un timbre-poste de deux sous, il fut victime d'un hold-up dans la Bowery, mais quand il se mit à crier "au secours" en allemand, ses agresseurs, allemands eux-mêmes, plutôt que de le dépouiller de sa pelisse... l'invitèrent à venir trinquer avec eux dans un bouge de clochards. Il réussit finalement à leur fausser compagnie pour entreprendre une fois encore à pied, le long chemin qui le ramènerait chez lui. En traversant le pont de Brooklyn, il trébucha sur le corps d'une femme. Alarmé, il pressa le pas et arriva au bout du pont à une telle allure que deux agents de police le remarquèrent. Ils le questionnèrent. Dans son anglais rudimentaire, Stroheim tenta en vain de s'expliquer. Il fut prié de revenir sur les lieux. La femme inerte étant tout bonnement ivre morte, il bénéficia d'un voyage de retour gratuit dans le panier à salade de la police ! »[12]

On admirera l'heureuse coïncidence qui au cours d'une même nuit a fait se succéder tant de faits divers. Essentiellement différents, ils acquièrent grâce à l'art du conteur une parenté qui donne au récit toute son unité. Un hold-up dans la première partie, un cadavre dans la seconde, et le panier à salade à la fin. Quelques verres avec des brigands, une femme ivre morte sur le trottoir. La langue allemande le tire d'affaire mais le met dans un mauvais pas, sa méconnaissance de la langue anglaise fait de lui un suspect. Après s'être 'sauvé de l'encombrante sympathie de ses agresseurs, il prend la fuite devant le cadavre de l'inconnue.

En définitive, rien n'arrive à Stroheim. Les voleurs ne le volent pas, la police ne l'arrête pas, et le cadavre n'est pas mort... Mais la duplicité et l'habileté de l'auteur amènent le lecteur à envisager le pire, ce qui aurait pu arriver... Si son honnêteté foncière ne l'avait pas protégé, Stroheim aurait pu mal tourner. D'ailleurs, n'est-ce pas la fréquentation même fugace de la pègre qui lui inspire le réflexe de fuir devant une situation délicate ? Il aurait pu aussi être détroussé, inculpé de complicité, voire accusé de meurtre.

L'effet comique du récit, conforté par le "happy end", excuse la conduite assez peu glorieuse de Stroheim devant le cadavre. Mais l'aveu de sa frayeur ressemble beaucoup à de la fausse modestie. Au même titre que l'évocation de sa misère, de son désarroi et de sa solitude dans ce pays qui n'est pas encore le sien.

Il a déjà été question de Margaret, de son mariage avec Erich et de leur divorce. On connaît cette période par le roman d'amour que Stroheim a composé pour l'occasion. De petites scènes, des instantanés saisis aux moments cruciaux de leur vie commune.

Le coup de foudre initial surprend notre héros alors qu'il est homme à tout faire à l'auberge de West Point, sur les bords du lac Tahoe. Il avait accepté, exceptionnellement, de servir à table l'unique cliente. Fut-il à ce point impressionné par sa beauté qu'il en devint maladroit, s'agissait-il au contraire d'une entrée en matière préméditée, toujours est-il qu'il renversa de la soupe sur la robe de la jeune femme. Thomas Quinn Curtiss parle d'une pleine assiette[12], Bob Bergut d'une soupière entière.[14] Nous retiendrons évidemment la dernière version ! Cet incident provoqua chez Margaret une réaction vive mais de courte durée, et permit aux jeunes gens d'engager une conversation qui se prolongea fort tard dans la soirée. Là aussi, le récit le plus récent perfectionne ceux qui l'ont précédé. Le premier est un film muet, où l'on devine des injures bientôt regrettées. Le "remake" est parlant. Stroheim se souvient de tous les jeux de scène et se rappelle les paroles échangées : « "Je ne suis pas garçon" dis-je pour m'excuser. "Cela se voit" répliqua-t-elle furieuse. Et elle sortit en claquant la porte pour la rouvrir quelques instants plus tard et prendre son sac oublié sur une chaise... »[13]

Stroheim retourne le cliché conventionnel du client séduisant l'accorte serveuse. Ce qui tend à signifier que les protagonistes sont des êtres d'exception ! L'éternel problème de la rencontre est résolu de manière particulièrement visuelle. Aucun commentaire ne vient souligner les sentiments des héros, comme dans un scénario où seule compte la description des gestes, des attitudes, des actions.

Coup de foudre réciproque, le lendemain, Erich allait habiter dans le chalet de montagne que Margaret possédait non loin de là. Il garde de cette époque un souvenir enchanteur. Sa fiancée était aussi un excellent professeur qui lui apprit l'anglais, corrigea son accent, l'initia aux bonnes manières de l'Amérique dont elle lui fit découvrir la littérature.

De ces six mois idylliques, Stroheim ne retient pas la petite histoire. C'est son évolution personnelle qu'il privilégie. Deux livres persistent dans ses souvenirs, et ce choix n'est pas surprenant. *The Red Badge of Courage* est une évocation lucide des réalités de la guerre et du comportement des combattants. Le héros, un fuyard, se révèle par la suite un soldat des plus courageux.[15] Erich von Stroheim a pu trouver dans ce livre d'excellents conseils pour rendre plus authentique et plus efficace encore son personnage d'officier... *Spoon River Anthology* pose quelques problèmes a priori.[16] Stroheim prétend l'avoir lu en 1912 alors qu'il n'a été édité qu'en 1915. Cependant, un certain nombre des poèmes qui composent ce recueil avait été publié auparavant dans une revue de Saint Louis (Illinois), *Reedy's Magazine*. Ils dénonçaient avec violence le puritanisme et l'hypocrisie des habitants d'une petite ville des Etats-Unis. La conduite de Margaret montre sans la moindre ambiguïté qu'elle était fort émancipée pour son époque. Il est probable qu'elle appréciait cet auteur, partageait ses idées, et l'a fait connaître à son fiancé, qui avait d'ailleurs déjà mis en pratique ces opinions libérales. Une chose est sûre, que ce soit en 1912 ou en 1915, Stroheim a lu *Spoon River Anthology*. Les thèses qu'il va développer dans ses films puis dans ses livres présentent de nombreux points communs avec celles d'Edgar Lee Masters. Les conventions sociales ne servent qu'à dissimuler les vices, les crimes et la cruauté de ceux qu'elles oppriment. Les sentiments les plus purs sont dénaturés, l'amour devient luxure, le rêve devient démence. Toutes les aspirations s'exacerbent jusqu'à l'hystérie, les âmes dépérissent.

Stroheim date de cette époque ses premières œuvres en anglais. Modestement, il ne s'attribue qu'une seule nouvelle, publiée toutefois dans une revue de haute tenue littéraire : *Smart Set*, fondée en 1890. Destiné à la bonne société new yorkaise, courtoisement intellectuel, ce journal s'affirmait dans les années 1910 comme « The magazine of literary excellence » (Le magazine de la perfection littéraire).[17] Sous la direction de H. L. Menken et Nathan (à partir de 1914) il est devenu de plus en plus anticonventionnel, prêchant l'anticonformisme, critiquant la classe moyenne américaine, les universités, etc. Il a cependant accueilli dans ses colonnes les plus grands écrivains de langue anglaise : Theodore Dreiser, Aldous Huxley, Ben Hecht... Stroheim était en bonne compagnie dans un cadre que l'on aurait dit fait pour lui.

Stroheim se prétend en outre l'auteur de deux pièces de théâtre, *In the Morning* et *The Black Mask*. Or cette dernière œuvre n'est pas de lui, elle provient d'une nouvelle de Tennyson Jesse adaptée par le dramaturge H. M. Harwood. Ces deux écrivains ne sont à vrai dire pas très connus mais on sait qu'ils ont collaboré pour la première fois en 1913.[18] Et Stroheim déclare sans vergogne avoir écrit *The Black Mask* avec Margaret, et en 1912 !

Ce qui importe, c'est que *The Black Mask* a plu à Stroheim, et de fait, il aurait pu l'écrire. On retrouvera dans sa production future des élans mélodramatiques, des situations outrées, des caractères excessifs. Lorsqu'il s'est fixé en France, Stroheim est d'ailleurs devenu un fidèle du Grand-Guignol de Paris.[19]

D'autre part, l'allégorie du masque n'est pas sans analogie avec la situation de Stroheim. Si le héros cache une horrible blessure, Stroheim dissimule ce qu'il considère comme une infirmité : ses origines. D'un côté un masque réel recouvre une abominable réalité, de l'autre une apparence artificielle recouvre une infamie imaginaire. Stroheim savoure avec ironie cette image caricaturale de lui-même et décide de faire sienne cette œuvre qui, pour lui et pour lui seul, est une pièce à clef. Il joue doublement avec le feu, risquant d'être "démasqué" et accusé de plagiat. Mais les risques sont limités, car *The Black Mask*, quel que soit son auteur, reste une œuvre mineure.

In the Morning a le mérite d'avoir été vraiment écrit par Stroheim. Il y a dans cette pièce une des rares allusions à son départ pour l'Amérique, car son héros est un jeune officier autrichien que ses dettes de jeu contraignent à s'expatrier.

Même en tenant compte d'un confortable coefficient d'exagération, il faut admettre que Stroheim n'est pas resté oisif pendant les six premiers mois de sa vie commune avec Margaret. Lorsque la mère de sa compagne l'invite à venir passer le dimanche en famille, il est fin prêt pour le concours d'entrée. Son noble personnage européen est parfaitement au point, et il a étudié l'art de le faire valoir. Il combine, avec habileté et élégance, baisemains et claquements de talons à un humour de bon ton qui déride finalement la doctoresse Knox. Il est reçu avec mention : « vous serez toujours le bienvenu à la maison. »[20] Une demande en mariage sous forme de vaudeville, où les personnages sont tous plus ou moins des caricatures. L'ingénue a 33 ans, le prétendant joue la comédie, la belle-mère est plus collet monté qu'une archiduchesse. Et pour donner une chute à cette histoire drôle, Stroheim raconte qu'il se présenta en salopette quelques jours plus tard dans le salon de Mrs. Knox. Elle recevait quelques snobs du voisinage. Inutile de dire qu'il fut accueilli fraîchement.

Pendant toute la durée de son union avec Margaret, Stroheim déclare avoir été cheminot, garde forestier, maître nageur, capitaine dans l'armée mexicaine... Tous les ouvrages citent ces emplois avec force détails mais jamais aux mêmes dates ni de la même façon. Par exemple, pour Peter Noble, un officier mexicain remarque Stroheim à cause de sa coupe de cheveux et lui offre de s'engager dans l'armée de Pancho Villa plutôt que de continuer à poser des rails.[21] Pour Bob Bergut, c'est un coiffeur qui fait cette même proposition à Erich.[22] Pour Thomas Quinn Curtiss enfin, Stroheim ne trouve dans les mêmes circonstances qu'un emploi de garde forestier.[23] L'épisode mexicain sera rapidement minimisé par Stroheim. Initialement, Il durait plusieurs mois, aux dernières nouvelles ce n'était plus qu'un aller retour de San Francisco à Mexico. La campagne de Stroheim était interrompue avant même d'avoir commencé par l'assassinat du président Madeiro (1913) et la dissolution de son armée.

Tout porte à croire qu'il s'agit d'un bluff. Le Stroheim que nous connaissons n'aurait pas escamoté de tels souvenirs, bien au contraire. Leur abolition vaut un désaveu. Mais le changement de régime et l'arrivée de Diaz à la tête du Mexique ont jeté le discrédit sur l'ex-armée de son prédécesseur. On comprend que Stroheim n'ait pas voulu passer pour l'un des séides d'un révolutionnaire malchanceux.

Le 28 juillet 1914, l'Autriche déclare la guerre à la Serbie, c'est le début de la première guerre mondiale. Malgré sa sympathie à l'égard des alliés, l'Amérique restera neutre jusqu'au 6 avril 1917.

« Stroheim, qui était toujours citoyen autrichien et officier de réserve télégraphia au consul général autrichien déclarant qu'il était prêt à rentrer dans son pays s'il était mobilisé, mais qu'il ne possédait pas l'argent nécessaire à son voyage de retour. Il appela sa femme au téléphone à la résidence Knox. Ce fut sa belle-mère qui lui répondit. D'un ton hargneux, elle lui déclara : "Margaret n'est pas là. Elle est malade et elle a entamé une procédure de divorce contre vous, pour défaut d'assistance matérielle, abandon, et cruauté mentale." Avant qu'il put prononcer une parole, elle avait raccroché. »[24]

Nous reconnaissons là le talent de Stroheim. Il ne renie ni son pays ni sa dignité d'officier. Et s'il ne quitte pas l'Amérique, la responsabilité en incombe uniquement à l'Autriche. La concrétisation d'une rupture supplémentaire. Dès lors, Stroheim peut donner libre cours à son attachement aux Etats-Unis. Mais, le rapprochement des deux événements, la déclaration de guerre et le divorce, est judicieusement utilisé pour laisser penser que la nationalité autrichienne de Stroheim n'est pas sans lien avec la décision de Margaret. Décidément, la vie privée de Stroheim doit beaucoup aux dates historiques !

Stroheim ne s'attendait pas à ce que sa femme demandât le divorce. Il nous fait comprendre que tout a été ourdi par sa belle-mère. Ce qui sous-entend qu'il n'a pour sa part rien à se reprocher. Il confesse tout juste qu'il n'arrivait pas à trouver une profession assez lucrative pour lui assurer la vie qu'elle aurait souhaitée. Stroheim ne daigne même pas répondre aux accusations calomnieuses d'abandon et de cruauté mentale. Il a auparavant expliqué l'origine de l'animosité du Dr. Myra Knox à son encontre. Il lui avait emprunté 5 000 $ pour les placer dans une affaire qui s'était avérée une simple escroquerie. Sa belle-mère n'a jamais voulu le croire et l'a toujours soupçonné d'avoir gardé l'argent pour lui. C'est ainsi qu'elle a fait d'une victime un coupable.

Erich von Stroheim ou l'art de transformer une situation défavorable, ici un verdict de divorce rendu à ses torts, en une mésaventure malencontreuse mais parfaitement honorable.

On retrouve Stroheim maître nageur et sauveteur au bord du lac Tahoe, à 200 miles d'Oakland. A la force des avirons, il promène les touristes sur le lac. Tous les historiens (sauf Richard Koszarski qui n'a trouvé aucun document objectif) rapportent qu'Erich fait là la connaissance de Mrs. Bissinger, femme d'un Californien richissime. Elle s'intéresse à ses premiers essais littéraires, l'encourage, et lui promet de l'aider. Puis, Erich von Stroheim s'est occupé de chevaux. Ce qui n'allait pas déparer son image de marque. Mais il a la malchance de perdre une bête de valeur au cours d'un transport. Pour échapper aux remontrances du propriétaire, il se réfugie à Culver City. C'est alors que pour les beaux yeux d'une suédoise il se souvient de sa pièce. Et par extension repense à la promesse de Mrs. Bissinger. Sacrifiant ses derniers cents pour lui adresser une interminable dépêche, il reçoit en réponse un chèque de 500 $. Cette fois encore, Stroheim avait excellé dans l'art de convaincre. Il peut même se flatter d'avoir séduit par télégramme, et il a maintenant de quoi monter *Brothers*, alias *In the Morning*.

Les incidents cocasses relatés par Stroheim à ce sujet constituent une anthologie des malheurs qui peuvent s'abattre sur un auteur de théâtre débutant. Des démêlés avec les acteurs, des répétitions dans une chambre d'hôtel, des difficultés de trouver une salle, et pour finir « une tomate trop mûre entre les deux yeux ».[25] En réalité, personne n'a jamais pu savoir si cette pièce avait vraiment été jouée, même pour l'association « Bûcherons du monde » ![26] Stroheim a probablement nourri cet épisode de ses expériences postérieures d'assistant réalisateur, de figurant et d'acteur.

Premier acte

In the Morning doit être considéré comme la première œuvre d'Erich von Stroheim. Souvent cité par les journalistes, ce texte, conservé au Copyright Office depuis le 16 novembre 1912, est longtemps resté inaccessible. Il n'a été publié qu'en 1988, à l'initiative de Richard Koszarski.²⁷ Paris, vers 1910, le luxueux appartement de Nicholaus Maria Erwin comte von Berchtholdsburg (Nicki pour ses amis), lieutenant de hussard, attaché à l'ambassade impériale d'Autriche Hongrie.

Au lever du rideau, Franz, le valet de chambre de Nicki, apporte à son maître le courrier qui vient d'arriver. Mauvaise nouvelle, "sa tante à héritage" a décidé de l'exclure de sa succession. Une rude déception pour Nicki. On l'appelle au téléphone. Il est si troublé qu'il ne reconnaît pas tout de suite la voix de Mizzi Dorfler, sa maîtresse, une jeune artiste de music-hall. Il lui propose de passer chez lui avant son spectacle pour qu'elle lui apporte les factures de ses dernières emplettes. Cela ne fera que s'ajouter aux dettes de jeu qu'il a contractées la veille.

A peine a-t-il raccroché que Franz lui annonce qu'Eppsteiner insiste pour être reçu. « Ce damné requin de juif, que me veut-il encore ? » Eppsteiner vient comme d'habitude lui proposer ses services. Il croit savoir qu'il lui faut 10 000 francs et les lui propose à 10 % d'intérêt. Nicki répond qu'il n'a besoin de rien. L'usurier ne se décourage pas, tant et si bien que Nicki lui avoue la décision de sa tante. La situation n'est plus la même, Eppsteiner demande désormais 25 %. Mais il y aurait peut-être d'autres solutions. Son fils Abraham est un excellent avocat, il pourrait attaquer le testament. Ou bien, Nicki pourrait épouser une riche héritière. Le comte refuse : l'honneur de son nom lui interdit de faire un procès à sa parente et les partis qu'Eppsteiner lui propose « ont plus ou moins le nez crochu ». Lorsque l'usurier prend congé de « sa Grâce », le taux d'intérêt est passé à 30 %.

Après le départ d'Eppsteiner, Nicki réunit tous les objets précieux qu'il possède et demande à Franz d'aller les vendre chez un bijoutier.

Entre Mizzi, ravie de retrouver son amant qu'elle n'a pas vu depuis trois jours. Nicki, très ennuyé, lit pour elle à haute voix la lettre de sa tante. « Vous avez vraiment essayé de tuer cette Lora ? » Le comte dissipe tout malentendu : « Lora est le perroquet préféré de ma tante. Son secrétaire avait dressé ce volatile à me traiter de "parasite, bon à rien" parce qu'il voulait une part d'héritage. J'avoue avoir fait manger du céleri à cette sale bête pour qu'elle en crève ! Mais le secrétaire l'a sauvée et m'a dénoncé. Ma tante n'aimait déjà pas la vie que je mène, et maintenant, elle croit que j'ai voulu la faire mourir de chagrin en assassinant son oiseau... Evidemment, elle me déshérite. » Nicki essaye de démontrer à Mizzi qu'ils vont être obligés de se séparer : elle a besoin d'un riche protecteur car son salaire est trop modeste pour lui permettre de vivre décemment. Lui-même ne pourra pas continuer à tenir son rang si ses revenus se réduisent à sa solde. Leurs situations sont somme toute très comparables. Il lui explique qu'il devra émigrer aux Etats-Unis et travailler pour gagner de l'argent. Mizzi l'assure qu'elle ne l'aime pas pour sa fortune et qu'elle n'a pas l'intention de le quitter. Elle propose spontanément de revendre les bijoux qu'il lui a offerts afin de rembourser ses créanciers. Nicki est ému, mais il ne peut pas accepter. Il demande à la jeune femme de venir souper chez lui après son tour de chant.

Franz revient et remet à son maître les 2 000 francs que lui a donnés le bijoutier. Nicki règle les plus criantes de ses dettes, écrit quelques lettres, donne des ordres à son valet et lui paye ses gages. Resté seul, il va chercher son pistolet et le charge soigneusement. Tout est prêt pour son suicide, après une ultime nuit d'amour avec Mizzi.

On sonne à la porte d'entrée à coups redoublés. Nicki va ouvrir, un étranger fait irruption dans son salon. "Fipe la main rouge" déclare sans honte qu'il est voleur de son état, actuellement poursuivi par les gendarmes, parce qu'il a joué de malchance en agressant son dernier client. Il demande à boire. Amusé, Nicki lui offre du cognac. Les deux hommes engagent la conversation. Le comte s'aperçoit rapidement qu'il a devant lui un homme cultivé qui connaît les usages. Fipe lui apprend à préparer un délicieux cocktail. Nicki lui propose des vêtements corrects et l'invite à se restaurer. Pendant qu'il va chercher bouteilles et costume, Fipe lit d'un rapide coup d'œil les lettres que son hôte vient d'écrire. Comprenant la situation, il enlève les cartouches du revolver et cache le sabre de l'officier. Lorsque Nicki revient, Fipe le menace avec son arme et le ligote sur une chaise. Il lui explique ce faisant les raisons de sa conduite. Lui aussi, lorsqu'il était plus jeune, s'était trouvé dans une situation analogue et avait eu la tentation de mettre fin à ses jours. Mais il avait réfléchi et avait finalement jugé plus normal de se faire bandit. « Dès lors que tous les liens sont rompus avec la société civilisée, le vernis qu'elle impose disparaît bien vite et l'homme primitif, le prédateur, réapparaît. » Fipe soutient que Nicki et lui sont des frères, puisque tous les deux sont exclus de la société. Il se lance ensuite dans un long monologue philosophique. « Mourir pour un idéal d'honneur est une absurdité, ce concept est en vérité une invention de cette chose corrompue, dégénérée et dépravée qu'on appelle société. Le courage authentique n'est pas de quitter la vie pour un idéal vide de sens mais de conquérir chaque lendemain dans un monde qui ne comprend pas et qui ne cherche pas à comprendre. Se battre seul, toujours seul, voilà le courage. »

    Le téléphone sonne, Fipe répond et prend le message. Mizzi a été victime d'un léger accident, elle ne pourra venir retrouver Nicki que le lendemain. Fipe avise sur une étagère un livre qu'il connaît bien, *Paradoxa* (*Paradoxes*), de Max Nordau, « une philosophie pour tous les jours, pour tous les hommes ». Il en recommande la lecture à son hôte et le lui emprunte. Avant de s'en aller, il décline sa véritable identité : il est le prince Otto de Casco, le frère du joueur à qui Nicki doit 10 000 francs. « Cet honorable gentleman, dit-il, tire la majeure partie de ses revenus d'un bordel de la rue L'Humbert. »

    Au matin, Franz découvre Nicki endormi mais toujours attaché. Il lui remet un télégramme : sa tante est morte, elle n'a pas eu le temps de modifier son testament. « Je changerai » dit le comte lorsque le soleil du matin illumine la pièce. « Apporte-moi de quoi m'habiller en civil. »

    Il ne manque à cette pièce aucune des "recettes" du théâtre classique. On sent que Stroheim s'est efforcé de respecter la règle des trois unités. L'action : Nicki va-t-il survivre à son déshonneur ? Le temps : une demi-journée et une nuit. Le lieu : l'appartement de Nicki. Les événements qui semblent arriver par hasard obéissent en réalité à une logique formelle. Nicki perd au jeu une forte somme, il est déshérité : ce sont là les conséquences d'une vie dissolue. Fipe survient à pic, pour résoudre le débat interne qui tourmente Nicki : il est la voix de sa conscience. Lorsque Nicki a compris ce qu'il devait faire et pris de bonnes résolutions, le hasard lui devient favorable. Sa tante meurt avant d'avoir modifié son testament. Il sera dorénavant à l'abri de tout souci d'argent.

    Moralité : aide-toi, le ciel t'aidera ! C'est parce que Nicki a le courage d'affronter la réalité qu'un avenir radieux s'offre à lui. Ce n'est pas pour rien qu'un rayon de soleil entre par la fenêtre ! Nicki découvre qu'il est "au matin" de son existence. Derrière cette morale élémentaire se trouve une thèse un peu moins conventionnelle, plus essentielle, et que Stroheim a mise en évidence en donnant à sa pièce un autre titre : *Brothers*. Car, malgré les apparences, Fipe est du même monde que Nicki, beaucoup plus proche de lui que son propre frère.

Fipe est d'autant plus persuasif qu'il a l'habileté de déculpabiliser son interlocuteur. Il lui démontre que la société est seule responsable de ses erreurs, que c'est elle qui l'a conduit dans l'impasse où il se trouve, qu'elle crée des frontières artificielles entre les hommes, leur impose des valeurs absurdes, fausse leur jugement. Le perroquet, son porte-parole, ne sait que répéter « parasite, bon à rien ».

Cette société est dominée par les instincts les plus vils de ses membres les plus méprisables alors qu'elle étouffe les plus nobles aspirations de son élite. La vraie noblesse exige certes une naissance aristocratique, mais il faut la mériter, la conquérir. « Le courage authentique n'est pas de quitter la vie pour un idéal vide de sens mais de conquérir chaque lendemain dans un monde qui ne comprend pas et qui ne cherche pas à comprendre. »[28] C'est ce combat que Nicki est en train de livrer, ce même combat que Fipe a déjà gagné et que son frère n'a pas eu le courage d'engager. Qu'importe la place qu'ils occupent dans la société. Fipe est un voleur, son frère est riche, Nicki est un officier sans fortune. Mais Fipe est un gentilhomme, son frère un maquereau, quant à Nicki il joindra bientôt l'aisance à la vertu.

Les personnages mis en scène sont à vrai dire des archétypes, tour à tour conventionnels et réalistes. Mizzi, la maîtresse de Nicki, une coquette au grand cœur, pourrait sortir d'un vaudeville ; Fipe, le bandit philosophe, est un héros romantique, cousin germain des brigands de Schiller et d'Hernani. Nicki, son désespoir et son repentir, ne dépareraient pas un roman "à l'eau de rose". Le frère de Fipe, son bordel, sa richesse et son hypocrisie appartiennent sans conteste à la littérature réaliste. Le cas Eppsteiner est plus spécifique. Ce personnage cynique et calculateur est lourdement caricaturé. Et pourtant sa profession d'usurier est jugée moins haïssable que le fait de proposer à Nicki une épouse de confession israélite : « épouser une Miss Kohn, ou Rosebluh - plutôt mourir ». Nicki affirme qu'il n'a aucun préjugé religieux, mais qu'il existe une incompatibilité fondamentale entre les jeunes filles juives et lui. « Je ne sais pas d'où cela me vient, c'est peut-être le sang ». Force est de constater que le héros de *In the Morning* exprime des opinions ouvertement antisémites. Toutefois, cela ne suffit pas à nos yeux pour juger avec impartialité l'auteur de la pièce. Il est possible qu'il soit effectivement antisémite, mais il est également possible qu'il ait sciemment adopté ces idées en espérant qu'elles lui permettraient de mieux dissimuler ses origines juives.

Ecrit en anglais, en Amérique, et pour des Américains, *In the Morning* se passe à Paris chez un aristocrate autrichien. Le sujet, les situations exposées, leurs résolutions ne pourraient pas se concevoir ailleurs qu'en Europe. Stroheim tente le pari d'intéresser un public avec des problèmes qui lui sont a priori totalement étrangers : la conception exacerbée d'un honneur maladif qui s'arrête à des vétilles, les difficultés financières d'un militaire de carrière, la vie mondaine d'un officier attaché d'ambassade. Il compte certainement sur la curiosité des spectateurs attirés par "l'exotisme" de sa pièce. Paris, le bon goût, l'élégance, la galanterie, le champagne... Fipe serait plutôt une concession aux règles du western. Il entre chez Nicki comme dans un saloon, se conduit avec une désinvolture proche du sans-gêne, qui l'autorise à lire le courrier de son hôte. Bandit au grand cœur, il le ligote ensuite sur une chaise afin de l'empêcher de se suicider et d'être inculpé de complicité. A l'issu de ces épreuves, l'Européen décadent est converti à une morale proche de l'idéal américain.

Il y a dans *In the Morning* une explication possible du départ de Stroheim pour l'Amérique, « ce continent moins conventionnel ». On peut aller beaucoup plus loin et considérer cette première œuvre comme un autoportrait et une autobiographie. Il est bien plus astucieux de laisser croire aux gens qu'ils ont découvert à votre insu ce que vous vouliez garder secret. Les jeunes auteurs sont fréquemment enclins à un tel exhibitionnisme et croient devoir se livrer tout entiers dès le début de leur carrière. Stroheim prend toutes précautions pour qu'on ne manque pas d'interpréter sa pièce de cette façon : comme lui, Nicki est autrichien, comte, lieutenant de hussards, et s'appelle aussi Maria. Ainsi l'état civil inventé est une fois de plus officialisé.

On reconnaît sans peine le jeune officier, brillant, joueur et débauché. Mais Fipe la main rouge, aussi, est von Stroheim. Il représente sa conscience, et surtout l'homme idéal qu'il est devenu en Amérique. L'état de brigand n'est jamais qu'un travestissement, un masque de théâtre, comme l'était l'uniforme de lieutenant de hussards.

Quant au fils du chapelier juif, Stroheim le bannit, comme toujours. Nicki "envoie promener" Eppsteiner, ce juif cynique qui aurait pu le sauver. Autant dire que Stroheim refuse de rester juif parmi les juifs. *In the Morning* est l'unique œuvre achevée de Stroheim où il se pose en victime éventuelle du judaïsme et tient des propos aussi violemment antisémites. Il a sans doute assez vite compris que de tels excès risquaient aux Etats-Unis de se retourner contre lui. On retrouvera pourtant des allusions méprisantes à l'égard des israélites dans *Greed* (le personnage de Zerkov, chiffonnier et usurier), et dans le premier tome des *Feux de la Saint-Jean*, un roman tardif paru en 1951 (un certain Nicki Sonderman viole une jeune fille qui se sauve d'un couvent).[29] Mais dans *Paprika*, un récit publié en 1949, Stroheim a écrit : « Le chirurgien israélite, qui avait maintes fois lui-même essuyé les insultes de ces privilégiés de la naissance qui se croient tout permis à l'encontre de ceux qu'ils estiment leur être inférieurs, suivit le blessé avec sollicitude... »[30] Ces quelques exemples donnent un aperçu de la complexité des rapports que Stroheim entretenait avec les juifs et le judaïsme.

Cependant, Nicki / Stroheim ne s'accuse que de péchés véniels et de vertus cardinales. Par la suite, les personnages stroheimiens seront beaucoup plus noirs, exceptés ceux de *The Wedding March*. Mais ce film tire visiblement ses origines de *In the Morning*.

Les Américains ne connaissaient certainement pas les *Paradoxes* de Max Nordau, qui est d'ailleurs presque oublié aujourd'hui.[31] La seule fonction de cet ouvrage dans la pièce est de montrer que Nicki a chez lui la solution de tous ses problèmes, et qu'elle est même déjà en lui. Fipe va le lui révéler. Stroheim avait certainement lu ce livre, paru en Autriche en 1885.

Max Nordau, né en 1849 à Budapest, a écrit en allemand des œuvres diverses, et en particulier des traités de philosophie pratique destinés à tout un chacun. Fils d'un rabbin, il parvint à concilier les principes du positivisme et ses convictions religieuses. Il devint par la suite un partisan fervent du mouvement sioniste, conseiller et porte-parole de Theodor Herzl. Ses ouvrages avaient toutes les raisons de circuler dans la communauté israélite de Vienne. Dans les *Paradoxes*, le positivisme prend manifestement le pas sur l'hébraïsme. C'est l'un des motifs qui font que Stroheim ose citer son coreligionnaire. Nous avons de ce fait la preuve de l'influence exercée sur le jeune auteur par Max Nordau. Le dénouement de la pièce lui doit tout. Le long monologue de Fipe est directement inspiré de ses idées. Et on insiste encore en présentant sur scène le livre lui-même.

Il est clair que Nordau était l'un des auteurs favoris de Stroheim. Il suffit d'ailleurs de lire les *Paradoxes* pour s'en convaincre. On trouve dès le début une critique directe des conventions sociales et des rapports hypocrites auxquels la société contraint les hommes. Cet état d'esprit reste sous-jacent tout au long de l'ouvrage. Il s'exprime souvent sous la forme d'une ironie amère et cynique. « La modestie est un ornement mais on va plus loin sans elle. »[32] Telle est la devise que Nordau décerne à son impudente école du succès. Stroheim l'aurait-il par hasard fréquentée ?

« Parlez toujours, parlez exclusivement, parlez systématiquement de vous. Ne vous inquiétez nullement si cela n'amuse pas les autres. D'abord, cela vous intéresse, vous. Puis, vous empêchez que pendant le temps où vous avez la parole, on parle d'un autre, peut-être d'un rival. Enfin, il reste toujours, même dans la mémoire la plus récalcitrante, quelque chose de ce que vous dites. Naturellement, vous aurez la sagesse élémentaire de ne dire de vous que du bien. Ne vous imposez sous ce rapport aucune gêne, aucune contrainte. Vantez-vous, louez-vous, célébrez-vous, soyez éloquent, enthousiaste, inépuisable. Appliquez-vous les plus magnifiques épithètes, élevez au septième ciel ce que vous faites, avez fait, ou comptez faire, éclairez-le amoureusement de tous les côtés. Vous pouvez aussi inventer sans fausse pudeur. Vous verrez comment ce système vous mènera loin. (...) L'immense majorité, la foule qui fait le succès, vous croira, répétera votre jugement sur vous-même et vous accordera la place que vous aurez usurpée. »[33]

En réalité, Nordau condamne bien plus la dégénérescence d'une société qui encourage de telles pratiques que celui-là même qui en bénéficie. Stroheim a su voir que si cette recette médiatique pouvait porter au pinacle des ambitions sans mérite, elle était aussi susceptible de mettre en lumière les vraies valeurs, et l'homme de talent n'avait aucune raison de se priver de son concours. Toute sa vie durant, Stroheim a ainsi géré avec méthode sa propre campagne publicitaire, d'une manière étonnamment actuelle. Au cours de ses premières années en Amérique, il se livre à une véritable "étude de marché", dont les résultats sont immédiatement utilisés pour parfaire l'image qu'il commercialisera plus tard. Et ceci tout en dénonçant l'aveuglement d'une société capable de succomber à de tels arguments.

Il y a dans les *Paradoxes* beaucoup de chapitres totalement étrangers à notre sujet. Les conceptions racistes de Nordau, sa théorie des peuples dominants sont plutôt surprenantes de la part d'un futur sioniste, mais expliquent son engouement pour Weininger. Nordau, comme Stroheim, s'accommode fort bien des contradictions. Les pages consacrées aux sciences, à la biologie moléculaire, la physique fondamentale et la parapsychologie, peuvent à la rigueur justifier le penchant de Stroheim pour la superstition !

« Un jour viendra où on nous dira pourquoi il existe de par le monde une crainte mêlée de respect pour le chat : Shakespeare détestait les chats... Si vous n'aviez jamais vu un poste de radio, croiriez-vous possible d'avoir de la musique d'orchestre sous la main ? Alors, pourquoi nier le pouvoir du chat ? »[34]

Dans la pièce de Stroheim, les *Paradoxes* sont présentés au public par un hors-la-loi, mais ce hors-la-loi est un être supérieur. Il est de ceux à qui l'on obéit. Il est de ceux qui peuvent prendre sans remercier. Nordau consacre de nombreux paragraphes au sentiment de reconnaissance, dont il conteste l'authenticité. « La reconnaissance ne rend pas la moisson plus riche ni la terre plus florissante, on n'est pas forcé de l'éprouver, et par conséquent on ne l'éprouve point. »[35] De même, le respect filial ne correspond pas à une nécessité organique : « Le mythe antique de Saturne dévorant ses enfants repose sur une conception à rebours de la nature. Ce n'est pas le père qui mange ses rejetons, ce sont ceux-ci qui se nourrissent de leurs parents. Cet ensemble d'égoïsme primitif, puissant et impitoyable n'a rien de choquant. (...) La loi que je pourrais nommer la loi de Saturne renversée, la loi en vertu de laquelle l'engendreur plonge dans les ténèbres en la mesure où l'engendré apparaît à la clarté, cette loi ne souffre pas d'exception. »[36]

Ces propos pourraient constituer la péroraison du plaidoyer qui justifierait la conduite de Stroheim vis-à-vis de sa famille. Ils la décrivent et l'excusent. Si un éminent théoricien, juif de surcroît, estime qu'il est naturel que pour s'accomplir un enfant « plonge ses parents dans les ténèbres », pourquoi Stroheim reprocherait-il au personnage qu'il est devenu de les renier. Et pourtant, sans cette formation qu'il refoule, il n'aurait jamais pu réussir une telle composition. Malgré toutes ces ruptures, Stroheim ne cessera pas d'utiliser, d'exploiter, sa naissance, son enfance et son éducation. Il ne veut ni ne peut anéantir ses souvenirs. Et c'est par un phénomène complexe d'inversion qu'il les remâche en permanence et les exhibe sans les montrer. Souvenons-nous du processus de ses premières métamorphoses.

III

LES ANNEES D'APPRENTISSAGE

Repères Biographiques

Il est maintenant beaucoup plus facile de suivre Erich von Stroheim. Entre 1914 et 1918 les questions sentimentales ne semblent pas avoir tenu une place prépondérante dans son existence, mais tous ses anciens collègues rapportent qu'il n'avait pas l'air d'un homme heureux et ne parlait jamais de sa vie privée. Sa seconde épouse, Mae Jones, ne paraît guère avoir eu d'autre influence sur lui que de le rendre morose. Couturière de son état, elle n'avait ni l'intelligence ni le caractère de Margaret Knox. Elle lui a donné un fils le 25 août 1915, Erich von Stroheim Jr. Ce second épisode conjugal et cette paternité n'ont pas laissé à Stroheim de souvenirs dignes de figurer dans ses mémoires. A cette époque il se consacre entièrement à l'apprentissage du cinéma. Il a trouvé sa voie, il trouve aussi son père spirituel : D. W. Griffith.

Après sa première expérience théâtrale, nous retrouvons Stroheim dans le "cattle-yard" des studios Reliance Majestic. Il attend là, solliciteur anonyme, un éventuel emploi de figurant. Le "parc à bestiaux" était bien connu des acteurs au chômage, des marginaux et autres sans le sou. Le capitaine Benny Lewis, l'un des hypothétiques interprètes de *In the Morning*, lui en aurait montré le chemin. Stroheim connaissait certainement, comme tout le monde à Hollywood, l'ampleur du projet de Griffith : *The Birth of a Nation* (*Naissance d'une nation*), dont le tournage avait commencé le 4 juillet 1914. Il réussit à se faire engager parmi l'innombrable personnel qu'exigeait la reconstitution de la guerre de Sécession. La présence de Stroheim est là formellement attestée, car on le reconnaît encore aujourd'hui à l'écran, portant l'uniforme de l'Union, et grimé en soldat noir. Atteint d'une balle au cœur, il tombe du toit d'une maison.

Que ce petit rôle de cascadeur ait été son premier emploi, ou qu'il ait, en août 1914, figuré (officier à cheval) dans *Captain Macklin* de John O'Brien, une chose est certaine : Stroheim est chez Griffith et il entend bien y rester ! D'abord parce que les prises de vues de *The Birth of a Nation* vont durer jusqu'au 24 septembre. Trois mois de tournage, 108 bobines de négatif, 110 000 dollars. La version définitive durait 3 heures, c'est-à-dire que *The Birth of a Nation* était trois fois plus long qu'un film habituel et avait coûté dix fois plus cher. Mais Stroheim prétend aussi que sa prestation a été remarquée et lui a valu six autres rôles de nègres dans ce même film. Il faut pourtant attendre le mois d'avril 1915 et *The Failure*, de Christy Cabanne, pour qu'il retrouve un engagement. Autrement dit, il aurait vécu près d'un an avec les cachets de ses six nègres, 18 dollars au total ! Stroheim a donc incontestablement été obligé d'avoir recours à d'autres expédients pendant cette période en acceptant dans les studios des emplois moins reluisants. N'a-t-il pas avoué lui-même dans l'éloge funèbre qu'il prononça en 1948 à la mémoire de Griffith qu'il avait eu « l'honneur de balayer les plateaux de ses studios » ?

Ensuite, on trouve de plus en plus de preuves de sa présence. Dans *Ghosts* (*Les revenants*) de George Nichols (juin 1915), il apparaît en employé de bureau arborant favoris et moustache. Dans *Old Heidelberg* (*Le vieil Heidelberg*) de John Emerson (novembre

1915), il figure au générique, il joue Lutz, le très snob valet du prince et s'impose en plus comme conseiller du réalisateur pour filmer les étudiants allemands. Le témoignage d'Anita Loos, scénariste connue qui devait épouser John Emerson, le confirme : « I am a graduate of the University, Sir ! » répondit Stroheim au metteur en scène qui lui demandait s'il connaissait Heidelberg et les traditions des élèves de son université.[1]

Des documents analogues permettent de suivre avec une certaine précision le travail de Stroheim jusqu'en 1918 : il a collaboré, acteur ou assistant, à plus de vingt réalisations.

L'irrésistible ascension d'Erich von Stroheim

On peut se demander pourquoi Erich von Stroheim, attiré certes par l'art dramatique, mais qui n'avait jamais jusqu'alors pensé au cinéma, se décide à ce moment et choisit précisément les studios de Griffith. De nombreuses biographies prétendent que cette démarche a été le résultat d'une longue maturation. Stroheim a par la suite affirmé lui-même qu'il pressentait depuis longtemps les possibilités encore inexploitées du cinéma et qu'il avait été subjugué par le réalisme des films de Griffith, fasciné par le génie de ce metteur en scène. Tout ceci est plausible. Il y a pourtant d'autres raisons plus simples et plus immédiates, pour ne pas dire plus prosaïques, telles que la nécessité de trouver rapidement un gagne-pain, la proximité (toute relative) d'Oakland et de Hollywood, les conseils et l'exemple de ceux qu'il côtoyait à cette époque. Et aussi le côté hasardeux de l'entreprise : se risquer dans un domaine neuf, partiellement inexploré, et dont l'avenir était encore assez aléatoire. Les plus optimistes des habitués du "cattle-yard" se voyaient déjà acteurs et sous contrat. Les plus insensés rêvaient de devenir des stars. On comprend que Stroheim, comédien spontané, très superstitieux de surcroît, n'ait pas résisté au désir de tenter lui aussi sa chance, bien qu'il n'ait jamais eu d'emploi aussi mal rétribué depuis son entrée aux Etats-Unis.

Stroheim va affronter le cinéma comme le jeune émigrant a affronté l'Amérique. Pendant les cinq premières années, il a appris et compris sa nouvelle patrie : il s'est fabriqué une personnalité à sa mesure. Pour se faire une place dans le monde du cinéma, quatre ans d'apprentissage ne seront pas de trop.

On sait que Stroheim a toujours été très ambitieux. Mais si, comme les autres figurants, il était fasciné par la renommée des vedettes, le comte Erich Hans Oswald Karl Maria Stroheim von Nordenwall ne pouvait qu'être séduit par la souveraineté du réalisateur, l'autorité de ses assistants. Il était tout naturel qu'il eût envie de rejoindre cette caste dominante qui se trouvait derrière la caméra et donnait des ordres à tous les autres, car il estimait que sa place n'était pas parmi les subordonnés.

On peut suivre pas à pas sa formation et sa progression en regardant ses emplois successifs.

Le cascadeur de 1914 joue moins d'un an plus tard de petits rôles de composition : l'escroc au monocle de *Farewell to Thee*, le valet de *Old Heidelberg*, un gangster dans *His Picture in the Papers*, un reporter à scandale dans *The Social Secretary* (*Le secrétaire mondain*), un Pharisien (le deuxième) dans *Intolerance*, un officier de police russe armé d'un fouet dans *Panthea*. Dans *ForFrance* (*Pour la France*), film profrançais tourné en août 1917, juste après l'entrée en guerre des Etats-Unis, Stroheim tient le rôle d'un officier prussien : "The Dirty Hun" (le sale boche). Il incarne si bien ce personnage qu'il va le reprendre et l'améliorer dans six autres films de propagande au moins. Simple soudard dans les premiers, *For France, Draft 258*, Stroheim devient de plus en plus odieux. Il va jusqu'à faire fusiller une vieille femme et son petit garçon, avant d'abattre froidement une fillette dans *The Unbeliever* (*Le sceptique*). Ce brillant avancement est momentanément interrompu par Griffith qui désigne pour *Hearts of the World* (*Les cœurs du monde*) un autre acteur pour le rôle de von Strohm (!), le méchant Teuton. Lillian Gish se souvient que Stroheim a fondu en larmes en apprenant cette nouvelle. Il aurait pourtant dû être flatté et heureux car loin de l'écarter, Griffith l'engageait comme conseiller technique. *Hearts of the World* eut cependant beaucoup de succès. Stroheim se consola quelques mois plus tard quand Allen Holubar lui proposa un rôle similaire dans un film presque identique et lui offrit même les honneurs de l'affiche.

The Heart of Humanity (*Le cœur de l'humanité*) est produit par l'Universal, une compagnie rivale. Stroheim réussit à cette occasion une inoubliable composition. Importuné par les cris d'un bébé pendant qu'il déshabille à coups de dents une infirmière qu'il s'apprête à violer, le Prussien Eric (!) von Eberhard empoigne le nourrisson et le jette par la fenêtre du deuxième étage !

Il faut reconnaître que le succès de Stroheim en tant que comédien devait beaucoup à son aspect physique assez exceptionnel et à son jeu instinctif qui le complétait admirablement. Loin d'être une solution de facilité, le créneau qu'il s'était défini lui convenait parfaitement. Il n'était pas très encombré et les circonstances lui assuraient un certain avenir. Il était cependant à prévoir que les "sales boches" ne survivraient guère à la fin des hostilités et qu'un interprète emprisonné dans un seul personnage trop caractérisé ne pouvait pas aspirer à une carrière de premier plan. Aussi, suivant probablement une ligne de conduite préméditée - à moins qu'il n'ait été guidé par une prescience innée - Stroheim n'a-t-il jamais pu s'empêcher d'intervenir dans la mise en scène. Cela dès ses premiers engagements, bien qu'il se soit avéré être un acteur relativement docile.

C'est ainsi qu'il raconte qu'à son premier emploi (*Captain Macklin*) où il figurait comme officier de cavalerie, il avait été choqué de la désinvolture du metteur en scène qui n'accordait aucune importance à l'uniforme qu'il devait revêtir. Puis il avait protesté parce qu'on lui demandait de tenir un étendard : « Le porte-drapeau n'est qu'un sous-officier... »[2] Ces observations n'avaient pas été du goût du réalisateur qui avait vertement rabroué l'insolent "extra" sans tenir compte évidemment de son avis. Ce n'est pas sans raison que Stroheim s'est souvenu de cette anecdote malgré la rebuffade qu'il a essuyée car en plus de sa science militaire, de son souci du détail et de l'exactitude, de son sens du réalisme, elle montre les difficultés qu'il a dû surmonter avant de pouvoir se faire entendre. Et il savoure d'autant mieux sa satisfaction lorsqu'il obtient, un peu plus tard, que les décorations d'Oswald dans *Ghosts* soient remises suivant ses directives dans leur ordre de préséance. Au fur et à mesure des tournages, au fur et à mesure également de ses propres progrès, les interventions de Stroheim et son influence sur la réalisation des films s'affirment. Bien sûr, lorsqu'il évoquera plus tard cette période, il fera preuve d'une imagination débordante pour enjoliver ses aventures. Il insistera sur ses mérites, laissant par exemple entendre qu'il a payé de deux côtes cassées le réalisme de sa première cascade. Il exaltera ses trouvailles ingénieuses, inventera de toute pièce les compliments que les personnes vraiment compétentes lui décernaient. « Très bien, Von ! »[3] fait-il dire à Griffith quand il lui propose d'utiliser des baïonnettes authentiques pour un duel où il devait rencontrer un autre figurant, également ancien militaire.

Son ascension n'en est pas moins incontestable. Le tournage de *Old Heidelberg* a déjà été mentionné. L'apport de Stroheim y est nettement perceptible. La peinture des mœurs estudiantines germaniques, l'exactitude des scènes militaires, sont autant de témoins de l'efficacité du nouveau conseiller technique que John Emerson payait 15 dollars par semaine. Cependant, ce premier poste relativement important est encore trop restrictif pour Stroheim qui s'empresse d'en outrepasser les prérogatives.

Au départ, la nouvelle de Meyer-Förster *Old Heidelberg* était une aimable bluette. Le film est beaucoup plus dramatique car il se passe pendant la guerre qui devient l'un des moteurs de l'intrigue. Il est enrichi de nombreux détails réalistes et sordides nullement prévus par l'auteur. A tel point qu'on peut légitimement considérer cette œuvre comme une préfiguration des films que Stroheim mettra lui-même en scène plus tard. Il est à peu près certain que ces idées narratives et visuelles ont été suggérées à Emerson par son assistant, car ce qu'on connaît des autres œuvres de ce réalisateur ne plaide pas particulièrement en faveur de son imagination. Mais aux apports de Stroheim sont également venus s'ajouter l'influence de Griffith et le souci artistique qui animaient la Fine Art Film Corporation. *Old Heidelberg* montre qu'Erich von Stroheim prenait déjà possession de sa manière future.

Cependant, la liste des postes techniques qu'il a successivement occupés, si elle prouve sa polyvalence et son zèle, ne fait guère apparaître de progression ni d'évolution hiérarchique. On le voit simple assistant, conseiller militaire, premier assistant, directeur artistique, deuxième assistant... Stroheim continuait à seconder John Emerson, qui lui-même était "supervisé" par Griffith : *Old Heidelberg, His Picture in the Papers, Macbeth, The Social Secretary, Less Than the Dust* (*Moins que poussière*), *In Again, Out Again* (*Il court, il court, le furet*), *Wild and Woolly* (*Sa revanche*). Il travailla à deux reprises sous les ordres directs de Griffith, comme assistant sur *Intolerance*, comme conseiller militaire sur *Hearts of the World*. Enfin, il participa à la réalisation de *Panthea*, un film d'Allan Dwan, et à celle de *Draft 258*, un film de Christy Cabanne.

Stroheim menait de front sa carrière de comédien et sa carrière de cinéaste, ce qui en ce temps-là n'avait rien d'exceptionnel. Or, si le metteur en scène a le pouvoir de consacrer des acteurs, le producteur n'a pas celui de créer un metteur en scène. Il peut tout juste le choisir.

En 1918, Stroheim est conscient de sa valeur professionnelle, mais il voit bien que personne ne viendra lui proposer des responsabilités supérieures à celles qu'il assume actuellement. Et il n'a pas la patience d'attendre un hypothétique avancement à l'ancienneté.

Griffith père et fils

Il a été souvent fait allusion au nom de Griffith, autorité suprême des studios où s'accomplit la formation d'Erich von Stroheim. Celui-ci avait pour ce réalisateur une très haute estime qui ressemblait à de la vénération, et ne s'est pas démentie au cours des années. Il faut essayer de comprendre les raisons de l'attrait qu'a exercé Griffith sur Stroheim, en étudiant leurs relations pendant cette période.

Lorsque Griffith tourne *The Birth of a Nation*, il a 39 ans. Il est en pleine possession de son métier, alors que Stroheim, de dix ans plus jeune, en ignore tout. Griffith est un chercheur qui imagine, expérimente et découvre tout ce dont est capable le cinéma. Il apprend le métier qu'il exerce à mesure qu'il l'invente. Bien qu'à un tout autre niveau, Griffith est, comme Stroheim, en apprentissage permanent. Mais ce que Griffith ne sait pas encore, personne ne peut le lui enseigner. Stroheim, par contre, ne pouvait rencontrer meilleur maître. Griffith et lui avaient en commun une égale soif de perfectionner l'art qu'ils exerçaient et de se perfectionner eux-mêmes.

Griffith était la concrétisation du rêve de Stroheim, l'exemple anticipé de l'accomplissement des projets qui hantaient le jeune Autrichien depuis toujours : c'était le grand homme qui s'était fait tout seul et dont le parcours allait servir de modèle au sien. On peut remarquer un certain nombre de similitudes. Stroheim se disait noble. Griffith était un "aristocrate" du Sud des Etats-Unis, car il était issu d'une riche famille du Kentucky ruinée par la guerre de Sécession. Stroheim venait d'un empire anachronique du Vieux Continent, Griffith avait grandi dans la mémoire d'un monde qui n'existait plus. Ils avaient l'un et l'autre été tentés par une carrière militaire bien vite abandonnée. Stroheim avait réussi à effacer ses origines juives. Griffith, selon Kevin Brownlow, « passait dans certains milieux pour un juif antisémite ».[4] Mais il lui était assez indifférent d'être surnommé par ses ennemis « Hook Nose Dave »[5] (Dave au nez crochu). Stroheim par contre a retenu l'expression. Elle l'a sans doute d'autant plus frappé qu'il ne s'est peut-être pas senti lui-même à l'abri d'une telle insulte. Ils avaient également en commun une intelligence, sinon remarquable, du moins parfaitement adaptée à leurs ambitions, une énorme aptitude à apprendre et à travailler, pour tout dire une compétence et un goût innés pour les métiers du spectacle et, surtout chez Stroheim, la volonté d'arriver, de dominer, d'être le premier.

Mais en 1914, Griffith, qui non seulement dirigeait ses propres films mais supervisait aussi bien d'autres réalisations dans ses studios, n'avait aucune raison de distinguer spécialement le nouvel arrivant. Il est, certes, bien connu qu'au cours de ses tournages, il avait l'habitude de consulter, fort démocratiquement, tous ceux qui se trouvaient à sa portée, de l'opérateur aux figurants, en passant par les acteurs et les machinistes. Il ne semble pas qu'Erich von Stroheim ait joui personnellement d'un statut particulier dès ses débuts, ni même plus tard. Les promotions successives qu'il a obtenues, qui lui ont permis de faire partie du personnel permanent des studios, n'étaient probablement pas dues à la sollicitude clairvoyante de D. W. Griffith, mais bien aux progrès et aux coups d'audace stratégiques de l'aspirant réalisateur. Il s'attache au professeur qu'il s'est choisi, élève clandestin et assidu de son tuteur involontaire sur lequel il va littéralement se greffer. Griffith père et fils !

Griffith n'a jamais eu, à proprement parler, de disciple, il n'a jamais eu la prétention de former des cinéastes. Les metteurs en scène de son équipe étaient déjà des professionnels confirmés. En particulier, John Emerson, un ancien acteur de théâtre reconverti dans le cinéma et que Griffith avait engagé dans ses studios comme comédien puis comme réalisateur. Il avait à son actif trois films au moins lorsque Stroheim commença à travailler avec lui. Il est probable que les deux hommes se sont bien entendus. Stroheim a même rappelé à Curtiss comment Emerson lui avait un jour raconté l'histoire de sa vie. On ne peut pourtant pas parler d'amitié, mais plutôt d'une association professionnelle qui a produit huit films sur les dix qu'Emerson a réalisés entre 1915 et 1918. C'est la preuve que Stroheim donnait toute satisfaction au metteur en scène, qui appréciait très certainement sa compétence et son efficacité. La fidélité de Stroheim était toutefois intéressée, dans la mesure où il avait beaucoup de choses à apprendre, où il avait besoin d'acquérir les bases élémentaires et fondamentales des techniques cinématographiques. Si Griffith restait le maître suprême, son autorité ne s'exerçait pas de façon directe. Stroheim a pu la ressentir à travers son instituteur, John Emerson. Mais il n'a pas cru bon de montrer son livret scolaire ! Il ne cite que les anecdotes qui trahissent sa propre supériorité et son intelligence. On a déjà évoqué l'affaire des décorations de *Ghosts*. La critique s'adressait à l'interprète principal du film, qui n'était autre qu'Emerson. C'est ainsi que Stroheim raconte leur première rencontre et se donne le beau rôle. Le novice prend en défaut l'acteur expérimenté. Il emporte la première manche. Cependant, il ne s'agit que d'un point de détail. On ne peut reprocher à Emerson d'ignorer la hiérarchie des décorations allemandes. Quant à Stroheim, il n'a aucun mérite à la connaître. Mais cette science très spécifique n'implique pas le savoir universel... comme la tournure de ce récit se plairait à le faire croire. Avec une grande habileté, Stroheim, sans dissimuler formellement la vérité, impose au lecteur la conclusion qu'il préfère. Elle n'en est que plus crédible.

Peut-on lui reprocher d'avoir passé sous silence quelques-uns des films auxquels il a participé. Par exemple, il ne s'étend pas sur le tournage de *Macbeth* où son influence se manifeste pourtant dans le traitement des objets. Anita Loos se souvient toutefois de certain détail : « Stroheim avait engagé trois jeunes femmes pour jouer le rôle des sorcières de *Macbeth* . Il les avait bardées de fils électriques afin de faire jaillir du bout de leurs doigts des étincelles spectaculaires. Ce truquage avait coûté 10 000 dollars. Mais le courant s'avéra un peu trop puissant. Et avant qu'on ne pût le couper, les trois jeunes personnes s'étaient répandues en véhémentes imprécations que Shakespeare n'aurait pas désavouées. »[6]

Il est évident que Stroheim a dû commettre d'autres bévues au cours de sa formation. Et cette petite histoire contrarie de façon amusante l'assurance avec laquelle il faisait état de son érudition et de l'étendue de ses talents.

Quoi qu'il en soit, les progrès de Stroheim ont été rapides. Il a raconté à Thomas Quinn Curtiss comment il avait réalisé avec Emerson le découpage du film *The Social Secretary* dans le train qui les conduisait de Santa Fe à Chicago. Stroheim ne manque pas de se vanter d'avoir effectué un travail délicat en un temps record et dans des conditions difficiles. Certes, il exagère. Mais cette anecdote montre à l'évidence qu'il maîtrisait déjà la technique du découpage.

Emerson était loin d'être un réalisateur de génie, il doit surtout sa carrière au talent d'acteur et à la popularité de Douglas Fairbanks.

Il n'avait ni l'inspiration ni la renommée de Griffith. Stroheim trouve-t-il a posteriori humiliant d'avoir eu besoin d'apprendre, de n'avoir eu qu'un précepteur modeste ? Prend-t-il au pied de la lettre les *Paradoxes* de Max Nordau qui déclare superflu tout sentiment de reconnaissance désintéressé ? Le fait est qu'il n'a jamais reconnu qu'Emerson avait pu l'aider, et qu'il a toujours parlé de lui avec lucidité. Quelques lignes dictées à Curtiss : « Emerson était d'abord et surtout un metteur en scène de théâtre. Il n'avait pas su utiliser la technique toute nouvelle et si différente du cinéma. Il s'en était obstinément tenu à une reproduction cinématographique de scènes purement statiques. L'attitude d'Emerson à l'égard du cinéma était celle du mépris. Il n'aimait pas Hollywood et ne se trouvait à son aise que dans les milieux du théâtre. »[7] Ce jugement peut sembler désobligeant, mais Anita Loos, qui fut la femme d'Emerson, est bien plus sévère.

Un document tardif permet de préciser l'influence de Griffith dans la formation de Stroheim. Il s'agit de l'émouvant hommage diffusé à la B.B.C. le 31 décembre 1948 quelques mois après le décès de D. W. Griffith.[8] Un géant du cinéma muet rendait hommage à un autre géant du cinéma muet. En un éloge ambivalent, Stroheim exposait tout ce qu'il voulait qu'on sût de Griffith et de lui. « Comme tous les grands hommes, Griffith savait s'entourer d'un personnel compétent. Je fus l'un de ces hommes... »[8]

Tout au long de son discours, Stroheim laissait entendre qu'il avait été le disciple privilégié du maître, et même son fils spirituel. Ainsi, pour la première fois de son existence, il reconnaît publiquement devoir quelque chose à quelqu'un. Il proclame bien haut « Griffith m'a tout appris ». Que ne dit-il plutôt : J'ai tout appris de Griffith ! Car s'il est incontestable que Stroheim s'est formé à l'école de Griffith, il est non moins incontestable que c'est à l'insu du Maître.

Logique des ruptures et des métamorphoses

Au début de 1914, Stroheim n'était qu'un pauvre hère, un raté rêvant de théâtre. En 1918, c'est un cinéaste plein d'avenir. La Grande Guerre n'a pas fait que des victimes ! Stroheim n'a pas pu, ou plutôt n'a pas voulu, retourner en Autriche pour y être mobilisé. Un retour en arrière lui aurait été insupportable et aurait anéanti sa nouvelle personnalité. Le cinéma est pour lui comme une affectation spéciale qui lui permet de participer à l'effort de guerre, sans se renier pour autant. Stroheim sert l'Amérique et prépare aussi sa victoire personnelle.

Incontestablement, Erich von Stroheim apprend son métier et, ce qui est mieux, il en vit. Pendant toutes ces années de formation, il ne néglige aucune occasion de se faire remarquer ni de se faire valoir, dans le but avoué de devenir célèbre et de se rendre indispensable. A cette époque, la caractérisation des personnages était en partie laissée à l'initiative des acteurs. Stroheim ajoute systématiquement quelque petit détail insolite afin de se distinguer et d'accentuer sa présence à l'écran. Un bandeau sur l'œil, un unique gant noir, un brassard de deuil, un monocle, sans parler de sa fameuse coupe de cheveux. Il étend même sa propagande personnelle en dehors des limites des studios. Pendant le tournage de *Sylvia of the Secret Service*, film de guerre réalisé en 1917, Stroheim, plus germanique que jamais, se rend à New York pour se documenter sur les explosifs allemands, techniques d'utilisation, conditionnement, dénomination, tout cela le plus naturellement du monde. L'opération réussit parfaitement : il ne tarde pas à se faire arrêter. Arthur Miller, le caméraman du film, se souvient que la production fut obligée d'intervenir pour disculper "l'espion" et le faire libérer.[9] Stroheim, par la suite, s'est plu à raconter qu'il avait agi en toute naïveté, guidé par sa seule conscience professionnelle et son souci de l'exactitude. Mais aucun de ses collègues ne semble avoir été dupe. Anita Loos rapporte qu'entre deux prises de vues, sans quitter son monocle ni l'uniforme ennemi, il allait se pavaner en calèche découverte dans les allées de Central Park et regardait avec un orgueilleux mépris la foule qui le conspuait.[10] Campagne publicitaire assez risquée (la promenade se terminait généralement au galop) mais suffisamment astucieuse pour attirer l'attention sur le film et sur l'acteur. On reconnaît bien la tactique de Stroheim. Ses mensonges originels et ses connaissances techniques lui procurent des contrats. Ses engagements lui permettent d'entrer en contact avec l'équipe de réalisation, ses interventions d'assister à tout ce qui se passe. Et c'est ainsi qu'il s'instruit sur le tas... le plus discrètement possible. Noblesse oblige !

Ce qui chez tout autre serait le produit d'une évolution banale, d'une simple formation professionnelle, donne lieu chez Stroheim à une nouvelle métamorphose, très différente de celles qui l'ont précédée, en apparence du moins. Le plus frappant est que tout se passe au grand jour, on pourrait dire à ciel ouvert. Stroheim ne cache ni le dénuement de son point de départ, ni les détails de sa trajectoire. Mieux, il s'en vante. Une telle franchise n'est pas dans ses habitudes ! Cette fois-ci, tout est parfaitement licite, jusqu'aux faits initiaux. Point n'est besoin pour le Stroheim de 1918 de renier le Stroheim de 1914, ni même de le réviser rétrospectivement. (Ce qui prouve entre autre que la structure mise en place auparavant se révèle à l'usage tout à fait valable : le travail et les métamorphoses antérieurs n'ont pas été vains). La rupture semble ici progressive et formelle, à moins que l'on ne considère le changement radical qui s'opère dans la mentalité d'Erich von Stroheim quand il décide de se consacrer au cinéma. Il se trouve maintenant confronté à une activité qui nécessite la mobilisation de toutes ses ressources intellectuelles, ce qui ne veut pas dire qu'il puisse se passer d'utiliser son apparence physique. Jamais métamorphose ne fut si laborieuse.

Mais doit-on rappeler que Stroheim n'en était pas à son coup d'essai ni à sa première mutation ? Il s'avère assez souple pour adapter aux circonstances les procédés qui lui ont déjà réussi. En particulier, l'exploitation de toutes les armes dont il dispose. Pour faire valoir son savoir et ses connaissances, il spécule sur l'ignorance des autres. Pour faire admettre les sommets qu'il ambitionne, il se réclame de sa noble hérédité artificielle. Il ajoute à sa supériorité intellectuelle naturelle son courage... et son culot. C'est ainsi que transgressant l'anonymat de ses fonctions, il est sincèrement persuadé de l'intérêt de ses suggestions. Elles ne peuvent qu'améliorer le film... et affirmer les aptitudes et l'imagination de celui qui a su les émettre. Il utilise pour s'imposer derrière la caméra le même principe qui était en train de le spécialiser dans les personnages antipathiques.

Devenu célèbre, Stroheim, toujours fidèle à lui-même, entérinera définitivement sa dernière métamorphose. Le résultat, c'est-à-dire lui, prendra la forme parfaite de "celui à qui Griffith a tout appris". L'évocation ultérieure des étapes sera elle aussi mise en conformité. N'est-ce pas la meilleure solution pour que le passé explique le présent comme il le faut ? Stroheim remettait sans cesse à jour la cohérence de son existence. Il tenait en effet à ce que chacun de ses actes respectât les règles d'une logique dramatique rigoureuse, comme s'il ne pouvait vivre que dans un irréprochable univers de fiction. Avant même de tourner son premier film, Stroheim s'était fait scénariste et réalisateur. Sa logique interne lui imposait maintenant de confirmer ses nouvelles compétences.

IV

BLIND HUSBANDS
(La loi des montagnes)

La Grande Guerre prend fin le 11 novembre 1918 avant la fin du tournage de *The Heart of Humanity*, mais l'Universal n'interrompt pas pour autant la réalisation de ce film de propagande. Erich von Stroheim, qui avait été acteur et conseiller technique d'Allen Holubar, n'avait pas d'autre engagement professionnel en perspective, mais il avait fait la connaissance de Valérie Germonprez qui allait devenir sa troisième femme. C'est par son témoignage que l'on a quelques certitudes sur la biographie de Stroheim à ce moment crucial de sa vie.

En acceptant de travailler pour l'Universal, Stroheim avait rompu avec les studios de Griffith. Il voulait être metteur en scène et avait compris qu'il ne pourrait jamais s'imposer en restant chez le Maître. Il y aurait toujours le grand homme au-dessus de lui, et à ses côtés des gens qui se souviendraient de l'époque où il n'était rien. Stroheim avait déjà un scénario achevé dans sa poche, *The Furnace*. Il a trouvé avec le rôle qu'on lui proposait dans *The Heart of Humanity* un prétexte pour quitter D.W. Griffith. Cette décision contredit une fois de plus l'estime réciproque qui aurait régné entre les deux cinéastes et affirme une nouvelle et décisive rupture dans le cours de l'existence de Stroheim.

The Furnace

The Furnace a été écrit en 1918 en collaboration avec Roberta Lawson. Le scénario est perdu. Arthur Lennig n'a trouvé qu'un rapport de lecture qui en donne un bref résumé et le condamne sans appel.[1] Cependant, sept ans plus tard, Stroheim a soumis à la MGM un "treatment" intitulé *The Crucible* qui s'inspirait de la même trame dramatique. Pendant la guerre, une jeune belge épouse le médecin militaire allemand responsable de la mort de sa sœur. Elle comprend que bien qu'ayant tout tenté pour la sauver il a été obligé d'obéir à une loi irréfragable. La guerre et ses atrocités étaient en accord avec l'actualité, le réalisme devait mettre en valeur l'humanité et les sentiments des personnages. "The Furnace" désigne en effet aussi bien la fournaise, l'enfer de la guerre, que le four de fusion où s'élaborent les alliages, les associations d'éléments différents. Stroheim avait certainement traité avec beaucoup de finesse l'évolution de son héroïne. N'avait-il pas déjà acquis une certaine habitude des personnages animés de contradictions internes ?

Le troisième mariage

Valérie Germonprez savait conduire et avait une auto, elle se souvient d'avoir mené son futur mari chez tous les producteurs dont aucun n'accepta *The Furnace*.

Moins spectaculaire que Margaret Knox, moins insignifiante que Mae Jones, dont il se sépare juste après *Hearts of the World*, Valérie sera la dernière épouse, sinon la dernière compagne, de Stroheim. Ce fut l'apparence un peu insolite de la jeune femme qui attira tout d'abord l'attention d'Erich. Une simple figurante, mais visiblement habillée par un grand couturier, et qui arrivait chaque jour au studio au volant d'une somptueuse Buick. Certains la soupçonnaient d'être une espionne belge... Elle avait en réalité une sœur

couturière et un frère qui travaillait dans la location de voitures. Celui-ci voulait éviter que n'importe qui la raccompagnât. Pour se faire remarquer, Stroheim improvisa une petite comédie. Valérie jouait le rôle d'une conductrice d'ambulance qui évacuait vers l'arrière des soldats blessés. Stroheim l'apostropha :
« - D'où vient cette ambulance ?
- Elle vient du front !
- Aussi propre que ça ! »[2]
Et c'est alors que plongeant ses mains gantées de blanc dans la boue, il se mit en devoir de maculer le véhicule. Valérie ne fut pas insensible à la cour insistante de son soupirant dont elle reconnut bien vite les qualités. Madame Germonprez ne s'opposa pas à des projets d'avenir mais pria sa fille d'attendre qu'Erich ait retrouvé sa liberté. Son divorce d'avec Mae Jones fut officiellement prononcé à la fin du mois de juillet 1919.[3]

Le chemin du pinacle

D'après Valérie Germonprez, la naissance de *The Pinnacle* se situe pendant la longue convalescence de son fiancé après la grippe espagnole. L'idée était peut-être ancienne, mais Stroheim ne l'a développée qu'en 1918. Il jouait chaque soir pour les Germonprez des extraits de son futur film, puis il mettait ses scènes au point, les corrigeant à mesure qu'il progressait dans son travail.

Son scénario achevé, il ne lui restait plus qu'à trouver "le" producteur qui accepte l'œuvre et le metteur en scène. Il ne pouvait pas se présenter chez William Fox ou à la Paramount qui ne jouaient que des valeurs sûres et déjà confirmées par le succès. Il était inutile d'essayer de convaincre les studios trop conservateurs comme la Vitagraph.

« Il voulait réaliser le film. Il est allé voir Carl Laemmle. »[2] Mieux vaut avoir à faire au bon Dieu qu'à ses saints ! Stroheim n'allait pas soumettre son projet à l'Universal mais à Carl Laemmle en personne. Il ne le verrait pas au studio mais chez lui. Jouer ainsi d'audace était bien dans son caractère et lui réussissait. Les démarches traditionnelles ne lui convenaient pas plus que la modestie. Il avait encore sur le cœur le refus de son dernier scénario.

Et Stroheim réussit à forcer la porte de Laemmle et à le convaincre. Il a suffi d'une seule entrevue, initialement prévue pour quelques minutes et qui dura une demi-journée, pour que Stroheim ressorte avec dans sa poche un contrat d'acteur et de metteur en scène.

« Carl Laemmle était un grand du cinéma, doué d'une intuition stupéfiante, fasciné par ce qui était nouveau. En plus c'était un joueur. Il était toujours prêt à vous écouter, c'est comme ça que Stroheim l'a eu. A l'époque Stroheim n'était qu'un petit acteur et un figurant. Mais il était très ambitieux. Il avait écrit une histoire et il avait décidé que M. Laemmle produirait ce film. »[4]

L'entrevue de Laemmle et de Stroheim n'a pas eu de témoin. Néanmoins, il semble logique d'estimer que Laemmle a été convaincu :

— Par la valeur du projet et celle de l'auteur :

Il est bien connu qu'"Oncle Carl" dirigeait les studios de l'Universal "à l'intuition". Tous les historiens qui ont écrit sur le sujet insistent sur la réaction immédiate et positive du producteur. Laemmle a tout de suite perçu dans le récit de Stroheim la promesse d'un grand film. Peut-être l'espoir de "faire la pige" aux autres compagnies a-t-il aussi pesé dans la balance.

Laemmle avait déjà utilisé les services de Stroheim comme acteur et comme assistant. Il connaissait son sérieux et ses qualités professionnelles. Stroheim avait pour lui un autre avantage. Formé à l'école de Griffith il avait pu bénéficier de l'expérience du maître.

— Par le budget plus que modeste réclamé par l'auteur :

Stroheim a su jouer sur la corde sensible de Laemmle, spécialiste des petits budgets et par conséquent des petits salaires. Il lui a fait une offre qu'il ne pouvait pas refuser : il a donné gratuitement le scénario de *The Pinnacle*, n'a exigé aucun salaire pour la mise en scène, et s'est contenté de 200 $ par semaine pour le rôle du personnage principal. Il a de plus fait miroiter aux yeux de Laemmle un budget insignifiant : 10 000 $ (le dixième de ce que le film devait coûter par la suite).

Ainsi, Stroheim propose une affaire exceptionnelle, un jeu où Laemmle ne risque que de gagner. Qui refuserait de parier dans de telles conditions ?

— Par la faconde et les talents de comédien et de conteur de Stroheim :

Valérie von Stroheim a raconté une anecdote fort pittoresque et très significative à ce sujet.⁵ Après son entretien avec Carl Laemmle, Erich von Stroheim dut exposer son projet devant Joe Stern, le "studio manager" de l'Universal. Valérie avait cette fois-ci accompagné Erich. Elle l'attendait à l'extérieur et a pu le voir, se profilant en ombres chinoises sur le rideau de la fenêtre, qui racontait et mimait son film. Cette projection improvisée avait déjà, dit-elle, la puissance du film achevé et lui permettait de suivre exactement la conversation.

— Raisons d'ordre affectif :

Leur commune origine germanique a probablement rapproché les deux hommes. Laemmle était né à Laupheim, une petite ville du sud de l'Allemagne, à une centaine de kilomètres de l'Autriche et des Alpes bavaroises. Il avait quitté son pays à l'âge de dix-sept ans. Sa réussite spectaculaire lui conférait un brevet de patriotisme américain qui lui avait permis de regrouper autour de lui parents et amis de Laupheim, dont beaucoup de juifs. Il ne partageait pas l'antigermanisme qui subsistait aux Etats-Unis mais ne risquait cependant pas d'être accusé de germanophilie.

L'évocation de la vieille Europe, avec ses paysages, ses habitants, ses coutumes, ses superstitions, a pu toucher la sensibilité de Laemmle. De même, il a pu être favorablement impressionné par le culot de son solliciteur et admirer les ruses que le jeune homme avait déployées pour l'approcher, ainsi que la confiance et l'enthousiasme avec lesquelles il avait littéralement imposé son œuvre. Laemmle a certainement apprécié à sa juste valeur la stratégie employée pour le convaincre, depuis l'ingéniosité des arguments jusqu'à leur enchaînement. Il n'aurait pas fait mieux lui-même !

Blind Husbands, car c'est sous ce titre que *The Pinnacle* fut distribué aux Etats-Unis, est l'un des rares films de Stroheim qui subsiste encore dans sa presque totalité. C'est aussi celui qui a été le moins amputé avant d'être montré au public. La copie originale montée par Stroheim durait 1h47. Un monteur de l'Universal, Grant Whytock, chargé par Carl Laemmle de raccourcir le film, le réduisit à 1h32. Il supprima environ 1 300 pieds, un peu plus d'une bobine. L'Universal a présenté le 14 juillet 1924 un nouveau tirage de *Blind*

Husbands. Mais il ne mesurait plus que 7 711 pieds, soit encore 20 minutes de film en moins. Outre la suppression d'intertitres et de détails, une scène toute entière a disparu. C'est de cette copie de 1924 que sont issues toutes celles qui subsistent encore. Cette version définitive ne trahit cependant pas les intentions de l'auteur, et il n'a jamais envisagé de la désavouer. En somme, ce film est pratiquement ce que Stroheim a voulu qu'il fût. Pour ces raisons, et parce c'est une première réalisation, une étude assez complète semble indispensable.

Voici donc le résumé du film tel qu'on peut le voir à la Cinémathèque française.

Synopsis

Un couple d'américains, le docteur Armstrong et sa femme, passent leurs vacances dans les Dolomites, à Cortina d'Ampezzo. Bien que Margaret soit séduisante, son mari ne s'occupe guère d'elle. Un jeune lieutenant autrichien, Erich von Steuben, va profiter de cette situation et tenter de la séduire. Von Steuben est un homme à femmes sans scrupule qui collectionne les conquêtes.

Un ami de longue date du docteur, le guide de haute montagne Sepp Innerkofler, lui fait remarquer le manège de l'officier. Mais Armstrong hausse dédaigneusement les épaules devant l'excès de courtoisie et la cour peu discrète que Steuben fait à sa femme. Il le trouve ridicule avec ses courbettes, ses compliments, ses attentions, ses baisemains. Encouragé par l'indifférence du docteur, le lieutenant se fait encore plus pressant. Il obtient presque de Margaret la promesse d'un rendez-vous. Au dernier moment elle lui fait tenir un billet par lequel elle se rétracte : « J'aime mon mari et mon mari m'aime... »

Sur les pentes du Monte Cristallo. Le docteur Armstrong a prévu cette escalade depuis longtemps et a proposé à Steuben d'y participer. Margaret et Sepp les accompagnent jusqu'à un refuge. Pendant une halte, le docteur aperçoit, dépassant de la poche du lieutenant, le message de Margaret. Il reconnaît de loin l'écriture de sa femme et essaye de s'emparer de la lettre. Mais le billet lui échappe et le vent l'emporte vers la vallée. Le doute s'installe alors dans l'esprit du docteur Armstrong.

L'excursion se poursuit. Armstrong doit sans cesse aider l'officier qui se révèle un bien piètre alpiniste et un sacré froussard.

Une fois le sommet atteint, le docteur prend von Steuben à parti et exige des explications. Il l'étrangle à moitié, menace de le jeter dans le vide s'il ne lui dit pas la vérité. Que s'est-il passé entre lui et sa femme ? Von Steuben, terrorisé, s'accuse pour que cesse l'interrogatoire. Effondré, le docteur lâche le lieutenant. Mais pendant qu'Armstrong a le dos tourné, von Steuben sort un couteau de sa poche. Le docteur l'aperçoit à temps et lui arrache l'arme des mains. Puis il tranche d'un coup sec la corde qui les liait l'un à l'autre et entreprend seul la descente périlleuse, laissant le lieutenant prisonnier de son inexpérience et du vertige. Von Steuben appelle en vain le docteur qui s'éloigne.

Au cours de la descente, le docteur trouve la lettre qui lui avait échappé. Il la lit. Sa femme est innocente. Le lieutenant n'est pas coupable. Le docteur rebrousse chemin pour aller délivrer von Steuben, mais il dévisse et s'évanouit. Une cordée menée par Sepp vient le secourir et le transporte au refuge. Lorsqu'il reprend conscience, Armstrong demande à ses sauveteurs d'aller chercher le lieutenant.

Affolé, celui-ci appelle au secours, hurle de peur. Terrorisé par l'ombre d'un oiseau de proie qui vole au-dessus de la cime du Monte Cristallo, il est au paroxysme de l'angoisse. C'est en se traînant sur le roc qu'il essaye d'amorcer sa descente, mais il lâche prise et tombe dans le vide.

Heureux épilogue. Le même cocher, la même voiture, reconduisent Mr. et Mrs. Armstrong. Le docteur prend la main de sa femme et l'aide à monter. Cette fois, la place de von Steuben est vide.

Stroheim a tiré la leçon du refus de son manuscrit précédent, il met cette fois-ci toutes les chances de son côté. L'intrigue est simple et sans ambiguïté morale, on n'y parle pas de guerre, les décors sont agréables et le cadre pacifique. L'histoire est universelle, Stroheim lui-même, dans ses notes personnelles, a écrit qu'elle pouvait arriver n'importe où à n'importe qui.[6] Pour satisfaire la germanophobie résiduelle du public américain de l'après-guerre, le personnage antipathique est un officier autrichien. Stroheim possède à fond ce sujet et peut en garantir le succès. Ce méchant s'attaque à une Américaine, il est battu dans son propre pays par un Américain. Les patriotes ne manqueront pas de voir une allusion à la défaite de l'Allemagne. Petite touche d'humour, un Autrichien qui a émigré aux

Etats-Unis raconte les mésaventures de deux Américains qui arrivent en Autriche.

Le metteur en scène au travail

Stroheim avait en lui la plupart des matériaux nécessaires à la composition de son histoire et il les a utilisés pour réaliser son film. Il rédigea pour *The Pinnacle* un découpage très précis. Il revendiquait une responsabilité totale et voulait tout maîtriser jusqu'au plus infime détail. S'il l'avait pu, il aurait assumé tous les rôles. Cette concentration de tous les pouvoirs, ce refus de déléguer à ses collaborateurs le droit à l'initiative, est peut-être une des clefs de l'œuvre de Stroheim. Non content de cumuler les postes de metteur en scène et d'acteur principal, il avait aussi convaincu Laemmle de lui confier celui de décorateur. Stroheim sait tout faire, peut tout faire, il veut donc tout faire. Contrairement aux apparences, cette façon de travailler est dans son cas une solution de facilité : pour lui, il est plus simple et plus sûr de réaliser lui-même ce qu'il désire que de l'obtenir d'un autre.

Le "casting"

Le choix des acteurs n'a pas soulevé de difficultés majeures, étant donné que le rôle essentiel, le plus complexe, était tenu par le principal intéressé. Pour le docteur et sa femme, il suffisait de constituer un couple d'"Américains lambda". Une jeune femme sentimentale, jolie et distinguée, un homme sûr de lui, honnête et sportif. Le personnage du guide, philosophe pittoresque et bienveillant, avait été découvert avant même que le scénario ne fût écrit. Il n'est pas impossible que la personnalité de Gibson Gowland ait influencé l'imagination de Stroheim pendant qu'il composait le rôle de Sepp. Cependant, Sepp Innerkofler a réellement existé. Toute une dynastie de guides illustres porte ce nom.[7] Sepp, né en 1865, est mort au combat le 4 juillet 1915. Il a réussi bon nombre de "premières" fort difficiles, en particulier l'ascension du Cima Picola di Lavaredo par la face nord. Stroheim lui a dédié *Blind Husbands*. On peut lire au début du film : « Dedicated to Sepp Innerkofler, mountain guide, who risked his life to save others and finally sacrificed it on Monte Cristallo ». (Dédié à Sepp Innerkofler, guide de montagne, qui risquait sa vie pour sauver celle des autres et en fit le sacrifice sur le Monte Cristallo.) Cette fin tragique fut en réalité celle de Michael Innerkofler, un cousin de Sepp, plus célèbre que lui, et qui fut l'un des précurseurs de l'alpinisme moderne. Il trouva la mort en 1888, victime de la rupture d'un pont de neige à la descente du Monte Cristallo en compagnie de deux clients. Cet amalgame a permis à Stroheim de camper un héros plus fort et aussi d'éviter toute allusion aux ennemis tués à la guerre.

Les décors

Le petit village alpin de *Blind Husbands* fut construit spécialement pour le film sur les plaines de l'Universal. Réalisé avec beaucoup de soin et de finesse, il apparaît, encore aujourd'hui, relativement naturel. En 1919, on crut que Stroheim était allé tourner dans le Tyrol ! Cela prouve à nouveau les dons innés d'observation qu'il possédait dès son enfance (rappelons qu'il n'est allé dans les Alpes que pendant ses vacances scolaires), l'excellence de sa mémoire visuelle, et son aptitude à reconstituer ce qu'il a connu.

Une scène pourtant fut tournée en décors naturels. Lorsque le mari et l'amant supposé se battent au bord d'un gouffre. Pour le sommet dramatique de *The Pinnacle*, Stroheim désirait le maximum de réalisme. Il trouva aux Etats-Unis une montagne dont l'aspect se rapprochait du relief caractéristique des Dolomites. L'équipe de tournage ne quitta pas la Californie et se transporta pour trois semaines près d'Idlewild, dans le comté de San Bernardino, à 3 000 m d'altitude. Stroheim avait prévu que le jeu des acteurs serait d'autant plus convaincant s'ils avaient à côté d'eux un véritable précipice, et s'ils ressentaient effectivement les effets de l'air raréfié. Le véritable Monte Cristallo culmine à 3 199 m. Pour repérer une montagne américaine conforme à ses souvenirs européens, Stroheim avait pris au préalable la peine de convertir en pieds, très scrupuleusement, cette altitude (« 3 199 m = 10,495 ft »).[8]

Le tournage

Comme il s'agissait du premier film d'un inconnu, où ne jouait aucune vedette et dont le budget annoncé était plus que modeste, aucun journaliste ne s'intéressa au tournage. *The Pinnacle* fut réalisé en 10 semaines. Malgré tout le soin que Stroheim avait apporté à la préparation des prises de vues, il ne cessa de modifier son script d'un bout à l'autre du tournage. Inlassablement, il ajoutait ou supprimait des actions et des personnages. Et au dire de ses collaborateurs, les additions l'emportaient de beaucoup sur les soustractions ! Stroheim retouche son œuvre comme le peintre sa toile, l'écrivain son manuscrit. Nous reconnaissons ce perfectionnisme. C'est le même qui anime à chaque instant Erich von Stroheim sous l'identité qu'il s'est composée et qu'il n'arrête pas de fignoler. Il travaille comme il vit.

Cette astreinte permanente avait conféré à Stroheim une solide expérience en le rendant terriblement exigeant pour lui comme pour les autres. Il faut que ses interprètes se haussent à son niveau, sous ses ordres, ne serait-ce que l'espace d'un instant. Mais il est plus facile de jouer au cinéma que dans la vie : on peut recommencer. Erich von Stroheim ne s'en est pas privé, d'emblée il s'accoutuma à multiplier les prises. Il faisait reprendre les scènes jusqu'à ce qu'enfin le jeu des acteurs reproduise exactement le plan idéal qu'il avait en tête. Alors seulement, il passait à autre chose.

La post-production

Conséquence directe des méthodes de tournage qu'il avait appliquées, Stroheim se retrouvait à la tête d'un métrage de rushes plus qu'impressionnant. Il passa des mois dans la salle de montage, cherchant sans grand enthousiasme le moyen de réduire la durée de son film sans l'appauvrir. Afin d'activer son travail et d'obtenir que Stroheim fît quelques sacrifices, l'Universal lui imposa la collaboration de Grant Whytock, un monteur expérimenté. Il raccourcit le film en éliminant ce que Stroheim appelle « une bobine entière »[9] et que Whytock mentionne comme « presque rien »[10] !

A l'ombre des maris

Rien ne semble permettre a priori de se prononcer sur la date exacte à laquelle *Blind Husbands* est censé se dérouler. Vêtements, uniformes et moyens de transport prouvent que l'action est contemporaine. Le dossier de presse qui accompagnait le film à sa sortie indiquait qu'il se passait « trois ans après la dernière guerre »[11]... c'est-à-dire en 1921, donc deux ans dans le futur ! Il y a là une petite énigme. Il est bien évident que *Blind Husbands* n'est pas un film d'anticipation et que cette invraisemblance dissimule la question embarrassante : l'histoire se passe-t-elle avant ou après la guerre de 1914 ? En 1919, l'opinion publique ne conçoit pas d'autre possibilité que la seconde. Il serait insultant de faire revivre des temps où les Alliés n'avaient pas encore remporté la victoire. Pourtant, que penser d'un couple américain qui passe ses vacances en Autriche ? Que penser de l'attitude arrogante et dominatrice du lieutenant von Steuben ? Les Autrichiens ne semblent pas meurtris par la guerre. On ne voit dans le village ni blessé ni jeune mutilé. (Alors que dans *Foolish Wives* (*Folies de femmes*) les anciens combattants pullulent). Autre anachronisme, Cortina d'Ampezzo et tout le Tyrol du sud font partie du Royaume d'Italie depuis le traité de Saint-Germain (10 septembre 1919). Or rien dans le film ne montre ce changement. La première scène se passe dans une calèche marquée du cor de chasse emblème des transports autrichiens. On peut lire sur ses flancs « Österreichischepost ». Il y a dans la voiture un officier en uniforme de parade qui arrive... comme en pays conquis ! Il appartient à l'armée impériale alors que l'Autriche vaincue est devenu république. Toutes ces incohérences situent manifestement l'action de *Blind Husbands* avant 1914, malgré un étrange intertitre prévu par Stroheim dans son scénario : « Le lieutenant, dit Margaret, a escaladé tous les sommets de la région pendant la guerre. Je l'ai entendu en parler...»[12] Fanfaronnade hors de propos, Stroheim a bien vite supprimé cette réplique. Ainsi se trouvent également justifiées la présence d'autres touristes américains, les allusions aux séjours précédents du docteur Armstrong, sa popularité parmi les habitants du village et son amitié avec Sepp. Une note manuscrite de Stroheim, retrouvée dans les archives de la Cinémathèque française vient confirmer ces déductions : l'intrigue se déroule très exactement en 1913.[8]

Stroheim, arrivé aux Etats-Unis en 1909, n'a pas revu l'Europe depuis la guerre. Il lui a semblé logique d'utiliser ses souvenirs personnels et de mettre en scène ce qu'il connaissait bien. Son goût pour le réalisme justifie également ce parti pris.

Pour éviter de compromettre l'avenir du film, Stroheim et l'Universal ont d'un commun accord jugé plus prudent de brouiller les pistes. Le metteur en scène a observé un certain flou temporel. Le département publicitaire du studio s'est montré moins circonspect.

Lieutenant E.v.S.

La forme narrative adoptée par Stroheim suit également tous les protagonistes sans se fixer sur l'un d'eux en particulier. C'est le "point de vue de Dieu". Il en sera du reste ainsi dans tous ses autres films. Ce phénomène s'inscrit tout à fait dans la logique impérialiste de l'auteur. Par ce choix, Stroheim manœuvre à son gré tous ses personnages et en particulier von Steuben, qu'il interprète personnellement.

Lorsqu'il écrivit *Blind Husbands*, Stroheim n'était déjà plus un auteur débutant. Il n'en fut pas pour autant moins avare de lui-même. La chose était assez compliquée, car il se trouvait aux prises avec deux autobiographies, la vraie, qu'il ne pouvait pas divulguer et la fausse, qu'il construisait au fil des jours. Erich von Steuben a le prénom et les initiales de son créateur. Son uniforme, son grade et son régiment sont ceux sous lesquels Stroheim prétend avoir servi dans l'armée autrichienne. Les décorations, Médaille Commémorative de l'Annexion de la Bosnie-Herzégovine, Croix de François-Joseph, sont celles qu'il s'était décernées lui-même, une fois en Amérique. La femme que von Steuben entend séduire s'appelle Margaret, tout comme la première épouse de von Stroheim. Mais il ne faudrait pas voir là les mémoires d'Erich von Stroheim. Steuben n'est pas Stroheim. Pourtant Stroheim a été Steuben. Rien n'est fortuit dans ce rôle conçu par lui et pour lui.

Tout a été fait pour que le public identifie le héros de fiction à l'homme qui lui prête son apparence. Mais à part le succès, qu'attend donc Stroheim de sa prestation et de son œuvre ? Qu'on le prenne pour un homme à femmes, qu'on lui prête des aventures plus ou moins scabreuses, une jeunesse de débauche ? On se pose des questions à son sujet : il ne demande que cela, tout heureux de faire connaître "son" passé à l'Amérique et de recruter parmi les spectateurs autant de témoins sincères et apocryphes. Stroheim jusqu'alors n'avait pu transmettre sa légende qu'occasionnellement, de bouche à oreille : désormais, le monde entier va l'accepter, la répéter et la confirmer. Si certains s'avéraient assez bêtes et méchants pour voir en lui l'archétype du salaud, Stroheim ne ferait que s'en réjouir.

Même à l'écran, il serait malséant pour un aristocrate de faire étalage de ses vertus. Mais va-t-on croire qu'il se livre à une confession publique lorsqu'il accepte de passer pour un vil suborneur doublé d'un lâche. On pensera seulement qu'il est lucide et considère ceux de son rang sans indulgence mais avec discernement. En ce qui le concerne, il a forcément noirci le tableau. Le comte Erich von Stroheim n'a jamais été assassiné par un mari jaloux ! On pourra douter de l'authenticité de l'histoire qu'il raconte, on pourra douter de ses vices, on ne doutera pas de sa noblesse. Stroheim feint de se livrer inconsciemment aux spectateurs, pour mieux les appâter et pour qu'ils s'intéressent à lui. Ils se poseront de nouvelles questions mais n'envisageront pas d'autres réponses que celles qui leur sont suggérées par le film. On remarquera, sans vraiment le lui reprocher, son caractère autoritaire, sa façon de commander et de se faire obéir, ainsi que son attitude supérieure vis-à-vis des roturiers. Il a pour le docteur une indifférence tout juste polie, il est franchement insolent avec Sepp. Lorsqu'il le voit pour la première fois, il ne peut réprimer un mouvement de recul avant de détailler d'un regard dédaigneux ses vêtements fatigués. Mais ce qui chez Steuben est caricature apparaîtra chez le metteur en scène et chez l'acteur comme autant de qualités professionnelles.

Le metteur en scène Erich von Stroheim dirige l'acteur qui joue Erich von Steuben. Autrement dit, dans sa réalité personnelle, Stroheim se place au-dessus de l'image qu'il veut donner de lui. C'est aussi pourquoi le scénario n'est pas écrit du point de vue de Steuben. L'"extra" d'hier est devenu "Director", et cet inconnu va devenir célèbre. Pour se hausser au pinacle, Stroheim s'est certes projeté dans son œuvre mais d'une manière bien particulière et très surprenante. Nous avons vu que Steuben n'est pas l'aristocrate qu'est devenu Stroheim en 1919. Il serait encore plus invraisemblable de l'identifier au petit juif qui habitait à Vienne. Mais c'est pourtant ce petit juif qui a créé le personnage de Steuben, car lui seul a pu approcher et voir sous cet angle les officiers de l'armée impériale. Entre le scénario de *Blind Husbands* et le film, une scène extrêmement révélatrice a disparu.[12] Il s'agissait de l'évocation par Steuben d'un glorieux épisode où il aidait deux soldats à escalader une montagne sous le feu de l'artillerie ennemie. Un intertitre interrompait brutalement ce tableau et l'on voyait ensuite von Steuben et un sergent fourrier occupés à vérifier un stock de vareuses et de pantalons d'uniformes. « And this was the hero's real occupation... » (Et voici quelle était en réalité l'affectation du héros...) Effectivement, on a vu qu'Erich Stroheim avait fait son service militaire dans l'intendance. Et c'est là que Steuben rejoint parfaitement son créateur, qu'il dépasse par contre en exagération dans la première partie. Mais le juste démenti infligé à von Steuben est une authentique confession autobiographique de Stroheim. La vérité était vraiment trop vraie pour être bonne à dire. D'autant plus que les deux jeunes filles devant lesquelles il se pavanait étaient juives.[13] C'était grâce à elles que l'imposture du héros était révélée aux spectateurs. Une démarche bien téméraire de la part d'Erich Stroheim... La scène n'a jamais été tournée. Etrange situation, le lieutenant de *Blind Husbands* n'est autre que le Stroheim de 1906 vu et jugé par celui de 1919.

« Je suis la plaie et le couteau !
Je suis le soufflet et la joue !
Je suis les membres et la roue,
Et la victime et le bourreau ! »[14]

Charles Baudelaire

Voici peut-être pourquoi von Steuben, malgré ses outrances, est si juste, si réel. Il existe pour le public comme il a existé pour Erich Stroheim, avec autant de force. Mais il n'est en fait qu'une entité abstraite qui s'oppose à Stroheim et à tout ce qu'il a été et prétendu être.

L'ambition de Stroheim était entre autre de devenir célèbre. Comme son personnage de prédilection, le vilain Teuton, est dans une impasse, le public et les producteurs le boudant également, il va le prendre en main. En assurant sa propre mise en scène, Stroheim va donner un nouveau souffle à son héros antipathique, il imposera sa présence et le promettra à un glorieux avenir. Mais ses nouvelles fonctions de metteur en scène vont lui permettre d'accomplir son plus grand chef-d'œuvre : lui-même. Il vivait sur un passé inventé relativement fragile. Le cinéma, en divulguant ses mensonges, les rend insoupçonnables, les transforme en vérités irréfutables. Dans ses *Paradoxes*, Nordau conseille, non sans cynisme, à l'homme qui veut réussir, de dire au plus grand nombre tout le bien qu'il veut que l'on pense de lui.[15] Ainsi, les contradicteurs éventuels sont mis en minorité et jouent en vain les Cassandre. Stroheim n'oublie pas son livre de chevet, et convertit ainsi ce qui n'était qu'une conception intellectuelle en réalité. Tout ce qu'il filme est authentifié. Le cinéma apporte à son curriculum vitæ tous les certificats d'origine qui lui manquaient. Ironie suprême, l'imaginaire se matérialise grâce à l'illusion. Ce prodige est pour Stroheim une telle aubaine qu'il ne pourra plus s'en passer.

Le génie dramatique

Si Stroheim n'avait eu de dispositions que pour l'imposture, il n'aurait jamais pu mener ses mensonges et lui-même aussi loin. Rappelons-nous qu'il a derrière lui une profonde connaissance des studios et de nombreuses années d'apprentissage aux côtés de cinéastes confirmés, qu'il a déjà composé quelques projets de réalisations théâtrales ou cinématographiques, et que s'il n'a pas de diplômes universitaires, il possède tout de même une certaine culture européenne. Stroheim est avant tout un artiste. Et le talent qu'il avait déployé pour se façonner lui-même va se retrouver au service de son œuvre cinématographique. Stroheim va faire profiter son public de ses aptitudes remarquables qui ne servaient auparavant que sa propre personne. *Blind Husbands* est la première manifestation, et peut-être l'une des plus significatives, de l'habileté cinématographique de son auteur.

On a, dès les premières images, la démonstration de la maîtrise de Stroheim qui met en place la trame dramatique et lance simultanément l'action. En deux plans, nous faisons la connaissance du guide et de ses montagnes. Un intertitre précise : « Silent Sepp, a son of the mountains » (Sepp le silencieux, un fils de la montagne). L'immuable va prendre vie avec l'arrivée du docteur Armstrong. Le segment suivant est nettement séparé du précédent par une ouverture au noir. Après l'impassible sérénité, l'inéluctable agitation. Une voiture de poste, tirée par deux chevaux, traverse le paysage. Assis sur les banquettes, les trois acteurs principaux sont déjà en présence. La rencontre fortuite du lieutenant von Steuben et des époux Armstrong est le principe, au sens propre du terme, de tout le film.

Stroheim a su concevoir d'emblée une scène d'apparence très simple qui contient en puissance l'histoire à venir. Cette prouesse mérite qu'on examine de plus près l'articulation de tout son prologue.

Stroheim présente d'abord Mrs. Armstrong. Son visage est dissimulé par une voilette blanche. Quand elle la soulève, on saisit son regard pendant un court instant. Par ce geste simple et gracieux, elle devient séduisante et désirable. Le plan suivant montre le docteur. Il fume la pipe, il lit, exactement comme Sepp dans la scène précédente. Cette similitude montre la réciprocité de l'amitié entre les deux hommes. En outre, ce lien visuel les associe clairement dans l'esprit du spectateur. Il est significatif que Stroheim ait présenté successivement et séparément le docteur et sa femme. La caméra se fixe à nouveau sur celle-ci qui visiblement s'ennuie. Elle se penche un peu hors de la voiture et regarde au loin, à l'extérieur. On peut interpréter ce regard. Sans qu'elle en soit consciente, Margaret est déjà prête à s'aventurer hors des liens étroits de son mariage. Ce coup d'œil au dehors résume à lui seul son attitude future.

Sur le siège d'en face, tiré à quatre épingles, le jeune lieutenant autrichien : Erich von Steuben. Ses mains gantées de blanc sont posées sur le pommeau de son sabre, sabre qu'il tient bien entendu entre ses jambes. Cette allusion, amusante aujourd'hui, a très certainement choqué en 1919, mais elle en dit long sur le personnage. Le lieutenant est tout entier dans son sabre ! Ainsi en sera-t-il pendant tout le film. Au cas où le spectateur n'aurait pas saisi ce délicat symbolisme, un intertitre précise que le lieutenant ne s'intéresse qu'à « trois choses : les femmes, le vin et les chansons ». Après avoir ajusté son monocle, Steuben observe d'un œil de connaisseur le visage de la femme. Puis il regarde ses chevilles. C'était à l'époque les seuls centimètres carrés de peau qu'une honnête femme pouvait se permettre de montrer. Mais il était de bon ton que les messieurs ne les regardassent pas !

Enfin, pour la première fois, Stroheim réunit à l'image le mari et la femme. Ils sont assis côte à côte sur la banquette de la voiture. La femme s'agite, regarde hors de la calèche, à l'avant, se retourne vers son mari... Après ce jeu de regard impertinent de Steuben, tout se passe comme si, soudain effrayée, elle se réfugiait au sein du couple. Ces jeux de scène et la manière dont Stroheim les a filmés préfigurent l'attitude future de Margaret. Acceptant d'abord les hommages, elle se ressaisira et reviendra à son mari. Pour l'instant, elle est la proie idéale pour un séducteur. D'autant que son mari ne semble ni très attentif ni prompt à la réaction.

Un intertitre, « Robert, quelle heure est-il ? », reste sans réponse. Ce moment d'inattention de la part du docteur est probablement involontaire, ce n'en est pas moins cette maladresse qui va déclencher la machine infernale. De la conjonction de l'erreur et du hasard naît le drame. Le lieutenant profite immédiatement de l'occasion : il donne le renseignement que l'on demandait au mari. Au geste de remerciement de Margaret il répond par un galant salut militaire. Ce comportement plein de déférence et de respect est contredit dans la dernière image où on le voit qui passe à la dérobée le bout d'une langue gourmande sur ses lèvres sensuelles.

La satisfaction de l'officier anticipe sur le succès qu'il escompte. Il vient d'expérimenter l'efficacité de la stratégie qu'inconsciemment Armstrong lui a livrée. Von Steuben agira à l'inverse du docteur, il guettera les moindres désirs de Margaret pour les satisfaire sur le champ. Ainsi, Stroheim crée ses héros par le biais de leurs actes, de leurs gestes et de leurs attitudes, comme le feront plus tard Steinbeck, Dos Passos ou Faulkner.

Par delà les solutions qui servent le scénario et son adaptation cinématographique, d'autres préoccupations transparaissent, plus spécifiquement liées à la personnalité d'Erich von Stroheim. Se dessinent déjà les oppositions entre la franchise et la duplicité, le vice et la pureté, la sexualité et le puritanisme. Cette problématique se poursuit du reste pendant tout le film, et s'étend à d'autres questions, telles que la religion, la justice, le destin.

La carte du tendre selon Erich von Stroheim

Pour le comte Erich von Steuben, conquérir une jolie femme n'est qu'une partie de chasse. La contrée semble giboyeuse : d'aimables soubrettes, facile ; une femme du monde, plus intéressant ; une jeune mariée, hors de portée. Effectivement, une paysanne et une servante ont tôt fait de se retrouver dans sa carnassière. Tout est d'ailleurs dans le manuel du parfait séducteur :
1) attirer dehors la jeune personne
2) prendre sa main
3) formule magique : « This wonderful night is ours... Yours and mine... Since I saw you I forgot everything else... I see and feel nothing but you... and this eternal mountain seems to smile upon us... And even the good old moon... seems to give us his blessing... I love you. » (Cette nuit merveilleuse est à nous... A vous et à moi... Depuis que je vous ai vu j'ai oublié tout le reste... Je ne vois que vous, je ne pense qu'à vous... Ces montagnes éternelles semblent nous sourire... et même cette bonne vieille lune... a l'air de nous donner sa bénédiction... Je vous aime.)
4) un baiser passionné.

Le succès est assuré. Mais Margaret appartient à une autre espèce. En technicien avisé, le lieutenant s'en est tout de suite rendu compte. Et ce n'est que pour la forme, et la joie des spectateurs, qu'il essaye sur elle son incantation lunaire. Pour elle, il va devoir déployer tout son art cynégétique, dans une longue et captivante traque. La psychologie de Margaret est relativement simple, et Steuben a vite compris que pour parvenir à ses fins, il devait lui faire prendre conscience de son insatisfaction. Il va alors se déguiser et façonner son apparence d'après les souhaits secrets de Margaret. Il va se transformer en chevalier servant, déférent, galant et attentionné, usurper les traits du soupirant romantique et passionné. En somme, une métamorphose passagère, bien dans la manière d'Erich von Stroheim. Le chasseur, cela va de soi, ne tombe pas dans son propre piège. La séduction ne l'intéresse pas pour elle-même. Il s'est fixé un but précis et lui seul compte. Dans *Blind Husbands*, des allusions plus directes viennent se superposer aux élégants préambules de l'amour courtois : la position suggestive du sabre de Steuben, le jeu de sa langue sur ses lèvres lorsqu'il voit Margaret pour la première fois. Il utilise alors son monocle pour montrer qu'il la regarde, et qu'il regarde de manière insistante et même un peu perverse, avec un seul œil. Viendra ensuite le temps des attentions, des menus services et des petits cadeaux, qui ne dépassent pas en apparence les limites de la bienséance. Jusqu'à ce que Steuben achète pour Margaret un coffret ancien en bois sculpté. Le docteur est parti en montagne, Margaret est seule dans sa chambre, Steuben vient lui offrir l'objet. Ruse ou réalité, il entend du bruit dans l'escalier. Et pour que Mme Armstrong ne soit pas compromise, il se réfugie dans sa chambre... La place est investie ! Il exploite immédiatement cet avantage, devient pressant, caresse la jeune femme, l'enlace, l'embrasse, en proie à son désir. Elle ne répond pas tout à fait à son ardeur, sinon par une phrase : « I promise... but let me time » (Laissez-moi du temps... Plus tard, je vous le promets). En toile de fond la caméra montre le lit conjugal. Margaret est sur le point de succomber mais elle se ressaisit. Le lieutenant se retire. Le lendemain matin, elle trouve un bouquet d'edelweiss et une carte de visite dans ses bottines, devant la porte de sa chambre. Discret hommage, si l'on veut...

L'uniforme, pour les conquêtes ordinaires, n'intervient qu'en vertu de son prestige. Auprès de Margaret, c'est un gage d'aristocratie. Pour Erich von Stroheim, c'est un certificat de virilité. Une seconde peau, qui met en valeur son corps, et qui lui permet d'observer une élégance raffinée qui serait ambiguë chez un civil. Le soin excessif qu'il apporte à sa toilette est digne d'une courtisane. Son ordonnance joue les habilleuses, brosse pour un ultime dépoussiérage ses vêtements déjà enfilés, et le parfume avec abondance, pendant qu'il lève complaisamment les bras. Il ne s'habille que pour le moment où il va se déshabiller ! Lorsqu'il escompte un dénouement imminent, il troque sa tenue favorite contre une robe de chambre en soie brodée, parfaitement déplacée dans le refuge de haute montagne où il entend forcer la porte de Margaret.

Cependant le lieutenant ne recherche que la possession physique, l'âme de ses victimes ne l'intéresse guère. Il n'a ni l'intelligence, ni non plus la perversité de Don Juan. Von Steuben est un homme à femmes honnête, relativement moral. Il collectionne les aventures éphémères et n'envisage probablement pas que l'une d'elle puisse briser un couple. Il pense sincèrement qu'il va faire le bonheur de ses maîtresses et n'aurait aucun plaisir à ce qu'elles soient acculées au désespoir. De fait, Steuben n'accorde pas la moindre estime aux femmes en général, et ne fait appel à leur sensibilité que pour les faire céder.

Pourrait-on croire que ces conceptions sont aussi celles de Stroheim ? En moins de quatre ans, il s'est marié deux fois, et il est sur le point de récidiver. On a vu comment il avait fait sa cour auprès de Margaret Knox, et il serait aisé de trouver dans *Blind Husbands* des réminiscences de cet épisode. Il avait été séduit par l'intelligence, la culture et la force de caractère de cette femme, pourtant leur couple n'a pas résisté bien longtemps. Il épousa ensuite Mae Jones qui se situait résolument aux antipodes de la femme qu'il venait de quitter, et supporta encore moins cette compagne trop insignifiante. Valérie Germonprez incarne aux yeux de Stroheim le juste milieu. Détail amusant, elle apparaît dans le film sous les traits de la jeune mariée. Gracieuse attention de la part de son fiancé, promotion intéressante pour elle qui n'avait jamais été que figurante. Il ne semble pas que Stroheim ait jamais envisagé de lui donner le rôle de Margaret. Peut-être entendait-il conserver son ascendant sur elle, peut-être redoutait-il de mettre à l'épreuve la vertu de sa future épouse, peut-être avait-il peur de devenir jaloux de von Steuben ! La seule réplique de Valérie, « J'espère que tu ne me négligeras jamais comme cela », traduit en fait la promesse que lui fait son futur mari. Cette recette de bonheur conjugal est plus que simpliste. Elle suffit aux jeunes mariés et aux êtres au cœur pur, comme Sepp, qui dit au docteur à la fin du film : « Be good to her. I know few things, but she needs love » (Soyez bon pour elle. Je sais peu de chose, mais je sais qu'elle a besoin d'amour). Mais cet état de grâce est si fugace, si fragile et si rare que la félicité que pourrait apporter l'amour reste un idéal inaccessible. Et le mari est responsable d'une situation aussi désespérante. Aveu de culpabilité et surtout revendication d'autorité. Si Stroheim n'accuse pas les femmes, ce n'est pas un hommage qu'il rend à leur sexe, mais l'affirmation de sa supériorité de mâle. Passives, aussi incapables de prendre une décision que de la suivre, elles n'existent que dirigées par un homme. On retrouve dans ce film le mépris des femmes et la misogynie condescendante que professait Weininger. L'amant les conduit à la perdition, le mari les protège et les ramène dans le droit chemin. Il atteint le sommet de la générosité lorsqu'il distille quelques preuves d'amour.

Blind Husbands aborde les problèmes d'un couple sur le point de se désunir. Sujet neuf pour le cinéma, extrêmement choquant pour l'Amérique de 1919, où les divorces se multipliaient malgré la persistance du puritanisme. Cette contradiction avait frappé Erich von Stroheim qui l'a souvent dénoncée.[16] Mr. et Mrs. Armstrong sont mariés depuis dix ans. C'est tout juste s'ils se parlent, aucun des deux ne fait l'effort de s'intéresser à l'autre. Mr. et Mrs. Right sont mariés depuis dix jours. Leur nom est à lui seul tout un programme. Ils ne se quittent pas et n'imaginent pas qu'il pourra jamais en être autrement. Les amoureux montrent ce qu'ont été jadis le docteur et sa femme, qui leur montrent à leur tour ce qu'ils risquent de devenir. Ces deux couples répondent cependant à tous les canons de la morale et de la bienséance américaine. Ils sont bien portants et présentent bien, jouissent d'une certaine aisance ; leur fidélité mutuelle est au-dessus de tout soupçon. Ils réunissent toutes les conditions d'un bonheur durable. Comme un biologiste, Stroheim les a extraits de leur milieu naturel, l'Amérique, et les isole pour sa démonstration. Il les place dans un monde non corrompu, un peu à part et paradoxalement clos. Suivant un procédé, à vrai dire plus dramatique que scientifique, il épure progressivement son champ d'expérience, supprimant les personnages secondaires et les accessoires. Le contraste entre les deux couples devient flagrant car il n'est plus tempéré ni occulté par leur environnement conventionnel. Le spectateur est ainsi forcé de se poser des questions sur la validité des dogmes auxquels il croit. L'expérience se poursuit, et Stroheim prouve la fragilité et l'instabilité de cette structure sociale. Il met le séducteur en présence des éléments sains, et la réaction ne tarde pas à se déclencher. Dissociation du couple initial, formation d'un couple illégitime. La manipulation est interrompue fort à propos avant que la décomposition ne devienne irréversible. En chercheur consciencieux, Stroheim se demande si ce processus est inéluctable et s'il est possible de l'enrayer. Il était inévitable, statistiquement parlant, qu'un jour ou l'autre Margaret rencontrât un séducteur. Les liens qui l'unissent à son mari ont été usés par le quotidien, les habitudes, l'indifférence. Sans le savoir, ils vivent dans un isolement réciproque. Le docteur Armstrong agit en chirurgien, il supprime le séducteur, détruit en somme l'agent infectieux, mais n'immunise pas le malade. Stroheim suggère un autre traitement, moins radical mais bien plus efficace. Eviter l'érosion du couple par la compréhension, l'intimité, le respect et les attentions permanentes. Solution hautement idéaliste qui ne tolère aucun relâchement et n'exige rien moins que la perfection des êtres. C'est d'ailleurs Sepp, l'homme sans défauts, qui la propose.

La mort de Steuben conclut un drame passionnel. Et pourtant, les protagonistes ne sont guère enclins aux passions amoureuses. Les jeunes mariés sont là pour le mettre en évidence. Steuben est animé par le désir de conquérir et non par des sentiments vrais. Le docteur éprouve pour sa femme une affection certaine mais parfaitement raisonnable. Sepp est un philanthrope toujours égal à lui-même. Quant à Margaret, elle ne voit qu'en rêve l'image hallucinante de la passion qui la menace. Sur un fond noir la tête de von Steuben grossit de façon menaçante[17], un fume-cigarette coincé entre les dents, un sourire cynique aux lèvres. Un index suggestif lui apparaît qui la désigne. A son réveil, il suffit de quelques paroles aimables de la part de son mari pour qu'elle écrive à von Steuben une lettre dans laquelle elle se rétracte. Ainsi, la frayeur panique inspirée par un simple cauchemar vient au secours de la morale et Margaret parvient à étouffer ses coupables sentiments. « Do you feel strong enough ? » (Te sens-tu assez forte ?) lui a demandé son mari. La femme doit, malgré sa faiblesse, savoir lutter seule contre ses propres pulsions. Les règles du savoir-vivre américain ne l'autorisent même pas à les laisser transparaître. Les hommes, par contre, ne sont pas tenus à cette réserve. Robert Armstrong se laisse envahir par une jalousie d'autant plus démesurée qu'elle se manifeste alors que sa femme a trouvé la force de résister à son tentateur. Steuben obéit sans frein à ses pulsions, il n'a pas la moindre envie de se soustraire à sa nature perverse et ne peut pas non plus dominer ses réflexes de couardise et de lâcheté. Incapable de résister à ses instincts, la passion qui le pousse à poursuivre la cour odieuse qu'il inflige à Margaret ressemble beaucoup au dépit du joueur en train de perdre. Sepp enfin, est mû par une obsession bien singulière, celle de la paix. Il entend résoudre tous les différends, éviter tous les conflits, par sa vigilance et ses conseils. Il surplombe la totalité des événements, au sein même du récit, il se bat contre le récit. Admirable naïveté.

Ethique et philosophie

Une des caràctéristiques des personnages principaux, Steuben excepté, est leur passivité. Mais cette paresse est assez difficile à déceler. Le docteur semble très actif, d'une escalade à l'autre. Margaret se débat contre les avances de Steuben. Sepp et son chien surveillent, observent et réfléchissent. Aucun n'a agi pour éviter la crise. Mr. Armstrong n'a pas eu un regard ni un mot pour sa femme, il n'a même pas su voir le danger. Pire encore, il ne cesse de réitérer son erreur initiale. (Ce procédé est d'ailleurs l'une des particularités du film). Margaret s'est défendue avec assez peu d'énergie, elle n'a rien fait pour appeler son mari à moins d'indifférence. Sepp lui-même n'était pas là pour guider la cordée fatale vers le Monte Cristallo. Cette indolence les a rendus terriblement vulnérables devant les attaques incessantes de Steuben. Certes, ce dernier est fautif, mais les honnêtes gens ne sont pas non plus sans reproche. Leur inaction mérite une leçon. Et on peut presque dire qu'en toute justice ils ont bien cherché ce qui leur arrive.

Ce point de vue est fort éloigné de l'opinion qu'on peut avoir en regardant le film. Mais avec Stroheim, on sait bien que les apparences les plus authentiques servent surtout à cacher la réalité.

Comme l'exigent les conventions hollywoodiennes, le personnage antipathique est puni. Le citoyen des Etats-Unis, légitimement marié, a le beau rôle. Il châtie un officier autrichien, un Européen décadent, qui a convoité son épouse et a poussé l'ignominie jusqu'à tenter de le poignarder dans le dos. Le justicier intègre est aussi prompt à pardonner qu'à punir. Dès qu'il a la preuve matérielle que l'irréparable ne s'est pas produit, il n'hésite pas une seconde à risquer sa vie pour aller délivrer von Steuben. Mais la justice divine a déjà rendu son verdict, et la clémence du docteur ne peut sauver le lieutenant. Le titre choisi pour la version française du film, *La loi des montagnes*, reflète cette interprétation du drame.

Jugée par un tribunal moins intransigeant et selon les règles du droit pénal en usage dans les pays civilisés, la cause est beaucoup plus ambiguë. Le docteur a entraîné von Steuben dans un véritable guet-apens, un sommet escarpé dont il ne pourrait descendre sans aide ; là, il l'a presque étranglé au cours d'un interrogatoire "musclé" et a décidé ensuite de l'abandonner. « Aucune loi de Dieu ou des hommes ne m'empêchera de vous laisser là ». Lorsqu'il a tranché la corde et entrepris de redescendre, il n'a pas écouté sa victime qui criait son innocence. (Un menteur ne peut pas dire la vérité). Et le lieutenant est tombé dans le vide. Robert Armstrong peut donc être accusé de meurtre avec préméditation, crime d'autant plus sournois qu'il ne s'est pas sali les mains. Il est également coupable d'avoir bafoué les lois et la procédure, en jugeant seul, sans que l'inculpé ne puisse se défendre ni faire appel. Il l'a enfin condamné avec une monstrueuse sévérité.

Pire encore, si l'on s'en tient à la lettre du décalogue, « Tu ne convoiteras pas la femme de ton prochain », Steuben est mort en état de péché mortel. Le docteur, en se faisant l'instrument de son trépas, l'a précipité vers la damnation éternelle, sans même lui laisser le temps de se repentir. Est-ce agir en chrétien ?

En définitive, Armstrong, fort bien nommé puisqu'il agit ainsi que le bras séculier[18], est coupable de fait. Alors que Steuben est puni pour une faute qu'il a seulement voulu commettre.

Par ce paradoxe, Stroheim démontre aux Américains qu'ils sont capables de prendre en toute bonne foi fait et cause pour un criminel. Il dissimule derrière l'histoire banale d'un mari qui se croit trompé la plus cinglante des critiques à l'encontre des concepts conventionnels d'honneur et de justice. Situations et personnages peuvent parfois ressembler à des caricatures, mais ils sont transcendés par les idées dont Stroheim les a investis. Il n'est jusqu'à l'inévitable "happy end" qui ne s'enrichisse d'un double sens beaucoup moins primitif que son apparence extérieure.

Stroheim s'était fait violence pour imposer au personnage qu'il incarnait lui-même la peine capitale. Il a dénoncé dans plusieurs de ses articles la "tyrannie du happy end". On aura pu remarquer que dans le prologue, où tout est suggéré, il n'était pas question de cette mort. Et d'ailleurs lorsqu'en 1930 on proposa à Stroheim d'adapter *Blind Husbands* au cinéma parlant, il avait choisi d'épargner à Steuben sa chute mortelle.

Toutefois, ce détail n'aurait rien enlevé à la culpabilité du docteur : l'intention vaut l'action.

Religion et superstition

Blind Husbands se déroule dans le Tyrol, une région profondément catholique. On est tout d'abord frappé par la quantité d'éléments religieux qui figurent dans le décor. Stroheim semble avoir attaché énormément d'importance à cet environnement. Croix votives, crucifix, campaniles, églises sont omniprésents. Les voyageurs arrivent un dimanche, « Le septième jour de la semaine »[19], ils descendent à l'hôtel de la Croix Blanche ("Croce bianca"), pendant que les fidèles et le curé du village sortent de la messe. Une scène importante, dont il ne reste malheureusement que quelques photos, avait lieu dans le clocher d'une église. D'autres se déroulent au bord du cimetière du village ou sur le chemin des "Trei Croce". Une autre se passe pendant la fête de la transfiguration. Pour le sommet dramatique, la montagne prend des allures mystiques. Les pics enneigés, la pureté du ciel et de l'air, le silence. La voie escarpée conduit au pinacle, qui, rappelons-le, est un élément d'architecture que l'on trouve au faîte des églises gothiques ou sur chacun des arcs-boutants.

Il y a aux Etats-Unis une abréviation, "W.A.S.P." (Blanc Anglo-Saxon Protestant), qui contient l'essentiel du comportement moral et religieux des Américains. Mr. et Mrs. Right, le docteur et Mrs. Armstrong, sont d'authentiques "W.A.S.P." Le protestantisme dans lequel ils sont nés ne leur a jamais posé de problèmes. Ils en observent, sans ardeur excessive, les règles primordiales, comme le fait la majorité de leurs compatriotes. Et Stroheim stigmatise cette foi superficielle. Pour Margaret et son mari, les principes religieux sont devenus simple routine. Ils mènent en apparence une vie exemplaire. Elle a de bonnes manières, il subvient aux besoins du ménage, ils croient en Dieu. Cependant, Margaret ne résiste que bien faiblement à la tentation. Elle est déjà sérieusement compromise quand un songe providentiel, comme dans la Bible, vient la sauver. Il aura suffi d'un cauchemar pour qu'elle retrouve son énergie et se ressaisisse. Stroheim fait intervenir ce réveil des sentiments religieux de son héroïne pour qu'ils deviennent estimables et que le public garde d'elle une bonne opinion. Le docteur est plus rigoriste. Il respecte les lois et entend les faire respecter. Sa conception de la justice divine ne souffre guère de miséricorde, c'est celle de l'Ancien Testament. Emporté par sa passion de vengeance, il blasphème doublement. En usurpant le rôle du juge souverain et en le défiant par ses propos (« No law of man or God can make me take you down ». Aucune loi de Dieu ou des hommes ne m'obligera à vous aider à descendre). Lui aussi est pardonné grâce à une intervention miraculeuse : il retrouve la lettre qui lui montre son erreur. Sa rancune disparaît, il redevient un chrétien charitable et se précipite, en vain, au secours du lieutenant. Mais il tombe et se casse le bras (pénitence très humiliante lorsqu'on s'appelle Armstrong !) Les deux époux ont donc une évolution parallèle. Ils ont été les plus calmes des êtres, ils ont été les plus fous, ils seront les plus raisonnables. La tiédeur de leurs convictions les a conduits à l'épreuve du péché. Une aide surnaturelle les a délivrés et donne à leur foi un nouvel élan qui leur permet d'accéder à un bonheur exemplaire. Stroheim se permet de rappeler aux Américains ce qu'est le pardon.

Au début du film, von Steuben sourit en lisant sur une plaquette de bois « In the Alps there is no sin » (Dans les Alpes, il n'y a pas de péché). Il est là pour relever le défi ! Un être méprisable vit sous l'apparence respectable d'un lieutenant de hussards de l'armée impériale de la très catholique Autriche. Il a d'abord tous les défauts que la caricature prête à la monarchie de droit divin et à ses aristocrates. Ces défauts, Erich Stroheim les connaît d'autant mieux qu'il a dû lui-même feindre d'en être affligé lorsqu'il a décidé de s'anoblir. Depuis le temps qu'il cultive son personnage, il sait jusqu'où il peut aller trop loin. Et c'est avec un art consommé qu'il fait mine de s'être corrigé de certaines de ses tares imaginaires et qu'il dissimule les autres. Von Steuben joue une comédie analogue, mais son hypocrisie ne peut échapper aux spectateurs qui s'en indignent. Or, elle est présentée avec tant d'adresse que l'aveuglement de Margaret devient tout à fait compréhensible. Les seuls griefs que l'on peut retenir contre Steuben sont d'ordre purement moral. Objectivement, on ne peut lui reprocher que les péchés que ses victimes commettent avec lui. Cependant, devant le juge suprême, lorsque sa vie et son âme seront pesées, ces fautes seront retenues contre lui et s'ajouteront à son propre mépris des lois divines. Le décalogue est à la base des religions aussi bien judaïque que catholique ou protestante. Stroheim se place donc au-dessus des stériles querelles de chapelle. Rappelons pour mémoire les sixième et neuvième commandements qui punissent la luxure, l'envie et l'adultère. La montagne n'est pas l'instrument passif qu'utiliserait le docteur pour sa vengeance, mais l'instance supérieure qui juge, condamne et exécute. « The spirit of mountain has spoken » (L'esprit de la montagne a parlé) annonce l'un des derniers intertitres. La sentence est sans appel. Aurait-on pu se faire l'avocat du diable et défendre la cause de Steuben ? Si l'on considère la lutte sur la cime du Monte Cristallo, on peut admettre que le lieutenant était en état de légitime défense. Il a certes sorti un couteau, mais après avoir été agressé. Et il n'a pas frappé. La lenteur de son attaque prouve qu'il a hésité et réfléchi. En tuant le docteur, il se condamnait à rester prisonnier du sommet. Steuben n'est pas un assassin. Son geste, spectaculaire et inefficace, démontre qu'il n'avait pas l'intention de tuer : un militaire sait se servir d'une arme blanche. On ne peut donc lui reprocher aucune voie de fait. Que l'on juge maintenant sa conduite. Il est certes l'instigateur des péchés, mais il n'a violé personne. Et lui-même, a-t-il agi en pleine conscience, si tant est qu'il en ait une ? Est-il une manière d'antéchrist cherchant à damner ses semblables ? Cette hypothèse, qui ne serait pas démentie par l'atmosphère surnaturelle qui entoure la mort dramatique de von Steuben, ne saurait être retenue. Ce serait vraiment faire trop d'honneur au lieutenant qui n'a décidément pas l'étoffe d'un mystique. Il est plus vraisemblablement l'esclave de ses désirs charnels et de sa propre jouissance. Il n'est qu'un séducteur de bas étage nullement tourmenté par les problèmes métaphysiques. Et s'il recherche un parfum de sacrilège, ce n'est que pour donner un peu de piment à ses aventures, et un frisson de plus à ses conquêtes. Il essaye de prendre Margaret dans ses bras au pied d'un calvaire. C'est en haut d'un clocher qu'il l'embrasse pour la première fois. Il choisit la fête de la transfiguration pour s'attaquer aux servantes de l'hôtel. Ces détails superficiels ont scandalisé les puritains qui ont vu en Steuben, et donc en Stroheim, un blasphémateur de la pire espèce. Effectivement, c'est par Steuben que le scandale arrive. La malice de Stroheim est d'avoir confié à un libre penseur le soin d'ordonner un drame d'ordre religieux.

Le rôle de Sepp dans l'action est beaucoup plus discret. il fait figure de sage et peut sembler au premier abord un peu conventionnel dans son rousseauisme. Les rares paroles qu'il prononce sont mûrement réfléchies, opportunes et définitives. L'homme est simple, pur et fier comme la montagne elle-même. Sepp est un être parfait, foncièrement bon et honnête. Lorsqu'il retrouve le docteur et sa femme, il est entouré d'une multitude d'enfants, vivants reflets de lui-même. Ils le suivent par sympathie et non par moquerie comme ils suivaient Steuben en imitant son allure. C'est une sorte d'ange gardien qui prévoit le danger, prévient les imprudents et se dévoue pour les sauver. Le saint-bernard qui le suit partout est, plus qu'un prolongement de ses sens, une projection de lui-même. Steuben envoie même à la pauvre bête un coup de pied qu'il n'ose pas donner à son maître. Sepp considère qu'il est de son devoir d'avertir le docteur du danger qu'il court. Et lorsqu'il voit qu'on ne l'écoute pas, il intervient directement, assumant une faction vigilante auprès de Margaret, s'interposant éventuellement entre elle et Steuben. Sepp est un saint qui ne parle pas de religion mais qu'aucune religion ne désavouerait. Un homme sans défaut ne peut être qu'imaginaire, et pourtant, Stroheim prétend l'avoir rencontré en la personne du guide Sepp Innerkofler. Au cours de leurs vacances à Innichen, tout près de Cortina d'Ampezzo, Erich et Bruno Stroheim ont évidemment entendu parler de la famille Innerkofler. La Cinémathèque française conserve dans les documents contemporains de *Blind Husbands*, une feuille où Erich cite les exploits les plus fameux des guides Michael, Johann et Sepp.[20] Ce dernier avait vingt ans de plus qu'Erich Stroheim. S'ils n'ont pas effectué de course ensemble (Stroheim s'en serait vanté !), il est certain que le jeune garçon a éprouvé pour l'alpiniste une admiration qui ne s'est jamais démentie. On en retrouve l'expression dans l'image idéalisée de Sepp. Sur un autre document manuscrit de Stroheim, on peut déchiffrer les versions successives qui ont précédé la dédicace finalement adoptée.[21] Parmi ces essais, un seul précise que Sepp Innerkofler a été son ami. L'apparition et la disparition soudaines de cette information ne plaident pas en faveur de sa véracité. Et si Sepp lui-même ne risquait plus de le contredire, il était de toute façon dangereux pour Stroheim de révéler des souvenirs trop explicites de son enfance réelle.

Quoi qu'il en soit, Sepp Innerkofler sert de caution pour le "Silent Sepp" de *Blind Husbands* qui sans cela n'apparaîtrait que comme un concept abstrait. Mais il sert aussi de garantie morale pour Stroheim lui-même qui se désolidarise ainsi de l'abominable von Steuben en se rapprochant d'un être d'exception qui de surcroît a existé.

Sepp est un guide de haute montagne, et c'est aussi le guide spirituel de l'utopie religieuse et philosophique à laquelle croit Stroheim. Les hommes sont libres d'agir à leur gré, libres de faire le mal ou le bien. La notion de péché vient préciser les règles morales auxquelles sont soumis tous les êtres humains. La nomenclature des interdits retourne aux sources, pratiquement aux Tables de la Loi. Le dieu de Stroheim punit ceux qui lui désobéissent, mais il aime les hommes et ne leur refuse aucune occasion de se racheter, quand bien même il faudrait un miracle. Tolérant, large d'esprit, il n'exige pas qu'on lui rende un culte contraignant, il lui suffit qu'on fasse le bien. Dieu unique, il n'est cependant pas jaloux des forces de la nature qui sont l'instrument de sa puissance lorsque les hommes les divinisent et leur attribuent certains de ses pouvoirs. C'est ainsi qu'il approuve la religion de Sepp malgré tout ce qu'elle contient d'allusions à des divinités concurrentes. L'Honneur, la Justice, la Montagne : « Il est mauvais pour un homme de se croire plus fort que la montagne », l'Amour : « Je sais peu de choses mais je sais qu'elle a besoin d'amour ». Il accepte aussi sans s'en offusquer toutes les superstitions dès l'instant qu'elles ne sont pas nuisibles et encourage même celles qui peuvent avoir une action positive. A tel point que la limite entre rites religieux et païens est parfois difficile à discerner. Il est cependant à noter que les croyances singulières ne sont pas dans *Blind Husbands* le fait d'un personnage en particulier. A tel point qu'on pourrait presque dire qu'il y a plusieurs dieux, mais un seul diable...

Il y a dans le film une force essentielle et qui s'apparente au fatum antique. Les événements qui arrivent par hasard ne sont en aucun cas aléatoires. Armstrong hésite, va-t-il punir sa femme ou son rival ? Il voit soudain une pancarte qui se dresse au détour d'un sentier : « A cet endroit, en 1879, un homme jeta sa femme dans le précipice ». Cette épitaphe incongrue le décide à s'attaquer au lieutenant. Il y a aussi des lettres qui s'envolent et qui sont retrouvées, des cauchemars qui réveillent à point nommé les consciences endormies, des pierres qui glissent sous les pieds des condamnés. L'imprévisible est un procédé dramatique traditionnel que Stroheim semble utiliser sans trop de discrétion pour la progression de son intrigue, mais il acquiert ici une autre dimension. Le responsable est dans le film, bien qu'il ne figure pas au générique : c'est l'esprit de la montagne. Sans doute est-il à l'origine du titre français, *La loi des montagnes*. Drapé d'une cape noire, telle une ombre apocalyptique, l'esprit n'apparaît qu'à Steuben et au moment de sa mort. Le génie de la montagne est le personnage central d'une mythologie alpestre que Stroheim semble bien avoir inventée pour la circonstance. Il est ici l'un des aspects sous lequel Dieu se manifeste et il intervient en tant qu'exécuteur des pensées et des œuvres du Créateur. Au sommet du

Monte Cristallo, le vol circulaire de l'oiseau de proie annonce son entrée en scène, il va agir en maître. Terrorisant Steuben, il le force à se montrer tel qu'il est vraiment : une larve rampante. Le lieutenant tombe dans le vide, dans le néant de son existence, sa chute est mortelle.

Herman G. Weinberg explique la silhouette noire comme une vision hallucinatoire de l'ange de la mort.[22] Mais un ange est un serviteur et cette assimilation semble un peu restrictive si l'on considère l'indépendance et la puissance du génie de la montagne.

La référence à une légende, même imaginaire, n'est pas surprenante de la part de Stroheim. Il y a dans *Blind Husbands*, avant l'oiseau noir dont le mauvais présage est une réalité, des détails précis qui n'ont aucune importance dramatique : une chambre n°13, un bossu, un idiot du village. Certes, ils donnent la couleur locale, mais ils sont un peu trop visibles. Et leur seule raison d'être est sans nul doute que Stroheim lui-même a voulu que cela lui portât bonheur. N'a-t-il pas affirmé qu'il avait dit une neuvaine à Sainte Rita avant d'aller affronter Carl Laemmle ? Le jour de l'entrevue, Valérie Germonprez raconte qu'avant d'arriver à Universal City, Erich et elle sont passés devant un campement de gitans.[23] Son fiancé lui a demandé d'arrêter la voiture et s'est précipité vers une vieille femme pour se faire dire la bonne aventure. La bohémienne prédit alors qu'il « deviendrait très célèbre, au delà de cette colline » et elle montra du doigt la direction des studios. On voit là les premières démonstrations publiques de la superstition de Stroheim. On sait le soin qu'il apportait à son image. Il semble surprenant qu'il exhibe aux yeux de tous des pratiques que beaucoup jugent ridicules et qui ne sont admises par aucune des religions avec lesquelles il a été en contact. Il n'est pas dans ses habitudes d'exposer gratuitement des précisions superflues et même dévalorisantes. La conclusion toute simple qui en découle c'est que Stroheim était réellement et irrémédiablement superstitieux. Il ne pouvait ni s'en empêcher ni le cacher. Il s'est ingénié durant toute sa vie à maquiller en traits pittoresques et en caprices de star ses croyances irrationnelles et naïves. On peut peut-être expliquer ce mysticisme par la brutalité de la rupture qui l'a privé de la religion de son enfance. La superstition devient alors un exutoire pour son judaïsme, à moins qu'elle ne soit un substitut remplaçant une spiritualité perdue.

C'est ainsi que 80 ans après la sortie de *Blind Husbands*, on peut voir les multiples résurgences du réalisateur à travers son film. Le ton est celui d'une critique assez impitoyable, mais chaque reproche est en réalité constructif puisqu'il suggère une solution. Noblesse, amour, justice, religion, Stroheim livre sur ces sujets aussi bien ses convictions personnelles que celles des Américains. Cette vue d'ensemble n'est possible que grâce à la distance que Stroheim a su préserver entre l'Amérique et lui. Les seules concessions à l'américanisme qu'il a acceptées sont purement formelles. Après ce premier film la personnalité de Stroheim a certes évolué mais elle est toujours restée exempte de la contagion du milieu ambiant.

L'affaire du titre

Le jour où "Oncle Carl" décida de se faire projeter le film de son protégé, celui-ci ne laissait pas d'être fort inquiet. Il fut complètement rasséréné quand Laemmle vint le complimenter avec enthousiasme.

Le film devait s'appeler *The Pinnacle*. Ce terme est à vrai dire assez peu courant dans la langue anglaise où il désigne un sommet aussi bien au sens propre qu'au sens figuré. Sans doute Stroheim avait-il été séduit par la double acception concrète et abstraite de ce mot ainsi que par son aspect recherché et un peu insolite. La légende veut que l'Universal ait refusé ce titre pour une raison plutôt saugrenue. "Pinochle" était le nom d'un jeu de carte et Carl Laemmle craignait que le public se méprît sur le sujet du film.

Selon Koszarski, l'ordre de changer le titre vint du Film Office de New York.[27] Une liste de 500 propositions fut soumise aux distributeurs. On pouvait y trouver *The Neighbor's Wife*, *The Perfect Rotter*, *The Love Snake*... et *Foolish Wives* ! Le directeur de la publicité Edward S. Moffat annonça à Stroheim le titre désigné par référendum : *Blind Husbands*. Furieux, il acheta une page entière dans l'hebdomadaire *Motion Picture News* - un journal destiné aux professionnels du cinéma - pour dénoncer ce crime de lèse-création. Il publia un article virulent intitulé « A Protest to the trade » (Réquisitoire contre le mercantilisme).[25] Stroheim, grand seigneur de naissance, se comporte aussi en grand seigneur du cinéma ! A lire ces lignes, nul ne peut imaginer que le metteur en scène est un débutant, et que c'est précisément sur ce film qu'il compte pour devenir célèbre. Il a pris soin de mentionner dans le générique « un film d'Erich Stroheim, d'après son livre, The Pinnacle ». Ingénieux subterfuge pour s'octroyer un passé d'écrivain et pour que le titre qu'il souhaitait apparût tout de même.

Carl Laemmle usa de son droit de réponse, rappelant sur un ton plus modéré que ce titre avait été choisi pour attirer un maximum de spectateurs.[30] Il était certainement enchanté de cette publicité imprévue.

Lancement du film

Le grand public n'avait de Stroheim que l'image du "sale boche". Laemmle entreprit donc avant même la fin du tournage une véritable campagne de "désintoxication", d'autant plus nécessaire qu'aux spectateurs habituels allaient venir s'ajouter les anciens combattants. L'Universal commanda des articles aux rédacteurs de magazines populaires comme *Photoplay* et *Picture Play*. Celia Brynn écrit : « Il n'y a pas d'homme plus aimé à l'Universal que cet horrible boche dont le surnom est "von" et tout le monde vous dira que son cœur est large et généreux, qu'il est aussi loyal qu'on peut l'être et que c'est le prince des bons camarades. »[26]

L'Universal prétendit que Stroheim était citoyen américain depuis plus de dix ans. La presse annonça qu'Erich von Stroheim renonçait volontairement à sa particule. Le film est effectivement signé Erich Stroheim, Laemmle avait même suggéré Eric Stromme. Savant mélange de mensonge et de vérité. Il est exact que Stroheim jouissait de l'estime et de la sympathie de ses collaborateurs, mais il ne devint Américain qu'en 1926. Quant à sa particule, il peut se permettre d'y renoncer car elle fait maintenant partie de lui-même. Ce retour à la simplicité ne peut être que le fait d'une profonde noblesse.

Stroheim et sa toute neuve modestie n'étaient pas au bout de leurs épreuves. Le visage de l'acteur réalisateur allait s'afficher sur l'immeuble de la compagnie à côté d'une inscription géante : « *Blind Husbands*, The Wonder Picture » (*Blind Husbands*, le film prodige). Manhattan et Brooklyn allaient être envahis de panneaux annonçant l'arrivée imminente du film. Plus de 158 000 affiches de différents formats furent ainsi distribuées dans tout le pays en 1919. Les frais de publicité et de promotion dépassèrent 28 000 $.

Accueil du film

Dès la première projection, le 19 octobre 1919 à Washington, le film fut remarqué par le directeur du Capitol Palace de Broadway et retenu pour figurer au programme de la salle d'exclusivité la plus prestigieuse de New York. Il y fut présenté le 7 décembre 1919 et cette date est souvent considérée comme celle du début de sa distribution. Entre temps, le film fut montré au hasard des disponibilités un peu partout dans le pays. Un entrefilet du 25 novembre 1919 dans le *Chicago Evening American* le signale à l'affiche du Ziegfeld Theatre.[27]

Blind Husbands a été très bien accueilli par les journalistes et les critiques qui l'ont généralement regardé d'une manière impartiale. Il fut classé parmi les trois meilleurs films de l'année 1919 avec *Broken Blossoms* (*Le lys brisé*) de D. W. Griffith et *The Miracle Man* (*Le miracle*) de G. L. Tucker. *Variety* n'hésite pas à placer *Blind Husbands* aux côtés des chefs-d'œuvre du théâtre contemporain.[27] Le *New York Times* reconnaît les qualités plus spécifiquement cinématographiques du film et la puissance des images qui se suffisent à elles-mêmes.[28] Un avis plus nuancé est donné par l'humoriste E. C. Segar (le créateur de Popeye) qui ironise en quatre images sur les bons sentiments du docteur Armstrong.[29]

Par contre, les ligues de vertu, leurs chroniqueurs, se déchaînèrent d'autant plus violemment que Stroheim se moquait ouvertement de "Mrs. Grundy", c'est-à-dire des convenances américaines. Rien dans son film n'était formellement contraire aux bonnes mœurs, mais la seule évocation de la possibilité d'un adultère était absolument inadmissible. Cette indignation, l'Universal eut l'habileté de l'utiliser à des fins publicitaires, si l'on en croit ce que Stroheim a déclaré bien des années plus tard à son biographe : « Von Stroheim se trouva ainsi entraîné dans des manifestations histrioniques destinées à attirer l'attention des foules. Il fut notamment élu président du "Club des Maris Aveugles", qui tint ses assises au Brown Palace de Denver, puis, au fil d'interviews subventionnées par la publicité, il dut disserter longuement sur la condition des femmes négligées par leurs maris et donner son opinion sur la sexualité féminine. »[30] L'histoire ne dit pas comment Valérie von Stroheim accueillit la nouvelle promotion de son mari !

Censeur impitoyable, Stroheim prend lui-même la parole pour dénoncer une dernière catégorie d'opposants : « Les hommes me détestaient car je venais de révéler certaines de leurs "petites combines" et les femmes réunissaient leurs ligues et menaçaient de boycotter mon film. Pour estimer le film à sa juste valeur, il fallait naturellement commencer par le voir. C'était à peu près tout ce que nous demandions. »[31] Ce cynisme tardif, cette humilité a posteriori, s'expliquent par la date de la rédaction de l'article (1946). Stroheim règle ses comptes avec l'Amérique.

Le film eut dès sa sortie un énorme succès. Il rapporta à l'Universal la somme de 327 084, 06 $ pendant la première année de son exploitation. Six fois plus qu'un film standard de la compagnie. Et cette heureuse tendance ne se démentit pas. Quatre ans plus tard, *Blind Husbands* se jouait encore. L'Universal réalisa au bout du compte un million de dollars de bénéfices.

On a très longtemps ignoré le coût exact de la production. Stroheim lui-même ne s'est pas privé d'énoncer des chiffres fantaisistes. Il voulait démentir la réputation de metteur en scène dispendieux acquise au cours de sa carrière. On se souvient de la première entrevue avec Laemmle où Stroheim n'avait prévu que 10 000 $. Le budget de départ avait été porté à 25 000 $. Finalement, le coût du négatif s'éleva à 112 144, 63 $. Par rapport au coût moyen d'un film à cette époque, ce n'était pas un budget exceptionnel. Mais c'est beaucoup plus que la normale accordée d'ordinaire à un débutant. En 1919, Stroheim n'avouait que 92 000 $[32], par la suite il ne fut plus question que de 42 000 $. On notera qu'il conserve, pour la vraisemblance, les 2 000 $!

L'immense mérite de *Blind Husbands* fut de révéler un grand metteur en scène. Du jour au lendemain Stroheim devint une personnalité. Il n'était plus besoin de s'inventer au quotidien, les journalistes y pourvoyaient. Les media, notamment Randolph Hearst et Cosmopolitan, allaient désormais assurer sa notoriété. Pour sa part, l'Universal lui avait déjà confié la direction d'un autre film, *The Devil's Pass Key* (*Les passe-partout du diable*), qui fut mis en chantier avant même la sortie en salles de *Blind Husbands*. Cette hâte s'avéra inutile puisque *Blind Husbands* ne cessait pas d'attirer des spectateurs. Onze ans plus tard, en 1930, l'Universal se souvenait encore du succès de *Blind Husbands* et demandait à Stroheim de préparer la réalisation d'un remake parlant.[33]

V

THE DEVIL'S PASS KEY
(Les passe-partout du diable)

Quelque démon a dû se pencher sur le sort de ce film. Aucune cinémathèque au monde ne le possède. Toutes les copies d'exploitation ont disparu. Le négatif lui-même s'est décomposé spontanément entre 1940 et 1941, victime de l'instabilité du nitrate de cellulose. Une fiche de la compagnie Woodbridge (spécialisée dans le stockage des négatifs) signale le début de la réaction chimique, le 5 juillet 1940, et déplore la destruction totale de la pellicule le 8 mai 1941. Le diable, usant de sa légendaire malice, voudrait-il nous faire croire que le film n'a jamais existé ?

Et pourtant, il a bien été réalisé et montré au public. Il reste des preuves irréfutables, documents de travail, archives de tournage, photos de plateau, articles de presse. Et une lueur d'espoir. En 1953, 12 ans après l'anéantissement du négatif, Denise Vernac, la dernière compagne de Stroheim, a vu ce film dans un "Art Theatre" de Los Angeles. La copie était en très mauvais état. Personne ne sait ce qu'elle est devenue.

Il est assez embarrassant d'avoir à étudier un film sans l'avoir jamais vu, un film dont Stroheim lui-même n'a que très peu parlé et toujours avec réticence.

Le 8 septembre 1919, Erich von Stroheim entreprend de transformer en un scénario à sa convenance une histoire que l'Universal a acheté le mois précédent à la baronne de Meyer. Le montage de *Blind Husbands* n'était achevé que depuis un mois et ce film n'avait pas encore été projeté en public, ni même devant la presse. La compagnie avait donc d'ores et déjà décidé de s'attacher le jeune metteur en scène. Carl Laemmle parie doublement sur Stroheim : sur le succès imminent de *Blind Husbands*, et sur le succès futur du film suivant, par voie de conséquence.

Le manuscrit original de *Clothes and Treachery* a rapporté 750 $ à son auteur. Il est peu probable que Stroheim soit intervenu lors de cette transaction ni même dans le choix du sujet. En effet, il a attendu le 8 septembre pour se mettre au travail, et il a remanié le script jusqu'au 29 octobre. Il a reçu pour cela 250 $. Le marché était équitable et avait de quoi séduire les deux parties. Stroheim n'allait pas laisser passer l'occasion de réaliser un deuxième film. "Oncle Carl" n'allait pas laisser échapper un débutant aussi brillant, et qui se montrait si peu exigeant.

D'autres raisons ont également pu intervenir : l'action se passe en Europe, il est encore une fois question d'adultère, les acteurs, tout comme l'auteur et le futur réalisateur, sont des gens du meilleur monde. Enfin, l'intrigue est un vaudeville sans surprise, dont on pouvait tirer sans grand effort un film tout à fait présentable. Somme toute, un travail de commande, qui permettrait à Laemmle de juger à nouveau et en toute objectivité les qualités professionnelles de Stroheim.

Exactions et haute couture

Le texte original de la baronne de Meyer a disparu, mais l'Universal a conservé un certain nombre de manuscrits témoins de

l'élaboration progressive du scénario définitif. L'un des premiers synopsis, vraisemblablement très proche du roman, est intitulé *The Charge Account*.[1] En toute objectivité, il est difficile de trouver quelque intérêt à cet imbroglio mélodramatique qui met en scène un jeune couple résidant à Paris. L'histoire, à première vue particulièrement confuse, est en fait des plus rudimentaires. Il suffit de la décomposer en trois épisodes pour mettre en évidence toute sa simplicité :
1 - une couturière malhonnête, entremetteuse à ses heures
2 - la même couturière jouant les maîtres chanteurs.
3 - le succès ambigu d'un auteur dramatique.

Filmés tels que, ces trois actes auraient donné un film tout à fait standard, sans défaut majeur ni personnalité. Il était bien évident qu'un Stroheim n'allait pas s'accommoder d'une solution de facilité. Il ne pouvait que relever le défi et se mettre courageusement à l'ouvrage. A travers les titres qui ont successivement remplacé *Clothes and Treachery*, on peut se faire une idée de l'évolution du scénario, et par là même reconstituer le cheminement intellectuel de Stroheim. L'argument principal de *Clothes and Treachery* était l'indélicatesse de la couturière. *The Charge Account* met l'accent sur la façon dont elle entend être payée. *The Woman in the Plot* donne le rôle déterminant à la victime. *His Great Success* déplace complètement le centre de gravité du récit vers ce qui au début n'était qu'un amusant épilogue. Ce titre a été utilisé pendant tout le tournage. *The Devil's Pass Key* n'est intervenu qu'au moment de l'exploitation du film. Cette fois, il n'est plus fait allusion à une scène décisive ni à un personnage prépondérant, mais à l'esprit même de l'œuvre cinématographique. A chaque titre correspond donc un scénario différent. L'action à proprement parler ne subit que peu de modifications, c'est son équilibrage qui change, ainsi que son statut. Peu à peu, elle devient prétexte.

Le passe-partout du diable

Stroheim a rédigé au moins trois scénarios entiers correspondant à chacun de ces titres de transition. Quelques fragments conservés par l'Universal en font foi. Il avait donc à chaque fois besoin d'un document complet et concret pour ordonner ses pensées et juger du résultat. Le synopsis cité plus haut est l'adaptation d'un roman de la baronne de Meyer, le script définitif est un film de

Stroheim. Entre temps, Stroheim a pris possession d'une histoire qui n'était pas sienne et s'est substitué à l'auteur. Cette attitude vis-à-vis d'un manuscrit étranger, ce perfectionnisme et cette recherche d'une maîtrise absolue n'est pas sans analogie avec la façon dont Stroheim a composé son personnage depuis qu'il est en Amérique. La même obsession le conduit à prévoir les moindres détails, à multiplier les documents matériels, à accumuler les témoignages, comme pour se convaincre lui-même qu'il est bien ce qu'il est. Voici, reconstitué à l'aide des archives de l'Universal[2], le film tel qu'aurait pu le raconter un spectateur.

Nous sommes à Paris, au lendemain de la première guerre mondiale. Sur la pelouse de l'hippodrome de Longchamp, le jour du Grand Prix, se trouve réunie toute la société parisienne à laquelle appartiennent les principaux personnages du film. L'ambiance, les conversations, les toilettes des élégantes, montrent immédiatement que la France est à l'aube de ce qu'on a appelé les Années Folles. Paris veut oublier les épreuves de la guerre, retrouve ses plaisirs d'antan et se tourne vers la manne qu'a apportée à la France l'arrivée des Américains. Le dollar a déjà inauguré son règne, donnant par contrecoup naissance à une génération de nouveaux riches plus ou moins honnêtes qui côtoient désormais les rescapés du monde d'avant-guerre.

Warren Goodwright est un Américain "naturalisé parisien" qui écrit des pièces pour les théâtres de boulevard. Mais il ignore l'art d'inventer une intrigue et ses œuvres ne sont jamais jouées. Il vit d'une petite rente de 3 000 $ et il a épousé depuis peu de temps une ravissante américaine, Grace, rencontrée pendant les hostilités alors qu'elle conduisait une ambulance. Si Warren a jamais pensé que cette union allait l'enrichir, il a été déçu, car Grace, bien qu'issue d'une famille très aisée, ne lui a offert en fait d'espérances qu'un oncle qui s'est avéré criblé de dettes à son décès. Ces difficultés n'empêchent pourtant pas Warren et Grace d'être fort épris l'un de l'autre et de vivre insouciants et heureux.

La Belle Odera est aussi là. On la voit partout. C'est une danseuse espagnole qui fait parler d'elle depuis assez longtemps. Elle est actuellement la maîtresse d'un brillant officier américain, le capitaine Rex Strong, attaché militaire à Paris. Ce gentleman, parfaitement correct, s'est laissé pervertir par Paris où ses conquêtes féminines ne se comptent plus. Précisément, il salue en passant près d'elle la comtesse de Trouvère, une dame de la meilleure société pour laquelle il eut jadis des bontés. Elle est là avec son mari, beaucoup plus âgé qu'elle et légèrement décrépit : un vieux cocu exemplaire.

Rex Strong porte avec quelque insistance son regard sur Grace Goodwright, et ce manège n'échappe pas à la Belle Odera qui montre son agacement. La patience et la délicatesse ne sont pas son fort, un intertitre apprend même sans ménagement au spectateur du film qu'elle ne garde Rex comme amant qu'à cause de ses dollars.

Changement de décor. Nous arrivons dans le salon de Madame Malot qui dirige, avec un mari plutôt effacé, la maison de couture la plus en vogue de Paris. Grace est une des meilleures clientes de Madame Malot, car elle est persuadée, en sa charmante modestie, que son mari ne tient à elle que parce qu'elle est la plus belle et la plus élégante. Madame Malot ne fait évidemment rien pour la détromper. Elle pousse même la duplicité jusqu'à laisser croire à la jeune femme qu'elle dispose chez elle d'un crédit illimité.

Cependant, Rex Strong - est-ce un hasard ? - se trouve également dans le salon, accompagnant la Belle Odera, fidèle pratique et amie de la couturière. Rex est visiblement attiré par Grace, mais son comportement reste si discret, sa conduite si strictement convenable, que c'est en tout bien tout honneur qu'ils vont ensemble prendre le thé et monter à cheval au bois de Boulogne. La Belle Odera est tout simplement furieuse et "crève" de jalousie.

Madame Malot se montre alors dans toute sa noirceur : elle met en présence une femme en deuil et un vieux monsieur à l'air lubrique. Ils disparaissent derrière une porte. La femme ressort en pleurant quelques instants plus tard, mais elle a maintenant de quoi payer la couturière.

Ainsi, cette horrible entremetteuse fournit à des messieurs des femmes qu'elle a elle-même endettées. Elle les fait sombrer dans une exécrable prostitution. Les malheureuses doivent non seulement accepter de livrer leur corps, mais aussi réclamer le salaire de leurs turpitudes !

Après cette évocation aussi courte que tragique, tout est en place. On attend le drame. Warren Goodwright assure la transition, comme il l'a déjà fait deux ou trois fois entre les plans de cette première partie, et de la même manière. Il sort d'un théâtre où on vient de lui refuser une pièce : il n'y a pas d'intrigue.

Madame Malot referme sur Grace le piège qu'elle a tendu : une facture impayée de 19 000 F. Elle suggère que, dans ses relations, un riche Américain... Grace n'a pas la force de s'indigner. Comprend-elle d'ailleurs ce qu'on lui demande ? Elle est à peine surprise de se trouver en présence de Rex dans un cabinet particulier. Celui-ci, amusé, pense que la jeune femme pour laquelle il a eu tant d'égards dissimulait bien son jeu. Il se réjouit de ce hasard. Mais lorsqu'il devient plus pressant, la situation apparaît à Grace dans toute son abomination et elle fond en larmes. Rex devine lui aussi la vérité et se ressaisit immédiatement. Il promet à Grace de l'aider. En lui donnant sa carte de visite il laisse tomber son portefeuille.

Madame Malot est hors d'elle quand Grace refuse de la payer. Elle insiste grossièrement en menaçant la jeune femme.

Et puis elle trouve le portefeuille de Rex. Une lettre dans ce portefeuille. Elle envisage illico une machination inédite : un chantage. Il lui faut une complice sans scrupule et reçue dans le monde : la Belle Odera, bien entendu.

La couturière arrive chez la danseuse. Celle-ci la reçoit dans sa salle de bain. Assise dans une incroyable baignoire, elle fume une cigarette, et un pédicure lui prodigue des soins qu'elle accepte avec une évidente délectation. Conciliabules, le complot est en bonne voie. Le jour suivant, la comtesse de Trouvère reçoit une lettre. C'est contre elle que les deux comparses exercent leur tentative de chantage, et elles ont même poussé leur machiavélisme jusqu'à imposer à Grace de se faire leur commissionnaire en allant prendre chez la comtesse la somme qu'elles exigent pour prix de leur discrétion.

Ce qu'elles n'ont pas prévu, c'est que la comtesse est plus lucide et plus déterminée qu'elles ne le croient. Et aussi qu'elle ne redoute rien de son mari, qui n'a pas toujours été lui-même irréprochable. Madame de Trouvère s'ouvre de ses difficultés à Rex Strong qu'elle sait de bon conseil. Ils engagent deux détectives qui ont tôt fait de retrouver l'instigatrice du chantage. Madame Malot est confondue, et Rex Strong, maître de la situation, l'oblige à acquitter elle-même la facture de Grace.

Cette deuxième partie s'achève de façon on ne peut plus satisfaisante, mais le diable a plusieurs tours dans son sac. Attendons-nous à de spectaculaires rebondissements !

Un des deux détectives raconte son enquête à un certain Adolphe Marier, échotier, ou plutôt pourvoyeur de ragots au "Fouet", un journal à scandales. Et l'article se répand dans Paris comme une traînée de poudre. Tous les lecteurs reconnaissent Warren : "le mari dont on ne donne pas le nom".

Warren Goodwright est le seul à ne pas se reconnaître. Il trouve même l'histoire si originale qu'il en fait le sujet d'une nouvelle pièce. Et cette pièce-là vient aussitôt à l'affiche d'un théâtre sous le titre "Son grand succès".

Le jour de la première, la salle est comble. Les spectateurs rient à gorge déployée, mais pendant l'entracte, ils s'interrogent. Comment Warren Goodwright a-t-il pu être aussi indiscret, manquer à ce point de décence pour porter à la scène l'inconduite de sa propre femme ?

Warren, lui, jubile, il vient complaisamment saluer le public lorsqu'on réclame l'auteur, sans comprendre l'ironie des applaudissements. Dans sa loge, Grace se sent atrocement gênée. Rex Strong vient la rejoindre et s'efforce en vain de la réconforter. Elle n'a pas le courage d'accompagner son mari qui va souper après le spectacle. Elle prétexte une forte migraine et Warren prie Rex de ramener Grace chez elle.

On retrouve autour de la table où est servi le souper tout le groupe bien connu, l'inévitable Odera, et, en plus, le journaliste Adolphe Marier. Il est même complètement ivre, et, pour employer la charmante métaphore américaine, "he lets the cat out of the bag" (il fait sortir le chat du sac), c'est-à-dire qu'il raconte tout. Warren Goodwright lui envoie un coup de poing magistral et part lentement vers son appartement où il sait qu'il va trouver Rex et Grace.

Il prend en arrivant chez lui un pistolet dans son bureau puis va demander à sa femme si elle ne doit vraiment plus d'argent à personne. Il refuse d'écouter la moindre explication.

Heureuse diversion, un chat noir traverse la pièce et attrape une souris. Grace pousse un cri et se réfugie sur une chaise. Rex, profitant du désordre, se saisit du pistolet de Warren. Il explique alors ce qui est réellement arrivé, sa propre liaison avec la comtesse de Trouvère, la perfidie de Madame Malot, et le chantage qu'elle a exercé.

Warren ne veut pas admettre l'innocence de sa femme mais il est prêt à la pardonner. Rex et Grace insistent. Il ne s'agit pas de pardonner à qui n'a rien à se reprocher. Warren doit la croire, lui faire confiance. Mais c'est au-dessus de ses forces, et lorsqu'il pense être resté tout seul, il s'apprête à se donner la mort.

Par bonheur, Grace n'avait pas quitté la pièce. Elle se montre, va vers lui, et le convainc enfin.

Le synopsis de *Clothes and Treachery* ressemblait à s'y méprendre au résumé d'une pièce de théâtre. Quelques tableaux bien définis, une demi-douzaine de personnages évoluant dans un cercle restreint. Il ne manquait que les répliques. La stricte division en trois actes chronologiquement consécutifs a été conservée dans le film. Mais le traitement de l'histoire est désormais plus visuel. Les décors sont beaucoup plus nombreux, et ils participent, avec les figurants qui les animent, à la présentation des protagonistes et à l'action elle-même. De plus, Stroheim a ajouté une multitude de petites scènes qu'il indique dans son script définitif, mais qui pour alléger le récit ne sont pas décrites ici. Ces incidents apportent en un clin d'œil un renseignement indispensable ; parfois, elles racontent une longue histoire bien mieux qu'un intertitre. Ainsi, on voit Warren Goodwright rencontrer pour la première fois Grace au volant de son ambulance. On le voit aussi, un manuscrit à la main, se faire éconduire par le directeur d'un théâtre. On assiste à une exhibition chorégraphique d'Odera au Pré Catelan. On la montre accueillant dans sa salle de bain le comte de Trouvère, qu'elle traite gentiment de « vieux débris ».[2] Par cette richesse descriptive, cette complexité, Stroheim rend ses personnages nuancés et vivants. Il essaya même un nouveau procédé technique de coloration de la pellicule, où chaque nuance était censée traduire une émotion particulière.[3] Mieux encore, il pousse la fiction jusque dans ses retranchements ultimes et parvient à l'identifier à la réalité : il emprunte des séquences entières à des bandes d'actualité. C'est ainsi que le roi George et la reine Mary qui assistent au Grand Prix sont effectivement le roi et la reine d'Angleterre. La foule des turfistes est tout aussi véritable. Les transitions sont si habilement réalisées que bien des critiques s'y sont laissés prendre et que les plus perspicaces n'ont pas pu deviner où finissaient les images d'archives et où commençaient celles de Stroheim. Cette combinaison du faux et du vrai, cette profusion d'adroites trouvailles visuelles, ne doit naturellement rien à la fantaisie de la baronne de Meyer, mais tout à l'alchimie stroheimienne.

La baronne avait apporté, en plus du schéma de son intrigue, le cadre dans lequel elle devait se développer. On ne peut concevoir une telle histoire qu'à Paris. Stroheim l'a bien compris qui a amplifié la participation, on pourrait presque dire la responsabilité, de la ville et de sa réputation. Par sa naissance, ses relations et sa vie passée, Mara de Meyer n'ignorait rien de la vie parisienne et de la Belle Epoque. Elle avait fait partie de cette société fortunée, oisive, raffinée et impitoyable, friande de ragots et de médisances. Tous ces aspects, somme toute authentiques, ont été adaptés par Stroheim à l'époque contemporaine. C'est ainsi que la société très fermée des gens du monde a souffert de la guerre. Moins exclusive, elle admet maintenant les nouveaux riches et, bien entendu, les Américains : ils ont aidé la France, et ils ont des dollars... Mais Stroheim a fait bonne mesure en accordant la nationalité américaine à tous ses héros sympathiques. A croire qu'il ne restait plus assez de Français !

Par contre, il reste des Parisiennes, même si elles sont espagnoles ! En leur attribuant l'omniprésence, Stroheim a parachevé sa reconstitution de Paris. Les mœurs légères, les petites femmes, les infidélités conjugales : tous les clichés qui fascinaient et captivaient la pudibonde Amérique. Mais ce microcosme où tout le monde se connaît, où tout se sait, où les liaisons élégantes s'enchaînent et s'enchevêtrent, sans cependant détruire l'apparence des unions légitimes, apparaît un peu trop étroit. Malgré ce qu'il a pu déclarer par la suite, Stroheim n'était jamais allé à Paris. Il ne connaissait pas d'autre capitale européenne que sa ville natale. Et Vienne n'est pas Paris. D'autre part, on sait bien qu'il n'a jamais fait partie en réalité de ces sphères privilégiées qu'il met en scène.

Grace et Warren Goodwright sont apparemment les personnages centraux de *The Devil's Pass Key*. Mais ils subissent plutôt qu'ils n'agissent, ils sont victimes d'événements qui les dépassent. Stroheim a été le premier à les malmener. François et Yvonne Bagrange sont devenus américains sous les noms de Warren et Yvonne Cartwright, avant d'acquérir leur identité définitive : Warren et Yvonne Goodwright. Amusante assonance qui ironise sur le comportement de Warren ("Good right", bon droit) et ses talents littéraires ("Good write", bonne écriture). On peut trouver étonnant qu'un jeune Américain écrive des pièces de boulevard pour la scène parisienne, même si elles ne sont jamais jouées. Cette anomalie n'était certainement pas pour choquer les Américains, qui devaient plutôt être flattés, sans soupçonner l'humour de Stroheim qui proposait à leur sympathie un compatriote des plus médiocres. D'autre part, ils auraient été beaucoup moins attentifs si toutes ces péripéties n'avaient frappé qu'un couple de Français. Ces modifications formelles mises à part, les Goodwright n'ont guère plus de personnalité que les Bagrange. Warren est toujours aussi peu perspicace, mais il se révèle plus viril : il donne un coup de poing et brandit un revolver. Il se contentait initialement de demander le divorce. Une décision qui, dans l'Europe de 1920, était exceptionnelle et lourde de conséquences. Comme la société américaine n'avait pas les mêmes conventions, Stroheim a imaginé de représenter le désespoir de Warren en l'acculant au suicide. Quant à Grace Goodwright, c'est la sœur jumelle d'Yvonne.

Hugh Randolph, l'Américain, devient militaire sous le nom prédestiné de Rex Strong (fort). Perverti (et heureux de l'être) par le Vieux Continent, il collectionne les maîtresses. Stroheim, dès les premières scènes, impose l'image de l'homme à femmes. Mais cela ne l'empêche pas d'avoir toutes les qualités : il est délicat, honnête, chevaleresque... et riche. Il ne se départit jamais d'une élégance raffinée et traite les femmes qu'il fréquente comme elles désirent être traitées. Désinvolte avec la Belle Odera, mondain avec la comtesse de Trouvère, amical et bienveillant avec Grace. Pour elle et son mari, il deviendra le justicier qui châtie les coupables et dédommage les victimes, puis le conciliateur qui dissipe les malentendus. Cet officier qui montre une authentique noblesse de cœur, dont l'éducation est parfaite, et à qui on ne peut reprocher que quelques frasques sans conséquences... n'est-ce pas le portrait idéalisé qu'Erich von Stroheim veut donner de lui-même au monde et à sa future épouse ?

Côté français, le comte et la comtesse de Mereuil - un nom qui évoque curieusement la marquise de Merteuil des *Liaisons dangereuses* - ont été rebaptisés de Trouvère. Un patronyme qui aurait enchanté Meilhac et Halévy ! Ils forment un couple bien parisien, qui a trouvé son équilibre dans l'infidélité mutuelle, qui a su composer avec le monde dans lequel il vit. Stroheim n'a pas jugé nécessaire de développer plus avant les caractères que leur avait donnés la baronne de Meyer. On se demande pourquoi il avait noté en marge du manuscrit qu'il interpréterait le rôle de ce « decrepit old roué »[2] (ce vieux coureur décrépit). Il était déjà trop grand pour un si petit emploi, sa présence aurait desservi l'homogénéité du film. Jack Matheis sera retenu au dernier moment.

Il est vrai que Stroheim ne pouvait incarner aucun des héros malfaisants... Ce sont toutes deux des femmes. La venimeuse Flora, qui n'était à l'origine qu'une comparse épisodique et subalterne, se métamorphose en l'une des reines du demi-monde parisien : la Belle Odera. Elle intervient d'un bout à l'autre du scénario. Elle doit sa renommée à sa virtuosité galante plus qu'à ses talents de danseuse. Stroheim n'allait pas laisser passer une si belle occasion de s'amuser aux dépens des convenances. Il montre Odera recevant ses amis et son pédicure, une femme heureusement, dans l'extravagante salle de bain qu'il avait dessinée lui-même. Cette scène devait suggérer la vie luxueuse et dissolue de la "créature". Elle expliquait aussi à qui voulait le comprendre ce que la Belle Odera avait d'exceptionnel et ce qui lui avait valu de devenir célèbre. On aurait pu tolérer cette inconduite, si elle ne s'était agrémentée de vices innombrables. Foncièrement perfide, jalouse et calculatrice, rancunière et coléreuse : la Belle Odera est un vrai démon. La fameuse salle de bain prend alors une dimension métaphysique : la baignoire devient le chaudron des trois sorcières de *Macbeth* ! Avec un intertitre emprunté à Shakespeare :

« Double, double, toil and trouble ;
Fire, burn, and caldron bubble. »[4]
(« Double, double, peine et trouble !
Feu, brûle ; et, chaudron, bouillonne ! »)

La gitane espagnole Caroline Otero, plus connue sous le nom de la Belle Otero a manifestement servi de modèle à Stroheim. Elle s'était fait connaître en 1890, à New York, par une exhibition de danse qui avait déchaîné un ouragan d'indignation dans les milieux bien pensants. Ces débuts fracassants aux Etats-Unis lui ayant fait en France une formidable publicité, elle devint à son retour la plus fameuse des courtisanes de la Belle Epoque. Mais la biographie de la Belle Otero, qui mourut à 97 ans, ne fait mention d'aucun des défauts dont est affublée la Belle Odera. D'ailleurs, une femme méprisable et vulgaire aurait-elle pu être admise dans une société aussi distinguée que celle des altesses royales et impériales qui fréquentait Paris en 1900 ? Se serait-elle abaissée à écrire des lettres de chantage alors que les hommes se ruinaient pour elle ? Stroheim a offert aux Américains une Belle Otero sur mesure : une pécheresse notoire, une scélérate absolue. Et comme tout cela n'était pas suffisant pour éveiller à ses yeux un authentique sentiment d'aversion, pour mériter une condamnation sans appel, il a affligé la Belle Odera de vices absolument impardonnables à ses yeux. Incapable d'aimer, elle ne sait que haïr. Parfaitement vénale, elle n'a de désir que pour l'argent.

Cependant, la Belle Odera n'est pas le maître du jeu. Elle est l'âme damnée d'une femme encore plus ignoble qu'elle : Madame Malot. Stroheim s'est réservé le plaisir presque sensuel de dévoiler progressivement l'éclectisme de sa méchanceté. Il a conservé pour la couturière le nom et le caractère imaginés par la baronne de Meyer. Mais il ne pouvait pas laisser au second plan un être aussi délicieusement exécrable. Dans son script, elle ne dispute plus la vedette aux Goodwright, mais rivalise de méchanceté avec sa comparse. Incitation à la débauche sous la contrainte, proxénétisme aggravé, extorsion de fonds par chantage... Coupable aux yeux de la loi, coupable aux yeux des hommes. Encore ne s'agit-il que des conséquences directes de ses méfaits, car elle ne voit jamais celui à qui elle fait le plus de mal : Warren Goodwright. Et enfin, lorsqu'elle est confondue, elle devient un parangon de lâcheté. Et pourtant, il sort de sa maison de couture des chefs-d'œuvre que l'on admire, de véritables objets d'art. Mettre un tel talent au service d'une aussi honteuse vilenie : voici le vrai crime. Celui qu'un artiste, comme Stroheim, ne peut admettre.

Madame Malot connaît tout Paris, elle est connue du Tout-Paris, mais n'en fait pas partie. Cette discrimination vis-à-vis des commerçants faisait à l'époque partie des conventions sociales européennes. C'est sans doute l'une des raisons qui ont poussé Stroheim à donner plus d'importance à la Belle Odera. Reçue dans le monde, elle sert d'agent de liaison à Madame Malot, sans vraiment faire preuve d'initiative personnelle. Et pour la commodité du film, elle rend vraisemblables les réunions et les rencontres.

La Belle Odera et Madame Malot, un duo diabolique. Celle-ci est-elle le diable et celle-là la clef qui lui ouvre toutes les portes ? Cette explication du titre serait plausible, mais elle semble un peu facile. Stroheim était trop superstitieux, et trop intelligent, pour mettre en scène le diable en personne ! Et en bonne logique, la malédiction aurait dû cesser après la déroute de Madame Malot, ce qui est loin d'être le cas. Il ne faut pas oublier que le titre *The Devil's Pass Key*, un peu hermétique en vérité, a été choisi par Stroheim lui-même, et que le film s'est appelé pendant longtemps *His Great Success*. Le passe-partout, c'est la clef du succès. Le diable la donne à Warren, qui la désire et l'accepte. Aussi naïf que sa jeune femme, il ne se doute pas qu'il devra payer la note : " Tu seras pour tous le cornard ridicule, ton succès sera le triomphe de ta disgrâce, tes amis te mépriseront de t'en accommoder. Alors, je te pousserai au meurtre et au suicide". Le film sous-entendrait donc que le talent et le mérite ne peuvent être reconnus que si le diable s'en mêle. Faudrait-il conclure que tous les gens arrivés, tous ceux que l'on salue, sont plus ou moins damnés ? Ou que chaque être humain peut être aussi le diable ?

Cette conception cynique des voies du succès n'est pas sans parenté avec la philosophie de Nordau. On assiste de fait à une illustration de ses fameux principes. Et cet humour grinçant n'a plus rien de commun avec le vaudeville écrit par la baronne de Meyer. L'idée autour de laquelle est construit le film le rend plus fort, plus saisissant, presque tragique. Stroheim a su donner une profondeur à une anecdote superficielle.

His great success !

Le tournage de *The Devil's Pass Key* a duré 5 semaines, du 29 octobre au 4 décembre 1919. Maude S. Cheatham a assisté à une journée de travail qu'elle a racontée dans un article intitulé "Erich von Stroheim and the miracle".[5] Elle a été fortement impressionnée par la conscience professionnelle et la passion de Stroheim, qui mimait le jeu qu'il attendait de chacun de ses interprètes, veillait au moindre détail, et ne filmait une scène que lorsqu'elle traduisait exactement l'effet qu'il recherchait. Les acteurs et tout le personnel qui travaillaient dans le studio adoraient leur metteur en scène et admiraient sa culture, son érudition et son intelligence. Le ton de ce reportage est si élogieux qu'on peut se demander si cet article est vraiment spontané, et n'anticipe pas déjà sur la campagne de promotion du film. Le montage de *The Devil's Pass Key* a occupé Stroheim pendant tout l'hiver et la version définitive a été terminée le 10 avril 1920. Carl Laemmle avait imposé à Stroheim le sujet de son film, mais pour l'adaptation, la réalisation et le montage, il l'a laissé entièrement libre. Cela s'explique très logiquement en considérant l'interpénétration chronologique de *Blind Husbands* et de *The Devil's*

Pass Key. Carl Laemmle, qui a vu *Blind Husbands* début août, fait à ce point confiance à Stroheim qu'il le laisse travailler à sa guise, terminer le tournage et dépasser largement le budget prévu, avant même la première new yorkaise du film (7 décembre 1919). Son succès commercial permet à l'Universal de reculer la date prévue pour la sortie de *The Devil's Pass Key* et consacre en même temps la valeur de Stroheim, grand metteur en scène. Laemmle n'a pas oublié les difficultés qui les avaient opposés pour le montage et le choix du titre de *The Pinnacle*. Il donne aujourd'hui carte blanche à son réalisateur qui va travailler au rythme où il l'entend, c'est-à-dire pendant tout l'hiver. Stroheim a lui aussi tiré les conséquences du montage précédent, puisque qu'après une version de 8 819 pieds achevée le 18 mars, il en élabore de lui-même une autre, plus courte de 433 pieds, qu'il présente à partir du 10 avril 1920. Enfin, le titre qu'il propose, *The Devil's Pass Key*, est accepté sans aucune discussion.

Le film est présenté à la presse en avril, mais depuis le mois de mars, le magazine *Moving Picture Weekly*, composé et édité par l'Universal, annonçait régulièrement en quatrième de couverture l'arrivée imminente de son nouveau "Jewel de Luxe". Publicité exceptionnelle, car généralement cet emplacement était consacré chaque semaine à une production différente. Au mois de juin, Stroheim est à New York, il rencontre des journalistes et accorde des interviews. Il en profite pour exposer ses convictions cinématographiques et, en particulier, il s'élève contre la tyrannie du "happy end".[6] Cette déclaration signifie de toute évidence que Stroheim aurait préféré que son film s'achevât de façon plus tragique. Il aurait ainsi pu éviter tous les subterfuges qui rendent plausible la réconciliation finale. Stroheim laissait son œuvre au second plan pour élargir les entretiens et aborder des problèmes d'ordre général. Il se posait d'autorité en grand du cinéma auprès de l'opinion publique. On connaît bien ce comportement, cette audace fondamentale qui est à l'origine de son ascension. En l'occurrence, Stroheim ne craint pas d'utiliser pour sa publicité personnelle l'un des plus grands quotidiens new yorkais. Laemmle ne pouvait que se réjouir de cette attitude orgueilleuse, qui tout en amplifiant la notoriété de son metteur en scène, préparait le succès de *The Devil's Pass Key* et prolongeait la carrière de *Blind Husbands*.

Plus de trois mois devaient s'écouler avant que *The Devil's Pass Key* ne figurât à l'affiche. La première eut lieu le 8 août 1920 au New York Capitol Theatre. Un somptueux spectacle de musique et de danse précédait la projection. Ce prologue exceptionnel était bien sûr une manœuvre publicitaire, mais il avait aussi l'avantage de mettre les spectateurs en condition. Il les transportait à Paris, au bal, au cabaret... et ces distractions frivoles étaient interrompues par l'arrivée du diable. Peut-on trouver raccourci plus luxueux pour annoncer le thème d'un film sans rien en dévoiler ?

La presse américaine est unanime, presque tous les journalistes ont aimé le film et en font l'éloge. Certains le jugent même supérieur à *Blind Husbands*. Peter Noble[8] a relevé dans leurs articles quelques passages significatifs : « film brillant », « sans sentimentalisme », « impitoyablement vrai », « d'un profond intérêt psychologique », « le travail de Stroheim nous apprend à voir la réalité telle qu'elle est », « ce film est le résultat parfait d'une nouvelle méthode cinématographique naturaliste, associé à une qualité de jeu rarement atteinte ». Un article du *New York Times* insiste plus particulièrement sur les qualités de la mise en scène.[9]

Toutes ces critiques ont été publiées le jour même où le film sortait sur les écrans. Mais les journalistes avaient eu trois mois pour se faire une opinion et composer leur copie. Pendant tout ce temps, ils étaient restés les seuls à avoir vu le film, ils n'avaient pas été influencés par l'attitude du public et la censure populaire. Leurs articles ne résultaient donc pas de réactions instinctives ou d'échos complaisants mais au contraire d'appréciations raisonnées et personnelles.

Les seules notes discordantes étaient d'ordre moral. Les esprits les plus étroits, les sympathisants inconditionnels des ligues de vertu condamnent *The Devil's Pass Key* comme ils avaient condamné *Blind Husbands*. « Le problème moral n'est pas d'un niveau aussi élevé qu'on pourrait le désirer »[11], « une interminable analyse de la faiblesse et de la méchanceté », « un film malsain ».[12]

Lorsque le film fut projeté en France, en 1924, la critique s'indigna devant le ridicule du décor parisien réalisé à Hollywood. Le Bon Marché n'était qu'une petite mercerie de rien du tout sise rue de la Paix, sur les murs du Café de la Paix s'étalait l'inscription "défense d'uriner".[13]

Il faut enfin citer la réflexion de Denise Vernac lorsque Bob Bergut lui a demandé de relire la biographie de Stroheim qu'il a publiée en 1960. Elle connaissait le film, et a noté en marge du manuscrit : « A l'époque *The Devil's Pass Key* eut un grand succès. C'est en rétrospective qu'il apparaît indigne de l'ensemble de l'œuvre de Stroheim ».[14]

Le film a été accueilli assez fraîchement par le public français qui a suivi, à moins qu'il n'ait anticipé, les conseils de *Cinémagazine*. Aux Etats-Unis par contre, *The Devil's Pass Key* avait eu beaucoup de succès. A la fin de l'année, il fut classé par la presse parmi les meilleurs films de 1920, partageant cet honneur avec *Way Down East* (*A travers l'orage*) de D. W. Griffith, *Humoresque* de Frank Borzage, *Dr. Jekyll and Mr. Hyde* de John Stuart Robertson, *Why Change your Wife* (*L'échange*) de Cecil B. DeMille et *Victory* (*Une victoire*) de MauriceTourneur.[15] On ne connaît pas le montant exact du bénéfice réalisé par l'Universal, mais il est certain que Carl Laemmle a été plus que satisfait.

Pourtant, un critique s'est montré inflexible, et a poursuivi ce film d'une haine tenace : Erich von Stroheim lui-même.

L'enfer

Aussi incroyable que cela puisse paraître, Erich von Stroheim a décidé d'oublier *The Devil's Pass Key*, de le reléguer dans l'enfer de sa filmographie. Déjà, lorsque Maude S. Cheatham est venue sur le plateau pendant le tournage, Stroheim n'a pas daigné lui parler de son film ; il a préféré lui exposer complaisamment ses méthodes de travail. Un autre journaliste s'est présenté pendant le montage. Il n'a été question que du roman de Frank Norris *Mac Teague* que Stroheim envisageait de porter à l'écran. Un peu plus tard, *The Devil's Pass Key* est projeté à la presse et aux distributeurs. Stroheim feint la modestie, et, plutôt que de chanter les louanges de son film, il dévie la conversation pour discourir sur l'art cinématographique en général. Enfin, le 8 août 1920, il n'assiste pas à la première parce que son médecin lui a ordonné de prendre du repos. Excellent prétexte pour éviter d'avoir à commenter sa dernière œuvre. Stroheim a laissé aux journalistes le soin d'apprécier et d'interpréter son film sans leur dévoiler ce qu'il en pensait lui-même.

Peter Noble, qui a échangé de nombreuses lettres avec Stroheim pour écrire son livre *Hollywood Scapegoat*, a réussi à obtenir de sa part ce qu'il considère comme une « confession » : « Mes deux premiers films étaient des expériences, ma carrière de cinéaste a vraiment commencé avec *Foolish Wives* ».[16] Mais n'oublions pas que le livre de Peter Noble a été désavoué publiquement par Stroheim dès sa sortie en librairie. Quelque temps auparavant, Herman G. Weinberg avait noté que Stroheim avait renié tous ses films, qu'il estimait dénaturés par les monteurs et les censeurs hollywoodiens, à l'exception de *Blind Husbands* et de *The Devil's Pass Key*.[17] Kevin Brownlow, pourtant bien connu pour son sérieux et sa minutie, évoque les débuts du metteur en scène en ces termes : « First came *Blind Husbands*, then *Foolish Wives* »[18] (Tout d'abord il y eut *Blind Husbands* puis *Foolish Wives*). Ce raccourci est l'une des conséquences de la politique de Stroheim. On oublie encore plus facilement *The Devil's Pass Key* que si son auteur avait pris la peine de le renier. Dès lors, on ne compte plus les articles qui ignorent totalement ce film. Bientôt, les critiques n'y penseront plus du tout.

Mais pourquoi Stroheim a-t-il agi de la sorte ? En toute objectivité, la somme des documents recueillis, aussi bien que l'opinion mitigée de Denise Vernac, laissent à penser que *The Devil's Pass Key* n'est pas un chef-d'œuvre. Et Stroheim le premier savait que malgré tous ses efforts, il y aurait toujours à l'origine de son film un matériau médiocre. S'il avait accepté le roman de la baronne de Meyer, il ne l'avait pas choisi. S'il l'avait transformé, il s'était astreint à respecter les normes hollywoodiennes. Et il s'était lui-même imposé ces contraintes. Ce deuxième film était une sorte d'examen qu'il devait réussir pour être "titularisé" en tant que metteur en scène à l'Universal. La plus naturelle des prudences lui recommandait d'éviter de prendre trop de risques. D'abord, il conserve la même équipe technique et quelques-uns des acteurs de son premier film. Ensuite et surtout, il renforce la similitude entre le schéma de *The Devil's Pass Key* et celui de *Blind Husbands*. Des Américains en Europe, une histoire d'adultère, un piège, une femme inconsciente et un mari aveugle ! Stroheim s'est peut-être laissé prendre au jeu de la facilité. D'autant plus qu'il n'a apporté à son film que des éléments qu'il n'a pas eu à inventer : soit des images d'archives, soit des épisodes de sa vie. La rencontre de Warren et de Grace est la copie de celle d'Erich et Valérie. Le reporter Alphonse Marrier est directement inspiré du personnage joué par Stroheim dans *The Social Secretary*. L'auteur qui se voit refuser ses manuscrits ne ressemble-t-il pas au jeune homme qui voulait faire du théâtre et à l'aspirant réalisateur qui proposa *The Furnace* à tous les studios de Hollywood ? L'accueil infligé au

Passe-partout du diable par le public français n'est pas de ceux dont on aime se souvenir lorsqu'on se targue de réalisme et qu'on se prosterne devant la vérité. Surtout lorsque treize ans plus tard on décide de s'installer en France ! Une évocation de Paris aussi caricaturale avait pu passer inaperçue aux Etats-Unis. En Europe, elle était si flagrante qu'elle masquait tout le reste du film, comme le prouve l'article incendiaire de *Cinémagazine*. Encore ne s'étonne-t-il pas qu'une pièce de boulevard, contemporaine et inédite, écrite de surcroît par un Américain, soit jouée au Théâtre Français ! Et c'est ainsi que le séjour que Stroheim prétend avoir fait à Paris pendant sa jeunesse rétrécit avec le temps, telle une peau de chagrin. En 1920 il avait duré un an, en 1937 il ne s'agissait plus que de quelques jours, vingt ans plus tard il n'avait jamais eu lieu. Entre temps Stroheim était devenu parisien et on avait depuis longtemps oublié *The Devil's Pass Key*. Dans la situation un peu humiliante d'avoir à se reconnaître responsable des bévue qu'il avait commises, sans pouvoir accuser personne sinon lui-même, Stroheim a trouvé la solution : l'oubli. S'il n'y avait plus de film, il n'y avait plus de faute.

Et c'était très bien ainsi, parce que *The Devil's Pass Key* aurait pu devenir à plus ou moins brève échéance une machine infernale ! Il y a dans ce film un personnage assez énigmatique : le comte de Trouvère. Il n'a guère d'importance dramatique, il ne lui arrive rien, et pourtant, c'est le rôle que Stroheim voulait tenir. Il va de soi qu'alors, le personnage n'aurait pas été aussi effacé. Jack Matheis a pu incarner un philosophe désabusé, Stroheim aurait sans doute incarné le diable tout puissant. Celui qui voit tout, qui sait tout, et qui laisse faire, sûr que ses ordres seront exécutés et ses vœux exaucés.

La scène cruciale du film est à l'évidence la présentation de "His Great Success" à la Comédie-Française. Le théâtre fait office de caisse de résonance qui amplifie les chuchotements du public, la gloire, le drame et la chute de l'auteur. Stroheim ne courait certes pas le même risque que Warren Goodwright, mais on peut penser qu'il a voulu éviter tout ce qui aurait pu susciter la moindre analogie désobligeante. Serait-ce pour cette raison qu'il s'est abstenu d'assister à la première de *The Devil's Pass Key* ? C'était bien assez de l'évoquer dans son titre, point n'était besoin d'aller encore tenter le diable ! On connaît la superstition de Stroheim. Elle transparaît de temps à autre dans son film. Ce n'est pas par hasard que la Belle Odera est une gitane et que le chat de la dernière chance est noir comme du charbon ! Stroheim redoutait-il d'être accusé de maléfique complaisance par les ligues puritaines ou craignait-il vraiment le diable ? Force est de constater que plus il a vieilli, plus il est devenu superstitieux. Il suffit pour s'en convaincre de lire les romans qu'il a écrits à la fin de sa vie. Et ce qui au début n'était sans doute qu'un prétexte superficiel pour oublier son film a pu devenir une raison substantielle.

Lorsque les journalistes puis les historiens ont parlé d'un film à clef, ils n'ont généralement pensé qu'à la Belle Otero. Richard Koszarski a entrevu quelques allusions à la vie récente du metteur en scène. Mais Stroheim avait toutes les raisons de craindre que des gens mal intentionnés n'allassent plus avant en découvrant des reflets de sa propre personnalité dans chacun des personnages. Sans parler des deux méchantes femmes, simples transpositions des rôles qui avaient fait connaître Stroheim, on a déjà vu que Rex Strong était l'image que l'acteur voulait donner de son être véritable. Reste Warren Goodwright. Auteur d'abord méconnu dans un pays qui n'est pas le sien, marié depuis peu à une jeune et jolie femme, il va rencontrer la célébrité. C'est à cet endroit que la comparaison aurait pu devenir dangereuse ! Le succès de scandale obtenu par Warren ne doit rien à ses mérites ni à son talent. Stroheim n'apprécierait pas qu'on porte sur lui le même jugement. Il ne veut devoir qu'à lui-même une réussite légitime et dont il pourra être fier. « Etre soupçonneux est pire qu'être jaloux » a-t-il inscrit en exergue du titre de son film. N'est-ce pas là un avertissement très personnel destiné à ses confrères plutôt que la morale de son histoire ? Le scandale, s'il doit y en avoir un, sera volontairement provoqué par l'œuvre et ne ridiculisera pas l'auteur. Le péril le plus grave serait que l'on soupçonnât Stroheim d'avoir gravi les échelons de la société américaine à force de compromissions. Jusqu'à maintenant, il a toujours manœuvré pour que tout ce qu'il suggère au public serve à conforter sa légende. Avec cette fâcheuse interprétation de *The Devil's Pass Key*, il court aujourd'hui le risque de mettre à mal l'idée qu'il a donnée de lui jusque là et, bien plus, d'anéantir le fruit de plusieurs années de travail acharné.

De nouveau, Stroheim a su rectifier à sa convenance l'histoire de sa vie. Cette fois-ci, il ne s'agit plus du passé, mais d'un événement actuel. Alors que tout le monde le voit, et qu'il est lui-même en pleine lumière, il va réussir la prouesse d'escamoter un film tout entier.

Passez muscade, il n'y a jamais eu de film !

VI

FOOLISH WIVES
(Folies de femmes)

Après deux films fort honorables, Erich von Stroheim se doit de produire un chef-d'œuvre pour asseoir sa réputation de maître. Sans s'accorder le moindre répit, il se remet au travail. Il n'a pas l'intention de se laisser oublier. Encore moins celle de négliger aucun des éléments capables de contribuer au succès de son nouveau projet. Il va reprendre tous les matériaux qui lui sont familiers et dont il a déjà éprouvé l'efficacité ; il cherchera aussi, avec une ardeur passionnée, des innovations encore plus percutantes. *Foolish Wives* sera un film d'ERICH VON STROHEIM et scellera la consécration de son talent.

D'après Thomas Quinn Curtiss, l'Universal désirait simplement produire un film « axé sur le sexe et l'argent ». Lorsque Stroheim avait proposé Monaco, Laemmle se serait exclamé « Vous êtes un génie ! Un GENIE ! ».[1] Cependant, selon Valérie von Stroheim, l'idée d'un film se déroulant à Monte-Carlo, capitale du jeu et des intrigues romanesques, aurait été suggérée par Carl Leammle.[2]

Quoi qu'il en soit, "Oncle Carl" accorde au metteur en scène une liberté totale, et l'Universal tolérera même, malgré quelques réticences, que le budget et les délais prévus soient allégrement bafoués. Stroheim va imaginer le scénario, réaliser les décors, constituer son équipe, choisir les acteurs, tout diriger à sa guise, depuis A jusqu'à Z. Il va accumuler dans *Foolish Wives* un nombre prodigieux d'idées et de thèmes personnels, mais en choisissant la solution de la difficulté. Utiliser des éléments éprouvés, mais les pousser à leur paroxysme. Envisager des situations invraisemblables, mais les rendre crédibles. Inventer des personnages monstrueux, mais en faire des êtres humains. La cohérence et le réalisme d'une telle composition ne sauront être le fait que d'un grand cinéaste...

Foolish Wives est une œuvre maîtresse. Tout le monde reconnaît aujourd'hui ses qualités et l'influence considérable que le génie de son auteur exerça sur le développement de l'art cinématographique. Dès sa sortie en Europe, deux spectateurs avaient pleinement ressenti la puissance du film et compris toute sa richesse.

« C'est une chance énorme qui, en 1924, m'amena dans une salle où on projetait un film d'Erich von Stroheim. Ce film, *Folies de femmes*, me stupéfia. J'ai dû le voir au moins dix fois. Brûlant tout ce que j'avais adoré, je compris combien je m'étais fourvoyé jusqu'alors » (Jean Renoir).[3] L'autre spectateur était S. M. Eisenstein, qui conserva pendant des années une photographie de *Foolish Wives* épinglée au mur de sa chambre.

Pourtant, la version qu'ils avaient vue durait deux fois moins longtemps que celle qui avait été présentée à la presse américaine le 11 janvier 1922, copie que Stroheim lui-même qualifiait déjà de squelettique.[4] Il serait déprimant de rappeler tous les outrages infligés au film tant par les censeurs que par les ans. Erich von Stroheim avait monté 32 bobines, Arthur Ripley et Edward Sowders n'en laissèrent que 18, l'Universal en projeta 14, puis 10, puis 8. C'est cette dernière réplique, assemblée en 1928, que la compagnie envoya en 1936 au musée d'Art Moderne de New York. Aujourd'hui, grâce aux travaux du professeur Arthur Lennig, on peut enfin avoir une idée précise, sinon tout à fait exacte, du film qui a été montré aux spectateurs de

1922.[5] Remarquant qu'il existait de nombreuses différences entre la version américaine et la version italienne de *Foolish Wives*, il obtint un film plus complet en combinant les deux copies. De fait, les 8 bobines américaines n'étaient plus que l'ombre d'un squelette !

Monte-Carlo, 1920...

Au lendemain de la première guerre mondiale, trois aristocrates russes, le comte Wladislas Sergius Karamzin et ses deux cousines, les princesses Olga et Vera Petschnikoff, habitent une luxueuse villa près de Monte-Carlo. Ils doivent en réalité leur existence fastueuse à leurs activités malhonnêtes. Ils achètent notamment à vil prix les faux billets gravés par le Signor Ventucci, un malheureux qui n'accepte cette besogne que pour subvenir aux besoins de sa fille handicapée. Le trio se complaît dans une immoralité routinière, mais ne néglige rien de ce qui pourrait améliorer sa situation.

Un entrefilet du « Petit Monégasque » retient leur attention. On annonce l'arrivée imminente à Monte-Carlo de S.E. Andrew Hughes, ambassadeur des Etats-Unis d'Amérique, et de sa jeune épouse. Un plan d'attaque est vite ébauché. Sergius va séduire et éventuellement compromettre l'ambassadrice. Olga et Vera s'occuperont du mari. Ils en retireront, peut-être, quelque profit lucratif, sûrement une caution morale qui légitimera et consolidera leur place au sein de la bonne société de la principauté.

Le croiseur Salem est mouillé en rade de Monte-Carlo. L'équipage rend à S.E. et Mrs. Hugues les honneurs qui leur sont dûs. Une chaloupe les mène à terre. L'ambassadeur est conduit au palais par le premier secrétaire d'Etat du prince de Monaco, sa femme reste seule. Nous la retrouvons avec Karamzin qui se fait un plaisir de suivre à la lettre le plan ourdi par les complices. Il a vite réussi à se faire présenter, et la jeune femme est déjà séduite par sa conversation et ses manières raffinées. Pendant ce temps, son mari présente ses lettres de créances. Il paraît embarrassé par les exigences protocolaires du Vieux Continent.

Enfin libéré de ces obligations, il se promène avec sa femme par les rues élégantes de la ville. Ils ne tardent pas à croiser le comte et ses cousines. Présentations des plus mondaines, proposition spontanée de faire découvrir la ville aux nouveaux arrivants. Première étape : le tir aux pigeons. Karamzin, excellent tireur, est sûr de se faire remarquer. Mrs. Hughes ne cache pas son admiration, son mari esquisse simplement une moue dédaigneuse. On se retrouve le soir au carnaval nautique. Olga et Vera entraînent l'ambassadeur dans une petite barque fleurie. Karamzin reste seul avec Hélène Hughes dans un autre bateau. L'affaire est en bonne voie. Rendez-vous est pris pour le lendemain. Olga, Sergius et Mrs. Hughes iront faire une grande promenade dans la campagne environnante.

Ils déjeunent à l'hôtel des Rêves, situé à quelque distance de la ville. Comme par hasard Olga se trouve un peu lasse pour participer à l'excursion qu'ils projetaient. Hélène et Sergius s'aventurent donc seuls dans une région déserte et marécageuse que le comte connaît parfaitement... Un orage épouvantable les surprend. A la tombée de la nuit, les éléments déchaînés leur coupent encore toute retraite. Au prix de difficultés plus spectaculaires que dangereuses, Karamzin porte la jeune femme à demi-inconsciente jusqu'au seuil d'une baraque sordide. Là vit, avec son bouc, la Mère Garoupe, une vieille sorcière ; ce n'est pas la première fois que le comte fait appel à sa complicité. Tout semble fin prêt pour que l'irrémédiable s'accomplisse. Olga a téléphoné au mari d'Hélène en lui racontant qu'il leur était impossible de revenir en ville à cause du mauvais temps, et qu'ils allaient passer la nuit à l'hôtel des Rêves. Elle lui a aussi recommandé de ne pas s'inquiéter. Dans la cabane, la Mère Garoupe prête quelques guenilles sèches à Hélène. Karamzin se retourne obligeamment pendant qu'elle se déshabille, il sort cependant de sa poche un petit miroir pour l'observer à la dérobée. La jeune femme est sur le point de s'endormir. Le comte se rapproche insidieusement. Mais dans un pays où le hasard est roi, l'imprévu est toujours à redouter : on frappe à la porte, un moine égaré demande asile. Le visage émacié, l'œil réprobateur, il condamne le séducteur à une douloureuse inaction.

Au petit matin, Hélène et Sergius rejoignent Olga à l'hôtel des Rêves. Ils partent aussitôt pour Monte-Carlo. Olga ne manque pas d'exploiter la situation en persuadant Hélène qu'elle ne doit pas avouer toute la vérité à son mari mais lui dire seulement qu'elle a dormi à l'auberge.

La jeune femme tombe dans le piège. Elle ne voit pas que ce mensonge la compromet comme si elle était coupable. Son époux, guère plus perspicace, n'éprouve pas le moindre soupçon : il la remercie gentiment d'être revenue de si bonne heure et de l'avoir fait prévenir par la princesse Olga.

Le comte Karamzin reprend quant à lui sa vie de tous les jours. Il se rend chez Ventucci pour s'approvisionner en fausse monnaie, et surtout parce qu'il éprouve une attirance trouble pour sa fille, sourde, muette et idiote. Il examine attentivement la fenêtre de sa chambre et les possibilités d'escalade. De retour à la villa Amorosa, sa servante, Maroushka, enceinte de ses œuvres, lui demande pour la centième fois s'il a vraiment l'intention de l'épouser. Dans un étourdissant numéro d'hypocrisie, Karamzin parvient à se dérober et réussit en outre à extorquer à la pauvre femme ses maigres économies.

Dans les salons du casino, Mr. et Mrs. Hughes retrouvent évidemment les princesses et leur cousin. Sergius propose à Hélène de lui apprendre à jouer et se montre si bon maître que, le hasard aidant, elle gagne 100 000 F. Leurs altesses Olga et Vera essaient d'écouler le plus discrètement possible les faux billets de Ventucci. Le personnel du casino commencerait-il à se douter de quelque chose ? Vera propose à Andrew Hughes de terminer la soirée par un poker : elle reçoit quelques amis dans sa villa où est aménagée une salle de jeu privée. Mrs. Hughes préfère aller se reposer. Elle est loin d'imaginer le regain de convoitises dont elle est maintenant l'objet. Les événements vont se précipiter.

Dans sa chambre d'hôtel, elle lit un billet que le comte a glissé dans sa main avant de la quitter. Il la supplie de venir le retrouver. Une affaire d'honneur... Karamzin l'attend dans la plus haute pièce d'une petite tour qui flanque l'un des angles de la villa Amorosa. Il a demandé à Maroushka de tout préparer pour un galant tête-à-tête. La servante reste dissimulée dans l'escalier et voit monter sa rivale. Folle de jalousie, elle ferme la porte à double tour derrière le couple. Sergius, les larmes aux yeux, explique à Hélène comment il s'est ruiné pour son pays. Il a dû contracter une dette dont il ne peut différer le remboursement. Mrs. Hughes pourrait lui sauver la vie, mais il aurait trop honte, lui, un Karamzin, d'accepter de l'argent d'une femme. Hélène, bouleversée par des sentiments si délicats, insiste pour lui donner les 100 000 F qu'elle vient de gagner au casino. Fort de cette première victoire, le comte envisage maintenant d'obtenir d'autres faveurs... mais des flammes envahissent la pièce. Maroushka vient de mettre le feu à la tour. Les pompiers sont bientôt sur place. Ils tendent une toile et demandent aux deux prisonniers de sauter de leur balcon. Sans la moindre hésitation, Karamzin saute le premier, abandonnant sa compagne. Mr. Hughes a préféré quitter la salle de jeu où il a bien vu que tout était truqué. Il est revenu à l'hôtel mais n'y a pas trouvé sa femme. Saisi d'un doute, il retourne à la villa et arrive au moment où Hélène se décide à sauter dans le vide. Il la réconforte, l'accompagne jusqu'à leur chambre et trouve sur elle le billet écrit par le comte. Andrew Hughes sait désormais ce qu'il doit faire. Il se rend de nouveau à la villa, et, d'un coup de poing magistral, projette Karamzin sur le sol. Un duel semble inévitable.

L'incendie est maîtrisé. Maroushka s'est suicidée. Karamzin erre maintenant dans les bas quartiers de la ville et se décide à aller violer la fille de Ventucci. Mais celui-ci le surprend, le poignarde et jette son cadavre dans les égouts.

Au petit matin la police vient arrêter les deux "princesses" qui s'apprêtaient à fuir.

L'ambassadeur est auprès de son épouse qui, elle aussi, est revenue à la raison. En guise de conclusion, les dernières lignes du roman qu'elle vient de lire, *Foolish Wives*, par Erich von Stroheim : « C'est ainsi qu'une jeune écervelée perdit ses illusions et découvrit chez son mari les qualités qu'elle avait cru trouver chez un imposteur ».

Ce synopsis a été rédigé d'après la reconstitution réalisée par le Professeur Arthur Lennig. Une étude objective implique la nécessité de dégager le fil conducteur et l'architecture dramatique du film, sans succomber à la tentation d'évoquer la perfection formelle qui donne à chaque scène une saveur exceptionnelle.

A défaut des images...

Réduit à sa seule structure, ce film semble déséquilibré. Après une très longue exposition, relativement statique, les événements vont tout à coup se succéder à une cadence infernale. Cette dissymétrie apparaît à l'évidence dans le résumé désincarné qui vient d'être présenté. Elle est bien moins perceptible lorsqu'on voit *Foolish Wives* au cinéma. Il est certain que la version complète tournée et montée par Stroheim était encore plus homogène.

La première partie est toujours consacrée à la construction des personnages, mais tous les rôles, même secondaires, sont campés avec autant de soin que celui de Karamzin. Mrs. Hughes a les défauts des nouveaux riches. Elle estime que les hommages lui sont dûs, regarde de haut les gens moins fortunés qu'elle, apprécie les manières affectées, et nourrit une admiration sans borne pour les titres de noblesse. Une scène disparue la montrait dans son cabinet de toilette agacée par la simplicité de son mari. Elle lui dit un peu plus tard qu'elle se sent « embarrassée par son provincialisme ». A la fin du film, un épisode, bien évidemment censuré, permettait au spectateur de mieux comprendre encore les raisons de sa conduite : après l'incendie, Hélène accouchait d'un enfant mort-né. Elle avait dissimulé sa grossesse à son mari parce qu'elle redoutait par-dessus tout qu'il l'obligeât à rester aux Etats-Unis de peur que le voyage ne la fatigue.

Andrew Hughes est probablement celui qui a le plus à se plaindre des réductions successives infligées au film puisque, d'ambassadeur en poste en 1921, il se retrouve simple voyageur de commerce en 1936 ! Stroheim avait à l'origine brossé avec beaucoup de finesse le portrait d'un diplomate qui représentait l'Amérique, doué de toutes les vertus dont s'enorgueillissaient les citoyens des Etats-Unis. L'esprit de famille et l'amour conjugal étaient mis en évidence par les scènes déjà citées à propos de Mrs. Hughes. Son respect de la nature apparaissait dans la scène du tir au pigeon, où il objectait « qu'il n'était guère sportif de massacrer des oiseaux domestiques ». Et cette réflexion montrait aussi sa perspicacité car il ne lui avait suffi que de quelques instants pour juger le comte Karamzin. De même, son intelligence pratique lui permettait de démasquer les tricheries des deux princesses dans leur salle de jeu privée, de démonter leur tentative de chantage, et de mettre les deux femmes hors d'état de nuire. Il y a dans tout Américain un shérif qui sommeille ! Un développement particulièrement important a été supprimé. Le comte répondait au coup de poing de Hughes en le provoquant en duel, et ce dernier, bien que désapprouvant cette coutume d'un autre âge, en acceptait le principe malgré le mépris que lui inspirait son adversaire. Il écrivait une lettre à sa femme expliquant qu'il était capable de se conformer aux exigences du code d'honneur européen, dût l'adresse de Karamzin au pistolet rendre leur rencontre parfaitement inéquitable. Au petit matin, Hughes attendait en vain son ennemi. Mais il avait déjà prouvé qu'il était prêt à affronter la mort pour l'amour et pour l'honneur de sa femme, révélant ainsi une noblesse innée qui surpassait infiniment tous les faux-semblants ostentatoires.

Les deux cousines, Olga et Vera, apparaissent dans la copie actuelle comme deux complices interchangeables. On devine à peine qu'elles constituent avec Maroushka le harem permanent du comte, alors que cette situation était clairement établie par Stroheim dès les premiers plans du film. Les princesses venaient tirer leur cousin du lit et Vera récupérait sa perruque qu'elle avait perdue sous les draps. Les relations tumultueuses qu'ils entretenaient étaient illustrées par d'autres scènes d'inspiration sadomasochiste. Il subsiste une photographie où l'on voit Karamzin, revêtu d'un corset, mordillant la main de sa cousine Vera qu'il regarde d'un air lubrique. Les deux "princesses" ne se contentaient pas de se disputer les faveurs de leur protecteur, chacune d'elles avait aussi sa spécialité dans le cadre de l'activité professionnelle du groupe. Vera était particulièrement habile dans l'art de séduire et de compromettre les maris américains. Olga avait mis sur pied une organisation qui fournissait des compagnes de charme à des clients fortunés. Un album de photos suggestives faisait office de catalogue pour guider le choix de ces messieurs. Ces clichés pouvaient à l'occasion servir pour quelque chantage, car ils ne représentaient pas uniquement des prostituées. C'est ainsi qu'Olga ajoutait à sa collection une photo d'Hélène afin de prouver à Hughes que sa femme l'avait trompé avec Karamzin. Toutes ces scènes renforçant la personnalité des deux femmes amenaient fort logiquement un événement décisif, véritable prélude à la chute de Karamzin : ses deux maîtresses le chassaient ignominieusement de la villa, le condamnant à errer dans la nuit.

Le Signor Ventucci, bien que coupable aux yeux de la loi, ne laisse pas d'être un personnage sympathique. Stroheim, en racontant son passé, expliquait sa vie présente et justifiait sa conduite. Victime du démon du jeu, l'italien s'était ruiné au casino. Sa femme n'avait pas pu supporter ce désastre et s'était donné la mort, le laissant seul élever une fillette à demi-idiote. S'il grave maintenant des faux billets qu'il cède à vil prix, ce n'est donc pas seulement pour survivre, mais aussi pour se venger des jeux de hasard. Il expie par son existence misérable sa fatale faiblesse qui a provoqué le suicide de la femme qu'il adorait. Autant de sentiments et de passions qui en font un homme complexe, capable du meilleur et du pire. On comprend alors que le personnage de Ventucci avait été crée par Stroheim pour son acte final, pour qu'il soit digne d'exécuter Karamzin et de lui infliger la mort la plus infamante.

Le comte a été relativement épargné par la frénésie réductrice de l'Universal pour l'excellente raison que tout le film reposait sur ses turpitudes. Initialement, le contraste était plus violent entre le grand seigneur dont il usurpait l'apparence et l'être méprisable qu'il était en réalité ; c'est ainsi qu'il se permettait de passer en revue la garde monégasque. Une fois seul, un gros plan le montrait crevant avec délectation un bouton sur son visage. Ses vices étaient présentés de façon fort explicite, de ses mœurs dissolues à la cupidité exacerbée qui l'amenait à disputer à Olga le faux argent de Ventucci. Incapable de résister à ses pulsions les plus primitives, il tuait, avant d'aller violer la fille de Ventucci, un chat noir qui avait eu le malheur de se trouver sur son chemin. La vindicte de Stroheim poursuivait Karamzin même après sa mort. La dépouille du comte flottait dans le cloaque avec celle du chat aux côtés d'une caisse de bouteilles de champagne vides. Le cadavre et les symboles dérisoires de son existence passée dérivaient jusqu'à la mer où un octopode apocalyptique les engloutissait ! Sans doute les censeurs ont-ils voulu épargner aux âmes délicates et sensibles une évocation aussi effroyable de la damnation éternelle !

La règle de trois

Stroheim n'a jamais eu l'intention de réaliser une trilogie, mais *Foolish Wives* est manifestement un aboutissement qui procède de *Blind Husbands* et de *The Devil's Pass Key*. Plus encore, c'est une somme.

Blind Husbands se passe à la montagne, dans un cadre naturel et hostile ; *The Devil's Pass Key* se déroule tout entier dans une grande cité. On retrouve dans *Foolish Wives* la ville et la campagne. Monte-Carlo remplace Paris, les marais sous l'orage remplacent les Alpes.

Stroheim a utilisé pour *Foolish Wives* des détails provenant indifféremment de *Blind Husbands* ou de *The Devil's Pass Key*. Ainsi en est-il de la lettre trouvée par hasard et du chat noir final. On remarque de nombreuses équivalences, mais qui ne sont pas toujours utilisées dans le même sens. La promenade élégante à Monte-Carlo rappelle celle du bois de Boulogne, la tour de la villa fait penser au clocher de l'église de Cortina, la cabane de la Mère Garoupe au refuge de montagne. Le moteur de l'intrigue de *Foolish Wives* allie la séduction à l'état pur, comme dans *Blind Husbands*, et la cupidité, comme dans *The Devil's Pass Key*. Karamzin désire doublement Mrs. Hughes, pour elle-même, et pour son argent. Il recherche la possession totale.

L'ambassadeur ressemble comme un frère aux maris des films précédents, avec la même ingénuité il confie sa femme à son rival. Il cumule ensuite les réactions finales de ses deux aînés. Il est pris d'une furie vengeresse comme le docteur Armstrong, donne un coup de poing au séducteur comme Warren Goodwright, et veut comme lui mettre fin à ses jours.

Stroheim superpose les défauts des femmes qu'il met à l'épreuve. Hélène Hughes est aussi coquette et écervelée que Grace Goodwright ; elle se laisse courtiser, voire séduire, avec plus de complaisance encore que Margaret Armstrong. Mais elle n'a pas droit à l'indispensable protection d'un ange gardien, comme Sepp ou Rex Strong.

Le trio malfaisant de la villa Amorosa réunit le séducteur de *Blind Husbands* et les deux scélérates de *The Devil's Pass Key*. Pour incarner le mal, le metteur en scène n'a pas hésité à conserver tous ses personnages dévoyés. Une trinité démoniaque d'ordre mathématique ! Un méchant, deux méchants, trois méchants... Une progression arithmétique mais surtout une sommation. Stroheim n'a pu se résoudre à abandonner aucun de ses antihéros. En plus de leurs activités malhonnêtes, Olga et Vera exacerbent et encouragent les bas instincts de leur cousin. Tout se passe comme si Madame Malot et la Belle Odera manipulaient Steuben. Mais le comte a aussi hérité de leur méchanceté et de leur malhonnêteté. Toutefois, il est loin d'avoir leurs talents de stratège. Karamzin copie la distinction de Rex Strong, se targue comme lui d'être un homme à femmes. A cela, il ajoute la morgue, la fatuité et l'élégance outrée du lieutenant de *Blind Husbands*. Finalement, même s'ils sont distribués de façon différente, aucun vice ne manque à l'appel !

Ce cumul de tares rejaillit même sur les personnages positifs. Si Sepp est un être parfait, Rex Strong n'est pas un modèle de vertu. La nature de Ventucci est encore plus contrastée. Pour faire le bien, il est obligé de se mettre hors-la-loi.

Mais *Foolish Wives* n'est pas seulement la superposition des deux films qui l'ont précédé. D'autres éléments qui n'existaient qu'en puissance dans *Blind Husbands* et *The Devil's Pass Key* sont maintenant "en acte".

Le hasard et le vice

Les forces occultes, l'esprit de la montagne dans *Blind Husbands*, le diable dans *The Devil's Pass Key* dominaient de leur emprise les actions et les désirs des êtres humains. Le hasard, dans *Foolish Wives*, est omniprésent. Il règne sur Monte-Carlo et sur ceux qui s'y trouvent. Imprévisible, de nature ambiguë, parfaitement amoral, il allie la malice du diable à la cruauté de l'esprit de la montagne. Il a jadis irrémédiablement brisé Ventucci. Aujourd'hui, il favorise Mrs. Hughes aux tables de jeu avant de la conduire à sa perte. Le hasard fait des gagnants et des perdants, ce sont parfois les mêmes. Tenter de l'asservir en l'attaquant de front est parfaitement vain. Les martingales les plus savantes n'ont jamais enrichi personne. La meilleure et l'unique solution pour gagner à coup sûr est une échappatoire. Il faut, et cela suffit, priver le jeu de son caractère aléatoire, le transformer en jeu d'adresse. Karamzin et ses complices ont élevé l'art de tricher à la hauteur d'une institution. Ils ne croient pas à la chance. Même lorsqu'ils sont aux prises avec des événements fortuits qu'ils ne peuvent influencer, ils essayent toujours de composer, de transiger. C'est ainsi qu'ils se sont fait nobles, russes et riches. Lors de la promenade aux alentours de Monte-Carlo, la pluie se fait l'alliée du comte. Par contre, l'arrivée du moine dans la cabane contrarie ses desseins. Qu'importe, Karamzin aurait pu se passer d'orage pour "s'égarer", et la visite impromptue du saint homme n'empêche pas qu'Hélène soit d'ores et déjà compromise.

Mais le hasard n'abandonne jamais la partie, il n'attend qu'une fausse manœuvre pour prendre sa revanche. Les cousines ont l'imprudence d'inviter Hughes dans leur tripot, il a tôt fait de découvrir la roulette truquée. Hélène n'est que l'instrument qui accélère la chute de Karamzin. Et lorsque celui-ci commet l'erreur d'éveiller la jalousie de Maroushka, il s'en faut de peu qu'il ne soit brûlé vif. Et enfin, le comte signe son arrêt de mort en renversant par mégarde un pot de fleurs dont la chute éveille Ventucci.

Stroheim était à la fois superstitieux et rationnel, il ne redoutait pas plus le hasard qu'il ne comptait sur lui. Il croyait à son talent. La stratégie qu'il prête au comte et à ses cousines démontre bien que le hasard peut être tenu en échec par l'intelligence et la ruse, même lorsqu'elles sont au service d'une cause malhonnête. Et si tout est écrit, si une sorcière comme la Mère Garoupe peut prophétiser « mort, sang et nouvelle vie »[6], comme le précisait un intertitre disparu, reste-t-il une place pour l'imprévu ? On se souvient de la foi que Stroheim accordait aux prédictions. Sans doute cette confiance le poussait-elle à œuvrer et à diriger ses efforts vers le but qui lui avait été promis.

Mais Karamzin, cet homme sans foi ni loi, ne veut écouter personne. Il se sait affligé de tous les vices et n'agit que pour les satisfaire. Des instincts les plus primaires aux présomptions les plus orgueilleuses, il cultive tous les péchés, véniels et capitaux ! Qu'il regarde dans un miroir le strip-tease de Mrs. Hughes, qu'il se gave de caviar ou batifole avec ses cousines, cela pouvait choquer en 1921 mais n'en reste pas moins anodin et plutôt comique. Par contre, comment qualifier ses actions les plus odieuses, tant physiques, lorsqu'il viole une handicapée mentale, que morales, lorsqu'il pousse Maroushka au désespoir et au suicide. Et quel nom donner enfin à l'hypocrisie suprême qui lui permet de dissimuler sa nature pour devenir véritablement séduisant ? Le hasard est le bourreau qui inflige à Karamzin la condamnation qu'il mérite, mais ce dernier coup du sort relève bien plus de la logique stroheimienne que du calcul des probabilités... Le metteur en scène conclut donc son film par un "happy end" conforme aux attentes de l'Universal et néanmoins paradoxal, car personne ne sort heureux ni même indemne de cette aventure. Le héros meurt, et les autres sont tous punis en proportion de leurs fautes.

Faux et usage de faux

Le capitaine Richard Day, qui conçut avec Erich von Stroheim les décors de *Foolish Wives*, était le documentaliste le plus consciencieux de Hollywood. L'unique "erreur" qu'il a commise est de faire passer un tramway sur la grand-place de Monte-Carlo. Quelques Monégasques ont pu être choqués ! Stroheim rêve de montrer aux spectateurs une fiction si parfaite qu'elle n'en sera plus une. Il pense que le cinéma peut se passer de toutes les conventions de l'art scénique et cherche à mettre le spectateur devant « la vraie vie ».[7] *Blind Husbands* et *The Devil's Pass Key* ont été deux expériences préliminaires qui lui ont permis de dégager certains principes. Avec *Foolish Wives*, il veut les soumettre à une vérification décisive.

La direction d'acteurs est sobre, les gestes sont naturels, simples et sans affectation, comme si personne ne jouait la comédie. Ce réalisme était à l'époque tout à fait novateur. Et on peut aujourd'hui regarder *Foolish Wives* comme on voit un film moderne, sans avoir besoin de faire "un effort d'accommodation". Dans la mesure du possible, Stroheim mettait à la disposition de ses personnages des accessoires véridiques. Il obtenait de la sorte des réactions sincères et convaincantes. Mais pour atteindre cette spontanéité... il lui fallait des dizaines de répétitions. C'est ainsi que Karamzin a mangé du vrai caviar... Stroheim prétendait qu'il ne maquillait jamais les acteurs... (« Dans mes films, les hommes - et moi y compris - ne sont jamais maquillés. »)[8] Un document a été filmé pendant le tournage de *Foolish Wives* où l'on voit le metteur en scène lui-même, couvert de fond de teint, en train de se poudrer.[9] Stroheim est une fois de plus pris en flagrant délit de mensonge.

L'image photographique du décor est absolument identique à celle du lieu où est censé se passer l'action. Pour obtenir un tel résultat, le film aurait pu être tourné à Monaco, mais cette solution aurait été contraignante et très dispendieuse. Stroheim opta donc pour un décor artificiel, mais il le voulut si parfait qu'il s'agit en fait d'une reconstitution. Cette technique est aujourd'hui courante, mais en 1920, on se contentait d'ordinaire d'une simple toile de fond.

La solution adoptée pour les décors de *Foolish Wives* permettait entre autres de conserver une perspective exacte et des proportions correctes quelque soit l'angle de prise de vue. On connaît l'importance que Stroheim accordait aux petits détails, qu'il voulait authentiques chaque fois que cela était possible. Sans doute espérait-il qu'ils imposeraient leur vérité à tout le reste, comme un arbre cache la forêt ! Autrement dit, Erich von Stroheim, comme tous les autres réalisateurs, filme des faux-semblants. Mais il ne tolère pas que les spectateurs s'en aperçoivent.

Et *Foolish Wives* prouve que l'application de ces principes a donné les résultats escomptés. La ville qui en résulte est non seulement criante de vérité, mais elle est transfigurée par l'action qui s'y déroule. Une action qui a été pour ainsi dire greffée sur le seul décor où elle pouvait s'épanouir. Jean Renoir trouvait le Monte Carlo de Stroheim à ce point passionnant qu'il en concluait que « c'était le véritable Monte-Carlo qui avait tort. »![10]

Stroheim a aussi tourné de nombreuses scènes dans des décors plus naturels, et c'est là que la vraisemblance laisse à désirer. Si le lac du parc de Los Angeles peut être pris de nuit pour le port de Monte-Carlo, les sinistres falaises noires n'ont rien à voir avec les roches blanches de la Côte d'Azur. L'océan Pacifique devrait remplacer sans difficulté la Méditerranée. Il n'arrive pourtant pas à faire illusion, parce que ses vagues sont trop majestueuses. On ne sait pas si la scène de l'orage a été tournée en studio, mais ce qui est certain, c'est qu'il n'y a pas de marécage sur le territoire monégasque. Il y a par contre dans les environs des marais salants et une plage qui se nomme "La Garoupe". Stroheim a donc très certainement consulté une carte géographique, mais qui ne l'a pas mis à l'abri de certaines confusions... On aboutit à ce paradoxe que le réel est moins vrai que le faux.

L'existence d'un état comme Monaco est relativement artificielle. Monte-Carlo lui-même a été conçu comme un décor. Dans ce cadre synthétique vient très logiquement s'inscrire une histoire dont le thème central est le faux. La roulette et le baccara semblent procurer des gains réels, mais la richesse ainsi acquise n'est-elle pas aussi factice qu'éphémère ? Hélène gagne une petite fortune et la sacrifie aussitôt. Karamzin et ses complices trouvent pourtant là une source de revenus moins fausse que les billets qu'ils mettent en circulation. La fausse monnaie est indéniablement un des fils conducteurs les plus apparents du film. Elle justifie le personnage de Ventucci, elle assure le quotidien du trio et précise le caractère de chacun de ses éléments. La découverte du trafic procure au film une conclusion des plus satisfaisantes. Olga et Vera sont livrées à la justice et, de façon plus indirecte, le comte est exécuté par le faux-monnayeur. Mais cette fin n'est morale qu'en apparence, car le châtiment ne sanctionne pas tous les méfaits. Karamzin n'est puni que pour le viol de l'idiote. On ne reproche pas à ses "cousines" les chantages qu'elles ont exercés ou leur activité d'entremetteuse. La perfidie et la fausseté des sentiments ne sont pas explicitement condamnées. Or, aux yeux de Stroheim, ces crimes sont les plus odieux, et tout le film est là pour le prouver. A aucun moment on ne surprend chez les princesses et le comte des actes sincères, même lorsqu'ils sont entre eux, et les relations qu'ils ont avec des tiers ne sont jamais franches ni désintéressées. Le comte ne connaît de femmes que ses complices ou ses victimes. Comportement dangereux dont les effets profitent certes aux héros, mais dont ils ne maîtrisent pas toujours les conséquences : incendie, suicide, meurtre. Le code qui réprimerait un tel délit est évidemment parfaitement utopique. Stroheim le sait bien, et n'a pas la prétention de légiférer, mais il tient à montrer des êtres sordides et malfaisants, ne serait-ce que pour rendre tangible à ses contemporains l'univers hétérogène dans lequel ils vivent. Les dernières séquences affirment que la force mise au service du bon droit et de l'innocence peut triompher de la malignité. Le conformisme bien pensant de cette moralité est-il vraiment sincère ? Sa victoire ne survient qu'in extremis, et beaucoup de crimes ont déjà été perpétrés. Cette prétendue mise en garde ne serait ainsi que le prétexte trouvé par Stroheim pour traiter un sujet qui l'intéresse.

L'aristocratique trio est quant à lui ce qui se fait de mieux dans le domaine du faux. Sans parler des accessoires trompeurs qu'il utilise, ni de son comportement quotidien et de ses activités coupables, son identité elle-même résulte d'un mensonge initial. Olga et Vera sont démasquées par la police et leurs fiches anthropométriques respectives démentent formellement leur prétendue noblesse. Karamzin n'est pas arrêté et les spectateurs n'ont pas le plaisir de consulter son casier judiciaire. On a vu sa scélératesse à l'œuvre, on sait qu'il s'agit d'un aventurier de haut vol, d'un parasite veule et sans scrupule. La naissance de Karamzin l'a peut-être fait hériter d'un titre, mais il n'est pas noble dans le sens où l'entend Stroheim : il peut avoir d'un aristocrate l'apparence extérieure, il lui manquera toujours les qualités du cœur. Il n'est donc pas nécessaire d'enquêter sur son passé pour prouver qu'il ne mérite pas sa position sociale et que sa noblesse est fausse.

On est toujours tenté d'assimiler Stroheim aux héros qu'il met en scène. Encourant le risque d'être pris pour une sorte de Karamzin, il jouait avec le feu. Lui qui avait tout fait pour qu'on le crût vraiment noble incarnait sciemment un faux aristocrate. Il exhibait son imposture originelle avec tant d'ostentation que personne n'en pouvait soupçonner la présence. On se souvient de *La lettre volée* d'Edgar Poe, d'autant mieux cachée qu'elle est plus en vue. Stroheim peut se flatter d'avoir réussi sa métamorphose. Il est devenu un noble si vrai qu'il peut jouer les faux sans éveiller le moindre soupçon.

Erich von Stroheim s'est créé lui-même à partir d'éléments imaginés. Il est clair qu'il a voulu généraliser ce procédé pour aboutir à la représentation du vrai par l'accumulation des artifices. Et c'est ainsi que son roman du faux, *Foolish Wives*, est en fait une recherche de la vérité. Stroheim a rigoureusement appliqué ses théories en réalisant son film. On a signalé plus haut le soin apporté à la construction du faux Monte-Carlo et à la reproduction des accessoires les plus insignifiants. Les personnages, malgré leur outrance fondamentale, sont crédibles et même étonnamment justes grâce aux innombrables petits jeux de scène qui donnent à chacun son existence propre, grâce aussi à la logique de leur conception. Stroheim veut que le spectateur n'ignore rien de ses héros. Toute action doit être justifiée, aucune question ne doit rester en suspens. Cette exigence se traduit par une quantité d'indications concernant biographies et personnalités. Rappelons que la première version montée par le cinéaste comportait 32 bobines... A cette époque, Stroheim croit sincèrement avoir trouvé le moyen d'atteindre la vérité.

Trois ans plus tard, poursuivant toujours la même utopie, il réalisera *Greed* en se contraignant à l'inverse à n'employer que des décors naturels.

Grandeur et démesure... de l'action

La fin de Karamzin est aussi atroce que sa vie a été excessive. Tout le film est d'ailleurs à l'échelle de cette démesure, tant dans sa conception que dans sa réalisation. Il fallait bien que fût respecté un certain équilibre entre la créature monstrueuse que Stroheim interprétait et le monde où elle évoluait. Les autres rôles n'ont évidemment pas la même outrance ni la même puissance, mais ils compensent cette infériorité individuelle par une large supériorité numérique. En plus de la foule des figurants, une multitude d'acteurs secondaires et de silhouettes animent d'innombrables petites scènes qui renforcent l'action ou précisent le portrait des personnages principaux. Ainsi, le général qui présente Karamzin à Mrs. Hughes montre la place que celui-ci occupe déjà dans la société monégasque ; un intertitre fait même référence à sa réputation de « bourreau des cœurs ». Un bossu dans les salons du casino... Le comte ne résiste pas au désir superstitieux de toucher sa bosse. Le secrétaire d'Etat feint, en parfait diplomate, d'ignorer la gaucherie de l'ambassadeur américain qu'il accueille, et fait preuve à son égard d'une déférence respectueuse qui rend plus odieux le dédain condescendant ostensiblement affiché par Karamzin. Cette attitude insultante se retrouve également dans le premier épisode d'une pièce en trois actes. Mrs. Hughes laisse tomber un livre au pied du fauteuil d'un officier qui ne fait pas un geste pour le ramasser. Le comte se dérange, foudroie du regard cet individu sans éducation. Hélène ne cache pas non plus sa désapprobation. Quelques temps après, dans l'ascenseur de l'hôtel, elle lâche son sac à main devant le même officier. C'est un autre militaire qui se baisse et lui rend l'objet. Il faut attendre la dernière partie du film pour qu'Hélène dérange par inadvertance le manteau de l'officier et comprenne enfin qu'il est amputé des deux bras. Elle est prise alors d'un accès de sensiblerie et baise religieusement les manches vides de sa vareuse pendant qu'il évoque les horreurs des combats. Il y a un parallélisme évident entre le comportement de Mrs. Hughes devant le manchot et sa conduite devant le comte. Hélène ne peut voir que les apparences : même lorsque Karamzin dévoile ouvertement son jeu en lui demandant de l'argent, elle se laisse encore abuser.

Les articulations dramatiques sont soulignées par l'intervention de personnages épisodiques exceptionnels et par des scènes impressionnantes. À partir du moment où il présente ses lettres de créance au prince de Monaco, Andrew Hughes, qui n'était que le mari d'Hélène, devient un dignitaire de haut rang. La Mère Garoupe prédit et ordonne les événements à venir par ses paroles lapidaires. L'arrivée du moine qui sauve Mrs. Hughes d'un péril qu'elle ignore signifie qu'elle va être protégée à son insu contre la dangereuse coalition qui la menace.

Une telle accumulation d'éléments forts ne peut engendrer qu'une pléthore d'actions extrêmes. Il n'est pas courant qu'un ambassadeur rejoigne son poste à bord d'un navire de guerre. Un orage aussi spectaculaire que celui qui dévaste l'arrière-pays monégasque est pour le moins exagéré. L'inondation emporte un pont, Mrs. Hughes se foule la cheville et s'évanouit. Karamzin, qui a déjà de l'eau jusqu'à la taille, la dépose dans une barque qui coule aussitôt. Il la prend alors dans ses bras et regagne la terre ferme au seuil de la hutte fatidique. Le lendemain, Hélène, remise de ses émotions, gagne une fortune à la roulette. Tout se précipite encore plus par la suite. Un incendie, un saut dans le vide, un suicide, une descente de police, un viol, un meurtre... Il y avait aussi une provocation en duel, un enfant mort-né et une pieuvre mangeuse d'homme.

Grandeur et démesure... du cadre

Les décors se devaient d'accompagner tant d'extravagances. Ils ne représentent rien moins que la principauté de Monaco toute entière, à commencer par une vue générale de Monte-Carlo prise depuis le bateau. On découvrira, à la faveur des rebondissements de l'action, le centre élégant de la ville, le casino, façade et salons, l'hôtel et le café de Paris, le palais du prince, la Promenade Océane (!), le kiosque à musique, le port et le tir au pigeon. A côté de cette vie brillante, certaines scènes nous entraîneront dans les bas quartiers : ruelles mal pavées, marches disjointes, arcades branlantes et maisons délabrées comme celle de Ventucci. Dominant la mer, la fastueuse villa Amorosa est bâtie en haut d'une falaise basaltique. Elle est parfaitement adaptée à la vie dissolue et aux activités répréhensibles du trio : une terrasse agréable à l'abri des regards indiscrets, des chambres accueillantes, une tour romantique où l'on peut s'isoler, une salle de jeu privée plus ou moins clandestine. Aux confins de la cité, l'hôtel des Rêves, vanté par Karamzin comme une charmante curiosité, est en fait tout à fait ordinaire. Mais c'est le dernier îlot de civilisation avant les marais inhospitaliers qui dissimulent la tanière de la Mère Garoupe.

Grandeur et démesure... du metteur en scène

On sait que le film a été entièrement tourné en Amérique dans des décors construits pour la circonstance. Un premier projet, qui envisageait l'érection de Monte-Carlo dans l'île de Catalina, avait été rapidement abandonné, de même qu'une tentative derrière les studios de l'Universal. Un emplacement adéquat fut finalement trouvé à Point Lopus sur la presqu'île relativement déserte de Monterey, proche de San Francisco, mais à 300 miles de Hollywood. Le chantier gigantesque et d'accès difficile mobilisa pendant des mois la totalité des ouvriers des studios, mettant à rude épreuve la patience des autres cinéastes privés de menuisiers, de plâtriers, de maçons et même de manœuvres. Ce fut une débauche de charpentes, de toiles, de cartons, de stucs et de peintures.

Et ce décor grandiose, Stroheim exigeait qu'on pût le regarder à la loupe. N'avait-il pas imposé que les fenêtres des immeubles fussent garnies de vitres en verre et non de fin grillage, qu'on pût les éclairer la nuit et les ouvrir. Il voulait même reproduire des éléments qui restaient invisibles à la caméra. Il fallait qu'on lui servît du vrai caviar et non de la confiture de groseille. Les plantes et les fleurs devaient être fraîches et naturelles. De vrais bébés devaient dormir dans les landaus. Les voitures qui circulaient étaient toutes de marques européennes. Thomas Quinn Curtiss raconte aussi que Stroheim réprimanda au mégaphone un figurant qui n'avait pas enfilé ses gants.[11] Celui-ci était pourtant fort éloigné de la caméra et presque entièrement dissimulé. Bien plus, et pour obliger les acteurs à jouer encore plus juste, il demandait une ambiance sonore : les sonnettes devaient sonner, la voiture des pompiers actionner sa sirène. Le clairon du croiseur Salem jouait vraiment pour rendre les honneurs à l'ambassadeur.

Du reste, cette scène a été effectivement tournée sur un croiseur américain avec la participation du commandant et de son équipage. Car Stroheim a aussi travaillé dans d'autres lieux, en studio et en extérieur. Le lac du parc de Los Angeles a été utilisé pour le carnaval nautique et la bataille de fleurs, les falaises de La Jolla pour le suicide de Maroushka.

Ce perfectionnisme fut à l'origine de nombreuses mésaventures cocasses qui furent à l'envi relatées, enjolivées... ou inventées par la rumeur publique et par la presse. Ainsi, les pigeons qui devaient s'envoler vers la mer pour servir de cible à Karamzin s'obstinaient à se diriger vers l'intérieur des terres. Il fallut lâcher plusieurs douzaines de volatiles avant d'en trouver quelques-uns de complaisants. La plupart du temps, Stroheim lui-même faisait les frais des anecdotes. Il exigeait, disait-on, « qu'une cheminée fumât au moment voulu, qu'ailleurs un petit chien éternuât sur commande, qu'on frappât pour 11 000 $ des pièces de monnaie à l'effigie d'un prince fictif ».[12] La palme revient à une réflexion que l'on prêta au metteur en scène considérant l'immense décor de Monte-Carlo : « Ce n'est pas trop mal... Mais il faut reculer tout cela de 6 à 7 cm ».[12] La tournure de ces anecdotes ne traduit aucune acrimonie mais reflète au contraire la bonne entente qui régnait dans l'équipe de tournage.

Grandeur et démesure... du tournage

Les conditions météorologiques du lieu de tournage étaient loin d'être idéales. Des bancs de brume venaient fréquemment interrompre les prises de vues, et un ouragan plus violent que les autres détruisit même un jour la quasi-totalité du décor. Il fallut tout reconstruire. Pire encore, un ultime contretemps vint bouleverser la réalisation de *Foolish Wives* : Rudolph Christians, l'acteur qui interprétait le mari d'Hélène, mourut subitement d'un infarctus. Le film était déjà trop avancé pour envisager de recommencer avec un autre comédien les scènes où il figurait. L'Universal mobilisa en vain toutes les agences de "casting", et même quelques détectives privés, mais personne ne put découvrir le sosie de Christians. On se contenta d'engager un acteur de second plan, Robert Edeson, qui avait à peu près la même silhouette que son prédécesseur. Stroheim fut forcé de limiter les apparitions à l'écran de l'ambassadeur. Il dut, par exemple, supprimer la scène du carnaval nautique où Olga et Vera s'efforçaient de le séduire. En effet, la doublure de Hughes ne faisait illusion que de dos et dans la pénombre... Pour d'autres plans indispensables, comme pour celui du coup de poing, Stroheim alla chercher dans les films où avait joué Christians les images qui pouvaient lui convenir. Un truquage de laboratoire lui permit de faire évoluer l'acteur dans les décors de *Foolish Wives*.

Tout semble s'être ligué pour que *Foolish Wives* ne soit pas un film comme les autres. On a du mal à ne voir dans ces phénomènes d'exception qu'une suite de coïncidences. Car cette démesure ne fait que révéler celle du metteur en scène. Erich von Stroheim prit l'excès pour règle. Le tournage de *Foolish Wives* dura presqu'un an alors que *Blind Husbands* avait été achevé en deux mois et demi et *The Devil's Pass Key* en 36 jours. 326 000 pieds, 100 km de pellicule furent impressionnés, l'équivalent de 320 bobines : 65 heures de rushes ! Stroheim, rapportent ses collaborateurs, faisait rarement moins de dix prises d'un même plan et il était fréquent qu'il arrivât jusqu'à 20. (Les metteurs en scène raisonnables se contentent généralement de 4 ou 5 prises). L'équipe de tournage, fort importante, et toute dévouée à Stroheim, prenait avec le temps de plus en plus d'autonomie. Les ordres émanant directement des studios étaient considérés comme autant de contraintes importunes. La principauté de Point Lopus s'acheminait vers la sécession lorsque Carl Laemmle plaça son jeune secrétaire de 20 ans, Irving Thalberg, à la tête des studios. Ce dernier réalisa très vite que le tournage de *Foolish Wives* était loin d'être terminé, et qu'il était en train d'engloutir tous les capitaux de l'Universal. Il eut l'audace de convoquer Stroheim dans son bureau pour lui rappeler qu'il avait accepté par contrat d'obéir aux directives de la production. Le metteur en scène, qui s'était fait escorter par tous ses assistants, éclata de rire. Il n'avait d'ordre à recevoir de personne ! « Si vous renvoyez le metteur en scène vous renvoyez l'acteur... Et vous n'aurez pas de film ».[13] Thalberg fut obligé de s'incliner, car Stroheim avait pris la précaution de commencer le tournage par un bon nombre de scènes capitales qu'il interprétait lui-même. Tout porte donc à croire que, comme toujours, Stroheim avait prémédité sa conduite jusque dans ses débordements. Il avait dès le départ la ferme intention d'aller trop loin.

Plutôt que de dissimuler son effort financier, l'Universal préféra s'en vanter et en faire un argument commercial. R. H. Cochrane et Paul Kohner, le chef du département publicité de New York, eurent à ce moment des idées de génie. Ils baptisèrent *Foolish Wives* : « Le film d'un million de dollars », firent paraître une photographie de Carl Laemmle qui tendait au metteur en scène un chèque en blanc. Proclamant à grand renfort d'affiches que Stroheim était prêt à tout pour se rendre haïssable, même si cela devait leur coûter un million de dollars, ils furent à l'origine du fameux slogan « The man you loved to hate. » La trouvaille la plus spectaculaire fut un immense panneau lumineux qui occupait trois étages de l'hôtel Astor, au carrefour de Broadway et de la 45ème rue. Pendant tout l'été de 1921, un énorme chiffre totalisa les dépenses de l'Universal. Il était remis à jour chaque semaine. Selon Thomas Quinn Curtiss : « chaque mercredi à midi, les pompiers de New York avec leur grande échelle et sirènes hurlantes, arrivaient sur Broadway pour changer les ampoules et modifier les chiffres selon les dernières estimations reçues de Hollywood ».[14] Le nom de Carl Laemmle scintillait en lettres hautes de 5 pieds. Le "S" de Stroheim, contrairement à ce qu'affirme la légende, n'était pas barré des deux traits qui en font le symbole du dollar. Cette orthographe n'a jamais figuré sur les réclames de l'époque.[15] Il semble bien qu'elle ait été inventée par Stroheim, qui voulait dénoncer l'exagération de la campagne publicitaire. L'Universal, affirmait-il, n'avait pas dépensé 1 103 736, 38 $ mais seulement 735 000 $. Le coût de son film avait été surévalué et lui-même avait gagné la fâcheuse réputation d'être un réalisateur dispendieux.

On sait aujourd'hui que le chiffre annoncé par l'Universal, publicité comprise il est vrai, était parfaitement exact. *Foolish Wives* avait coûté dix fois plus cher qu'un film normal.

La peau du chagrin

Stroheim présenta au Beverly Hill's Hotel, dans la nuit du 18 au 19 août 1921, la version de *Foolish Wives* qu'il venait de monter. La projection commença à 9h du soir et ne prit fin qu'à 3h30 du matin. Les 24 bobines avouées par le metteur en scène et l'Universal étaient donc une bonne trentaine... Carl Laemmle avait convoqué 22 censeurs : il comptait bien sur eux pour raccourcir le film. Ils n'y manquèrent pas. Stroheim, furieux, devait écrire plus tard : « Ils vinrent avec leurs ciseaux ».[16] Il estimait en effet que rien ne pouvait être soustrait du montage qu'il avait lui-même réalisé et que son film devait être exploité en deux épisodes. Mais l'Universal ne voulut rien entendre et interdit à Stroheim l'accès de la salle de montage. La copie n'était pas encore prête lorsque qu'il fallut l'acheminer vers New York. Arthur Ripley et ses assistants achevèrent leur besogne dans un wagon spécialement équipé pour la circonstance. Il va sans dire que Stroheim n'était pas du voyage ! Il partit par un autre train pour essayer de sauver son film. Tous ses efforts furent vains, *Foolish Wives* se transformait petit à petit en peau de chagrin.

Malgré tout le travail des monteurs, le film durait encore 3h30 (14 210 pieds) lorsqu'eut lieu la première au Central Theatre. Un véritable gala, avec cordon de police, caméras, projecteurs, musique. La salle était comble, les plus grands noms de la profession étaient là : Sam Goldwyn, Nicholas Schenk, Pat Powers, William Fox, Roxy Rothafel, Rex Ingram, Charlie Chaplin, Max Linder, Emmet Flynn, Jack Gilbert et même Ernst Lubitsch, de passage à New York. Le lendemain, tous les journalistes, quelle que soit leur opinion sur le film, le trouvaient trop long. C'était aussi l'avis de Carl Laemmle. Le critique du *New York Tribune* écrivait en outre que *Foolish Wives* « abondait en scènes sans signification »[17], et celui de *Motion Picture Classic* déplorait que la fin du film « s'effondrât sur elle-même ».[18] La précipitation des derniers réajustements n'avait pas été sans dommage. *Moving Picture Weekly* reconnaissait que « ce qui aurait dû être le sommet dramatique du film était en fait le plus beau ratage qui ait jamais été montré sur un écran ».[19] Même dans la version actuelle, on constate effectivement aujourd'hui encore que la dernière partie a beaucoup plus souffert que le début.

La réaction de l'assistance, pourtant triée sur le volet, confirma que le film était à bien des égards devenu incompréhensible. Et pourtant, l'Universal imposa de nouvelles coupures. Cette fois, on ne se contenta pas de raccourcir chaque scène, on supprima entièrement certains épisodes. *Foolish Wives* fut finalement ramené à dix bobines pour son exploitation.

Procès en damnation

Stroheim multipliait les interviews pour que la presse se fît l'écho de ses doléances. Les journalistes devaient, malgré les amputations successives, pouvoir comprendre son film afin de le juger en connaissance de cause. Harriette Underhill, critique du *New York Tribune*, fut enthousiasmée au point d'écrire que *Foolish Wives* était « le meilleur film qu'elle ait jamais vu ».[20] Les articles élogieux ne manquèrent pas, dans les journaux, les magazines de cinéma, les publications professionnelles. Leurs propos étaient admiratifs mais souvent polémiques.

Si les articles bienveillants sont restés relativement raisonnables, l'autre volet de la polémique, celui des contempteurs, n'a pas la même retenue. Fritz Tidden reproche à Stroheim d'avoir fait de l'ambassadeur « un âne bâté » et d'avoir « transformé en imbéciles les seules personnes convenables de l'histoire ».[21] Les autres détracteurs ne prennent même pas la peine de justifier la colère que leur inspire l'évidente immoralité du film. Ils se répandent en impétueuses protestations : « Vermine et pourriture », lit-on dans *Moving Picture World*, dont l'éditorialiste propose ensuite de « fusiller Stroheim à l'aube »[22] ou de « le piétiner jusqu'à le réduire en bouillie »[23], « Je tuerais l'homme qui mènerait mes enfants voir ce film. »[24], proclame Photoplay, etc...

Toutes ces attaques proviennent de réactions intuitives et épidermiques. Les Américains ont crié au scandale devant toutes les allusions "scabreuses". Les Français n'ont pas compris ce qu'il y avait au-delà de l'outrance mélodramatique. Personne n'a pensé que

Stroheim avait pu tout préméditer afin d'obtenir de tels effets. Il a su tromper ses adversaires en associant non sans malice l'humour et le drame. Cette ironie, parfois un peu amère, n'échappe plus au spectateur actuel. Comment ne pas sourire quand on voit Karamzin se réfugier dans la hutte de la Mère Garoupe pour échapper au déluge et trouver effectivement dans cette arche de salut : un bouc, un saint-bernard, un âne, une chouette et un crapaud ! Le contraste entre le faste de la cour de Monaco et l'air un peu minable du prince Albert, entre le nom poétique et l'aspect prosaïque de "l'hôtel des Rêves", sont autant d'allusions amusantes et discrètes à l'envers du décor. L'aspect sinistre du stand de tir improvisé par Karamzin au bord de la falaise de roches noires est contrarié par la cible de carton qu'il vise, une tête moustachue qui ressemble au Kaiser Guillaume II. Le comte s'exerce le plus sérieusement du monde avec un pistolet muni d'un silencieux. Il ajuste son monocle pour apprécier l'impact de ses balles. L'acteur Stroheim ne ménage pas les jeux de scène, plus ou moins perceptibles. On le voit qui n'arrive pas à allumer sa cigarette parce qu'il est sans cesse obligé de saluer d'autres militaires. Il s'essuie discrètement la bouche lorsqu'il vient d'embrasser Maroushka. Avant même d'avoir été présenté à Mrs. Hughes, il se livre devant elle à une insolente entrée en matière. Il caresse du bout de sa canne la pointe de sa botte, attirant ainsi l'attention de la jeune femme, qui réalise immédiatement qu'il est en train de regarder ses jambes. La confection des larmes artificielles destinées à tromper sa servante est un morceau d'anthologie. Karamzin trempe sournoisement ses doigts dans une petite assiette, cache son visage derrière ses mains et laisse tomber quelques gouttes d'eau sur la nappe. Plus subtils, les regards qu'il promène autour de lui pour vérifier qu'on ne l'observe pas lorsqu'il approche la jeune innocente : il tourne les yeux à droite, à gauche... puis en haut ! Ces touches humoristiques qui ponctuent l'amoralité des caractères ont l'avantage de détendre l'atmosphère et de rendre supportables des personnages qui sans cela seraient parfaitement inacceptables.

Stroheim appréciait le genre mélodramatique, mais *Foolish Wives*, en dépit des apparences, en est la satire. Le réalisme qui lui donne un certificat d'authenticité tragique dissimule le sarcasme et rend vrai l'invraisemblable. Le palais de Monaco eût-il été grossièrement construit en carton-pâte, la Méditerranée peinte sur une toile et les acteurs maquillés comme au théâtre, la mystification aurait sauté aux yeux. Un comique de second ordre, Ben Turpin, tenta d'ailleurs de présenter une parodie burlesque du film qui n'eut guère de succès.

Il est absolument incontestable que la fureur réprobatrice des critiques a profondément affecté Stroheim ; il a surtout été extrêmement déçu par le manque de clairvoyance et l'incompréhension qui lui ont été opposés. Sa rancœur était toujours vivace vingt ans plus tard lorsqu'il intitule "Movies and moral" un article qu'il fait paraître en 1941 dans *Decision*.[25] Le temps n'a pas assagi Stroheim, il continue à combattre l'excès par la démesure, mais de là à faire passer *Foolish Wives* pour une histoire édifiante venant au secours de l'institution sacrée du mariage... C'est pourtant le plus sérieusement du monde que Stroheim innocente presque Karamzin et va jusqu'à le parer d'une dimension sentimentale ! Et il résume son film comme une parabole hautement morale qui met en garde contre un danger bien réel. Il avoue même s'être fait violence pour qu'il s'achève par un "happy end". La moralité de *Foolish Wives* était irréprochable, elle aurait été évidente sans toutes ces coupures intempestives et criminelles. Stroheim aboutit au plus original des paradoxes : les censeurs eux-mêmes ont rendu le film amoral et pernicieux en l'amputant des scènes qu'ils estimaient indécentes et perverses. On est presque surpris de ne pas trouver en bas de cet article la signature du comte Wladislas Sergius Karamzin. L'auteur, l'acteur et le personnage s'expriment tous trois à la première personne du singulier. Il est parfois difficile d'identifier celui qui parle. Stroheim entre ainsi dans le jeu des critiques qui l'ont attaqué personnellement en lui reprochant l'inconduite de Karamzin. Un autre que lui aurait pris ses distances et dissocié le créateur de sa création. Erich von Stroheim préfère disculper le créateur en réhabilitant sa monstrueuse création !

La stratégie de cette défense est tout à fait comparable à la parade opposée à un autre chef d'accusation, plus prosaïque, et qui ne fut divulgué que bien longtemps après. L'exploitation de *Foolish Wives* se soldait par un sérieux déficit malgré le surcoût demandé aux directeurs de salles pour la location des copies. Certes, *Foolish Wives* battait tous les records d'affluence et les recettes atteignaient 826 285 $ (un chiffre supérieur à celui de tous les autres films du moment, ceux de Stroheim y compris), mais le film avait englouti 1 124 498 $! Le manque à gagner était gênant pour le studio et désobligeant pour Stroheim, dont il compromettait la carrière. Personne donc n'osa trop s'en vanter.

Stroheim eut alors une idée digne de son génie : il déclara que le film n'avait coûté que 750 000 $.[26] Plutôt que de contester le montant des recettes, que presque personne ne connaissait, il désavouait celui des dépenses, chiffre que tous les New Yorkais avaient pu lire sur la façade de l'hôtel Astor. Par la suite, chaque fois qu'il parlait de *Foolish Wives*, il n'oubliait pas de faire allusion aux bénéfices considérables que son œuvre avait rapportés... L'Universal n'était pas dupe, mais le public et la presse crurent Stroheim sans hésiter.

La puissance et la gloire

Cet échec financier inquiéta d'autant moins Stroheim que l'Universal n'envisageait pas de se séparer de lui. Sa renommée grandissait de jour en jour. S'il ne se consolait pas des amputations qu'avait subies son œuvre, il avait par ailleurs toutes les raisons de s'estimer satisfait. Il avait voulu faire un grand film, il avait réussi une œuvre majeure. Il pouvait désormais s'estimer l'égal de D. W. Griffith, son maître. Stroheim avait voulu déranger et le résultat avait dépassé ses espérances. Il souhaitait faire réagir le public, le choquer, le remuer. Il avait récolté une bordée d'articles tous plus violents les uns que les autres. Des milliers de spectateurs ont vu *Foolish Wives* et ont jeté l'anathème sur l'acteur metteur en scène. Jamais personne n'était allé aussi loin que lui dans la peinture de l'ignominie. De telles scènes révèlent l'ironie satirique du cinéaste qui attire les foules en leur proposant le fruit défendu. La vertueuse Amérique maudit Stroheim, mais parle de lui.

Stroheim ne s'est jamais trouvé, et ne se trouvera jamais plus, sous des auspices aussi favorables que lorsqu'il tourne *Foolish Wives*. Il a tout, on ne peut rien lui refuser, et le succès de son film semble inévitable. C'est un homme arrivé, connu et respecté, comme acteur et comme réalisateur. Sa vie privée a atteint son point d'équilibre. Il a trouvé avec Valérie Germonprez la compagne qui restera sa femme jusqu'à sa mort. Il l'épouse à la fin de 1919.

Conscient de l'ascendant qu'il a sur la direction de l'Universal, Stroheim en use sans aucune discrétion. Il laisse libre cours à ses folies les plus extravagantes et joue avec l'exagération. Mais "bon sang ne saurait mentir", Erich von Stroheim s'octroie la liberté de réaliser son premier chef-d'œuvre. Il dépense sans compter, comme le ferait un grand seigneur, et non comme le ferait un homme pauvre subitement enrichi. Peut-être pour oublier des souvenirs douloureux, peut-être parce qu'il est enfin ce qu'il a toujours rêvé d'être.

La place qu'il occupe dans la société est maintenant digne de ses talents artistiques. Dans ces deux domaines, il a atteint le niveau qu'il considère comme le plus élevé. Noble parmi les hommes, virtuose parmi les cinéastes. Cette situation doublement remarquable exige pour qu'il s'y maintienne des efforts intenses et constants. Stroheim n'a plus droit à la moindre défaillance. Il s'est condamné à la perfection perpétuelle, il se devra d'être toujours égal si ce n'est supérieur à lui-même. *Foolish Wives* doit une grande partie de sa valeur aux soucis réalistes du metteur en scène, mais lui vaut en retour la réputation d'être lent, capricieux, tatillon et prodigue. On l'accuse aussi de mégalomanie. Ses allures dictatoriales et ses exigences impérieuses sur le tournage, son goût du grandiose et du colossal, son insolence vis-à-vis de la direction des studios justifieraient volontiers ces reproches.

Faut-il d'ailleurs s'étonner qu'il applique à son art les principes qui dirigent sa vie ? La fiction n'a pas de comptes à rendre à la réalité. Souvenons-nous des confidences dictées à Thomas Quinn Curtiss, des interviews accordées à Bob Bergut, ou de l'article rédigé par Stroheim lui-même pour le *Who's who in France*.

Consciencieusement, il savoure son triomphe, accepte sans fausse modestie les compliments, les égards et la considération qu'il est convaincu de mériter. Et, en même temps, il se laisse accuser par ses détracteurs acharnés. Il sait bien que les reproches dont on l'accable s'adressent en réalité aux personnages de fiction et à l'histoire qu'il a inventés. L'œuvre est à ce point saturée de vices qu'il paraît impossible d'en ajouter. Stroheim bénéficie de cet effet de saturation. Il ne peut venir à l'idée de personne qu'il a peut-être d'autres défauts, et quelques "mauvaises actions", sur la conscience, comme, par exemple, quelques mensonges... Et aussi certains points de vue dissidents, comme son scepticisme vis-à-vis des conventions sociales des Etats-Unis. Il voit partout des hypocrites, des Tartuffe et des saintes nitouche. (Mais jusqu'à présent, toutes ces fictions se situent prudemment en Europe). Il entretient un profond mépris à l'égard de toutes les femmes. En acceptant d'être condamné pour les crimes commis par Karamzin, Stroheim détourne l'attention des censeurs, et s'octroie une liberté de réflexion critique totale envers sa nouvelle patrie.

VII

MERRY-GO-ROUND
(Les chevaux de bois)

Le succès personnel de Stroheim avec *Foolish Wives* est venu récompenser sa désobéissance et son mépris des directives. L'Universal a payé la note, et Stroheim a recueilli les bénéfices : notoriété et popularité. A tel point que Carl Laemmle ne peut pas l'empêcher d'entreprendre un nouveau film et doit lui pardonner, du moins en apparence, toutes ses extravagances passées. Le metteur en scène n'a cependant pas la moindre envie de s'amender et le projet qu'il présente promet d'être tout aussi onéreux que *Foolish Wives*. Le studio est sur ses gardes...

Merry-Go-Round est un mélodrame qui met en scène la haute société viennoise et les forains du Prater. Les thèmes principaux sont a priori relativement classiques : l'amour impossible d'un noble et d'une fille du peuple, les rivalités et les luttes intestines qui tourmentent l'une et l'autre de ces classes sociales, l'égalité devant la cruauté du destin, la guerre et la mort.

Choix d'un sujet

Comme pour *Foolish Wives*, c'est l'Universal, représenté cette fois-ci par Irving Thalberg, qui donna l'impulsion initiale. Celui-ci proposa que le film pourrait se passer dans un cirque, car le sujet était à la mode. Stroheim pensa immédiatement à Vienne et au Prater.

Mais il avait en tête plusieurs autres idées. Il s'était depuis peu lié d'amitié avec Paul Kohner, le chef du département publicité de New York. Ce dernier était fort cultivé. Originaire lui aussi de Vienne, il avait complété l'éducation littéraire de son compatriote. « Stroheim ne semblait guère avoir lu que des manuels militaires. Il connaissait Schnitzler et Franz Lehar mais Gœthe et Schiller semblaient nouveaux pour lui ».[1] Paul Kohner révéla à son ami Hugo von Hofmannsthal, Lion Feuchtwanger, Thomas Mann, Franz Werfel, Stefan Zweig et bien d'autres. Stroheim, tout à la joie de ces découvertes, envisagea d'adapter *Zwischen neun und neun* (*Le tour du cadran*) de Leo Perutz[3] et *Die Geschichte von der Hannerl und ihren Liebhabern* de Rudolf Hans Bartsch.[4]

Cependant, l'Universal annonce que le prochain film de Stroheim sera tiré du roman de Ludwig Ganghofer *Schloss Hubertus*.[4] Il s'agit d'un drame particulièrement atroce qui se passe dans les Alpes bavaroises. Le comte Egge, seigneur d'Hubertus, un vieil aristocrate tyrannique, renie sa fille et son fils cadet. Deux autres de ses enfants, sa femme, ainsi que son garde forestier, meurent de mort violente. Désormais, le comte ne vit plus que pour une seule passion : la chasse. Il va trouver une fin horrible, mortellement blessé par un aigle dont il voulait capturer la progéniture. Pendant ce temps, son second garde-chasse et un braconnier sont assassinés. Survivants à cette hécatombe, deux jeunes gens du domaine, Franzl et Mali, vont se marier et connaître le bonheur. Le caractère entier et despotique du héros, l'acharnement du destin et du mauvais sort, l'accumulation des catastrophes, tout cela avait de quoi séduire Erich von Stroheim.

Devant cet excès de matériaux, Stroheim, plutôt que de choisir, prend la décision d'imaginer lui-même l'histoire qu'il portera à l'écran ! Le résultat montrera qu'il a su conjuguer les avis de Thalberg et les enseignements de Kohner sans oublier le roman de Ludwig Ganghofer.

Synopsis

Le synopsis qui va suivre correspond au texte manuscrit conservé dans les archives de l'Universal. C'est la version la plus achevée d'un scénario que Stroheim considérait comme « la meilleure histoire qu'il ait jamais écrite pour l'écran ».[5] Il est pratiquement impossible d'accéder au document original où figurent de nombreuses directives de tournage. Seul Richard Koszarski a eu ce privilège. Nous avons utilisé ses notes pour tenter de retrouver la logique du film qui aurait dû être tourné.[6]

Merry-Go-Round commence par un concert imaginaire où Mozart, Beethoven, Schubert, Mahler, Kreisler, Lehar et d'autres musiciens célèbres battent la mesure sur un rythme de valse. Ainsi plongé dans l'atmosphère viennoise, on assiste ensuite au lever et à la toilette d'un spécimen des plus représentatifs de l'aristocratie autrichienne : le comte Franz Maximilian von Hohenegg. Un réveil assez tardif après une nuit plutôt agitée. Quelques vestiges, des bas et des corsets, côtoient dans un désordre éloquent des accessoires plus virils, casque, bottes, sabre et fixe moustache...

La comtesse Gisella von Steinbruch est la digne fiancée de ce jeune et brillant officier : elle honore en ce moment de ses bontés son garçon d'écurie.

Gisella appelle Franz au téléphone pour qu'il n'oublie pas le dîner auquel ils sont conviés. Mais le comte se décommande en invoquant d'impérieuses raisons de service. « Quelle est la couleur de ses cheveux ? » demande malicieusement la comtesse.

La présence du comte auprès de l'empereur est pourtant justifiée. C'est le jeudi saint, et sa Majesté très catholique lave à l'imitation du Christ les pieds de douze de ses sujets pauvres et âgés. La cérémonie est troublée par la manifestation traditionnelle des ouvriers viennois, qui défilent avec des drapeaux rouges en scandant : « A bas les parasites ». La maison politique de l'empereur, dont font partie le comte, la plupart de ses amis, et le père de Gisella, ministre de la Guerre, s'indigne devant cette agitation. « C'est un péché », grommelle celui-ci, « de ne pas braquer nos mitrailleuses sur cette vermine ». « C'est pourtant ce qui arrivera tôt ou tard » répond un autre. « Ce jour-là j'aimerais pointer la mitrailleuse » ajoute un troisième. Le comte émet un avis plus nuancé : « après tout, ils jouent leur jeu comme nous jouons le nôtre. Tout dépend de quel côté on se trouve ».

Gisella abandonne bien vite la soirée à laquelle elle avait vainement convié son fiancé et retourne s'encanailler avec son palefrenier favori. De leur côté, Franz Maximilian et quelques-uns de ses camarades sont en train de dîner au Prater dans le jardin d'un restaurant. Ils se promènent ensuite dans les allées de la fête foraine. Le comte gagne dans un stand de tir deux petites poupées qui représentent un officier et une jeune fille. Les joyeux compères s'arrêtent maintenant devant le manège de chevaux de bois. Une ravissante jeune fille, Agnès[7], vend les tickets et actionne l'orgue de Barbarie. Franz Maximilian est séduit. Il engage la conversation mais pense à dissimuler son titre et ses fonctions ; les filles honnêtes se méfient des officiers. Il dit s'appeler Franz Meier, marchand de cravates. Agnès est sous le charme, le comte n'est pas loin d'être conquis. Il lui donne en souvenir l'une des figurines qu'il a gagnées et avance jusqu'à l'attraction suivante, un théâtre guignol. Le montreur de marionnettes n'est autre que le père d'Agnès. Sa baraque et le carrousel sont la propriété d'Huber, une sombre brute, qui aimerait qu'Agnès lui appartienne aussi. Il va vers elle et dans un accès de jalousie bestiale, lui arrache la poupée et la met en pièces. Nous apprenons bientôt qu'Agnès a un autre soupirant, Bartholomew le bossu, qui par son boniment attire dans la galerie des phénomènes les clients qui pourront admirer entre autres merveilles un homme-tronc et un orang-outang. Bartholomew rêve d'être assez riche pour oser demander la main d'Agnès. Naïvement, il persiste à acheter des billets de loterie dans l'espoir de gagner le gros lot.

Le soir venu, Agnès et sa famille s'attablent devant un maigre repas. Au même moment, le comte et ses amis font bombance. Un peu plus tard, la jeune fille entreprend de raccommoder sa poupée avec de la colle de pâte, alors que Franz Maximilian éventre la sienne avec un couteau à fruit. Le jouet se vide de toute la sciure qui lui donnait sa forme. Le lendemain, un drame plus réel vient frapper Agnès. Sa mère est à l'agonie. Elle appelle à son chevet sa fille et son mari. Huber refuse de laisser partir Agnès, et pendant qu'il la retient en écrasant son pied, il lui ordonne de sourire. Il contraint de même le père d'Agnès, Sylvester, à abandonner la mourante et à retourner à son théâtre : "le spectacle continue". Cette scène digne de *Paillasse* est interrompue par une averse soudaine qui disperse la foule. La partie fine du comte se poursuit, une fille nue jaillit d'un énorme bol de punch.

Quelques jours plus tard, le comte est chez lui. Il va de long en large tout en lisant *La ronde* d'Arthur Schnitzler. Son regard tombe sur la petite poupée, il se souvient alors d'Agnès et retourne au Prater. Là, Huber lui raconte que c'était une garce et qu'il l'a renvoyée. En réalité, elle suit en ce moment avec son père et leurs amis l'enterrement de sa mère. Mais la visite du comte a réveillé les vils instincts d'Huber. Il tente de violer Agnès lorsqu'elle revient au manège. Sylvester entend le cri de sa fille, il fend d'un coup de couteau la bâche qui recouvre le carrousel, et se jette sur la brute. Un combat furieux s'engage auquel la police met fin en emmenant le malheureux Sylvester.

Le jour d'après, Agnès sort avec Bartholomew de la cathédrale Saint-Stephan où ils ont prié pour la libération de son père. Ils rencontrent le comte qui quitte à l'instant le magasin tout proche des chemisiers "Mandelbaum et Rosenstein". « C'est là que je travaille », leur dit-il. Et quand il est mis au courant de la situation, il voit immédiatement le parti qu'il peut en tirer. Il affirme avoir dans ses relations quelqu'un qui pourra rendre Sylvester à la liberté. Laissant Bartholomew sur le parvis de la cathédrale, le comte entraîne la jeune fille jusqu'à une maison de rendez-vous. Il élabore toute une mise en scène avec la tenancière, Madame Elvira. Celle-ci introduit le couple dans un salon et se retire soi-disant pour arranger l'affaire d'Agnès. Elle ne dépasse pas en réalité la pièce voisine, où elle s'assied et se met à lire *L'introduction à la psychanalyse*, levant les yeux à l'occasion pour regarder par le trou de la serrure. Dès qu'il est seul avec Agnès, le comte entreprend de la séduire. Mots tendres, violon langoureux... Ce romantisme est vite remplacé par le désir bestial du mâle. Il entraîne de force la jeune fille vers un divan. « Vous êtes comme Huber et tous les autres » s'écrie-t-elle. La noble nature du comte reprend alors le dessus et le ramène à la raison. Franz Maximilian s'excuse et raccompagne Agnès jusqu'au Prater. Pendant qu'il s'en retourne, elle achète à un marchand ambulant quelque "Delikatessen". Sur le morceau de journal qui enveloppe la saucisse viennoise, elle découvre avec stupéfaction le portrait du comte et de sa fiancée. Elle pense qu'il s'agit d'une ressemblance étonnante mais fortuite.

Gisella donne un bal en l'honneur de son anniversaire. Elle danse avec le comte et lui annonce de but en blanc que leurs fiançailles sont rompues. Elle ne veut pas d'un mariage arrangé, et puis n'a-t-elle pas vu son futur mari "flirter avec la démocratie" devant la cathédrale. A la fin de la valse, sur les derniers accords de "La veuve joyeuse", elle proclame bien haut sa modernité et porte un toast « à l'amour ». Le comte est surpris mais plutôt soulagé. Après la fête, Gisella s'enfuit avec son valet.

Au matin, le comte a obtenu la libération de Sylvester. Ils arrivent ensemble au Prater. Franz rit de bon cœur lorsqu'Agnès lui montre le journal illustré maculé de graisse. Il continue à se faire passer pour un marchand de cravates. Et cette nuit, c'est une authentique scène d'amour romantique qui les réunit dans les jardins du Prater. Bartholomew s'endort en pleurant.

Agnès va se confesser à la cathédrale. Pendant qu'elle reçoit l'absolution, un vieux sacristain nettoie les tapis au pied des chandeliers de l'autel. Il n'est de souillure qui ne puisse s'effacer.

Sylvester travaille maintenant comme clown à la galerie de phénomènes de Madame Rossreiter. Huber, par vengeance, fait tomber la lourde pancarte qui ornait la baraque sur le vieil homme. Une ambulance l'emmène, grièvement blessé. Or, il se trouve que l'empereur d'Autriche visite justement l'hôpital. Le comte fait partie de sa suite... Une courte séquence montre l'assassinat de François-Ferdinand à Sarajevo. On retrouve Agnès auprès de son père. Elle voit le comte avec stupéfaction, mais lui ne peut se permettre de la reconnaître. L'empereur laisse en aumône une petite pièce d'or. Sylvester meurt.

Le lendemain, le comte se présente chez Agnès. Elle refuse de le voir. Elle ressent douloureusement le mensonge dont elle a été victime. Elle aime un marchand de cravates, elle ne veut pas d'un prince.

Suit une nuit de cauchemar. L'orang-outang, libéré par Bartholomew, égorge Huber Kallafati. Sa femme est accusée du meurtre. Une comète apparaît dans le ciel, le vieil empereur signe la déclaration de guerre.

Le comte part pour le front. La guerre est suggérée par quelques plans significatifs. Stroheim évoque par exemple la fatigue et le nombre des combattants en ne montrant que les pieds des troupes en marches. La guerre traîne en longueur, l'armée est décimée, et Vienne meurt de faim. Agnès et Frau Huber travaillent maintenant dans une fabrique de membres artificiels. Bartholomew est fossoyeur. L'orangoutang a été vendu à une clinique.

A la fin des hostilités, le valet du comte revient avec un bras articulé. Il va retrouver Frau Huber dont il s'était épris à l'époque où il accompagnait son maître. On apprend par lui que le comte est mort au combat après d'interminables souffrances.

L'après-guerre à Vienne. Les anciens amis du comte sont ruinés, ils ramassent du crottin de cheval ou cirent les chaussures des juifs polonais. Gisella est devenue prostituée. Le valet d'écurie, son ancien amant, s'est enrichi pendant la guerre. Il a acheté l'hôtel du comte von Hohenegg.

Retour du comte. Il n'est pas mort, mais il a perdu une jambe. Le portier de son ancienne demeure lui rend quelques affaires qu'il a réussi à sauvegarder. On voit ensuite le palais impérial transformé en grand magasin. Franz Maximilian entre chez "Mandelbaum et Rosenstein" pour solliciter un emploi.

Le petit monde du Prater a été relativement épargné. Bartholomew a enfin gagné à la loterie, il fait profiter de sa chance tous ceux qui l'entourent. Les femmes viennent de partir pour la manufacture. « En ce moment, tout le monde achète des bras et des jambes ». Bartholomew ose avouer son amour à Agnès quand ils apprennent la mort du comte. Elle promet de l'épouser.

Au printemps, le Prater a fait peau neuve. Le valet du comte épouse Frau Huber et la noce revient au manège de chevaux de bois. Un vieillard décrépit arrive dans un fauteuil roulant. C'est le père de Gisella, ex-ministre de la Guerre. Sa femme n'est autre que Madame Elvira, l'hôtesse de la maison de passe. Il insiste pour faire un tour de manège, et les gens de la noce mettent le carrousel en marche pour lui. Elvira et Agnès se reconnaissent et évoquent ensemble la mémoire du comte. Les accents d'un violon ajoutent à la nostalgie de la jeune fille. Elle se souvient de cette mélodie. Elle s'approche, le comte est là qui l'attend. Ses cheveux ont blanchi, des arceaux d'acier nickelé enserrent sa jambe. Agnès l'aime toujours, hélas elle ne peut l'épouser puisqu'elle a déjà donné sa parole à Bartholomew. Mais le bossu a suivi le couple. La caméra s'approche lentement de son visage jusqu'à ce qu'il emplisse l'écran, pendant qu'Agnès et Franz s'éloignent. Un coup de feu, Bartholomew vient de se suicider. L'image montre un petit nuage de fumée qui s'élève au-dessus d'un buisson de lilas. « Les Dieux eux-mêmes ne peuvent que bénir un tel sacrifice ».

Et le manège de chevaux de bois se remet à tourner.

Il y a de quoi rester pantois devant ce panthéon de l'invraisemblance et du lieu commun. La « meilleure histoire » semble bien décevante. Mais il ne faut pas oublier qu'elle avait été écrite « pour l'écran » et venait en remplacement de *Schloss Hubertus*...

Le tournage

Le script de *Merry-Go-Round* a été très officiellement accepté par l'Universal qui l'a payé 5 000 $ à son auteur le 17 mai 1922. A la fin du mois, Carl Laemmle part pour l'Europe, où il séjournera quatre mois. En son absence, Irving Thalberg jouit des pleins pouvoirs.

Stroheim avait conçu le rôle du comte Franz Maximilian von Hohenegg en espérant bien qu'il le jouerait lui-même. Thalberg, nullement désavoué par Laemmle, lui oppose un refus catégorique. Il se souvient trop bien du chantage de *Foolish Wives* : « renvoyez le metteur en scène, vous n'aurez plus l'acteur ». Stroheim, lié par son contrat, est forcé de se soumettre. Soucieux d'éviter les mécomptes qu'il avait essuyés peu de temps auparavant, Thalberg décide de déployer autour de Stroheim et de son équipe un dispositif de surveillance rapprochée.

Il n'est d'abord pas question que Stroheim s'éloigne de Hollywood. Tout au plus concédera-t-on qu'il tourne quelques plans dans le hall de l'immeuble du Los Angeles Examiner et qu'il se rende dans les studios de la MGM où se trouvaient des façades de palais construites pour un autre film. Le Prater, carrousel, grande roue, baraques et restaurants, le parvis et l'intérieur de la cathédrale Saint-Stephan, les rues de Vienne, les maisons des pauvres et des riches, l'hôpital, tout sera construit sur les terrains et dans les studios de l'Universal. Ainsi, Thalberg affirme son omniprésence et peut intervenir à tout instant. Mieux encore, il désigne un "directeur d'unité de production" ("unit production manager") qu'il attache aux pas de Stroheim. Il l'investit de son autorité et le charge d'endiguer tout débordement financier et matériel du metteur en scène. L'heureux élu se nomme James Winnard Hum.

Il aurait fallu plus qu'un vulgaire sous-ordre pour impressionner Stroheim. Hum eut pourtant son utilité. Tout d'abord, notant sur ses carnets tous les incidents dont il était témoin, il a involontairement établi une sorte de journal du tournage. Il a aussi servi de bouc émissaire. Stroheim et son équipe, irrités par la suspicion constante dont ils étaient victimes, fulminaient à longueur de journée contre les responsables administratifs des studios, "Oncle Carl" excepté. Ils pouvaient à loisir passer leur colère sur Hum. Portant un toast, Stroheim le dédiait « à Monsieur Hum, responsable de tous nos ennuis ».[8] Il prenait un malin plaisir à faire traîner en longueur chaque prise de vue, accusant Hum de tous les contretemps. Et lorsqu'à une heure du matin celui-ci, épuisé, allait prendre quelque repos, le metteur en scène s'exclamait à haute voix : « Le mouchard est parti, on va pouvoir travailler ».[8] Effectivement, Stroheim ne reste pas inactif, mais malgré les avertissements de Thalberg, il n'a pas l'intention de corriger ses méthodes. Pire encore, il surenchérit jusqu'à se rendre insupportable à ses employeurs. Il crée des empêchements artificiels, organise des retards de livraisons lorsqu'il n'a pas envie de respecter le plan de travail. Il s'emporte parce que l'herbe d'une piste cavalière n'est pas à son gré assez verte (pour un film en noir et blanc!) On trouve dans les carnets de Hum le résumé de "l'affaire de l'orang-outang". Stroheim était dans tous ses états parce que l'animal qu'on lui avait livré ce jour-là n'était pas celui qu'il avait filmé quelque temps auparavant. Il arrêta le tournage et envoya Hum à la recherche d'un singe ressemblant au précédent. Après le déjeuner, le metteur en scène décida finalement que l'orang-outang n'était pas indispensable, et tous se remirent au travail. Suivant son habitude, Stroheim improvisait sans cesse, rajoutait des détails, modifiait des séquences, inventait des scènes, tournait plus de quinze fois le même plan. L'idée ne l'effleurait même pas qu'il pourrait tempérer son perfectionnisme.

On renvoie le metteur en scène

Au début du mois d'octobre, les événements se précipitent. A la mauvaise volonté de Stroheim se superpose toute une série de catastrophes "naturelles". Le mardi 3, un tramway déraille au milieu du Prater. Il fait déjà nuit lorsque le tournage peut commencer. Mais ce soir là, deux autres plateaux ont aussi besoin d'éclairages. Lorsque Stroheim commande d'allumer les projecteurs, c'en est trop pour l'installation électrique du studio. Une génératrice prend feu et tout s'éteint définitivement. Il faut attendre jusqu'au lendemain soir pour que le courant soit rétabli et le décor remis en ordre. On ne déplore cette fois-ci qu'une seule panne de courte durée. Le jeudi 5, l'acteur principal, Norman Kerry, arrive complètement soûl. Malgré tous ses efforts, Stroheim ne réussit pas à le faire jouer convenablement et gaspille en vain une certaine quantité de pellicule. Une séance de travail de nuit est encore prévue pour le 6 octobre. Elle est ajournée parce que dans l'après-midi, à 17h, Thalberg prend la résolution de renvoyer Erich von Stroheim. A 20h, il le convoque dans son bureau et lui fait part de sa décision. Motif invoqué : non respect du contrat suivant lequel Stroheim s'était engagé à réaliser deux films par an. Cet argument, basé sur un fait incontestable, a l'avantage de priver Stroheim de tout recours légal. Mais l'utilisation de ce prétexte juridique est en l'occurrence parfaitement hypocrite puisqu'il y avait déjà longtemps que le metteur en scène avait failli à cette clause. En 29 mois, il n'avait produit qu'un seul film, *Foolish Wives*. Dans sa lettre de licenciement, Stroheim retrouve la longue liste de ses propres extravagances, considérées comme responsables d'un aussi déplorable rendement.

En réalité, Thalberg n'avait que trop de raisons de vouloir se séparer d'un Stroheim qui l'exaspérait. Les rapports journaliers de Hum venaient, avec une implacable régularité, rappeler au tout nouveau directeur de production le peu de cas que l'on faisait de ses directives ; il n'avait pas prévu que la présence d'un "mouchard" allait encourager l'insubordination. Il sentait la maîtrise de la production lui échapper de plus en plus, il voyait venir avec terreur "le deuxième film d'un million de dollars".

Il est à remarquer que le conflit qui a opposé Stroheim à Thalberg a eu lieu pendant l'absence de Carl Laemmle. Le 4 octobre, le directeur de l'Universal est de nouveau aux Etats-Unis, mais il n'a pas encore quitté New York le 6 octobre, jour du renvoi de Stroheim. La perspective du retour imminent du patron a certainement incité Thalberg à adopter une solution irréversible. Sans doute craignait-il que Stroheim n'use de son pouvoir de persuasion pour circonvenir à nouveau "Oncle Carl".

La destitution de Stroheim eut donc un motif apparent, un prétexte juridique, et des causes réelles, financières et humaines. René Clair, 36 ans plus tard, mettra en évidence l'importance historique de cet incident qui instituait selon lui une jurisprudence dangereuse en privant de leur pouvoir les grandes individualités au bénéfice de la suprématie des producteurs et des banquiers.[9]

Stroheim vit tout de suite qu'il aurait été vain de s'opposer à son licenciement. Il se contenta d'annoncer simplement sa disgrâce à son équipe. Puis il quitta le studio et prit le premier train pour New York afin de rencontrer le grand patron. Ce fut peine perdue, le charme était rompu, Laemmle ne jurait plus que par Thalberg.

Cette double humiliation ne pouvait figurer telle quelle dans la légende personnelle de Stroheim. Lorsqu'il raconta l'épisode à Thomas Quinn Curtiss, Thalberg tremblait de peur en lui annonçant son renvoi. Son équipe toute entière était bouleversée, Mary Philbin pleurait et Wallace Beery parlait de donner sa démission. La corporation cinématographique et le public étaient atterrés.

Le tournage continue

Thalberg avait pris le soin, avant de renvoyer Stroheim, de lui choisir un remplaçant. Le plus difficile avait été de trouver un candidat qui ne songe pas à refuser l'offre. Son talent importait peu, puisque tout se trouvait déjà dans le script rédigé par Stroheim. Le nouveau venu n'aurait qu'à supprimer ce qui lui semblait superflu pour obtenir un film à peu près cohérent et d'une durée raisonnable. Rupert Julian apparut comme l'homme de la situation. Ancien rival de Stroheim pour l'interprétation du "sale boche" des films de propagande, il avait à son actif, depuis 1915, une vingtaine de petits films assez insignifiants. Sa dernière mise en scène était un western intitulé *The Girl Who Ran Wild*.

Dès le lendemain du renvoi de Stroheim, le tournage continue comme si de rien n'était sous les ordres de Julian. Stroheim avait entrepris de tourner *Merry-Go-Round* en suivant dans la mesure du possible l'ordre chronologique. Julian se garda bien de bouleverser ce programme, mais ne ménagea pas les coupes. Il put ainsi achever les prises de vues en 3 mois. Plus des trois quart de *Merry-Go-Round* seraient donc en quelque sorte apocryphes, le début du film étant de Stroheim, le milieu et la fin de Julian. Mais l'identification des scènes intermédiaires n'est pas toujours aisée et les historiens du cinéma n'arrivent pas à se mettre d'accord. Il serait trop facile de reprocher à Rupert Julian tout ce qui paraît ridicule. Ce qui manque à *Merry-Go-Round* ce sont bien entendu tous les épisodes que Julian n'a pas jugé bon de filmer, mais aussi, pour le reste, tout ce dont Thalberg accusait Stroheim. Les plans supplémentaires imaginés au dernier moment, les innombrables détails patiemment fignolés, tout ce qui devait amener le spectateur à apprécier la scène paroxystique. En fin de compte, Julian n'a filmé qu'une caricature de ce qu'aurait dû être *Merry-Go-Round*. Il a confondu l'intrigue mélodramatique avec la véritable trame du film. S'il avait les brouillons de Stroheim, il n'avait pas son style.

Merry-Go-Round, malgré tous ses défauts présente pourtant un intérêt bien particulier. C'est une sorte d'expérience, où l'on voit l'échec de la mise en œuvre par un étranger d'un film conçu par et pour Erich von Stroheim.

Copyright LP19121

La Cinémathèque française projette de temps à autre une copie de *Merry-Go-Round*. Celle-ci diffère notablement du projet élaboré par Stroheim. Le film comporte beaucoup moins de scènes et de décors. La boutique du chemisier "Mandelbaum and Rosenstein", la façade et l'intérieur de la cathédrale Saint-Stephan n'apparaissent à aucun moment. Gageons qu'ils n'ont pas été construits ! Julian a emprunté tous les raccourcis possibles pour abréger le récit. Les scènes de prestige, l'orchestre imaginaire qui servait de prélude, la cérémonie du jeudi saint troublée par la manifestation des ouvriers, la visite de l'empereur à l'hôpital, le bal donné en l'honneur de l'anniversaire de Gisella, tout cela a disparu. Certains passages scabreux sont absents, comme les amours de Gisella et de son palefrenier, celles du comte et de Mitzy au clair de lune ; d'autres ont été adoucis, comme la conduite de Madame Elvira qui ne regarde pas par le trou de la serrure et ne lit plus *L'introduction à la psychanalyse*. De même ont été éliminées quelques allusions jugées trop appuyées, comme la poupée éventrée par le comte et la saucisse dégustée pensivement par Agnès. L'intrigue entre le valet du comte et Frau Huber a été laissée de côté. Il est résulté de ces amputations un déséquilibre très net au détriment de l'évocation de la vie aristocratique viennoise. L'empereur, ses ministres et sa cour, le faste des Habsbourg, ne sont pas plus représentés que la déchéance de la noblesse au lendemain de la guerre. Il ne reste en somme de la haute société que le comte et un quarteron de débauchés. Par contre, le petit peuple du Prater est dépeint plus longuement. Le meilleur y côtoie le pire, Huber est entouré d'une cohorte d'êtres moralement parfaits, âmes nobles, anges et martyrs. *Merry-Go-Round*, ainsi défiguré, n'est plus qu'une énième transposition du thème de *Old Heidelberg*.

Thalberg pouvait être satisfait. Il avait été obéi. Julian avait poussé le zèle jusqu'à anticiper le travail de la censure. Il avait livré au jour dit un film de confection.

Les porte-parole d'Erich von Stroheim

Lorsque le film fut distribué, Stroheim exigea que son nom ne figure pas au générique. Il n'est effectivement aucunement responsable du résultat final. Par contre, l'histoire originale est bien de lui. Indépendamment de sa valeur anecdotique, on peut la considérer comme un roman, comme un témoin de l'évolution de son auteur et y trouver le reflet de ses préoccupations. Lorsqu'il écrit *Merry-Go-Round*, Stroheim entend maintenir sa réputation de grand cinéaste. Rien n'est assez monumental pour lui, il demande la grande roue, la cathédrale de Vienne, le palais impérial, et même l'empereur d'Autriche et les hauts dignitaires qui l'entourent. Pour répondre à ce luxe, il lui faut montrer l'envers des décors factices du Prater, les petites gens qui y vivent, leurs joies et leurs peines.

Tout le film semble tourner autour du manège. Si *Merry-Go-Round* avait été écrit pour le théâtre, le carrousel en aurait été l'unique décor. Quand il fonctionne, la vie suit son cours et les hommes, peut-être à leur insu, vont leur chemin sans plus de liberté que les chevaux de bois. Quand il s'arrête, c'est qu'il se passe des choses graves : un viol, un meurtre, la guerre. Et un ministre en personne doit le remettre en route quand les hostilités sont terminées et les conflits résolus. Lieu de rencontre privilégié, le manège favorise la continuité de la vie pour entretenir son mouvement perpétuel. Il donne son nom au film. Lorsque le comte lit *La ronde* d'Arthur Schnitzler, il a conscience de vivre dans un univers qui se referme sur lui-même, comme la course circulaire des chevaux de bois. Ses aventures amoureuses se suivent, se ressemblent et recommencent. Agnès interrompt ce cycle, et la guerre le brise jusqu'à ce qu'un nouvel équilibre s'établisse dans la paix. Stroheim et Ophuls, lisant le même texte à des années d'intervalle, ont tous deux eu l'idée de l'associer à un carrousel, mais leurs deux images n'ont pas la même signification.

De Gisella à Agnès, du comte à Sylvester et Bartholomew, tous les héros de *Merry-Go-Round* sont des êtres complexes. Les personnages des premiers films de Stroheim étaient parfaitement campés et décrits, maintenant ils ont acquis le droit de raisonner, d'évoluer, de changer. Le caractère de chacun est susceptible de réagir de multiples façons à un nombre toujours plus important de facteurs.

Huber Kallafati incarne le mal et les mauvais instincts. Antipathique dès le début du film, il se transforme vite en un patron tyrannique et cruel qui se plaît à faire souffrir ses employés. Poussé par la jalousie, il devient une brute lubrique et vindicative qui va jusqu'à tuer. Le nom même de Huber est certainement une allusion à *Schloss Hubertus*. Maître de son domaine et despotique, comme le comte Egge, le patron du manège torture les hommes comme le chasseur du roman les bêtes. Comme lui, il sera puni et exécuté par un animal sauvage. Les similitudes s'arrêtent cependant là. Stroheim a emprunté quelques traits au personnage de Ganghofer, mais n'en a pas fait son modèle.

Gisella, par sa sensualité scandaleuse, vit en opposition avec les conventions de son milieu, qu'elle méprise d'ailleurs cordialement. Mais cela ne l'empêche pas d'en afficher tous les défauts : hypocrisie, morgue, intransigeance. Jusqu'au jour où elle choisit d'abandonner son masque de femme du monde. Trahie par son amant, ruinée par la guerre, elle devient prostituée. Ce n'est pas, à ses yeux ni à ceux de Stroheim, un châtiment. Elle exerce pour vivre le métier qu'elle connaît, sans plus de gêne que Madame Elvira. Cette dernière s'avère plutôt bienveillante : elle réconforte Agnès, lui parle du comte, et la prépare à revoir celui qu'elle croyait mort. Stroheim, faisant fi de sa réputation de phallocrate, a brossé sans haine ni complaisance le portrait de deux femmes émancipées.

Agnès incarne l'ingénue de la comédie classique. Il semble bien que Stroheim donne avec elle l'image de son idéal féminin. Fort agréable à regarder, elle est en plus intelligente, délicate et sensible. Moralement, elle représente l'antithèse de Gisella. Douce, pieuse, chaste et réservée, elle a su préserver sa pureté dans un milieu trouble et dangereux. Toute d'affection et de fidélité pour ses parents et ses amis, elle va découvrir avec Franz une passion qui transformera son existence. Profondément raisonnable et lucide, elle ne consent toutefois à laisser libre cours à ses sentiments que dans la mesure où ils pourront la conduire à une situation honorable. Par exemple, le mariage avec un marchand de cravates. Elle sait très bien que les différences de classe interdiraient à un comte de demander sa main. Et si par extraordinaire le cas se présentait, c'est elle qui refuserait : les barrières sociales sont infranchissables. Cependant, l'amour développe son emprise. Après la scène de l'hôpital, Agnès n'a plus aucun doute sur la véritable identité de Franz. Mais lorsqu'elle l'éconduit le lendemain, le seul reproche qu'elle lui fait est de lui avoir menti. Elle a tout pardonné quand le comte revient de la guerre. La promesse faite à Bartholomew, ultime obstacle à leur bonheur, est abolie par la générosité désespérée du bossu. Ce serait pourtant une grave erreur de penser qu'Agnès épouse le comte parce qu'il est déchu et diminué. Elle conserve en réalité, et nous retrouvons là les conceptions de Stroheim, le désir d'être dominée par l'homme qu'elle aura choisi. C'est lui qui doit prendre l'initiative, elle ne se réserve que le droit de dire non. Elle ne veut pas céder devant un rapport de force, elle entend se soumettre d'elle-même à celui qu'elle aime. Bartholomew, riche ou pauvre, bossu ou non, l'aime de façon trop servile pour qu'elle puisse le désirer. Parfaitement désintéressée, Agnès recherche la sincérité des sentiments qui répondront aux siens. Elle les a trouvés chez le comte, qu'elle a révélé à lui-même.

Bartholomew pourrait être un personnage de la comédie italienne. Mi-Pierrot, mi-Polichinelle, c'est un être disgracié mais sensible. Il comprend les animaux et les animaux le comprennent. Agnès le considère comme son meilleur ami, lui en est éperdument amoureux. Au service de sa passion et de ses nobles sentiments, il ne propose qu'une désarmante naïveté teintée d'un soupçon de superstition. Pour avoir le droit d'épouser Agnès, il faut, estime Bartholomew, être capable d'assurer son existence. C'est du moins ce qu'affirme le code de fierté masculine de l'époque. Sans se décourager, il s'en remet à la bienveillance du hasard car il ne se fait aucune illusion sur ses aptitudes personnelles. Il connaît pourtant Agnès et sait bien que ni l'apparence ni l'argent ne comptent pour elle. L'idylle avec le comte vient briser ce rêve. La guerre et l'argent qu'il gagne à la loterie le ravivent. Le retour de Franz l'anéantit. Mais le bossu aime suffisamment Agnès pour désirer qu'elle soit heureuse. Ne s'est-il pas déjà rendu complice du crime de l'orang-outang pour délivrer la jeune fille de la brute qui la tourmentait ?[10] Son suicide enfin est tout à la fois généreux et désespéré, car Bartholomew n'a plus rien à attendre de la vie. « Devant un tel sacrifice... Les Dieux eux-mêmes ne peuvent que donner leur bénédiction ». Par cet intertitre, Stroheim accordait au malheureux l'absolution et transformait son acte en une offrande sublime. Cette mise au point s'avérait nécessaire parce que les personnages du film sont catholiques, comme l'Autriche toute entière et son empereur. Le comte et toute la cour assistent aux cérémonies religieuses, Agnès va prier avec Bartholomew pour que Sylvester soit libéré, elle suit avec ses amis le cortège funèbre de sa mère, elle éprouve le besoin de se confesser au lendemain de sa nuit d'amour avec Franz. Or, si l'Eglise, à l'image du Christ, accorde son pardon avec une grande libéralité, elle se montre intraitable pour ceux qui attentent volontairement à leurs jours. Il convenait donc de donner au geste de Bartholomew la dimension altruiste d'un sacrifice.

Sylvester incarne alternativement le rôle du père noble et celui de Paillasse. Bon époux et bon père, il pleure sa femme, défend l'honneur de sa fille, et finit lâchement assassiné. Victime par excellence, il continue, comme le clown célèbre, à faire rire malgré sa douleur et ses blessures. Personnage de convention, Sylvester n'avait guère le temps d'évoluer avant de mourir dans les bras de sa fille. On peut voir dans son comportement quelques réminiscences du roman de Ludwig Ganghofer, la responsabilité du père, l'incompréhension entre deux générations, l'impossible mélange des classes sociales, le thème de la victime innocente. Paradoxalement, Rupert Julian développera plus que Stroheim le rôle de Sylvester. Il lui donnera le temps de comprendre sa fille et d'absoudre le comte.

Franz Maximilian von Hohenegg[11] est une personnalité en vue de la Vienne impériale. Il assume avec intelligence les devoirs de la charge qu'il doit à sa naissance. A la cour, l'empereur l'apprécie et les ministres l'écoutent, à la ville, c'est le plus joyeux des compagnons. Il ne manque jamais une partie fine et ne se prive d'aucun plaisir. Il aime la vie qu'il mène, elle lui va comme un gant, il semble fait pour elle. Il accepte d'un cœur égal les avantages et les servitudes de sa condition, et n'imagine pas qu'il puisse être un jour confronté à d'autres problèmes. Cependant, il se montre plus lucide et moins esclave de ses préjugés que bon nombre de ses compatriotes. Accessible aux idées et à la littérature contemporaines, il comprend que les ouvriers manifestent, même s'il ne va pas jusqu'à s'interroger sur le sens de leur action. D'ailleurs, ce défilé est traditionnel, comme tout ce qui se passe à Vienne. Pourquoi les choses changeraient-elles ? Deux facteurs déterminants vont pourtant s'en charger : la guerre et l'amour. Parce que le comte rencontre Agnès et qu'il en devient amoureux, parce que la guerre et la défaite bouleversent l'ordre social de l'empire austro-hongrois, parce que l'argent a changé de main, rien ne sera plus jamais comme avant. L'évolution du comte a été déclenchée par la résistance qu'Agnès lui a opposée chez Madame Elvira. Dès lors, il ne cherche plus à se dissimuler son amour ni même à se l'expliquer. Il se laisse guider par ce sentiment nouveau, devient plus humain et plus simple. La guerre arrive à point nommé pour que cette mutation s'accomplisse entièrement et devienne irréversible. Les différences sociales qui les séparaient sont annihilées, il n'y a plus entre Franz et Agnès qu'estime réciproque et affection. L'infirmité du comte, témoin visible de ses revers de fortune, illustre la pensée de Stroheim selon laquelle rien de matériel ne peut empêcher l'épanouissement du bonheur entre deux êtres qui s'aiment. *Schloss Hubertus* se terminait aussi sur cette idée.

Pour la première fois dans sa carrière, Stroheim se propose d'interpréter un héros que l'on n'aimera pas haïr, et qui, beaucoup plus complexe que ses prédécesseurs, se transforme au cours du film. Il fallait que la rancune de Thalberg fût particulièrement solide et ses appréhensions bien affermies pour qu'il osât imposer au comte von Hohenegg une autre identité que celle d'Erich von Stroheim. Avec *Merry-Go-Round* Stroheim, sans fausse modestie, se classe parmi l'élite. Le comte a tout pour lui, naissance, situation, charme et intelligence. Il porte avec élégance un séduisant uniforme et profite très naturellement de sa situation privilégiée. A priori, rien ne le distingue des noceurs fortunés et superficiels qu'il aime à fréquenter. Il est aussi fringant que von Steuben et aussi brillant que Karamzin. Sylvester et Bartholomew se laissent abuser par les apparences, qui s'accordent si bien avec la réputation des nobles et des officiers. Agnès a eu la chance de faire la connaissance de Franz Meier, simple marchand de cravates. Elle a pu apprécier l'homme et s'en éprendre indépendamment de toute idée préconçue. Dans la tradition de l'antihéros auquel Stroheim nous avait habitués, on aurait pu s'attendre à ce qu'il profite avec cynisme d'une situation si bien préparée. Mais tel est pris qui croyait prendre : la sincérité va l'emporter. Stroheim en avait eu assez de jouer les sales boches. Il en avait assez de jouer les séducteurs malhonnêtes. Il ne veut plus qu'on le confonde avec ses créations, qui ne sont que le fruit de son génie d'auteur, d'acteur et de réalisateur. Il veut révéler enfin son vrai visage, raconter les souvenirs de sa jeunesse viennoise, présenter au monde un film "autobiographique".

Il y a en effet dans cet autoportrait un élément indéniable : l'art de se déguiser. Ici, c'est un aristocrate qui se déguise en roturier, un haut fonctionnaire qui se fait passer pour l'employé d'un commerçant. Le spectateur assiste à la mise en place de cette supercherie mais il ne peut que l'approuver. Elle souligne la délicatesse du comte et la droiture d'Agnès. Elle est à l'origine de l'heureuse métamorphose de Franz, qui sera finalement obligé de se contenter de cette personnalité d'emprunt et ne le regrettera pas. On est loin des mensonges malsains de Karamzin et de la réprobation unanime qu'ils suscitaient. Jamais Stroheim n'a été aussi sincère : son héros est exactement l'inverse de ce qu'il est réellement lui-même. Le comte von Hohenegg se fait passer pour un vendeur de cravates afin de séduire une jeune fille du peuple. Le fils d'un chapelier se fait passer pour un aristocrate afin de séduire... l'Amérique. Mais qui pourrait critiquer ce tour de passe-passe qui a donné au monde un si grand cinéaste ? Pour penser qu'il pouvait y avoir un mensonge il aurait fallu connaître toute la vérité, et le secret était bien gardé. Comme les spectateurs de 1922 applaudissaient à la tricherie du comte Franz von Hohenegg, ceux d'aujourd'hui se félicitent encore des mensonges qui leur ont valu Erich von Stroheim. Et s'agit-il vraiment d'un titre usurpé ? Au très ancien temps où la noblesse était une institution vivante, il n'était pas besoin d'ancêtres pour que le roi vous armât chevalier. Par son talent, Stroheim a bien prouvé qu'il méritait sa particule. Par sa valeur personnelle, le comte von Hohenegg est également un vrai noble. Son attitude dans l'adversité fait foi de sa vaillance. Stroheim réaffirme ainsi une thèse qui lui est chère : la vraie noblesse est inaltérable car c'est celle du cœur. Et son corollaire : un homme de cœur est noble.

Du reste, il n'est fait aucune allusion aux parents du comte, qui semble, comme avant lui Karamzin et Steuben, n'avoir ni père ni mère. On peut expliquer cette défaillance en considérant la logique de l'aristocratie stroheimienne, qui se bâtit à l'envers. Un père officier supérieur et une mère dame d'honneur avaient déjà été présentés à la presse. Mais cette ascendance aurait risqué de détourner du héros l'attention du public. Et de plus, elle n'était pas encore tout à fait au point. Par contre, Agnès, création fictive dont la généalogie peut être montrée sans risque, est extrêmement entourée. Ses parents, avant de disparaître, la guident, la conseillent, et la protègent. En retour elle ne leur ménage pas son affection.

Retour aux sources

Il y a dans *Merry-Go-Round* et dans la description de Vienne une grande part de rêve. Vie élégante et facile, jeunesse insouciante et fortunée, tout ce que le fils du chapelier n'a vu que de loin, tout ce qu'il aurait tant voulu avoir, il va enfin s'en emparer en le recréant à Hollywood. Nul ainsi ne pourra douter de la sincérité de ses souvenirs. Stroheim convaincra les autres en se convainquant lui même. Ses regrets passeront pour une nostalgie intellectuelle et romantique. L'exilé pense à tout ce qu'il a perdu. Il était jeune, il était riche, il était noble et militaire. La guerre, avec son panache et ses actes d'héroïsme aurait dû être l'apogée de sa carrière. Mais il songe à l'interminable tuerie de 1914-1918, à tout ce qui a été détruit, le régime impérial, les traditions, les fortunes. A tout ce que la défaite a engendré, les profiteurs, la misère, les mutilés. Pour son premier film dont Vienne est le théâtre, Stroheim est saisi d'un tel enthousiasme qu'il voudrait tout montrer. Il semble prendre une véritable délectation à exhiber ces choses horribles qui le fascinent. Et c'est dans cet esprit d'exhaustivité qu'il avait commencé à tourner "d'après" son scénario. *Merry-Go-Round* serait ainsi devenu un document d'archive, qui aurait fixé une fois pour toutes un fragment de son passé imaginaire. Quant aux amours du comte et d'Agnès, qu'elles soient pure invention ou évocation, elles proposent indirectement une explication au départ de Stroheim à destination de l'Amérique : une impossible passion.

La reconstitution de la Vienne d'après-guerre manque forcément d'objectivité puisque Stroheim n'est pas retourné en Autriche depuis 1909. Il aura pu recueillir des informations par la presse ou par quelques récits de compatriotes. Mais il situe surtout la fin de son scénario dans le cadre plus artificiel de ce qui, selon lui, n'a pu manquer de se produire. On ne saura jamais comment le film aurait été réalisé. C'est ainsi qu'il imagine le palais impérial transformé, comble de l'horreur, en grand magasin ! Stroheim a écrit le scénario de *Merry-Go-Round* loin de toute contrainte partisane, si l'on excepte celle de sa logique personnelle. Les allusions antisémites pourraient surprendre, mais ne sont-elles pas innées dans l'aristocratie autrichienne ? La pire déchéance, pour un noble : « cirer les bottes des juifs polonais. Mieux vaut ramasser du crottin de cheval. »[6] Et il faut une âme bien trempée pour s'humilier au point de quémander du travail chez "Mandelbaum et Rosenstein". Ces deux réflexions, révélatrices du mépris dans lequel les juifs étaient tenus par la classe dirigeante, démontrent une fois de plus que Stroheim n'a rien oublié.

Carrière du film

Il faut rendre cette justice à Thalberg qu'il n'a jamais critiqué la valeur artistique du travail de Stroheim, sans pour autant partager l'admiration que le metteur en scène vouait à son propre scénario. Il lui reprochait surtout ses méthodes parce qu'elles étaient ruineuses. Il lui reprochait peut-être aussi de se moquer trop ouvertement de lui. Il ne s'est sans doute jamais douté de la dernière facétie du cinéaste, qui déclara sans forfanterie que *Merry-Go-Round* était le meilleur scénario qu'il avait jamais écrit ! Pouvait-on faire plus clairement allusion à l'incompétence destructrice de Julian ? En définitive *Merry-Go-Round* a coûté 416 627 $[12] dont 220 000 $ à porter au passif de Stroheim. A sa sortie, le film connut un certain succès. Le nom de Stroheim n'apparaissait pas sur les affiches, mais tout le monde avait entendu parler de ses démêlés avec Thalberg. La première eut lieu le 1er juillet 1923 au Rivoli Theatre de New York. Des inconditionnels de Stroheim étaient venus assister à la projection, bien décidés à faire du scandale. Cela aussi servit la publicité du film. Les avis des journalistes ont été moins excessifs que lors de la sortie de *Foolish Wives*. Harriette Underhill soutient à nouveau Stroheim en couvrant d'éloge... la première bobine du film.[13] Elle espère que : « les autres bobines lui serviront de leçon ! » Robert E. Sherwood condamne en bloc *Merry-Go-Round* comme si Stroheim en était entièrement responsable.[14] Cependant le film arrivait en deuxième position dans « The ten best pictures », supplément annuel publié par le journal *The Film Daily*.[15] Le jury lui avait accordé 26 voix, ce qui le laissait tout de même loin derrière *The Covered Wagon* (*La caravane vers l'ouest*) de James Cruze, qui avait obtenu 53 votes. En 1926, l'Universal avait enregistré un bénéfice total de 336 181 $, fort raisonnable à tout prendre. Carl Laemmle lui-même était satisfait et ne considérait pas le renvoi de Stroheim comme une catastrophe. Mais celui-ci préféra ignorer ce revirement du producteur et accuser

Thalberg, désormais tout puissant à l'Universal, d'être le seul coupable.

Après son éviction, lorsqu'il fut bien certain que le tournage continuerait sans lui, Stroheim s'est complètement désintéressé du film, si ce n'est pour le renier.

Depuis *Blind Husbands*, Stroheim avait reçu beaucoup de propositions, mais n'avait jamais songé à les accepter. Pourtant, le 14 septembre 1922, trois semaines avant d'être renvoyé, il avait discrètement pris contact avec les responsables de la Goldwyn. Les événements du 6 octobre ne le prennent donc pas au dépourvu et le 20 novembre, il a déjà signé un nouveau contrat. Les conditions proposées par la Goldwyn sont peut-être un peu moins avantageuses que celles qu'il avait à l'Universal, mais il se garda bien d'en rien dire sinon pour faire croire qu'il n'avait eu que l'embarras du choix.

Selon son habitude, bien des années plus tard, Stroheim raconta à Curtiss qu'il avait, au lendemain de son licenciement, été submergé d'offres. Des propositions lui auraient été adressées de Vienne, de Berlin et de Rome. W. R. Hearst aurait même essayé de se l'attacher pour le compte de sa société Cosmopolitan Pictures...[16]

VIII

GREED
(Les rapaces)

Si l'on voit fort bien pourquoi Stroheim a quitté l'Universal, il semble plus difficile d'expliquer les raisons qui l'ont amené à la Goldwyn. On sait seulement que son nouveau contrat a été signé sans délai, ce qui exclut toute hésitation de part et d'autre. Il est probable que l'offre de la Goldwyn est arrivée seule, et au bon moment. Stroheim, qui détestait les tractations, n'a pas voulu perdre son temps en marchandages.

Il avait en particulier négligé de considérer l'état de santé de la compagnie qui l'engageait. La Goldwyn se trouvait en effet dans une situation financière assez délicate. La production ne cessait de décroître : 28 films en 1921, 7 en 1922. Depuis la fin de la guerre, Samuel Goldwyn s'était efforcé de mettre sous contrat toutes les personnalités de Broadway qui faisaient parler d'elles. Son comportement recouvrait en fait une simple spéculation artistique, trop systématique pour être rentable. Il avait par exemple acheté le droit de porter à l'écran *La vie des abeilles* de Maurice Maeterlinck... En définitive les films de Lon Chaney et Will Rogers assuraient pratiquement à eux seuls le plus clair des revenus de la compagnie.

Le 10 mars 1922, Samuel Goldwyn perdait son siège directorial sous la pression de Frank Godsol, un important investisseur. Abe Lehr, ancien assistant de Goldwyn, devenait chef de la production. Mais les financiers, et le nouveau directeur, savaient pertinemment que leurs compétences cinématographiques étaient insuffisantes. Aussi engagèrent-ils par contrat des metteurs en scène éprouvés, parmi lesquels King Vidor, Maurice Tourneur, Tod Browning et Victor Sjöström (qu'ils firent venir de Suède). Erich von Stroheim fut appelé à compléter cet aréopage. Il devait donc sa nouvelle situation au changement de politique de la compagnie et à sa renommée personnelle.

Godsol et Lehr avaient rédigé un contrat de 26 pages. La multiplicité des clauses trahissait bien la méfiance que leur inspirait leur nouvelle recrue. Stroheim se donna-t-il seulement la peine de lire le document qu'il signait ? On peut en douter car les engagements qu'il prenait ne lui laissaient guère de liberté. Il devait réaliser trois films dans l'année, le budget de chacun d'eux était plafonné à 175 000 $, les dépassements et retards étaient pénalisés par des retenues sur ses appointements. Quoi qu'il en soit, Stroheim était trop grand seigneur pour s'intéresser à des questions aussi bassement matérielles. Il raconta même avec une certaine fierté qu'une compagnie d'assurance couvrait pour un million de dollars « le risque von Stroheim »[1] et continua à penser dans son for intérieur que le studio devait être au service du créateur, et n'avait pas d'ordre à lui donner : il saurait bien rappeler en temps voulu cette vérité première à ses employeurs. Enfin, et surtout, il n'y a pas d'Irving Thalberg à la Goldwyn ! Mais l'avenir, parfois ironique, allait prendre un malin plaisir à contrarier point par point les espérances des deux parties.

Naissance d'une passion

Les avis diffèrent sur le premier sujet qui a été proposé à Stroheim. Thomas Quinn Curtiss[2] et Freddy Buache[3] se font l'écho des rumeurs qui circulaient alors. Il était question de la réalisation de *Ben Hur* dont la compagnie négociait encore les droits d'adaptation. De son côté, Richard Koszarski a trouvé un article annonçant que Stroheim allait mettre en scène *La veuve joyeuse* d'après l'opérette de Franz Lehar.[4] Comme à son habitude, "von" mit tout le monde d'accord en proposant un autre projet : une adaptation du roman de Frank Norris *Mac Teague*. Tous les historiens, de Georges Sadoul[5] à Denis Marion[6], rappellent la légende que Stroheim lui-même se plaisait à raconter : vers 1916, prenant pension dans un hôtel modeste, il avait trouvé, oublié par le locataire précédent, un exemplaire assez fatigué du roman de Frank Norris.[7] Il l'avait lu d'une traite et rêvait depuis lors de le porter à l'écran. Vraie ou fausse, cette anecdote traduit l'enthousiasme de Stroheim pour *Mac Teague*. *Greed* est le fruit d'une passion durable qui a commencé par un coup de foudre. Son auteur tenait à le faire savoir. En imposant sa volonté, il faisait à la Goldwyn le cadeau de plusieurs années de réflexions. On a en effet la certitude qu'il pensait déjà à cette adaptation fin 1919, lorsque les journalistes venaient le voir sur le plateau de *The Devil's Pass Key*.[8] Pour la première fois, Stroheim va travailler à partir d'une œuvre littéraire qu'il a choisie et dont il n'est pas l'auteur. Parce qu'il l'estime et l'approuve, il la respectera, au point de suivre sans rien omettre le texte du roman : que cela serve de leçon aux censeurs et aux producteurs !

Un classique du cinéma

Greed est l'un des films les plus connus du muet. Toutes les anthologies le citent et l'analysent. La Cinémathèque française l'inscrit chaque année à son programme. Voici pour mémoire le fil dramatique de l'histoire.

Mac Teague est devenu dentiste parce que sa mère ne voulait pas qu'il soit mineur comme son père. Il a appris son métier auprès d'un arracheur de dents ambulant. Il exerce maintenant ses talents dans un quartier populaire de San Francisco. Son ami Marcus, Schouler, un garçon aussi déluré que Mac Teague est timide, lui amène un jour une jeune patiente, Trina, qu'il considère comme sa fiancée. Mac Teague tombe amoureux de Trina et ils décident de se marier. Marcus Schouler s'efface sans faire de difficulté. Mais lorsque Trina gagne 5 000 $ à la loterie, il se met à regretter sa magnanimité. L'argent n'apporte pas le bonheur au jeune couple, car Trina qui n'était qu'économe devient de plus en plus avare. Non seulement elle refuse de dépenser un seul dollar de ceux qu'elle a gagnés, mais elle met pratiquement de côté tout l'argent qui passe entre ses mains. Le dépit de Marcus s'est changé en hargne : il envoie à l'ordre des dentistes une lettre anonyme dénonçant Mac Teague qui exerce sans diplôme. Alors que son mari est privé de revenu, l'avarice de Trina devient monstrueuse. Mac Teague s'enfuit, sombre dans l'alcoolisme et la déchéance. Trina pendant ce temps ne vit que pour le trésor qu'elle a accumulé. Lorsque Mac Teague revient pour le lui voler, il la tue et s'enfuit à nouveau. Il est pourchassé par la police et par Marcus jusque dans la Vallée de la Mort. Après une lutte farouche, il se retrouve enchaîné au cadavre de son rival, condamné à mourir de soif devant un sac éventré d'où s'échappent des pièces d'or.

Le roman de Frank Norris est ramené à la seule histoire de son héros. Il n'est pas tenu compte des personnages secondaires ni des intrigues parallèles. Pourtant ces quelques lignes, dans leur aridité, résument assez fidèlement le film qui fut projeté en 1924, tel qu'on peut le voir encore aujourd'hui, mais aussi tel que Stroheim l'a désavoué en termes véhéments.

« C'était une des plus grandes histoires écrite par un Américain, Frank Norris, un élève de Zola... (...) J'ai fait le film mais c'était comme j'avais dit trop long pour le producteur, parce qu'il n'avait pas l'idée, mon idée, de faire ça en deux séances. Alors... la compagnie a engagé un homme qui n'a pas lu le livre, pas lu le découpage de moi, mais il avait l'ordre de ça... Alors il a coupé... Et il a coupé... Que c'était une exhumation quand j'ai vu ce film pour la première fois dix ans après. C'était une exhumation pour moi. J'ai trouvé dans un petit cercueil beaucoup de poudre et une terrible puanteur, et une petite colonne vertébrale, et un os de l'épaule. Et naturellement, j'ai été malade, très malade, parce que j'ai travaillé pendant deux ans sur ce film sans salaire. (...) Et après les deux ans, je pensais : "si ce film sort comme je l'ai fait, je suis le plus grand metteur en scène du monde". »[9]

L'imagerie macabre de Stroheim a un peu évolué depuis le squelette de *Foolish Wives*. La composition de son allégorie est plus sophistiquée, plus réaliste, plus amère. Le constat final est plus désespéré : Stroheim a prémédité un grand film, il a tourné un grand film et personne ne l'a jamais vu. « Je considère que je n'ai fait qu'un vrai film dans ma vie, et personne ne l'a jamais vu. Vous ne verrez sous le titre de *Greed* que de pauvres restes mutilés et défigurés. »[10] Lorsque Lillian Gish affirmait en 1957, « N'importe qui aurait pu tourner *Les rapaces* comme l'a fait Monsieur von Stroheim, scène par scène et ligne par ligne, suivant le livre »[11], elle exprimait sans doute la pensée de bon nombre de ses contemporains. Et pourtant, Stroheim avait travaillé avec tant d'ardeur à la rédaction du scénario qu'il tomba malade et dut se reposer dès le troisième jour des prises de vues. Provisoirement. La réalisation de *Greed* se transforma en une véritable aventure qu'il fut le seul à supporter sans faiblir. Ce tournage est aujourd'hui encore un classique du cinéma, presqu'aussi célèbre que le film lui-même. Il n'a pas été enregistré sur pellicule, mais tout le monde le connaît. La masse de documents qui existe à son sujet présente sur le chef-d'œuvre de Stroheim l'avantage de ne pas avoir été maltraitée par la censure. Le scénario intégral de *Greed* a été publié, toutes les photos de plateau ont été répertoriées. C'est ainsi qu'on peut, grâce à ces informations, se faire une idée assez précise de tout ce qui a disparu. Ajoutant à cela les nombreux témoignages des collaborateurs de Stroheim et des journalistes qui ont visité le plateau, on a presque l'impression d'avoir assisté aux prises de vues.

Plus vrai que nature

Puisque *Greed* était « Une histoire de San Francisco », Stroheim se rendit sur place afin de reconnaître les lieux évoqués par Frank Norris. L'auteur, qui avait été journaliste, s'était inspiré d'un authentique fait divers, il avait dépeint des immeubles réels, des quartiers qu'il connaissait, des rues qui existaient. Il donnait même l'adresse de ses héros. Stroheim se devait d'être au moins aussi scrupuleux que Frank Norris dont il se sentait l'obligé. Le romancier était mort, il rendit visite à ses parents. Stroheim a raconté en outre que le club des admirateurs de Frank Norris l'avait convié à un banquet organisé en son honneur. Entrepris sous des auspices aussi favorables, les repérages n'auraient dû être qu'une simple formalité. Mais à supposer qu'il y eût encore un dentiste installé à l'angle de Polk Street, ce n'était plus Mac Teague. Et trente ans après, il y avait peu de chance que les choses fussent restées en l'état. On ne pouvait d'autre part ignorer l'évolution urbaine et le fameux tremblement de terre de 1906. L'utilisation de la réalité aurait été un formalisme dénué de sens. Le quartier ouvrier avait été détruit, Polk Street était devenue une voie élégante, la mine de Big Dipper était désaffectée.

Or, Stroheim voulait être absolument réaliste et se souciait avant tout de rester fidèle au roman qu'il adaptait. Il a donc dû chercher une autre maison qu'il a découverte à l'intersection des rues Hayes et Laguna. Il eut un véritable coup de chance avec la masure où Norris avait logé la famille Sieppe. La construction existait encore au pied de la 34ème rue à Oakland, dans un état superbement délabré.[12]

Quant à la mine de Big Dipper, Stroheim se contenta de la rouvrir. Il avait engagé un mineur qui connaissait bien les lieux et fit reconstruire le soutènement et les galeries. On reconstitua également le camp où vivaient autrefois les ouvriers.

Un tournage mémorable

Stroheim avait décidé que *Greed* serait entièrement tourné en décors naturels. Rien ne devait être reconstitué en studio. Rien ne devait être peint en trompe-l'œil. Un tel parti pris était pour l'époque extrêmement inhabituel. Les équipes de tournage se rendaient sur le terrain lorsque c'était nécessaire, mais préféraient de loin profiter des commodités qu'offraient les installations fixes et les décors artificiels. Il fallait être Erich von Stroheim pour imposer sa volonté de façon aussi despotique. Au nom du réalisme, il n'admit aucune concession. Ce qui ne l'empêcha pas de prendre certaines libertés. On peut même dire encore une fois que tout est vrai mais que rien n'est authentique. A commencer par la ville de San Francisco elle-même qui a été entièrement reconstruite après 1906. On a vu que la maison de Mac Teague n'était pas celle qui avait inspiré Norris. Bien plus, lorsque Stroheim l'avait sélectionnée, elle portait encore les traces d'un récent incendie, et on avait dû la restaurer intérieurement et extérieurement. Les baraquements de la mine avaient été reproduits à l'identique, mais n'ont jamais servi qu'au film. L'énorme molaire dorée a été fabriquée pour l'occasion... Où l'on voit que le réalisme de Stroheim est assez souple.

Dans *Foolish Wives* comme dans *Merry-Go-Round* Stroheim avait poussé la reconstitution aux limites de la perfection. Sans transition, il adopte pour *Greed* une théorie résolument contraire : « Un film fait en studio ne peut être qu'un film de studio. La vie ne se reconstitue pas, elle se capte. Il n'est de vrais films réalistes que ceux tournés sur les lieux mêmes de l'action ».[13] Il s'exprimera longuement à ce sujet : « Dans de vraies villes, et non dans des fragments de villes dessinés par Cedric Gibbons ou Richard

Day, le long de vrais boulevards bordés d'arbres réels, avec des tramways, des bus et des voitures réelles, le long de petites rues vraies, avec de la saleté et de la puanteur réelle, dans la vraie fange aussi bien que dans des palais ou des châteaux réels, j'allais tourner mes scènes et les peupler avec des hommes, des femmes, et des enfants réels, comme on en rencontre tous les jours dans la vie réelle. »[14]

Stroheim, qui a toujours tout reproduit, affirme brutalement et comme une évidence qu'il n'y a pas plus réaliste que la réalité. Cette déclaration est presque une provocation. Elle contredit sans la moindre pudeur et avec arrogance tous les principes dont Stroheim s'était réclamé jusqu'alors. Elle rejette l'idée d'une possible perfection de l'artificiel. Le metteur en scène a jugé superflu d'expliquer ce revirement et encore moins de le justifier, si tant est qu'il s'en soit rendu compte. Trois interprétations peuvent résoudre ce paradoxe. Stroheim, dans un éclair de génie, a été frappé d'une révélation fulgurante et le proclame. Deuxième hypothèse, qui n'entre pas en conflit direct avec la précédente, cette nouvelle profession de foi consacre le résultat d'une évolution sans discontinuité. La troisième solution enfin consiste à s'interroger sur la matérialité de ce changement. La "nouvelle" déclaration de Stroheim est parfaitement cohérente et trouve son application littérale dans la réalisation de *Greed*. Mais ne peut-on pas considérer que le même principe avait déjà été appliqué aux films précédents ? Pour *Foolish Wives*, comme pour *Merry-Go-Round*, Stroheim voulait un décor capable de l'abuser, capable de lui faire croire qu'il était à Monte-Carlo ou à Vienne. Il l'avait obtenu à force d'insistance et grâce aux prouesses des décorateurs, sans parler des capitaux de l'Universal... Pour tourner *Greed*, il n'a pas besoin de se convaincre qu'il est à San Francisco puisqu'il s'y trouve ! Peut-on rêver décor plus ressemblant ? Il ne concédera donc que les modifications indispensables pour que le réel qu'il filme ne soit pas trahi par le cinéma, réponde à ses exigences, et produise l'effet désiré. C'est dans ce but que tous les objets dorés avaient été peints en jaune, à la main et image par image, sur plusieurs copies d'exploitation. « L'effet était merveilleux »[15] se souvient Stroheim. On mesure ainsi l'intervalle minimal qui, pour lui, est essentiel et nécessaire pour que le vrai donne au spectateur l'illusion parfaite du vrai. Dans un film, le faux révèle le vrai, à condition qu'il reste invisible. Avec *Greed*, Stroheim expérimente la sincérité. Une fois n'est pas coutume !

"The right man..."

Stroheim a toujours dénoncé le "star system", et ce n'est pas avec *Greed* qu'il aurait pu se permettre de changer d'opinion. D'ailleurs, aucune vedette confirmée n'aurait sans doute consenti à incarner l'un des déplaisants personnages créés par Frank Norris. Le metteur en scène orienta ses recherches vers des acteurs professionnels peu ou pas connus, et commença à les sélectionner d'après les descriptions qu'en donnait le romancier. Il souhaitait travailler avec des comédiens neutres qui pourraient devenir les héros du drame. En effet, des artistes trop célèbres, marqués par leurs emplois habituels, n'auraient jamais pu, en dépit de leur talent, faire oublier leur nom. Il ne devait y avoir dans *Greed* qu'une seule tête d'affiche : le réalisateur.

Stroheim cherchait des acteurs dociles et malléables. Il les voulait également assez peu expérimentés afin qu'ils pussent, entre ses mains, retrouver leur naturel. Il entendait agir sur l'individu par delà l'acteur. « Quand j'ai eu besoin de Gibson Gowland, il se trouva qu'il était en Ecosse. Je le fis revenir car il n'y avait aucun autre homme connu ou inconnu pour se rapprocher autant de la description de Frank Norris : en apparence extérieure et en caractère. Quand je voulus Cesare Gravina, je découvris qu'il était reparti avec sa femme, qui était une chanteuse d'opéra, en Argentine. Je le fis également revenir. »[16]

On trouve en quelque sorte dans cette brève citation le résumé de la politique suivie par Stroheim pour sélectionner et même pour diriger ses interprètes. Le réalisateur est seul maître à bord et tient à respecter fidèlement le texte de Frank Norris et l'adaptation qu'il en a faite. L'acteur est un instrument à leur service. Les exigences auxquelles il doit répondre sont telles que l'élu est unique. Ce choix si sélectif est donc finalement des plus élogieux. Et c'est pourquoi Stroheim peut se permettre la plus extrême intransigeance !

Gibson Gowland était Mac Teague. Cette évidence se serait imposée à Erich von Stroheim, s'il faut l'en croire, dès leur première rencontre, en 1918, pendant le tournage de *The Heart of Humanity*.[17] Ils interprétaient l'un et l'autre un petit rôle. Stroheim celui d'un officier allemand, Gowland celui d'un simple soldat. Cette légère différence hiérarchique mise à part, ils se trouvaient tous deux sur un pied d'égalité. Stroheim connaissait Gowland comme on connaît un camarade. Il a été à même de l'apprécier en tant qu'interprète l'année suivante lorsqu'il lui a confié le rôle de Sepp dans *Blind Husbands*. Malgré le succès du film, Gibson Gowland était resté relativement méconnu et ne se trouvait en aucun cas prisonnier de son rôle précédent. Stroheim était si sûr de son choix qu'il le dispensa de bout d'essai. Il est certain que Gibson Gowland n'aurait jamais pu être Mac Teague si Stroheim ne l'avait pas dirigé. De même que le scénario de *Merry-Go-Round* filmé par Julian n'est pas un film de Stroheim. L'acteur choisi devait accepter bien plus qu'une collaboration, une sorte de transmutation. Il devait accepter de se laisser investir par Stroheim pour donner naissance à son personnage.[18] Peter Noble a rencontré Gibson Gowland en 1946 alors qu'ils venaient d'assister à une projection de *Greed* : « A la fin du film, les spectateurs applaudirent. Gowland se tourna vers moi. "Von était vraiment un grand bonhomme" me dit-il ému jusqu'aux larmes. "Il a fait de moi Mac Teague. C'est à lui que je dois ma performance. Je n'ai jamais eu la chance de retrouver un pareil metteur en scène." »[19]

Gibson Gowland est l'acteur stroheimien par excellence. Les deux seuls grands rôles de sa carrière furent ceux qu'il occupa dans *Greed* et dans *Blind Husbands*. Son enthousiasme et sa reconnaissance prouvent la valeur et l'efficacité des méthodes de Stroheim. Quelque vingt ans après le tournage, les exigences tyranniques du metteur en scène sont oubliées au bénéfice du résultat.

On ne sait pas exactement comment Stroheim a découvert Zasu Pitts, mais on sait pourquoi il l'a choisie. Il a tout d'abord considéré le portrait que Frank Norris faisait de Trina Sieppe. « Trina était très petite mais bien faite. Elle avait le visage rond, plutôt pâle, avec des yeux bleus en amande à peine entrouverts, les lèvres et le lobe des oreilles d'une pâleur anémique, le nez semé d'adorables petites taches de rousseur. Mais ce qui retenait finalement le regard, c'était la lourde masse parfumée de sa chevelure noire de jais. »[20]

Il faut bien reconnaître que cette description n'est pas extrêmement exigeante. Quelque touches de maquillage et une perruque pouvaient transformer bon nombre d'actrices en Trina. Son visage devait être capable de traduire tour à tour l'amour, la souffrance et l'avarice. Mais c'est par ses actions que se définit la vraie personnalité de Trina, qu'apparaît son portrait véridique. Ses gestes et le jeu de tout son corps devaient correspondre parfaitement à l'évolution de son état mental. Zasu Pitts dut donc se soumettre à l'enregistrement d'un bout d'essai. Stroheim lui fit jouer la scène la plus difficile du film, où elle se couche nue sur un amoncellement de pièces d'or répandues dans son lit. L'opérateur, Paul Ivano, un jeune caméraman français, se souvient des exigences du metteur en scène. « Nous avons multiplié les prises jusqu'à ce que Stroheim soit enfin satisfait. Il voulait que Zasu Pitts montre une grande satisfaction au contact de l'or. Et la pauvre Zasu n'arrivait pas à comprendre ce qu'il attendait d'elle. Il voulait qu'elle donne l'impression de faire l'amour avec une personne invisible. »[21]

Il est certain que Stroheim a été conquis puisqu'il a engagé Zasu Pitts. Les difficultés qu'il a rencontrées ont probablement influencé sa décision. Il avait en effet la preuve que Zasu Pitts était malléable et consciencieuse, qu'à force de persévérance il pourrait la façonner. Agée de 25 ans, elle ne travaillait pour le cinéma que depuis 1917. Lorsqu'elle était arrivée cinq ans plus tôt en Californie, son intention était de devenir détective privé. Elle s'était ensuite spécialisée dans les rôles gais ou comiques. Georges Sadoul rapporte que l'actrice avait imaginé son curieux prénom en combinant ceux de ses tantes liZA et SUzanne. Elle avait joué notamment dans *The Little Princess* (*Petite princesse*), de Marshall A. Neilan, avec Mary Pickford et dans *Poor Men's Wives* de Louis Gasnier.

« Le spectateur moyen pense que Zasu Pitts a l'air drôle. Je la trouve admirablement belle, plus belle que les fameuses beautés de l'écran, car j'ai vu dans ses yeux les forces vitales de l'univers et j'ai vu sur sa bouche hypersensible tous les refoulements du genre humain. Je l'ai vue s'élever aux sommets de l'art de l'acteur. »[22]

Erich von Stroheim

Derrière le masque comique, Stroheim a su voir que Zasu Pitts pouvait être aussi une grande tragédienne. Il a révélé une actrice inconnue que lui seul sera jamais capable de faire vivre et de diriger.

« Elle respire le mystère. La regarder, c'est contempler la souffrance, la passion, la tragédie. Il émane d'elle une sorte de regret mélancolique qui semble mendier quelque chose que le personnage n'a jamais eu ou n'a jamais espéré avoir, et cependant, Zasu Pitts est un des êtres les plus heureux qu'il m'ait été donné de connaître. »[23] Le portrait physique de Marcus Schouler n'est pas explicitement indiqué par Frank Norris. Son comportement et ses manières suffisent à camper le m'as-tu-vu à l'élégance tapageuse, l'arriviste vaniteux et sans scrupule, l'individu borné, cupide et prétentieux. A ces "qualités" correspond à chaque époque un spécimen bien particulier revêtu d'un uniforme déterminé. Lorsque Stroheim, a vu Jean Hersholt pour la première fois, il n'a pas pu concevoir qu'il serait capable de prendre l'apparence d'un être méprisable. « You are not the type I want at all »[24] (Vous n'avez pas du tout le genre que je cherche). Telle fut la première réaction du metteur en scène. L'acteur fut désagréablement surpris. Il pensait l'affaire entendue, puisque l'assistant de Stroheim, Eddy Sowders, l'avait déjà fait engager par la Goldwyn. Il était aussi cruellement déçu car il avait apprécié le roman et voyait dans le rôle de Marcus une superbe occasion de montrer son talent. Mais le réalisateur avait poursuivi sans complaisance : « Vos yeux sont trop doux. Schouler est assistant dans un hôpital pour chiens. C'est un type mielleux, un fanfaron de bas étage. Il se croit élégant parce qu'il fume le cigare et porte un costume voyant et un chapeau melon. Il a la nuque rasée et les cheveux gominés. Votre coiffure ne va pas du tout. On pourra peut-être vous trouver un autre rôle. »[24] Jean Hersholt ne se laissa pas désarçonner. Il avait suffisamment d'expérience. Né en 1886 à Copenhague, acteur de théâtre puis de cinéma, il était en Amérique depuis 1915 et jouissait d'une certaine notoriété. Il eut recours à un stratagème qui se révéla doublement efficace. Il confia son visage au meilleur maquilleur de Hollywood, se coiffa et s'habilla précisément comme on venait de le lui suggérer. Il mit en œuvre toute sa technique d'acteur de composition pour proposer à Stroheim un Marcus Schouler plus vrai que nature. Il se montra si convaincant que le metteur en scène revint sur sa décision : « Veuillez m'excuser M. Hersholt. Vous êtes Marcus Schouler. Vous m'en voyez très heureux. Je suis seulement désolé de ne pas m'en être aperçu plus tôt. »[24] Faut-il en conclure que Stroheim se permettait de malmener ses principes et reconnaissait la supériorité du professionnalisme ? Certes, nul n'était mieux placé que lui pour reconnaître le pouvoir du comédien... Dans ce cas pourtant, ce n'est pas la qualité de la prestation qui a amené la conclusion. Jean Hersholt avait montré d'une part qu'il était capable de se plier aux injonctions, d'autre part qu'il voulait absolument le rôle. Comme Marcus, il aime paraître. Il est prêt à tout pour satisfaire ses ambitions : Stroheim avait besoin d'un comédien, il a engagé un acteur.

Jean Hersholt avait su faire changer Stroheim d'avis. Marcus Schouler s'est laissé diriger. Il n'a pas eu à le regretter. « Quand des mois après j'ai vu *Greed* j'ai compris que Stroheim avait obtenu de moi la meilleure performance de toute ma carrière cinématographique ».[24] Son commentaire rejoint celui de Gibson Gowland.

Dans le film aussi bien que dans le roman, les personnages secondaires jouaient un rôle fondamental. Pour reprendre l'image qui plaisait si fort à Stroheim, ils étaient la chair et le sang qui font d'un squelette un être vivant. Il y a d'abord trois couples dont chacun a sa propre histoire, indépendante, mais associée à l'action générale : Zerkov et Maria Miranda Macapa, le chiffonnier avare et la femme de ménage à demi folle, (Cesare Gravina et Dale Fuller), Herr und Frau Sieppe, les parents de Trina, (Chester Conklin et Sylvia Ashton), les deux vieillards amoureux, Charles W. Grannis et Miss Anastasia Baker (Frank Hayes et Fanny Midgley). Ces emplois ont été tenus par des acteurs que Stroheim a également sélectionnés avec le plus grand soin, écartant aussi bien les comédiens trop confirmés que les débutants. Il avait déjà mis en scène Cesare Gravina et Dale Fuller dans *Foolish Wives*. Celle-ci avait autrefois travaillé pour Mack Sennett, celui-là avait été dans sa jeunesse clown acrobate. Chester Conklin avait lui aussi été clown de cirque. Sylvia Ashton venait des Comédies Keystone. Frank Hayes, formé à la même école, s'était spécialisé dans les rôles d'agent de police. Quant aux figurants, ils avait été recrutés sur place (bureau d'embauche 35 Stockton Street) parmi les habitants de San Francisco, réalisme oblige. On note tout de même la silhouette familière d'un vendeur de ballons qui n'est autre qu'Erich von Stroheim.

A la lumière des choix auxquels il s'est arrêté, on peut déceler le principe de sélection qui a guidé le metteur en scène. Il contrôlait d'abord l'aspect physique du postulant. Il s'enquérait ensuite de ses prestations habituelles, dont paradoxalement il exigeait souvent qu'elles fussent à l'opposé du rôle proposé. Ainsi les acteurs n'étaient pas handicapés par les réminiscences de rôles antérieurs, ils ne pouvaient chercher la source de ce qu'ils devaient exprimer qu'en eux-mêmes... ou dans les directives de Stroheim. Cette méthode lui permit de révéler chez ses interprètes des richesses insoupçonnées, et d'atteindre pour son œuvre le réalisme qu'il souhaitait. Ce critère de sélection se trouve particulièrement respecté pour les rôles secondaires. Il suffit pour s'en assurer de comparer les antécédents des acteurs qui viennent d'être cités avec les emplois qu'ils occupent dans *Greed*. Les personnages principaux ne font pas exception. On a vu que Zasu Pitts était une actrice comique. On sait que Jean

Hersholt n'avait pas pour vocation de jouer les méchants. Quant à Gibson Gowland, il s'était fait connaître grâce à *Blind Husbands*, où il incarnait Sepp, un montagnard perspicace, sage et bienveillant. Tout le contraire de Mac Teague. Cette recherche systématique de l'opposition semble avoir été l'une des conditions primordiales qui ont guidé Stroheim dans sa distribution. Mais ce critère de sélection, certes nécessaire, était loin d'être suffisant, comme le démontre la conscience avec laquelle le metteur en scène a conduit son "casting" et le soin qu'il a pris à examiner d'innombrables candidats.

Du 13 mars au 6 octobre 1923

Le tournage dura 7 mois, du 13 mars 1923 au 6 octobre 1923. L'équipe travailla successivement à San Francisco, puis dans la vallée de la Mort et enfin sur le site de Big Dipper Mine. Cette organisation s'est imposée en grande partie pour des raisons techniques. Il fallait attendre que la mine fût remise en état et le camp reconstitué. A San Francisco, les aménagements nécessaires avaient été rapides, mais Stroheim voulait pouvoir compter sur des jours de pluie et des jours de beau temps. Pour la vallée de la Mort le soleil devait être très haut dans le ciel, presque au zénith. Et par souci de réalisme, le metteur en scène choisit le mois d'août, la période la plus torride, pour que ses acteurs n'aient pas à feindre l'accablement. Ainsi, l'ordre du récit s'est trouvé bouleversé. Peut-être y avait-il chez Stroheim le désir d'avoir à diriger de moins en moins de "héros" : d'abord Trina, Marcus et Mac Teague à San Francisco, puis Marcus et Mac Teague dans la vallée de la Mort, enfin Mac Teague seul à Big Dipper Mine. Une façon de se consacrer plus exclusivement encore au thème de son film.

Le calvaire des opérateurs commença dès San Francisco. Si les scènes de rues et le pique-nique ne présentaient guère de difficultés, les prises de vues en intérieurs naturels exigèrent de véritables acrobaties. La chambre de Trina et de Mac Teague, une pièce délimitée par de vraies cloisons, mesurait très exactement 3,20 m par 3,35 m avec une hauteur de plafond de 2,44 m ![25] Il fallait loger dans cet espace la scène et ses acteurs, deux caméras et un certain nombre de projecteurs, qui ne devaient évidemment pas apparaître à l'image. L'opérateur William Daniels n'a pas oublié ce tournage lorsqu'il est interviewé bien des années plus tard par Charles Higham.[26] « Les problèmes d'éclairage s'étaient avérés particulièrement épineux. La fumée dégagée par les lampes à arc envahissait le champ de la caméra. On utilisa donc des ampoules à incandescence, ce qui pour l'époque était une innovation. »[26] Il était également très compliqué de régler l'éclairement intérieur lorsqu'on devait voir en même temps par la fenêtre ce qui se passait au dehors. L'exiguïté de l'appartement et les exigences de Stroheim demandaient aux caméras une profondeur de champ invraisemblable associée à une très courte focale.[27] Pour certains plans, un des opérateurs se tenait sur une plate-forme suspendue au toit de la maison en face d'une petite fenêtre, pendant que l'autre filmait à travers un vasistas. Stroheim lui-même, malgré l'encombrement, se plaçait comme à son habitude juste derrière la caméra principale, ce qui le contraignait à quelques contorsions.

Après San Francisco, l'équipe se transporta dans la vallée de la Mort à 500 km au sud-est de San Francisco. Phénomène géologique impressionnant cette vallée occupe le cœur d'un massif montagneux désertique.

En 1923, cette zone dépressionnaire était encore très mal connue. Selon Georges Sadoul, l'Institut Géologique de Washington, dûment consulté avant l'expédition, demanda qu'on lui transmît des photographies et des renseignements sur la région.[28] Stroheim ne connaissait donc Death Valley que de réputation lorsqu'il partit à l'aventure pour retrouver l'atmosphère évoquée par Frank Norris. Il savait seulement que la région était extrêmement inhospitalière et n'ignorait pas que son équipe et lui-même allaient au-devant de grandes difficultés, voire de réels dangers : « C'est l'endroit de l'Amérique où le climat est le plus meurtrier. En plus des sables mouvants et des amoncellements de cristaux de borax impraticables sur des kilomètres, des émanations de gaz mortels provenant d'une décomposition lente des sources empoisonnées par l'arsenic que le sol contient, s'y trouvent des serpents et des insectes venimeux (...) Je vous prie de croire qu'il sera longtemps avant que je n'oublie tout cela. »[29]

Cette déclaration trahit en vérité la fierté du metteur en scène qui a obtenu tout ce qu'il désirait. Il a tout d'abord réussi à faire fléchir la Goldwyn qui entendait le faire tourner à Oxnard, l'habituel désert hollywoodien : « J'ai insisté pour avoir Death Valley, et ce fut Death Valley ».[29] Il a ensuite imposé à toute son équipe et à lui-même 37 jours de supplices. Sur ce point, les témoignages des 41 "martyrs" sont également accablants. La chaleur empêchait tout le monde de dormir, les coups de soleil s'infectaient, le geste le plus infime comme la moindre parole exigeaient un effort surhumain. 14 personnes tombèrent malades et durent être rapatriées. Eve Bessette, la nouvelle scripte de Stroheim, et la seule femme de l'équipe, se montra particulièrement résistante. L'un des cuisiniers de la compagnie mourut. (Il est vrai qu'il souffrait déjà d'hypertension). Jean Hersholt dut être hospitalisé à la fin du tournage, il avait de la fièvre et délirait. Il avait maigri de 27 livres. Il jura de ne plus jamais travailler pour Stroheim, mais on a vu que ses mauvais souvenirs ne l'ont pas empêché de reconnaître par la suite les mérites de son metteur en scène. Paul Ivano, engagé pour tourner les inserts, ne résista pas plus de trois jours et demi. « Stroheim, dit-il, portait un short, un casque colonial, et des gants. Il avait aussi un revolver, au cas où il aurait rencontré un serpent à sonnettes. La peinture des voitures cloquait et s'en allait en lambeaux, le métal était brûlant. Et Stroheim semblait aimer cela ! »[30]

La logistique déployée pour les séquences de la vallée de la Mort était impressionnante. Sept véhicules constituaient le convoi qui avait d'abord apporté le matériel cinématographique et tout ce qui était nécessaire à la subsistance des troupes. En régime normal, deux voitures faisaient en permanence la navette entre le plateau et Baker, la gare la plus proche, distante tout de même d'une centaine de kilomètres. L'équipe campait à Furnace Creek Ranch, une sorte d'oasis où se trouvait un lac et quelques palmiers. On dormait à la belle étoile sur des lits de camp militaires, il était impossible de rester sous une tente.[26] Pendant les séances de travail, de vastes parasols abritaient tous les membres de l'équipe qui n'étaient pas obligés de rester au soleil, ainsi que les caméras, régulièrement refroidies à l'aide de couvertures humides.[31]

Erich von Stroheim se vantait encore bien des années plus tard d'avoir enduré mieux que quiconque les rigueurs de la canicule. L'organisation et l'ambiance toute militaire qui régnaient sur le tournage étaient loin de lui déplaire. Cela lui rappelait, et surtout rappelait aux autres, son brillant passé d'officier de l'armée impériale !

Le transport du matériel jusqu'à Big Dipper Mine fut de nouveau une véritable prouesse. En effet, le secteur tout entier avait été complètement défoncé par l'exploitation hydraulique des gisements aurifères. Les routes presque impraticables et les rares maisons qui subsistaient semblaient suspendues au-dessus des précipices. Il fallait choisir son itinéraire pour trouver un pont.

Aujourd'hui encore, cent ans après la fermeture des mines, la région d'Iowa Hill n'est accessible qu'aux 4 x 4.

Harold Henderson, le jeune mineur que Stroheim avait engagé, était un fervent admirateur de Frank Norris. Il avait scrupuleusement reconstruit le camp des mineurs et restauré la mine de Mac Teague telle qu'elle était en 1890. Toute l'équipe a habité les baraques de rondins pendant la durée du tournage. Un bon moyen pour que les interprètes, et même les techniciens, s'imprègnent de la vie que les ouvriers avaient menée là au début du siècle. Stroheim prit cependant quelques libertés avec les accessoires, préférant pour les mineurs des bottes blanches plutôt que noires, les munissant de pics à longue pointe, de lampes à acétylène et de costumes clairs. Ces quelques entorses à la réalité, des anachronismes pour la plupart, sont les petites exceptions qui viennent confirmer la règle du réalisme selon Stroheim. Les spectateurs n'auraient pas pu prendre l'authentique pour du vrai : un mineur avec un pic très court, pourtant le seul maniable dans les galeries étroites, et s'éclairant à la bougie, comme cela se faisait avant 1900, n'aurait pas semblé véridique. Stroheim avait aussi pensé à salir les vêtements des acteurs. Une invraisemblance plus importante fut de placer un bordel (qui ne figure d'ailleurs pas dans le roman de Norris) dans le village même. Ce genre d'établissement ne se trouvait jamais au voisinage des habitations familiales, comme l'avait fait remarquer Henderson. Cet ouvrier consciencieux avait pourtant commis l'erreur de réaliser un camp de mineurs qui avait l'air trop neuf. Il se souvient de l'étonnement des derniers habitants de la région lorsque Stroheim remit en route les broyeurs de minerai, et de leur stupeur lorsqu'il entreprit de détériorer les cabanes pour qu'elles paraissent vieilles.

« Von Stroheim insista pour nous faire descendre dans la mine à une profondeur de 3 000 pieds (environ 1 000 m), au lieu des 100 pieds (environ 30 m) qui nous auraient permis d'obtenir exactement les mêmes effets ».[26] Stroheim considérait sans doute comme physiquement nécessaire de faire jouer ses acteurs dans les conditions où travaillaient réellement les mineurs. Mais rien ni personne ne l'obligeait à tourner de nuit au fond d'une mine !

Sous la férule d'Erich von Stroheim

Les décors du film étaient les lieux exacts décrits par Frank Norris, il fallait que les acteurs fussent également les vrais personnages du roman. Stroheim réalisa ce prodige en gardant ses comédiens sous sa surveillance personnelle et constante. Il ne leur accordait jamais le moindre répit, et se montra aussi exigeant pour eux que pour lui-même, afin qu'ils accomplissent une métamorphose similaire à celle qui avait fait de lui Erich von Stroheim, grand metteur en scène fier de son nom et sûr de sa noblesse. Le principe du tournage hors studio lui permit d'imposer à son équipe un internat effectif, qui maintenait tout le monde sous son autorité 24 heures sur 24. Les acteurs n'avaient donc nulle possibilité de se départir du personnage qu'ils incarnaient. Stroheim ne tolérait même pas que leurs pensées s'égarent. « Le vieil italien (Cesare Gravina) était effrayé par la perspective de sauter un soir prochain dans les eaux de la baie pour la scène de son suicide. Le metteur en scène ne manquait pas chaque jour de le taquiner sadiquement au sujet de ce futur plongeon. Si bien que Gravina dont la panique ne cessait de grandir envisagea de se suicider pour de bon. Quand vint le moment fatidique, il tremblait d'anxiété, mais c'était exactement dans cet état que von Stroheim souhaitait l'utiliser. »[32] Stroheim avait avant la lettre inauguré un système de "lavage de cerveau". Il n'avait reculé devant rien pour exploiter la situation qu'il avait créée et accroître son emprise. « Je voulais mettre les acteurs dans la peau de leur rôle ».[14]

La situation atteignait son paroxysme sur le plateau. Selon son habitude, Stroheim ne semblait jamais satisfait et tournait chaque prise un nombre incalculable de fois. Cet acharnement était l'un des principaux instruments de sa méthode. Il connaissait l'art de fatiguer les acteurs pour les rendre plus malléables, il savait la manière de les exaspérer pour les scènes brutales. Souvent, il prenait la place de l'un de ses interprètes pour lui montrer ce qu'il attendait de lui, l'émotion qu'il devait traduire, l'expression qu'il devait avoir, les gestes qu'il devait faire. Il faisait preuve d'une habileté prodigieuse pour entrer dans la peau de ses personnages. Un journaliste eut même l'occasion de le surprendre alors qu'il se métamorphosait en vieil usurier pour expliquer une scène à Cesare Gravina.[33]

Il lui arrivait aussi de pousser le réalisme à la limite de la mauvaise plaisanterie. C'est ainsi qu'il recommanda discrètement à Jean Hersholt de mordre effectivement l'oreille de Gibson Gowland pendant une scène où ils devaient se disputer. Celui-ci prit très mal la chose et menaça de porter plainte. « "Mais c'est dans le livre", insistait von Stroheim, "vous auriez dû savoir ce qui allait se passer". »[34]

L'exemple le plus célèbre, systématiquement relaté pour illustrer les méthodes de Stroheim est celui du tournage de la scène finale. Jean Hersholt l'a raconté en détail à Peter Noble.[35] Les deux acteurs étaient épuisés et avaient hâte d'en finir. Stroheim les avait fait ramper pendant des heures sur des cailloux et du sable brûlant. Leur peau était desséchée, couverte de cloques qui éclataient, s'irritaient et s'infectaient à cause du frottement. Ils étaient pleins de rage mais souffraient trop pour se battre encore. Stroheim les réveilla en hurlant cette phrase devenue historique : « Fight, fight ! Try to hate each other as you both hate me ! » (Battez-vous ! Battez-vous ! Essayez de vous haïr l'un l'autre autant que vous me haïssez !) Le résultat fut un chef-d'œuvre de réalisme.

Hommage aux disparus

Le tournage qui vient d'être évoqué est celui du film que Stroheim a réalisé. Ce film n'existe plus, mais il a une telle importance dans l'œuvre de Stroheim qu'il est indispensable d'essayer de le reconstituer dans toute sa complexité afin de mesurer l'outrage qui lui a été infligé.

Selon son habitude, Stroheim avait vu grand. 446 103 pieds de négatifs avaient été impressionnés. Le montage des "rushes" bout à bout occupait 47 bobines. Deux journalistes français de *Mon Ciné*, Jean Bertin et Valentin Mandelstamm, eurent seuls le privilège de voir cette première copie de travail. Stroheim la commenta avec passion pendant toute la durée de la projection et leur fit oublier les inévitables longueurs qui subsistaient.[28] Ils furent fortement impressionnés par la puissance du film. Harry Carr, journaliste du *Motion Picture Magazine* vit peu après une deuxième copie de 45 bobines. Entré dans la salle de projection à 10h30, il en était ressorti à 22h. Il écrivit sur le film un article enthousiaste.[36] Le 12 janvier 1924, Idwal Jones, chroniqueur du *San Francisco Daily News*, parle d'une version de 42 bobines d'une durée de 9h00. Lui non plus ne dissimule pas son admiration.[37] Mais la Goldwyn exigeait que le film ne dépassât pas 8 bobines. A cette époque, Stroheim nourrissait encore l'espoir de doubler ce chiffre en convainquant la production de projeter *Greed* en deux épisodes. Il se remit au travail et parvint, le 18 mars 1924, à un montage de 22 bobines. Il se sentait alors incapable de supprimer une image de plus et envoya en secret une copie de son film à son ami, le metteur en scène Rex Ingram. Secondé par Grant

Whytock, l'un des monteurs qui avait travaillé sur *The Devil's Pass Key*, celui-ci renvoya quelques mois plus tard à Stroheim une version de 18 bobines accompagnée d'un télégramme : « Si vous coupez encore un seul pied, je ne vous adresserai plus jamais la parole ».[28] Mais pendant ce temps-là, June Mathis, chef monteur de la Goldwyn, avait pris l'initiative de réaliser son propre montage de *Greed*. Le 21 janvier 1924 elle était arrivée à 13 bobines. Elle dut interrompre son travail pour aller en Italie surveiller le tournage de *Ben Hur*. Sa performance lui valut d'être surnommée par Stroheim « la charcutière ».[38] Exaspérée par ces tentatives infructueuses à ses yeux, la production confia finalement la pellicule à un spécialiste des intertitres, Joseph Farnham, qui ramena le film à 10 bobines. Et c'est cette version qui fut envoyée aux directeurs de salles. Stroheim ne cacha pas son mépris : « un monteur à trente dollars par semaine, qui avait un grand vide sous son chapeau ».[31]

Si la volonté d'Erich von Stroheim avait été respectée, c'est incontestablement le montage de Grant Whytock et Rex Ingram qui aurait été diffusé. Il semble bien que ces 18 bobines n'ont jamais été vues que par ceux qui les avaient sélectionnées et par les responsables de la Goldwyn. On comprend que ces derniers se soient bien gardés d'en vanter les mérites et n'aient pas convoqué la presse, d'autant qu'ils possédaient déjà la copie de 10 bobines conforme à leurs critères commerciaux. Somme toute, le film qu'a voulu Stroheim n'existe plus. D'extravagantes rumeurs courent sur d'éventuelles copies qui auraient échappé à la destruction. L'une serait en Amérique du Sud l'objet d'un culte fétichiste, une autre sommeillerait dans les caves de la MGM, Henri Langlois en aurait acheté une troisième à un milliardaire texan, Mussolini en aurait, selon Stroheim, possédé une quatrième, et ainsi de suite. Mais les documents existants reflètent avec précision les limites entre lesquelles se situait forcément l'œuvre de Stroheim. Il est à peu près certain que le film tel que nous le voyons actuellement était entièrement contenu dans les 18 bobines de Rex Ingram. La Goldwyn, qui ne cherchait qu'à ramener la durée de projection à celle de 10 bobines, n'a certainement rien repris de ce que Stroheim avait éliminé de lui-même. D'autre part le script intégral de *Greed* a été reconstitué par Joël Finler à l'aide des documents personnels de Stroheim et des souvenirs de ses collaborateurs.[39] Il représente 45 bobines. Il y a dans ce livre tout ce que le metteur en scène a filmé, en particulier les 10 bobines de la version actuelle. Et parmi les 35 bobines restantes, le contenu des 8 bobines qui manquent. La théorie des ensembles ne donne malheureusement pas de certitude mathématique sur les éléments que le metteur en scène avait retenus.

D'autres critères peuvent être pris en considération. Stroheim avait pour principe de toujours respecter l'ordre chronologique d'un récit et de ne laisser aucun comportement, aucune situation, injustifiés. De plus, il n'appréciait guère les ellipses et s'efforçait de les éviter. Une chose est sûre, il avait composé une œuvre vraisemblable, logique et autonome. Lorsque la continuité laisse à désirer, là où il y a des "trous", devaient figurer des scènes de transition ; les scènes et mêmes les détails qui semblent incompréhensibles devaient être introduits par des images qui les justifiaient. Chaque passage du film avait été raccourci, mais il est presque certain qu'aucun n'avait été supprimé. Stroheim s'est confié à Thomas Quinn Curtiss : « La production se vanta d'être parvenue à la réussite dramatique en sabrant les deux actions secondaires du film et en ramenant l'histoire principale à un récit écourté et maussade. »[40]

C'est l'un des rares commentaires que Stroheim ait laissé échapper sur son film mutilé, qu'il n'a d'ailleurs consenti à voir que dix ans après sa sortie. Le procédé adopté par le "monteur à gage" de la Goldwyn fut à l'opposé du travail qu'avaient accompli Stroheim et Ingram. Seule subsistait l'intrigue centrale, dont les scènes clefs étaient conservées en entier, comme le premier baiser de Mac Teague, le mariage et le combat final dans la vallée de la Mort. Tout le reste avait disparu. Stroheim dénonce avec amertume les trois principales amputations :
- l'histoire de Zerkov et de Maria Macapa
- l'histoire de Grannis et de Miss Baker
- la schématisation réductrice qui enlève tout intérêt et toute vie à Mac Teague et à Trina.

Zerkov (Cesare Gravina) est un chiffonnier juif du voisinage. Il achète et revend tout et n'importe quoi. Receleur au besoin, usurier sans nul doute, il vit dans un innommable taudis où s'entassent dans la crasse et les toiles d'araignées les vieilleries objets de son négoce. Vieillard grimaçant, au visage déformé par la ladrerie, il n'a qu'une passion, gagner de l'argent, il n'a qu'une idole : l'or. C'est le juif pouilleux de la plus grossière propagande antisémite.

Maria Macapa, d'origine mexicaine, est la femme de ménage "obligatoire" de tous les locataires de l'immeuble de Polk Street.

Autant dire que tous les personnages du film la connaissent et que rien de ce qui les concerne n'échappe à son indiscrétion envahissante. C'est une femme sans âge, une souillon qui vit des maigres revenus de son travail, des libéralités plus ou moins spontanées de ses voisins et employeurs, et aussi du fruit de quelques menus larcins. Habillée comme une gitane, longues jupes et boucles d'oreilles, elle a des allures de sorcière, et répète inlassablement la même phrase : « J'avais un écureuil volant et il s'est échappé... »[41] S'agit-il de sa raison ? Maria Miranda Macapa ne se fait guère prier pour raconter son histoire, toujours la même. Ses parents étaient très riches, ils habitaient dans une grande maison en Amérique Centrale, ils possédaient un véritable trésor enfermé dans un coffre de cuir : un service de vaisselle en or massif, des assiettes, des plats et un grand bol à punch. Tout cela valait plus d'un million de dollars. Elle n'en garde que le souvenir ébloui qu'elle chérit comme elle adore tout ce qui brille. Elle n'avait déjà pas plus de cervelle qu'un écureuil, que lui reste-t-il si l'écureuil lui-même n'est plus là ? Maria compense par l'évocation de sa fortune le dénuement de son existence actuelle. Voulant se rehausser aux yeux des autres, elle passe pour folle. Stroheim en fait l'instrument du destin lorsqu'elle vend à Trina le fatidique billet de loterie.

Maria et Zerkov se connaissent bien. Ils sont en "rapports d'affaires" constants. Elle lui revend régulièrement tout ce qu'elle a récupéré. Zerkov, naturellement, paie très mal les marchandises qu'elle lui apporte. Il a coutume, à la fin de chaque tractation, de lui offrir un verre de whisky pour qu'elle consente à lui "raconter la vaisselle d'or". Il écoute alors avec passion ce récit qu'il connaît par cœur. Chaque séance suit un rituel immuable. Zerkov et Maria ont la même apparence sordide. Tous deux sont fascinés par ce qui brille. Ils représentent pourtant ce qu'il peut y avoir de plus pauvre dans ce quartier modeste. Quelque mépris se dissimule sans doute derrière cette misère excessive, car ils sont en réalité plus riches que bien des habitants de Polk Street. Zerkov gagne beaucoup d'argent et ne dépense rien. Maria cumule les petits revenus et c'est par défi qu'elle refuse de se présenter sous un meilleur jour. Sa folie lui fait voir une fortune considérable et qui dépasse l'imagination de tous ceux qui l'entourent. Mais plus précieux encore que l'image rêvée, le pouvoir de s'évader et d'émerveiller les autres. Zerkov, le chiffonnier mythomane, est amoureux du rêve de Maria. Il le désire tant qu'il le voudrait sien, il n'a qu'une envie, le posséder. « Je pourrais écouter ça toute ma vie ».[42] Juste après le mariage de Mac Teague et de Trina, il entrevoit brusquement la solution. « "Maria, voulez-vous m'épouser ?" Elle le regarde puis réfléchit sérieusement et jette un coup d'œil furtif vers le coffre-fort camouflé sous une pile de vêtements. Elle sourit. "Bien, sûr... pourquoi pas ?" »[42] Singulière demande en mariage où le matérialisme est conquis par l'irréel et la déraison par la réalité. Quelques mois plus tard, Maria donne le jour à un enfant qui ne survit pas, victime sans doute de sa désastreuse hérédité. Conséquence inattendue, Maria retrouve la raison. Elle ne parle plus d'écureuil ni de vaisselle d'or. Zerkov, par contre, devient le jouet de son avarice et de sa cupidité. Il pensait être comblé, il est doublement déçu. Le récit qui autrefois le mettait en extase ne suffit plus à le satisfaire et Maria ne veut plus le raconter. Elle l'a oublié, tout cet or n'existe plus pour elle. Zerkov refuse maintenant de la croire. Il est convaincu qu'elle ment et qu'elle a caché son trésor dans sa propre maison. Sa raison l'abandonne, il imagine le coffre de cuir enterré dans un cimetière, défonce pour le chercher le parquet de sa cuisine et creuse le sol de sa cour. Il devient hystérique et brutal, martyrise en vain Maria, la menace d'un couteau, et finit par l'égorger. Le corps de Zerkov est repêché un peu plus tard dans le port de San Francisco. Sa main est restée crispée sur un vieux sac de toile qui contient des ustensiles de cuisine en fer battu. Accident ou suicide ? Ainsi disparaît Zerkov. Le remords et le repentir ne sont assurément pas responsables de sa noyade. Dans sa quête irrationnelle, le brocanteur avait cru pouvoir s'approprier une chimère qui n'existait que dans les divagations de Maria. La soudaine guérison de celle-ci a anéanti ce trésor imaginaire. Et Zerkov, avec la logique d'un fou, en a déduit qu'il le trouverait dans la réalité : ultime tentative évidemment condamnée à rester infructueuse. Devant cet amer constat, il se donne la mort dans un sursaut de lucidité, lorsqu'il mesure l'étendue de son désespoir. A-t-il, en assassinant sa femme, renouvelé le geste de l'avare de La Fontaine qui ouvrit le ventre de la poule aux œufs d'or ? Pensait-il trouver un indice qu'elle lui aurait dissimulé ? Se venge-t-il d'avoir été dupé ? A-t-il simplement puni, dans un accès de rage, celle qui était coupable d'avoir fait disparaître le trésor imaginaire ?

« En fait, je trouve l'aventure de Maria Macapa, la servante, beaucoup plus captivante que celle de Mac Teague. »[43]

Erich von Stroheim

L'histoire de ce couple infernal venait en contrepoint de celle de Mac Teague et de Trina. Stroheim a conçu ce récit très schématisé comme une fable où l'on voit un homme et une femme se débattre, vivre, et mourir sous l'empire d'un impitoyable meneur de jeu : l'or. Tout ce qui semble excessif s'explique si l'on considère que la moralité de la fable a plus d'importance que l'anecdote elle-même.

Qu'il soit réalité ou mirage, l'or entraîne toujours dans son sillage un cortège de funestes conséquences. Il engendre des monstres, transforme les êtres humains en bourreaux. Zerkov voulait tout avoir, il tue Maria et meurt lui-même de ne pouvoir acheter un rêve.

On chercherait en vain le moindre défaut chez Charles W. Grannis et Anastasia Baker. Deux êtres absolument parfaits, et anglo-saxons d'origine, radicalement opposés au couple démoniaque de la folle et du chiffonnier. Ils mènent une existence paisible, qui semble toujours avoir été la même et ne jamais devoir changer.

Mr. Grannis est le propriétaire d'une petite clinique vétérinaire modestement baptisée hôpital pour chiens. Il en tire des revenus largement suffisants pour la vie simple et solitaire qu'il affectionne. Il habite une chambre dans l'immeuble de Polk Street, rentre tous les soirs à la même heure et s'adonne à son passe-temps favori. Une machine de son invention lui sert à relier des brochures, d'anciens numéros du journal "La Nation". Ce travail un peu monotone le distrait agréablement sans accaparer son esprit qui reste libre de rêver. "Old Grannis" range soigneusement les volumes ainsi obtenus mais ne les lit pas. Sa première apparition nous le montre caressant des chiots nouveau-nés que son employé Marcus doit faire disparaître. Ce vieil homme au cœur sensible est un véritable gentleman. Sa mise soignée, ses manières un peu désuètes, ses scrupules d'un autre âge mériteraient mieux que cette maison sans élégance.

La chambre contiguë est occupée par une vieille demoiselle, Miss Baker. Aussi timide et anachronique que son voisin, elle vit d'une petite retraite qu'elle doit à son ancien métier de couturière. Elle commence sa journée par quelques courses, puis rentre chez elle, et lit un roman feuilleton où il est question d'un beau vicomte, d'un perfide baron et d'un comte impitoyable." Mais surtout, elle fait du thé ! Le caractère de Miss Baker est presque semblable à celui de Mr. Grannis, même délicatesse, même souci des convenances, même réserve. On pourrait à leur sujet évoquer l'histoire des deux naufragés britanniques qui ont passé vingt ans sur une île déserte sans s'adresser la parole parce qu'il n'y avait personne pour les présenter l'un à l'autre. Depuis leur arrivée à Polk Street, ils font semblant de ne pas se connaître et vivent séparés par une cloison de quelques pouces. Peut-on dire qu'ils s'ignorent ? Chacun essaye de le faire croire à l'autre. Mais tous les soirs, Miss Baker guette l'arrivée de Mr. Grannis, l'imagine à sa table de travail, cependant que le vieux monsieur écoute le bruit des tasses que l'on pose et du thé que l'on verse.

L'histoire de Miss Baker et de Mr. Grannis commence par une longue période d'expectative, où il ne se passe rien en apparence. Leurs deux vies semblent désespérément parallèles sans espoir de rencontre. Stroheim prend soin de les associer en les montrant dans des situations analogues. On les voit dans des plans successifs, ils ne sont jamais loin l'un de l'autre, mais restent séparés, même lorsque par hasard ils se trouvent dans la même image. Pourtant, quelques détails infimes laissent entrevoir l'éventualité d'un changement. A commencer par la discrétion excessive qu'ils observent l'un vis-à-vis de l'autre, par le trouble qui les saisit lorsqu'ils se trouvent momentanément réunis. Miss Baker s'assied un jour toute émue dans le fauteuil du dentiste. Elle a remarqué que son papier peint était le même que celui de Mr. Grannis, elle a découvert que leurs deux chambres n'avaient été autrefois qu'une seule pièce. Devrait-elle avertir le propriétaire et en parler à Mr. Grannis ? Mac Teague n'a pas d'opinion, mais tout l'immeuble se ferait volontiers complice de ce qui pourrait rapprocher les deux vieillards. Malheureusement, rien ne pourrait contraindre Mr. Grannis à avouer à Miss Baker qu'il s'intéresse à elle. Et Miss Baker mourrait de honte plutôt que de dévoiler ses pensées à Mr. Grannis. Des déclarations aussi intimes seraient déplacées, presque indécentes. Il faudrait qu'une tierce personne ou des amis se charge du message. A moins qu'un événement exceptionnel ne bouscule le protocole.

Mac Teague, pour respecter les bons usages, a invité au théâtre sa fiancée, son petit frère et sa future belle-mère. A leur retour, ils trouvent sur le palier de l'immeuble tous les locataires qui les attendent : on vient annoncer à Trina que son billet de loterie a gagné le gros lot. Stupéfaction, congratulations, collation improvisée. Excellente occasion pour réunir les deux vieux amoureux. Sur l'initiative de Maria, désintéressée pour une fois, Marcus, singeant les manières de la bonne société, présente cérémonieusement

Mr. Grannis à Miss Baker. Désormais, Miss Baker prépare chaque soir deux tasses de thé, sans oser pour autant proposer la seconde à son voisin. Il faudra rien moins que deux morts, celle de Maria et celle de Zerkov, pour qu'elle se décide à aller frapper à sa porte. Il n'y a évidemment aucun rapport de causalité directe entre les deux événements mais une corrélation voulue par Stroheim. Le couple maudit n'est plus, le couple idéal peut naître. Trina en est un peu l'auteur. Elle a encouragé Mr. Grannis à se déclarer en lui faisant croire qu'elle avait reçu les confidences de Miss Baker. Ce mensonge innocent a-t-il suffi ? Mr. Grannis a-t-il craint de s'ennuyer après avoir vendu le prototype de sa machine à relier ? A-t-il au contraire pris de l'assurance en regardant le chèque ? Toujours est-il que lorsque Miss Baker se présente tremblante avec sa tasse de thé il la demande en mariage, tout heureux qu'elle ait fait le premier pas. Leur histoire est finie, ils vont trouver le bonheur.

Un court métrage, intitulé *The Sweetest Story in the World*, raconte le roman de Mr. Grannis et Miss Baker. Il a été réalisé par la MGM qui n'a utilisé pour cela que des scènes éliminées lors du montage de *Greed*. On ne sait rien d'autre de ce film si ce n'est qu'il est sorti quelques années après *Les rapaces* et semble avoir totalement disparu.

Il est difficile de concevoir une idylle plus mièvre. Et d'ailleurs Stroheim soulignait sans complaisance son ridicule en montrant immédiatement après les vieux amoureux deux singes qui s'embrassaient. Cet idéalisme éthéré n'était acceptable qu'en regard du réalisme du reste du film. Stroheim avait simplement besoin de montrer un couple sans problème, et il est arrivé à la conclusion que cela ne pouvait être. Lorsqu'il n'y a pas de difficulté réelle, on ne peut s'empêcher d'en inventer. Aucune raison objective n'est de nature à influencer la décision que vont prendre Mr. Grannis et Miss Baker. Tous deux sont dotés d'un caractère aimable et bienveillant, ils ont reçu la même éducation et sont libres de toute attache familiale. Pourtant, ils ne peuvent pas se décider. Inhibés par les préjugés qu'on leur a inculqués, ils hésitent et surtout exagèrent l'importance des éléments les plus insignifiants. Leur univers ne connaît ni la haine ni les conflits, mais ils trouvent tout de même d'infimes aspérités qui suffisent à les retenir. Et ce n'est pas sans effort qu'ils réussissent à se dégager. La vision édénique de leur félicité, filmée en couleur, les montrait dans un verger en fleurs. Ils étaient heureux et ne faisaient rien. On voyait ensuite un ouvrier qui perçait une porte entre leurs deux chambres, l'homme sciait une planche, et Stroheim insistait sur son geste. Evocation allégorique, puisqu'en Amérique l'expression "scier du bois" signifie mener une vie bien tranquille, rangée et sans histoires. Par ailleurs, la morale de ce conte est plutôt pessimiste car le seul couple qui accède au bonheur est trop âgé pour avoir devant lui un véritable avenir, pour fonder une famille. Mais le sort des deux vieillards est-il préférable au bref destin de Maria et Zerkov, ou de Trina et Mac Teague, qui disparaissent tous prématurément?

Le couple maudit

Stroheim, en proposant au spectateur deux exemples extrêmes entendait délimiter le champ d'évolution de son couple vedette. Entre l'union de deux vies sans histoires et la confrontation de deux folles cupidités en une lutte échevelée, sont inscrites toutes les vicissitudes qui attendent Trina et Mac Teague. Le moteur de leur sinistre odyssée, qui les pousse au-delà d'eux-mêmes vers les destinées les plus atroces, est pourtant l'objet du respect idolâtre des américains. C'est l'or, l'or qui éveille la démence et la démesure, qui déchaîne les pulsions les plus sauvages.

Trina et Mac Teague, lorsqu'ils font connaissance, sont à l'image de Miss Baker et de "Old Grannis", également gauches et timides, effrayés par l'attirance qu'ils ressentent l'un pour l'autre. Mac Teague ne laisse pas d'être un tant soit peu sentimental, il a dans son cabinet un canari qu'il écoute chanter avec attendrissement, il joue pour Trina quelques rengaines sur son concertina, et s'émerveille avec un enthousiasme d'enfant devant le spectacle musical auquel il la conduit. Trina elle-même apprécie l'élégance, prend grand soin de sa superbe chevelure, aime les jolies choses et les fleurs. Miss Baker sera la seule à comprendre ce que signifie le deuxième canari qu'offre Mac Teague à sa femme le jour de leur mariage et à reconnaître la délicatesse de ce geste. Plus tard, "Old Grannis", avec beaucoup de tact, rachètera pour l'offrir au couple durement éprouvé la photo de mariage qui se trouvait en vente. La similitude entre les jeunes et les vieux amoureux se retrouve aussi sur le plan matériel, leurs situations sont équivalentes. Mac Teague gagne bien sa vie, comme Grannis, et Trina est aussi raisonnable que Miss Baker. Dans un cas comme dans l'autre, l'entourage prend une part active à la conclusion du mariage. Même Marcus Schouler, le cousin de Trina qui la courtisait depuis longtemps, s'efface devant son meilleur ami. Mais il est bien évident que la jeunesse du dentiste et de sa fiancée impose une limite naturelle à ce parallélisme avec les deux vieillards. Mac Teague et Trina découvrent le plaisir d'être ensemble mais aussi la passion amoureuse, et ils sont infiniment moins patients que leurs aînés !

Et l'or entre en scène. Sous l'apparence hypocrite d'un don du ciel des plus opportuns, le germe infectieux a tôt fait de contaminer les deux amoureux. Le premier symptôme ne se fait pas attendre. Dès qu'elle est sûre d'avoir gagné 5 000 $, Trina décide que personne ne touchera jamais à cet argent. Mac Teague a désormais un rival redoutable, d'autant plus dangereux qu'il ne peut le comprendre. Son esprit direct ne peut pas croire qu'il existe une passion aussi paradoxale que l'avarice. Trina n'est plus le pendant juvénile de Miss Baker, on devine déjà chez elle les signes avant-coureurs de la folie de Maria et de la rapacité de Zerkov. Mac Teague ne réalise même pas que Trina le déçoit. Mais il va bientôt ressentir la haine qu'il inspire désormais à son ancien ami Marcus. Celui-ci est atrocement jaloux de la fortune de Trina et regrette amèrement d'avoir "cédé ses droits" de prétendant officiel. Il s'estime lésé et accuse Mac Teague d'avoir honteusement profité de sa générosité. Il va même jusqu'à exiger "sa part" des 5 000 $. Mac Teague ne voit ni l'énormité ni l'iniquité de cette revendication. Il ne saisit pas non plus la ruse de Marcus, qui multiplie les provocations agressives, cherchant visiblement à lui faire perdre son calme. En effet, sous l'emprise de la colère, Mac Teague devient incapable de la moindre réflexion, il ne fait appel qu'à sa force physique, d'ailleurs considérable, et réagit de façon si maladroite qu'il passe toujours pour coupable. C'est bien inconsciemment que Mac déjoue le plan de son adversaire : il est innocent, heureux, et rien ne saurait troubler la paix de son âme. Il y a là de quoi faire sortir Marcus de ses gonds. Fou de rage, il jette à terre la pipe en porcelaine du dentiste, puis s'éloigne et se retourne pour lancer un couteau qui passe à deux doigts de l'oreille de son ancien camarade. La fureur que n'ont pu déclencher ni les sarcasmes, ni même la tentative d'homicide, a enfin raison de la sérénité de Mac Teague. Il comprend si peu la haine de Marcus qu'il ne lui reproche que de l'avoir humilié. Marcus n'avait pas le droit de lui casser sa pipe.

En quelques jours, le mirage de l'or a transformé un ami en ennemi, un combinard en rapace, un jeune vaurien en meurtrier. Et

Mac Teague n'a pas pensé que ces transformations pouvaient avoir une cause. Il est bien loin d'imaginer la force implacable dont il vient d'essuyer la première offensive. Pour lui, l'or est un métal familier, dont il apprécie la beauté et les qualités. Il le connaît sous toutes ses formes, du minerai aux pièces de 20 $, en passant par les prothèses dentaires et les dorures décoratives. Il l'utilise tous les jours pour soigner ses patients et acheter ce dont il a besoin. Il le côtoie sans passion de la première à la dernière image du film.

La méchanceté de Marcus Schouler n'ébranle pas pour autant le bonheur des futurs époux. Trina approuve totalement la réaction de son fiancé, qui est lui-même rassuré de voir qu'elle méprise désormais autant que lui son ancien soupirant. Ils semblent plus unis que jamais. Mais un observateur plus perspicace que Mac Teague aurait peut-être éprouvé quelque inquiétude en entendant la jeune femme affirmer de façon péremptoire : « It's mine, every single penny of it. It's mine, mine ! »[45] (Chaque sou de cette fortune est à moi. C'est à moi, à moi !) Trina d'ailleurs s'en rend compte et juge bon de rectifier ses propos lorsqu'arrive sa mère : « I mean it's ours, Mac dear. »[45] (Je veux dire que c'est à nous, Mac chéri.) L'avarice ne s'est pas encore déclarée mais le virus doré a déjà investi son organisme. L'incubation sera longue et très progressive, imperceptible même, pendant les premiers temps. Trina offre à Mac Teague l'énorme molaire dorée qu'il rêvait depuis toujours d'accrocher à la fenêtre de son cabinet. Comme toute jeune femme, elle a plaisir à aménager leur foyer. Elle consacre 200 $ à ces emplettes et se vante, avec un peu trop d'enthousiasme, des bonnes affaires qu'elle a su réaliser. Le mariage, célébré dans le cabinet de Mac Teague, ajoute aux pittoresques habitants de Polk Street la famille de Trina, caricature d'Allemands bornés fraîchement immigrés aux Etats-Unis. La cérémonie déjà grotesque devient franchement sinistre lorsqu'un cortège funèbre passe sous la fenêtre pendant la bénédiction nuptiale. Et à ce mauvais présage succède la scène inattendue des étranges fiançailles de Maria et de Zerkov qui s'accordent sur les termes ambigus d'un contrat des plus cyniques. Pour Stroheim, ces rapprochements revêtaient le caractère d'un avertissement prémonitoire. L'enterrement évoque la fatalité du destin qui attend les jeunes mariés. Le couple Maria / Zerkov représente le tableau clinique de la maladie de l'or dans sa phase terminale. Si Mac Teague est encore indemne, s'il semble jouir d'une certaine immunité naturelle qui le protège d'une contamination directe, sa présence aux côtés de Trina l'expose en permanence aux plus graves dangers. « Depuis qu'elle avait gagné le gros lot, Trina redoutait que la chance qu'elle avait eue ne les poussât à faire des extravagances. Son penchant naturel pour l'économie devint une véritable passion. »[46] Elle se contentait de surveiller ses dépenses, d'acheter dans les meilleures conditions, elle commence à prélever tout ce qu'elle peut des honoraires que perçoit Mac Teague pour le simple plaisir de mettre de l'argent de côté. Elle refuse d'emménager dans une maison plus confortable : « Nous ne pouvons pas nous offrir cela ».[47] Cette phrase va d'ailleurs devenir sa devise. Et c'est probablement l'avarice de Trina, cet acharnement à ne rien donner, qui la rend stérile.

La famille de Trina a quitté San Francisco immédiatement après le mariage. Quand Trina reçoit une lettre où sa mère lui écrit qu'elle se trouve dans la gêne, Mac Teague propose spontanément de lui envoyer les 50 $ dont elle a besoin. Trina tergiverse, demande à son mari de partager la dépense, réduit progressivement la somme qu'elle accepterait de sacrifier, et pour finir n'envoie rien du tout : « Si Maman a vraiment besoin d'argent, elle écrira encore ».[48] Mac Teague cependant s'estimait satisfait. Il préférait sourire de l'avarice de Trina et ne lui gardait pas rancune de ses mesquineries. Il avait presque oublié Marcus Schouler. Une rencontre prétendument fortuite les remet en présence à l'occasion d'un pique-nique. Un des participants propose un match amical où les hommes s'affronteront à la lutte. Le combat final oppose évidemment Mac Teague à Marcus. Le dentiste n'a aucun mal à neutraliser son adversaire, mais celui-ci ne veut pas s'avouer vaincu. Il réclame une revanche, et lorsque sa défaite est incontestable, enflammé de dépit, il se retourne brusquement et mord jusqu'au sang l'oreille de son vainqueur. C'est au tour de Mac Teague de perdre son self-control, et Marcus se retrouve à terre avec un bras cassé. A l'issue de cette scène Schouler est incontestablement perdant, convaincu de lâcheté et de perfidie. Mais Mac Teague est coupable de n'avoir pas su réprimer son élan de brutalité vindicative. A-t-il seulement compris qu'il venait de disputer le deuxième round du match qui l'oppose à la haine envieuse de Marcus ? L'or vient de remporter une victoire.

Quelque temps plus tard, Marcus vient annoncer à Mac et Trina qu'il quitte la ville et va s'occuper d'un ranch dans le sud de l'état. Il leur fait ses adieux en les félicitant de leur prospérité et leur souhaite même bonne chance. « "Adieu", c'est la chose la plus agréable que j'ai jamais entendu dire à Marcus »[49] s'exclame Trina lorsqu'elle referme la porte derrière son cousin. Leur joie est de courte durée. Ils découvrent bientôt que Marcus, plus hypocrite et lâche que jamais, a déjà manigancé la plus odieuse des vengeances. Une lettre du conseil de l'ordre des dentistes ordonne à Mac Teague de cesser toute activité sous peine de poursuites criminelles, car « il a été porté à la connaissance de leurs services qu'il exerçait l'art dentaire sans être en possession d'un diplôme ».[50] Mac ne sait que penser de ce document officiel. Il a la conviction de connaître son métier, ses clients ne se plaignent pas. A quoi lui servirait un morceau de papier ? Trina, interloquée par la naïveté de son mari, saisit parfaitement la gravité de la situation, et comprend aussitôt que c'est Marcus Schouler qui les a dénoncés avant de disparaître. Mac Teague doit s'avouer vaincu par un adversaire invisible, contre lequel il ne peut pas se défendre. Si Marcus n'a de haine que pour son ancien ami et réussit de fait à l'humilier et à le rabaisser, le démon de l'or a d'autres ambitions. Il s'attaque directement à Trina, qui devient complètement folle à force d'avarice, et dénature Mac Teague de façon plus sournoise en lui apprenant successivement la rancune, la paresse, l'intempérance et la méchanceté. Le couple avance inexorablement vers sa destruction, il en est maintenant au point où se trouvaient Maria et Zerkov lorsqu'ils se sont mariés. Aussi sales et répugnants qu'eux, ils vivent désormais dans un taudis. La démence les gagne. Trina, comme Zerkov, désire toujours plus d'or. Sa ladrerie attise la rage de son mari, comme les récits de Maria ensorcelaient Zerkov. Mac Teague, comme Maria, a perdu son rêve : il n'est plus docteur. Trina et lui se débattent comme elle contre l'adversité. Trina va devenir femme de ménage comme l'était Maria, et lui, comme Zerkov, sera le bourreau de sa femme.

La correspondance voulue par Stroheim ne laisse pas d'être ici très complexe, et contraste avec les symboles fort simples qu'il se plaît souvent à utiliser. Il avait ainsi filmé de nombreux inserts où des bras décharnés et exsangues manipulaient des pièces d'or et caressaient le fameux service de vaisselle plate. Aujourd'hui encore, on voit tout au long du film deux canaris dans une cage dorée, objets de la concupiscence d'un chat persan qui, pour éviter toute ambiguïté, appartient à Marcus. Suivant les circonstances les oiseaux chantent ensemble, se disputent, ignorent le danger ou s'en effraient.

Il n'est plus besoin maintenant d'intervention extérieure pour atteindre au paroxysme. La réaction en chaîne s'emballe. L'avarice de

Trina est exacerbée par la passivité de son mari, les travers de Mac Teague sont exaspérés par les privations que lui impose sa femme. Il se met à boire et torture Trina pour lui soutirer quelques pièces. Il lui mord les doigts jusqu'au sang. Elle souffre dans sa chair mais éprouve une sorte d'admiration trouble pour la brutalité virile dont il fait preuve. Après chaque scène de violence, elle demande humblement à son mari s'il l'aime encore. Cependant, l'avarice de Trina sans cesse accrue excède Mac Teague au point qu'il trouve enfin la volonté de prendre une décision. Il dérobe les 450 $ économisés sou par sou par Trina aux pires moments de leur misère et quitte le domicile conjugal en emportant ses deux oiseaux. Réflexe de survie certes, mais qui le transforme malgré tout en voleur. Mac Teague qui semblait n'éprouver aucun intérêt pour l'or achève sous son emprise de détruire son mariage. Trina perd complètement la raison. Elle est désormais possédée par sa passion exclusive. Au mépris de toute logique elle exige qu'on lui rembourse en espèces les 5 000 $ qu'elle avait placés. Il lui importe peu que son capital ne soit plus en sécurité, qu'il ne lui rapporte plus d'intérêts, elle a besoin de la présence et du contact physique du précieux métal. Dans sa folie, elle en arrive à chercher une jouissance insensée en se couchant à moitié nue sur un lit de pièces d'or. L'avarice a tué chez Trina tous les autres sentiments et, lorsque Mac Teague, clochard affamé, revient lui demander quelque nourriture, elle ne lui cache pas sa haine. C'est la dernière humiliation qu'il subira de Trina. Quelques jours plus tard, le soir de Noël, il décide de s'emparer coûte que coûte de l'argent. Pour arracher de force la clef de sa chambre à Trina, il la frappe, si violemment qu'il la tue. Il s'enfuit ensuite emportant son trésor dans un sac.

Mac Teague est peut-être un assassin, mais il n'a jamais eu l'intention de tuer sa femme. Il a simplement perdu, l'espace d'un instant, le contrôle de sa force herculéenne. Il ne se sent pas plus responsable que l'enfant qui dit pour se disculper : "je ne l'ai pas fait exprès". D'ailleurs, il redoute bien plus la punition qu'il ne regrette son acte. Et c'est pour cela qu'il fuit et s'en retourne à la mine de Big Dipper où il a passé sa jeunesse. Il n'éprouve pas de remords, Trina lui était depuis longtemps devenue étrangère. Il ne la considérait même plus comme un être humain depuis qu'elle lui avait refusé un morceau de pain. Maintenant qu'il est en possession des 5 000 $, il va les utiliser comme il a toujours pensé qu'ils auraient dû l'être, pour vivre décemment en attendant des jours meilleurs. Sa fuite est à peine calculée, il sait qu'il doit partir parce qu'on va le poursuivre. Il espère qu'en allant très loin, jusqu'au Mexique par exemple, et en restant longtemps absent, les choses s'arrangeront d'elles-mêmes. Mais quand il donne un faux nom, il hésite. Lorsqu'il sort 50 $ il laisse voir qu'il en possède 5 000. Et pour passer inaperçu, il trimballe sa cage à oiseaux. Son plan serait pourtant sur le point de réussir grâce à son instinct presqu'animal qui le guide et l'avertit du danger. Il s'associe avec un prospecteur et découvre avec lui un filon aurifère dans une région isolée. La vie pourrait reprendre son cours, Mac Teague a trouvé une nouvelle source de revenus. Mais il "sent" que ses poursuivants se rapprochent et se sauve en abandonnant sa mine d'or sans regrets.

Mac Teague est maintenant définitivement seul, il va devoir se mesurer à ce que la nature a de plus hostile. On se retrouve devant le fameux paradoxe : qu'arrive-t-il lorsqu'une force irrésistible rencontre un obstacle infranchissable. Mac Teague entrant dans la vallée de la Mort entend bien prouver que s'il existe des forces irrésistibles, il ne peut pas y avoir d'obstacle infranchissable. Mais il s'engage sur le chemin de l'enfer, une terre désolée, craquelée, brûlée par un soleil aussi éclatant et implacable que l'or. Ces images font écho à la vision colorée du jardin paradisiaque où se promenaient le vieux Grannis et sa femme, et justifient le désir qu'avait Stroheim de conserver cette scène. Dans l'univers où s'engage le fugitif il n'est plus question de couple, et encore moins de sentiments amicaux. L'équipement de Mac Teague, dans ce décor dépouillé, est réduit au minimum : un fusil, un âne, de l'eau, un canari et 5 000 $. Les choses reprennent ici leur vraie valeur. Une gorgée d'eau est plus précieuse que tout l'or du monde. Mac Teague n'obéit plus qu'à son instinct vital et aux obscures prémonitions qui l'avertissent du danger. Marcus Schouler s'est joint à ses poursuivants, c'est le plus acharné. Malgré le succès de ses machinations, son désir de vengeance n'est toujours pas assouvi, et sa cupidité est loin d'être satisfaite. A l'entrée de Death Valley, les hommes du shérif renoncent. Marcus s'engage seul dans le désert. Son cheval meurt bientôt, il continue à pied, sans eau. Il ne voit pas à quel point sa situation est devenue critique. Il est l'esclave de la haine qui le pousse vers sa proie et lui donne la force de continuer. La passion qui l'anime lui permet de supporter les conditions inhumaines qui l'entourent et lui confère une force presque surnaturelle qui n'a d'équivalent que celle de Mac Teague. Lui non plus ne sait pas que nul n'est jamais revenu de l'enfer.

Mac Teague est assoupi lorsque Marcus le surprend et le menace de son revolver. Ainsi commence l'une des scènes les plus puissantes du cinéma muet, la lutte à mort, épilogue du roman, sommet du film de Stroheim. Mac n'est pas armé, il a jeté son fusil lorsqu'il s'est aperçu qu'il avait oublié d'emporter des cartouches. Marcus triomphe, les 5 000 $ sont là, sur le mulet. Il y a aussi un bidon d'eau accroché au bât. La fortune et la vie sont à portée de sa main. Il le croit. Il va enfin étancher sa soif d'eau, d'or et de vengeance. Il ne se rend pas compte qu'il est à la merci du maître qui a décidé de sa mort. Dans un ultime intermède ironique et cruel, l'or s'amuse une dernière fois à tirer les ficelles pour faire danser ses pantins et victimes. Au moment où Marcus veut saisir le licol, le mulet fait un écart, avance de quelques pas, et s'arrête. Marcus s'approche à nouveau, l'animal s'éloigne encore. Et ainsi de suite. Marcus s'énerve, s'agite, court derrière la bête en gesticulant. Mac Teague l'exhorte à la patience et lui conseille une approche plus tranquille. Marcus ne l'écoute pas et finit excédé par abattre le mulet à coups de revolver. Erreur fatale, le bidon, percé par une balle, laisse échapper sous leurs yeux sa dernière goutte d'eau. « Nous sommes des hommes morts »[51] constate amèrement Marcus, qui comprend que tout espoir est perdu. Une trêve semblait instaurée entre les deux ennemis également vaincus, mais la vue des pièces d'or éparpillées sur le sol a tôt fait de raviver entre eux une animosité désormais absurde. Mac Teague ne laisse pas à Marcus le temps de recharger son arme et les coups de crosse répondent aux coups de poings. Jusqu'à ce que Mac Teague enfin victorieux se relève, et découvre qu'il est attaché à Marcus par une paire de menottes. Déloyal même après sa mort, Schouler a une fois encore donné "le coup de pied de l'âne". L'or gît à côté d'eux, indifférent en apparence aux crimes dont il est responsable. Mac libère son canari, mais l'oiseau a succombé. Lui-même, enchaîné au cadavre de son pire ennemi, n'a plus qu'à attendre une fin des plus atroces.

On pourrait aussi définir la scène finale par la disparition progressive des accessoires. Il ne reste plus que l'arme du crime, les menottes et l'or. Dans ce contexte, trésor et revolver n'ont plus aucune utilité. Les menottes matérialisent la dépendance fatale et dérisoire qui les a perdus. La morale de *Greed* tient en un raccourci saisissant, deux amis au départ, deux morts à l'arrivée, un sac d'or entre eux. Stroheim avait prévu ce carton pour clôturer son film :

« Oh, joies impures de l'or !
Quand pour l'amour de toi
le fou fait fi de toute vraie valeur dans ce monde et dans l'autre, meurt de faim ici bas et se damne pour l'au-delà. »[52]

Marcus et Mac Teague ont été détruits, comme tout ce que l'or a touché. Pour montrer les ravages dont il est capable, Stroheim avait aussi décrit longuement l'éclatement de la famille de Trina, insisté sur le dénuement de sa mère et sur l'émigration en Nouvelle-Zélande de Herr Sieppe et de son fils aîné. Il s'était aussi complu à filmer sans pitié les visages des acheteurs qui venaient profiter de la vente aux enchères du mobilier des Mac Teague.

L'or a tout anéanti : les individus, leur humanité, les rapports humains. Le couple, qui devrait être une structure protectrice, comme on le voit avec Miss Baker et "Old Grannis", se révèle encore plus vulnérable que ne le seraient deux êtres isolés. Il les précipite vers leur perdition, les oppose l'un à l'autre jusqu'à ce que le pire s'en suive. Dans ce pessimisme, il est aisé de trouver une nouvelle critique des couples américains. Stroheim dénonce les unions placées sous le signe du dollar, les associations d'égoïsmes et attaque le dieu des Etats-Unis. Mais il est trop lucide pour croire à la terre promise.

Règlement de comptes

Greed est le premier film de Stroheim dont l'action se situe aux Etats-Unis. Cette Amérique, c'est celle qu'il a connue effectivement avant de travailler dans le cinéma. Il étudie donc un milieu qui a vraiment été le sien et qu'il ne s'est pas contenté d'observer de loin. Il en fait une critique sévère et sans pitié à laquelle il donne d'indéniables accents de vérité. Pour désamorcer toute accusation de partialité et pour rendre son réalisme plus prégnant, il prend soin de malmener avec plus de violence encore la communauté allemande. Il profite de la famille Sieppe, les beaux-parents de Mac Teague, pour brosser la caricature burlesque dont il a besoin. Puisque Erich von Stroheim est si dur et si clairvoyant avec ses congénères, qui pourrait lui reprocher d'attaquer un peu le reste de l'humanité ? Qui pourrait mettre en doute sa bonne foi ? Nouvelle et subtile pirouette... de la part d'un Autrichien !

Dans les films précédents de Stroheim les Américains se trouvaient à l'état d'individus, de spécimens d'élite, isolés dans un milieu étranger. Dans *Greed* ils sont enfin chez eux. Mais Stroheim a choisi de ne montrer que le petit peuple, les gens qui n'ont pas réussi à faire fortune. Il sait d'expérience qu'il est constitué dans sa grande majorité d'immigrants qui, déjà pauvres dans leur pays d'origine, étaient arrivés avec l'espoir de trouver du travail et de s'enrichir. Les protagonistes de *Greed* sont écossais, anglais, polonais, mexicains, chinois et allemands. Il n'est pas chez eux question de regret ou de nostalgie, mais bien d'ambition et aussi d'envie. Pour Stroheim, cet état d'esprit est l'indice d'une assimilation partielle, les défauts sont plus contagieux que les qualités !

Le prologue au cours duquel on voyait la mère de Mac Teague confier son fils au dentiste ambulant Painless, se concluait par l'intertitre : « O, ambition maudite, poursuivant ton mirage, nous courons vers les maux les plus terribles qui nous peuvent accabler. »[53] Cet adage semble condamner une conduite désintéressée, peut-être naïve, mais pleine de bon sens et de bienveillance. Fort de son expérience, instruit par quatorze années d'observations quotidiennes, Stroheim commente avec amertume la dégénérescence des bons sentiments. Le désir d'une vie meilleure se réduit trop souvent à celui d'avoir de l'argent, toujours plus d'argent. Tel est du moins l'avis de Stroheim et la thèse qu'il entend développer.

Le personnage qu'il pose en exemple de réussite, Oelbermann, l'oncle de Trina, a droit au respect et à l'admiration de toute la famille Sieppe. Mais il ne semble pas qu'en retour il aide jamais ses neveux. Il traite sa nièce comme une ouvrière anonyme et entretient avec elle quelques relations d'affaires impersonnelles lorsqu'elle place ses 5 000 $ dans son entreprise.

Trina est devenue riche par hasard, ces heureux coups de dés font aussi partie de la règle du jeu américain. Elle n'a pas eu à se battre pour acquérir sa fortune, ce qui ne l'empêche pas de se comporter ensuite comme tous ceux qui ont réussi, et pire encore. Sa monstrueuse ladrerie résulte peut-être d'un scrupule inavoué, comme si elle voulait s'infliger a posteriori les difficultés dont elle a été dispensée. On la voit non seulement se priver de tout, mais aussi imposer son dénuement volontaire à ses parents et à son mari.

Marcus Schouler est le dernier cas de figure. Sans la moindre excuse, il a la vanité des nantis et le sans-gêne des parvenus auxquels s'ajoutent l'intransigeance des médiocres et l'aigreur des ratés. Ce "méchant" fait figure d'exception parmi les antihéros que Stroheim se plaisait à mettre en scène et même à interpréter. Il en a certes tous les défauts, mais il lui manque la prestance... et l'intelligence. On insiste lourdement sur son mauvais goût, sur ses manières vulgaires et prétentieuses, sur l'ineptie de ses "opinions". Marcus rêve d'une réussite facile, il hésite encore et se demande s'il va entreprendre une carrière politique ou exploiter un ranch. Le soudain enrichissement de Trina exacerbe sa cupidité et le conduit aux pires exactions. Il finira honteusement sa vie dans la peau d'un chasseur de prime à la poursuite d'un ancien ami. Sans vergogne, Stroheim s'amuse à exhiber avec cruauté les insuffisances du système américain, des faiblesses de sa démocratie aux mythes dérisoires des héros de western, chercheurs d'or, cow-boys et autres justiciers. Il y avait décidément dans *Greed* tout ce qui pouvait ne pas plaire aux Américains !

Stroheim, en bon gestionnaire de sa mémoire, a exploité pour *Greed* son expérience de jeune immigrant. L'influence de ses souvenirs récents se manifeste en permanence, de façon implicite, tout au long du film. La vie quotidienne, le manque chronique d'argent, les appartements microscopiques, le mobilier bon marché, la promiscuité et les commérages, Stroheim a vécu tout cela, comme il a connu le chômage et les emplois sans lendemain. On l'aperçoit dans un plan qui vend des ballons de baudruche sur la place du marché. Les intertitres relèvent sans ménagement les difficultés linguistiques rencontrées par les nouveaux venus. Ils sont rédigés phonétiquement pour reproduire approximativement l'accent et les idiotismes germaniques. La scène du mariage et des adieux est l'une des exhibitions les plus pittoresques de ce sabir presqu'intraduisible en français. Der Mommer (la mère, contraction de "Mutter" et de "Mummy"), Der Popper (le père, contraction de "Papa" et de "Father"), Owgooste (Auguste) et Der Tervins (les jumeaux, contraction de "Zwilling" et de "Twins") s'en donnent à cœur joie.[54] Sous prétexte de réalisme, Stroheim se venge des mauvais traitements que lui ont infligés les Etats-Unis. Son pessimisme est à la mesure de ce qu'il a enduré. A travers *Greed*, il reproche aux Américains, qui sont tous d'anciens immigrants, d'être aussi durs vis-à-vis de ceux qui arrivent, de ne rien faire pour les aider, de rester indifférents aux drames de la pauvreté. Ce pays où les barrières sociales n'ont aucune raison historique d'exister est en réalité plus compartimenté que l'Europe féodale, mais l'or remplace la naissance. Le travail et le mérite ne sont considérés que s'ils rapportent de l'argent, et à cette condition seulement. Stroheim, confronté à ce système, a joué le jeu. Mais à l'origine de son ascension, un mensonge originel, qui lui a permis de se faire valoir, d'être coté en bourse. Cette fraude bien innocente a ouvert beaucoup de portes à Stroheim, sans toutefois lui épargner aucun effort. Comme Mac Teague, Stroheim n'a pas de diplôme et connaît parfaitement son métier. Lui aussi est à la merci d'une dénonciation. Ce qui le distingue du héros de Frank Norris, c'est qu'il a conscience d'avoir commis un acte illicite. Il sait pertinemment qu'il a triché et qu'il est condamné à mentir jusqu'au bout. On ne connaîtra jamais le plaisir qu'il éprouvait à jouer ainsi avec le feu. Admirons en passant l'habileté du metteur en scène qui arrive à prendre possession d'un personnage imaginé par un autre et si différent de lui.

Dans la pratique de cet "art de vivre" se trouve peut-être la clef de la technique toute personnelle qu'il emploie pour diriger ses comédiens. Il veut que, comme lui, ses interprètes deviennent les prisonniers de leur rôle, soient physiquement obligés de l'assumer. En se comportant comme un tyran avec eux, en les forçant à étouffer leur nature, à se soumettre ou à se révolter, Stroheim n'avait-il pas l'impression de prendre une sorte de revanche ?

Le thème principal de *Greed*, l'amour de l'or et l'avarice, apparaît comme une cinglante critique des prétendues vertus américaines. Mais Stroheim n'ignore pas l'opinion universellement reçue selon laquelle ces défauts seraient spécifiquement juifs. Son film est d'abord une démonstration de l'absurdité de ce préjugé. La rapacité est très équitablement répartie de par le monde, et l'Amérique est loin d'être épargnée. Si les origines du metteur en scène n'avaient pas été aménagées par ses soins, *Greed* serait apparu en 1924 aux yeux du public comme un banal film à thèse : un juif dénonce les calomnies dont sont victimes ses coreligionnaires et rétablit la justice. Le plaidoyer a d'autant plus de force que sa nature et son but sont aussi secrets que les origines de Stroheim. Lui seul peut apprécier toute l'ironie contenue dans sa provocation, mesurer l'ampleur du camouflet qu'il inflige à l'Amérique entière. Il a dédié *Greed* à sa mère, comme le proclame un carton inséré avant le début du prologue. Cette dédicace traduit peut-être la légitime fierté du metteur en scène, certain d'avoir réalisé un chef-d'œuvre. Erich von

Stroheim est persuadé qu'il y a dans son film des éléments qui vont toucher sa mère. Mais l'œuvre qu'il lui offre en hommage est assez désespérée.

Mac Teague, le héros du roman de Frank Norris est d'origine écossaise. Si l'on s'en remet à la tradition populaire, il devrait être avare, comme le juif Zerkov. Or, le cinéaste aussi bien que l'écrivain n'ont pas fait de ces deux personnages les champions de la rapacité, bien au contraire. Mac Teague est la victime de l'avarice de Trina et de Marcus, Zerkov celle de la folie et de ses délires. On peut aussi remarquer que Stroheim a ajouté au petit monde de Polk Street quelques juifs (un boucher "casher", un marchand de liqueurs, un client de la vente aux enchères). Ils ne sont là que pour compléter le réalisme du tableau, au même titre que le cuisinier chinois de la mine de Big Dipper. C'est dans la famille Sieppe que se recrutent les pires rapaces : Trina, son cousin Marcus et, vraisemblablement, l'oncle Oelbermann. Bien qu'il s'agisse en principe d'immigrés allemands, on retrouve chez eux, amplifiées jusqu'au ridicule, les principales caractéristiques de la cellule familiale juive traditionnelle, très unie et quelque peu étouffante. La mère, envahissante, déborde d'affection. Le père, conscient de ses responsabilités, est très pénétré de sa mission éducative. Les enfants, couvés par leurs parents et surveillés sans relâche, n'ont jamais l'occasion de faire preuve d'initiative. Les efforts des parents de Trina pour préserver l'intégrité de leur microcosme ont eu pour effet d'empêcher leur propre intégration. Ils parlent toujours le même anglais approximatif, se nourrissent comme s'ils habitaient encore en Allemagne, inculquent à leurs enfants une discipline militaire inopportune et surannée. Trina fait déjà partie de la deuxième génération, elle s'est affranchie sans heurt de la tutelle protectrice de ses parents et a ainsi pu se conformer au modèle américain.

La famille Sieppe a été créée par Frank Norris. Stroheim n'a-t-il pas éprouvé un certain attendrissement en décelant dès la première lecture certaines analogies avec ses propres souvenirs ? Une famille germanique, une mère aimante, un père sans envergure pour lequel il n'éprouve aucune admiration, des difficultés financières, un oncle riche... et un enfant qui s'en va. Erich Stroheim se rappelle peut-être qu'il a eu une vraie famille, qui n'a rien à voir avec l'ascendance distinguée dont il est maintenant affligé.

Retour de flamme

Le contrat que Stroheim avait signé exigeait qu'il réalisât trois films par an. *Greed* l'occupa pendant plus de treize mois au cours desquels en bonne logique il ne reçut que le tiers du salaire annuel convenu. Il acheva donc le tournage et le montage de son film sans être payé. Ces mesures de rétorsion n'eurent aucune conséquence sur la qualité de son travail et ne modifièrent en rien ses habitudes. Il trouvait en outre dans cette situation un avantage paradoxal. Ne recevant rien de personne, il n'avait aucun compte à rendre et usait sans scrupule de son indépendance. Grand seigneur, conscient d'œuvrer pour l'art cinématographique, Erich von Stroheim ne se préoccupait que d'offrir un chef-d'œuvre à ses contemporains. Au prix de terribles sacrifices, il avait déjà considérablement réduit la longueur de son film. Il avait maintenant 22 bobines et envisageait tout naturellement de présenter un spectacle en deux épisodes. Convaincu d'avoir atteint une sorte de perfection, il pensait que cette solution s'imposerait aux producteurs comme elle s'était imposée à lui.

Stroheim avait tout prévu... sauf le retour de sa bête noire. Le 10 avril 1924, la Goldwyn, au bord de la faillite, s'associe avec la Metro, qui possède de solides appuis financiers. Louis B. Mayer devient le grand patron de la Metro-Goldwyn et son assistant, Irving Thalberg, prend la tête du département production. Cette dernière nouvelle n'a certainement pas été du goût de Stroheim. C'en était fait de sa tranquillité ! Echaudé par le démembrement de *Foolish Wives*, il expédie sur le champ une version de *Greed* à New York. Entre les mains de Rex Ingram, les 28 bobines sont d'une part à l'abri de Thalberg, d'autre part chez la seule personne en qui Stroheim ait confiance pour raccourcir encore son film. Mais Thalberg sera sans pitié et ordonnera que *Greed* soit coûte que coûte ramené à 10 bobines.

L'issue fatale

La première de *Greed* eut lieu le 4 décembre 1924 au Cosmopolitan Theatre de New York. La MGM avait choisi cette petite salle à dessein afin de limiter l'ampleur d'une éventuelle catastrophe. Thalberg sentait bien que malgré les coupures, *Greed* ne pouvait pas plaire au grand public américain. Stroheim ne protesta aucunement contre ce choix car il avait renié son film et s'en désintéressait désormais superbement. Les craintes de la compagnie s'avérèrent justifiées. *Greed* rapporta 274 827 $ alors qu'il avait coûté 665 603 $! Stroheim accusa plus tard la Goldwyn d'avoir non seulement massacré son film mais aussi saboté son exploitation. Selon lui, la MGM avait dès le départ décidé que *Greed* serait un échec financier, car la société avait besoin d'un déficit pour réduire le montant de ses impôts. En conséquence, le film avait été volontairement privé de publicité et distribué en exclusivité dans une salle indigne de son auteur.[55] En réalité, la stratégie commerciale adoptée était relativement ingénieuse. On pouvait d'abord remplir la salle avec les inconditionnels de Frank Norris et de Stroheim, attirer ensuite un public plus cultivé, et espérer amorcer un phénomène de curiosité collective. Le film bénéficiait du soutien des journaux du groupe Randolph Hearst, dont les intérêts étaient liés à ceux de la Goldwyn, et qui était également propriétaire du Cosmopolitan Theatre.

Tous les autres journalistes s'accordèrent, après la première, en un haut-le-cœur unanime. Le *Harrison's Reports* donne libre cours à son indignation : « Un film qui essaye de nous intéresser avec des rats morts, des égouts, des ordures, de la viande pourrie, des dents gâtées. (...) »[56] *Variety* imagine ce qui se passerait si un jeune homme emmenait sa fiancée voir *Greed* : elle ne voudrait probablement plus jamais entendre parler de mariage ![57] Le même critique reproche en outre au film d'être un contresens cinématographique car il n'essaye même pas de distraire ou d'amuser son public. D'autres articles plus modérés remercient Thalberg d'avoir écourté un spectacle déjà suffisamment pénible.

En réalité, les critiques ont bien plus commenté l'œuvre et les idées de Frank Norris que la réalisation d'Erich von Stroheim. La comparaison avec les réactions qui ont suivi la parution de *Mac Teague* en 1899 est édifiante. La préface de l'édition française rappelle qu'elle donna lieu à une véritable levée de boucliers « "scènes de fétichisme, viols, sadomasochisme, ivrognerie, tortures, meurtres, combats à morts, terreur psychologique - ce livre pue !" s'indigna le critique de L'Argonaut suivi par toute la presse. »[58]

De façon plus générale encore, ce type de désapprobation aurait pu s'adresser à n'importe quel écrivain réaliste. En particulier à Emile Zola, toujours cité en référence lorsqu'on parle de *Mac Teague* ou de

Greed. Stroheim se réclamait d'ailleurs ouvertement de son naturalisme : il avait introduit de nombreux détails, et même composé tout un prologue, visiblement inspiré de *L'Assommoir*. La critique la plus sensée que l'on pouvait d'ailleurs adresser à *Greed* a été écrite près de cinquante ans avant la sortie du film... par Victor Hugo ! Jean-Louis Bory rappelle ainsi dans la préface de *L'Assommoir* : « Hugo (...) regretta hautement que Zola eût montré, comme à plaisir, "les hideuses plaies de la misère et de l'abjection à laquelle le pauvre se trouve réduit". Oui, elles existent, ces plaies, elles saignent, elles purulent ; ce n'est pas une raison suffisante pour les donner en spectacle. Il faut pénétrer dans ces horreurs mais pour les adoucir, les guérir. Non, Monsieur Zola, concluait à peu près Hugo en songeant, bien sûr, à ses *Misérables*, vous n'avez pas le droit de nudité sur le malheur. »[59]

L'océan d'invectives qui a salué la sortie des *Rapaces* couvre la voix du *New York Herald Tribune* où Richard Watts Jr., digne successeur de Harriette Underhill, prend le parti de Stroheim.[60] Il considère *Greed* comme l'événement artistique le plus important de la saison et prédit que ce chef-d'œuvre marquera l'histoire du cinéma.

Stroheim, pourtant habitué à contester les évidences les plus flagrantes, n'a jamais nié l'échec commercial de *Greed*. Il s'en est même vanté, à mesure que son film entrait dans la légende. Mais en 1925, il ne peut que constater, non sans amertume, qu'il vient de perdre son premier combat contre les Etats-Unis. L'Amérique est vengée, elle a réussi à déjouer l'offensive ennemie.

La diffusion du film à l'étranger n'a rapporté que 48 000 $, malgré un assez bon accueil de la part des journalistes. En France, la presse suivait depuis le départ l'aventure de *Greed*. Jean Bertin raconte avec délectation le tournage dans la vallée de la Mort.[61] Il se souvient avec émotion de l'interminable projection de la première copie de travail commentée par Stroheim lui-même.[62] A la sortie du film, Denis Marion, s'enthousiasme pour la mise en scène de Stroheim et propose aux lecteurs de *Cinéa Ciné Pour Tous* une véritable étude du film.[63] Lorsque le film arriva en Allemagne quelques années plus tard, les nazis déclenchèrent une émeute devant le cinéma qui le présentait à Berlin et exigèrent le remboursement des places. Stroheim, « renégat allemand »[64], se permettait de leur donner une leçon de cinéma.

Résurrection

La carrière de *Greed* commença au moment où cessa son exploitation commerciale. Le film fut d'abord remarqué par quelques professionnels, ses qualités furent ensuite reconnues par toute la critique. On admirait enfin le chef-d'œuvre de Stroheim, et on en fit un mythe.

Luis Buñuel

« Ce film est parmi les plus insolites, osés, géniaux qu'a créés le cinéma. (...) Avec cette nouvelle œuvre Stroheim prend un caractère typique, il se place du même coup à la hauteur du "typique" Zola. Nous n'aimons le naturalisme ni en littérature, ni au cinéma. Et malgré cela le film de Stroheim demeure magnifique, magnifique de façon répugnante. »[65]

Jean Cocteau

« *Les rapaces* est un film maudit par excellence. C'est le plus grand film de tous les temps. »[66]

Sergueï M. Eisenstein

« Lorsqu'on demanda à Eisenstein ce qu'il admirait le plus dans le cinéma Américain, il répondit "Chaplin, Stroheim et Walt Disney". » Rencontrant ensuite Stroheim, le grand réalisateur soviétique lui déclara : « Nous montrons *Greed* comme un exemple de perfection cinématographique à tous ceux qui veulent devenir réalisateur, scénariste ou technicien ! »[67]

René Clair

« Il suffit de voir *Intolérance*, *Le pèlerin*, ou *Les rapaces* pour se rendre compte que l'essentiel du cinéma était apparu avant 1927 et que si l'on s'attache à considérer le fond et non la forme, les progrès enregistrés depuis cette époque semblent secondaires. »[66]

Georges Sadoul emploie des comparaisons imagées pour définir l'admiration universelle dont *Les rapaces* fait l'objet de nos jours. *Greed* évoque pour lui : « la Victoire de Samothrace, à qui il manque la tête et les bras mais qui n'en continue pas moins à vivre intensément, car les chefs-d'œuvre ont la vie dure ».[68]

Greed est aujourd'hui classé parmi les meilleurs films du monde (Bruxelles 1958) ; on ne compte plus les articles élogieux, les analyses et les ouvrages qui lui sont consacrés, de Herman G. Weinberg[69] à Joël Finler.[70] Le film et tous les documents ont été fouillés à l'instar d'un site archéologique, tant et si bien que les historiens sont arrivés à reconstituer en imagination l'œuvre complète que personne sauf Stroheim n'a jamais vu. Et c'est cette version idéale mais fictive qui est universellement appréciée, et qui a du reste été considérée dans ce chapitre. A force de descriptions, ce qui avait été détruit a fini par reprendre vie, et le "grand *Greed*" a accédé à une existence immatérielle mais incontestable, au point que le roman de Norris s'intitule actuellement en France *Les rapaces*. Stroheim n'est-il pas un maître dans l'art de rendre vrai ce qui est inventé ?

IX

THE MERRY WIDOW

(La veuve joyeuse)

Erich von Stroheim déclarait en 1956 à propos de *The Merry Widow* : « Quand je vis comment la censure avait mutilé *Greed* où j'avais mis tout mon cœur, j'abandonnai l'ambition de réaliser des films artistiques, et j'acceptai de travailler sur des œuvres de commande. (...) Si vous me demandez pourquoi j'ai fait ce film, je vous répondrai sans honte : j'avais une femme et un enfant à nourrir. ».[1] Or, en 1935, dix ans après le tournage de *The Merry Widow*, il proclamait : « Il m'est impossible de traiter un sujet si je n'éprouve pour lui un complet enthousiasme. (...) Pas une seule fois je n'ai travaillé dans le seul but de toucher un salaire. »[2] Ces deux propositions semblent s'exclure, mais Stroheim nous a depuis longtemps habitués aux contradictions, et on sait qu'il y a toujours dans ses déclarations une part de vérité et une part de mensonge.

Origines du projet

Les droits d'adaptation de l'opérette de Franz Lehar ont été achetés 65 000 $ par la Goldwyn le 6 janvier 1923, c'est-à-dire 23 jours avant ceux de *Mac Teague*. Ces deux œuvres avaient été acquises à l'intention de Stroheim et avec son plein accord.

Stroheim commença à rédiger le scénario de *The Merry Widow* en mai 1924, dès qu'il eut la certitude qu'il ne pourrait plus rien pour *Greed*. Les studios l'avaient autorisé à modifier à sa guise le livret original, il s'est fait un plaisir de leur obéir, et sans aucun scrupule, il transforma *The Merry Widow* comme il avait transformé *Clothes and Treachery* (*The Devil's Pass Key*) quelques années auparavant. Un jeune scénariste, Benjamin Glazer, avait été engagé pour l'assister. Celui-ci avoue dans ses mémoires qu'il s'est contenté de le regarder travailler.[3] Il a observé comment Stroheim avait remanié de fond en comble la structure dramatique du récit, respectant même, parfois, les suggestions qui lui étaient faites, alors qu'il se montrait toujours intraitable dès qu'il s'agissait de modifier le détail d'une scène. La MGM possède dans ses archives le script de tournage remis par Stroheim le 7 octobre 1924. Le moins qu'on puisse en dire est qu'il est beaucoup plus volumineux que le texte de l'opérette. Tous ces éléments prouvent assurément que Stroheim s'est intéressé à son sujet, qu'il a créé une œuvre personnelle et ne s'est pas contenté d'obtempérer à des injonctions. Ironique témoignage de son indépendance, il a déchargé les auteurs Victor Léon et Leo Stein de toute responsabilité en omettant délibérément de les nommer sur la page de couverture.

Stroheim ne pouvait qu'apprécier la gageure de transposer pour le cinéma muet une œuvre avant tout musicale. De plus, ce tournage lui donnait l'occasion d'expérimenter des techniques nouvelles pour lui, à savoir l'utilisation de truquages et... la direction de stars capricieuses. Si quelques incidents troublèrent l'harmonie de la réalisation, leur conclusion fut tout à la gloire du metteur en scène. Enfin, une prime substantielle l'aurait récompensé si les prises de vues avaient été achevées en moins de deux mois. Sans doute Stroheim n'avait-il pas l'intention de bâcler son film puisque le tournage dura quatorze semaines.

On est donc conduit à s'interroger sur les raisons qui quelques années plus tard l'ont amené à dénigrer et renier son œuvre, au prix d'assertions mensongères et d'arguments fallacieux. La raison déterminante réside en fait dans le succès du film. Les studios avaient trouvé le moyen de superviser adroitement le travail de Stroheim afin que son génie pût s'exprimer dans le cadre d'une œuvre commercialement acceptable. L'opération avait pleinement réussi. Stroheim avait été manipulé avec tant d'habileté qu'il ne s'en était pas rendu compte sur le moment. Il y avait déjà là de quoi l'irriter ! L'excellent verdict du "box office" avait achevé de le vexer. Stroheim n'a pas hésité à sacrifier *The Merry Widow*, pour éviter d'avoir à reconnaître que les directives et les contraintes imposées par les producteurs pouvaient avoir des effets positifs.

Die lustige Witwe

L'opérette *Die lustige Witwe* fut présentée pour la première fois au public de Vienne en 1905. Un succès triomphal salua la musique « délicieuse, ironique et brillante »[4] de Franz Lehar ainsi que « le caractère féerique et enjoué »[4] de l'intrigue, inspiré par la pièce d'Henri Meilhac *L'attaché d'ambassade*.[5] L'opérette fut jouée dans l'Europe entière, et son livret fut adapté pour correspondre à la sensibilité et au goût des différents publics. Pour rédiger son scénario, Stroheim s'est inspiré de la version anglaise d'Henri Savage. Il a rebaptisé les personnages et a transformé la principauté de Marsovie en royaume du Monteblanco. Amusante allusion au Monténégro, dont les scandales défrayaient la chronique européenne en 1905. Le vrai prince du Monténégro n'apprécia cependant pas la plaisanterie et intenta un procès à la MGM.[6-7] Son avocat, Paul-Boncour, n'obtint pas la destruction du film, mais réussit à faire interdire sa projection en Italie et en Yougoslavie. Le tribunal ordonna également que les noms des personnages soient changés dans la version française. Enfin, le prince reçut 100 000 F de dommages et intérêts en 1930. Il n'y avait pas là de quoi redorer complètement le blason de son Altesse, mais à défaut de veuve... On soupçonne encore la MGM d'avoir encouragé l'action de son adversaire à des fins publicitaires ! Quant à Stroheim, il a très certainement apprécié en connaisseur les risques qu'il y avait à faire passer du réel pour de l'imaginaire !

En plus des noms et des lieux, Stroheim a complètement transformé l'argument de l'opérette. A l'origine, le jeune prince Danilo était envoyé en mission à Paris pour éviter que la Veuve Joyeuse, en se remariant avec un étranger, ne privât son pays de son immense fortune personnelle. En butte aux avances et aux propositions d'innombrables soupirants, tous plus intéressés les uns que les autres, après bien des malentendus, des valses romantiques, et des rebondissements, Sonia et Danilo finissaient par se marier. Ce canevas, agrémenté de quelques intrigues galantes parallèles et de personnages épisodiques, était avant tout prétexte à un développement musical, vocal, et même chorégraphique. Réduit à de seules images visuelles, l'insignifiance du livret aurait été accablante. Stroheim savait tout cela depuis le début et avait, selon ses dires, protesté vigoureusement auprès de Thalberg.[8] Comme il ne pouvait pas envisager de faire jouer la musique de Franz Lehar dans toutes les salles de projection, Stroheim décida de l'évoquer par des images de partitions et de musiciens, et surtout par des scènes de danse. Il fallait que l'on reconnût au bal de l'ambassade la célèbre valse "Heure exquise qui nous grise..." baptisée en anglais "Siren Waltz". Et pour justifier l'exhibition chorégraphique de la Veuve Joyeuse, Stroheim nous la présente au début du film comme une danseuse de profession. Après toutes ces allusions musicales, il s'est senti autorisé à réécrire le récit du début à la fin. Il retrouvait ainsi toute sa liberté créatrice.

La veuve joyeuse vue par Stroheim

L'opérette commençait dans les salons de l'ambassade de Marsovie à Paris, le film remonte beaucoup plus loin, avant même que la future veuve ne soit mariée. Ce besoin de connaître et de présenter ses personnages tels qu'ils sont avant que ne commence l'action proprement dite fait, depuis *Greed*, partie du style de Stroheim. On retrouve là l'une des caractéristiques de son esprit. Ce qu'il engendre doit être assis sur des bases solides et complètement achevé.

Mirko, le prince héritier du Monteblanco, et son cousin Danilo, reviennent de diriger les grandes manœuvres des troupes royales. Ils s'arrêtent pour dormir dans l'auberge d'un modeste village, non loin de la capitale. Les premières images campent sans ambiguïté Danilo comme un sympathique séducteur et Mirko comme un déplaisant personnage. Peu de temps après arrivent les "Manhattan Follies", une troupe de danseuses américaines, qui ont également décidé de passer la nuit à cet endroit. Les deux princes remarquent immédiatement Sally O'Hara, la danseuse étoile, et se mettent aussitôt en devoir de la séduire. Ils assistent le lendemain à la soirée de ballets présentée par la compagnie à l'opéra de Castellano, capitale du Monteblanco.

Leur rivalité amoureuse se manifeste cependant de façon très différente. Ils avaient d'un commun accord décidé la veille de dissimuler leur véritable identité, mais Mirko s'était empressé de révéler celle de son cousin. Danilo fait porter un énorme bouquet de fleurs dans la loge de Sally, Mirko essaye de changer la carte de visite qui l'accompagne. Danilo enfin obtient la faveur de dîner en cabinet particulier avec Sally, Mirko, à la tête d'une bande de joyeux drilles, interrompt son tête à tête à un moment crucial. En parfait gentleman, amoureux de surcroît, Danilo annonce résolument à tous son mariage imminent avec la jeune femme.

Mais le roi et la reine s'opposent formellement à cette mésalliance. Danilo est inconsolable, Mirko se fait un plaisir d'aller annoncer à Sally que le mariage n'aura pas lieu. De dépit, poussée peut-être aussi par un désir de revanche, elle accepte de prendre pour époux le baron Sadoja, vieillard infirme, syphilitique et vicieux, mais infiniment riche. Il meurt le soir même de ses noces, au pied du lit nuptial, sous les yeux de sa jeune femme.

Sally a hérité de la fortune de son mari. A l'issue d'un an de deuil, elle part pour la France. Tout Paris l'appelle bientôt la Veuve Joyeuse. Cependant, les finances du Monteblanco se ressentent cruellement du décès de Sadoja... et de l'évasion de ses capitaux. Pour rétablir la situation, le souverain Nikita 1er et la reine Milena, ont trouvé la solution : Sally Sadoja doit se remarier de toute urgence avec un citoyen du Monteblanco. Leur fils Mirko sera l'heureux élu. C'est avec une joie méchante que ce dernier apprend à son cousin la délicate mission dont il est chargé. Mirko se rend à Paris, Danilo le suit discrètement.

Ici, le scénario rejoint l'intrigue de l'opérette. Grande réception dans les salons de l'ambassade du Monteblanco à Paris, le prince héritier se montre fort consciencieux et courtise de son mieux la Veuve Joyeuse et ses somptueux bijoux. Sally feint de s'intéresser à lui lorsqu'arrive Danilo. Cette manœuvre coquette, loin d'exciter la jalousie du prince, le désespère. Il va noyer son chagrin dans l'alcool. Au matin, Sally, Mirko et quelques amis se promènent à cheval dans les allées du bois de Boulogne. Le prince héritier se trouve un moment seul avec la jeune femme et la demande en mariage. Il se heurte à un refus ironique et dédaigneux. Ils poursuivent leur chemin et aperçoivent un peu plus loin un noceur attardé endormi sur un talus. Ils mettent pied à terre, les autres cavaliers les rejoignent, et tous reconnaissent Danilo. Mirko réveille son cousin en l'agaçant avec sa cravache. Celui-ci, se méprenant toujours sur les intentions de Sally, se permet une remarque désabusée sur le choix de la jeune femme. Vexée, elle réplique en annonçant ses fiançailles avec Mirko. « A condition que tu sois notre témoin » ajoute ce dernier. Danilo répond à cette invitation par un formidable coup de poing. Un duel est inévitable. A la veille de la rencontre, Sally vient trouver Danilo, espérant encore empêcher le combat. Mais il persévère dans son erreur, et croit qu'elle lui demande d'épargner son fiancé. Les deux adversaires se retrouvent à l'aube. A douze pas l'un de l'autre, ils se retournent. Danilo tire en l'air sans viser, Mirko pointe soigneusement son arme. Sally arrive en calèche au moment où Danilo s'écroule. Elle se jette à son cou, et il comprend enfin.

C'est le début du "happy end" le plus hyperbolique qu'on a jamais pu obtenir de Stroheim. On apprend la mort de Nikita 1er. Mirko est appelé à régner, mais il se fait assassiner. Danilo, qui n'était que blessé, revient à la vie et découvre Sally à son chevet. Il est roi, et Sally sera reine. L'amour et la politique sont pour une fois réconciliés. En somme, pour rendre deux personnes heureuses, il n'aura fallu qu'un blessé grave et trois morts, dont un assassinat !

Tentative de conformisme

Fait unique dans sa carrière, Stroheim a non seulement respecté les canons du film hollywoodien, mais il a aussi renoncé provisoirement à sa manière personnelle de travailler, se pliant aux méthodes de tournage classiques et éprouvées. Il s'avéra à cette occasion très à l'aise avec toutes les techniques propres au cinéma, prenant beaucoup de plaisir à mettre au point une grande variété de truquages. Aucun décor naturel, aucune reconstitution complète, mais des montages partiels correspondant aux divers angles de prises de vues. Il y avait aussi des trompe-l'œil, des photos, des maquettes à échelle réduite. Lorsque les troupes royales rentrent de manœuvre, le sommet des montagnes est une miniature en plâtre suspendue à faible distance de la caméra. La façade de la cathédrale du Monteblanco est une simple image peinte. Seules les scènes du bois de Boulogne ont été tournées en extérieur, dans le Griffith Park de Los Angeles. Stroheim, nullement perturbé, était aussi à l'aise dans cet univers d'illusion qu'il l'avait été dans les décors naturels de *Greed* ou dans les reconstitutions réalistes de *Foolish Wives*.

Vienne, 1907.
Erich Stroheim rêve encore de devenir officier de cavalerie.

Capitaine de dragons... made in U.S.A.

Hearts of the World. Photo de tournage. De gauche à droite : Billy Bitzer, George Siegman, Josephine Crowell, Griffith, un figurant, et Stroheim. On reconnaît Griffith à son panama.

Blind Husbands.
Erich von Stroheim, Francilia Billington et Sam de Grasse.
Le séducteur passe à l'attaque sous les yeux du mari aveugle.

The Devil's Pass Key.
Clyde Fillmore, Sam de Grasse et Una Trevelyn.
Waren Goodright vient d'apprendre la vérité.

L'auteur (inconnu) de cette affichette propose une analyse personnelle de *Foolish Wives*. Karamzin est au centre de sa toile comme une araignée guettant sa proie. Mais ce sont les quatre femmes, Olga, Vera, Hélène et Maroushka qui tendent elles-mêmes le piège conçu par le comte pour les capturer. Dans *Foolish Wives*, « femmes » est au pluriel.

Foolish Wives.
Mae Busch, Erich von Stroheim, Maude George.
Hélène Hughes et le comte Karamzin partent en promenade.

Merry-Go-Round. George Hackathorne, Cesare Gravina, Edith Yorke et Mary Philbin. Les derniers instants de la mère de Mitzy.

Greed.
Gilbson Gowland et Zasu Pitts.
Mac Teague lie son existence à celle de Trina.

Greed.
Miss Baker (Fanny Midgley) et « Old Grannis » (Frank Hayes).
Les deux vieux amoureux.

Greed.
Zerkov (Cesare Gravina) et Maria (Dale Fuller).
Le couple maudit.

The Merry Widow.
Mirko (Roy d'Arcy), Sally (Mae Murray) et Danilo (John Gilbert).
Le bal de l'ambassade.

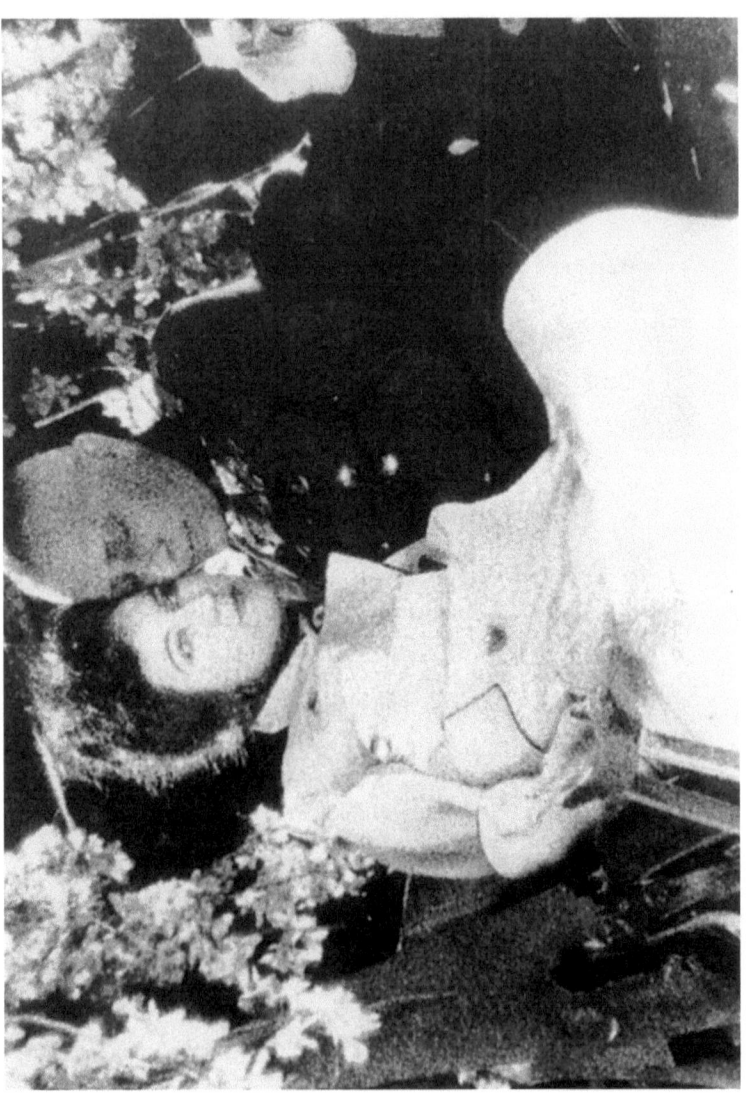

The Wedding March. Fay Wray et Erich von Stroheim. Idylle au bord du Danube.

Queen Kelly. Seena Owen et Gloria Swanson. Kitty est chassée par Regina.

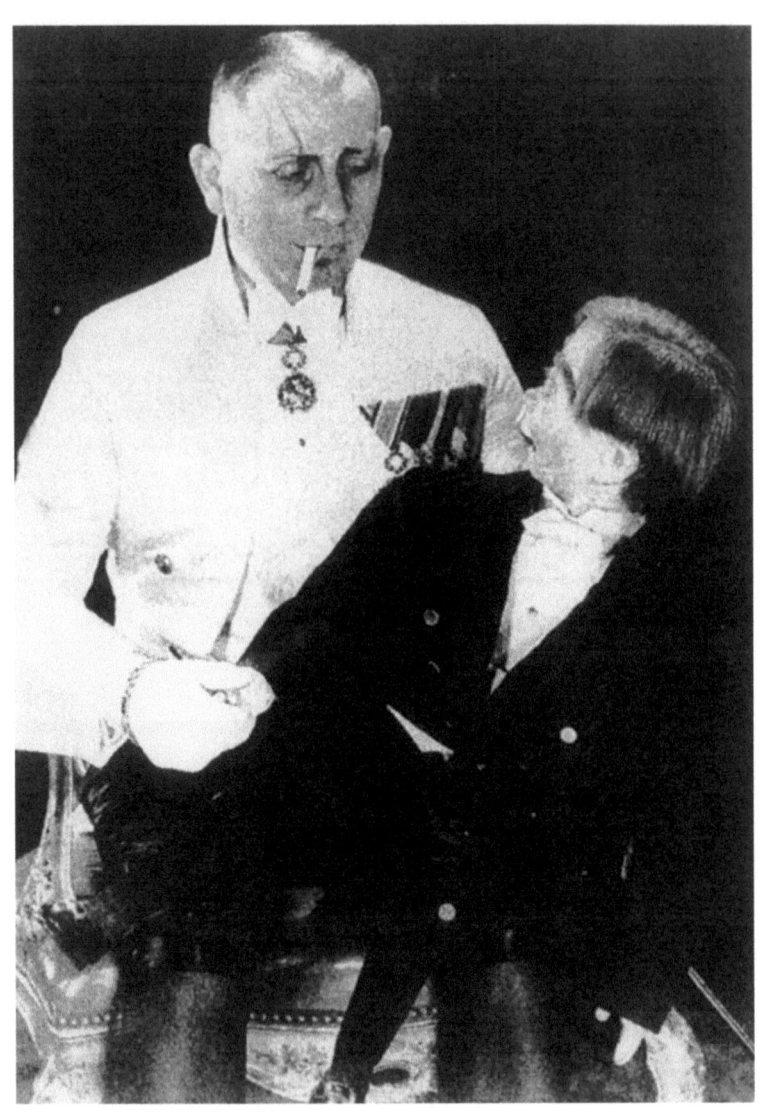

The Great Gabbo.
Gabbo et sa poupée.
Une allégorie du cinéma parlant ?

Walking Down Broadway.
James Dunn et Boots Mallory.
La fameuse scène de la lucarne.

Premier jour de tournage de *Greed*.

The Wedding March.
Dans la salle de montage.

Il insista cependant pour que le film fût tourné dans l'ordre de sa chronologie, et resta fidèle à sa passion pour les détails. Don Ryan, journaliste et ami de Stroheim, raconte comment celui-ci donna l'ordre de couper en plein milieu d'une prise. Le plaid du chien de Danilo était attaché avec un simple lacet et non une lanière de cuir ! Les dernières minutes du film ont été photographiées en couleur, ce qui était encore extrêmement rare. Un opérateur spécialisé, Ray Rennahan, avait été détaché sur le plateau par la Technicolor Corporation. Il se souvient que pour rectifier la tenue d'un figurant en uniforme, Stroheim s'était avancé, oubliant qu'il se trouvait sur un portique à plus de six pieds au-dessus du sol... Il acheva de diriger *The Merry Widow* dans un fauteuil roulant avec une jambe dans le plâtre. Les épreuves en couleur sont perdues depuis bien longtemps, mais, au dire de nombreux techniciens, les scènes filmées par Stroheim figuraient parmi les plus belles réussites de ce nouveau procédé. Ce qui prouve que le metteur en scène avait su d'instinct tirer le meilleur parti du technicolor.

De mauvaises langues vont prétendre que Stroheim avait jeté son réalisme aux orties ! Mais que viendrait faire le réalisme dans une opérette, qui par définition est une aimable fantaisie. Pour adapter ce genre sans le dénaturer, il fallait éviter ce qui faisait trop vrai. Ainsi se trouve justifié l'usage de tant d'artifices. Et faut-il s'étonner que Stroheim se sente dans son élément lorsqu'il est environné de représentations factices ?

La stratégie de Thalberg

Stroheim détestait Thalberg, et le rendait responsable de tout ce qui lui déplaisait. Cette animosité s'était manifestée dès leur première entrevue et ne s'était plus jamais démentie. Depuis *Foolish Wives*, il y avait eu *Merry-Go-Round* et *Greed* ! Même dans les périodes les plus sereines, il avait été impossible d'envisager une quelconque collaboration. Stroheim se sentait littéralement persécuté, poursuivi par la vindicte de Thalberg, qui représentait pour lui toutes les tracasseries administratives, et qu'il retrouvait systématiquement chaque fois qu'il tournait un film.

De son côté, Thalberg était plus modéré. Certes, il n'avait pas le beau rôle, puisqu'il devait sans cesse brimer Stroheim, freiner ses élans créateurs, et ceci pour des raisons presqu'exclusivement financières. Mais il avait eu l'occasion d'apprécier le talent du metteur en scène, et ne pouvait s'empêcher de l'admirer. Se sachant voué aux gémonies par Stroheim, il cherchait le moyen d'utiliser cette haine pour le faire aller dans le sens où il voulait qu'il allât. Il avait somptueusement échoué dans sa tentative de superviser *Merry-Go-Round*. Pour *Greed*, il était arrivé trop tard. Pour *The Merry Widow*, il comptait bien se rattraper. Il connaissait mieux Stroheim, et il avait d'avance élaboré le plan de la bataille.

L'élément directeur de la tactique de Thalberg était relativement simple dans son principe, mais plus complexe dans sa mise en œuvre. Il fallait contraindre Stroheim sans le contrarier, éviter de porter atteinte à son autorité, savoir à l'occasion prendre son parti, et surtout faire en sorte qu'il se crût libre.

Le sujet avait été accepté par Stroheim avant l'arrivée de Thalberg à la MGM. Le metteur en scène n'avait plus qu'à mettre au point son scénario. Irving Thalberg lui procura un assistant, qu'il avait sélectionné avec beaucoup de soin. Benjamin Glazer devait a priori plaire à Stroheim... parce qu'il avait fait du journalisme et parce qu'il était d'origine irlandaise ! Il s'intéressait depuis peu au cinéma, et avait encore tout à apprendre. Stroheim n'a pu qu'être flatté d'avoir un collaborateur qui le considérait comme un professeur. Cette fois-ci, Thalberg ne lui avait pas envoyé un espion, mais un compagnon intelligent et cultivé avec lequel il allait sympathiser. Glazer écoutait et s'instruisait. Il ne s'est jamais permis la moindre critique ni la moindre suggestion. Et cette passivité s'accordait fort bien, a-t-il avoué plus tard, avec son indolence naturelle.[3] Pourquoi aurait-il travaillé alors que Thalberg et Stroheim étaient d'accord pour qu'il ne fît rien !

Puisque les mesures de rétorsion n'avaient eu d'autre résultat que d'irriter Stroheim, Thalberg décida d'employer une méthode radicalement différente pour l'inciter à travailler plus vite et à respecter les délais. Au forfait de 30 000 $, en accord avec Mayer, il ajoutait une prime de 5 000 $ si le tournage était terminé en moins de huit semaines, 7 500 $ pour sept semaines, et 10 000 $ pour six semaines. Ce procédé était plus élégant que la menace d'une pénalité, et s'il s'avérait inefficace, il ne risquait pas de braquer Stroheim. Thalberg était bien placé pour savoir que le réalisateur n'avait pas été payé depuis fort longtemps et que l'enjeu lui paraîtrait digne d'intérêt et relativement accessible.

La situation précaire de la famille von Stroheim a été de nouveau exploitée pour mettre en place la pièce maîtresse prévue par Thalberg :

en l'occurrence, Mae Murray, une star dont le nom se chiffrait en milliers d'entrées. Stroheim avait toujours travaillé avec des acteurs peu connus et qu'il avait choisis lui-même. Il était par principe opposé au "star system", mais il était loin d'imaginer tout ce qu'une "grande actrice" pouvait faire endurer à son metteur en scène. C'est probablement en raison de son inexpérience dans ce domaine que Thalberg a pu le convaincre. Le 27 mai 1924, Stroheim acceptait une modification de son contrat afin d'y inclure l'engagement de Mae Murray.

Thalberg fut toutefois obligé d'user de son autorité d'administrateur de production pour interdire à Stroheim d'interpréter lui-même le rôle de Mirko, et pour imposer, dans celui de Danilo, John Gilbert, un jeune premier plein d'avenir que la compagnie avait sous contrat. Stroheim garda l'initiative du reste de la distribution. C'est ainsi que l'on retrouve dans *The Merry Widow* un grand nombre d'acteurs qui avaient déjà travaillé avec lui, comme Dale Fuller, Albert Conti, Sidney Bracey, etc.

Tout est maintenant en place pour que le tournage réponde aux attentes de Thalberg. Stroheim ne soupçonne rien. Le premier tour de manivelle est donné le 1er décembre 1924. Trois jours plus tard sortait sur les écrans la version commerciale de *Greed*. Ce n'était pas le moment de contrarier Stroheim ! Mae Murray s'empressa d'ignorer cette évidence. Elle avait l'intention de n'en faire qu'à sa tête, et voulait même que le film fût « une production Mae Murray ». Elle se présenta sur le plateau flanquée de son coiffeur, de son habilleuse, de son caméraman personnel et de ses électriciens. Mae Murray voulait un film d'acteur, Stroheim voulait un film qui soit de lui. La confrontation d'un réalisateur autoritaire et d'une star capricieuse, exigeant chacun de tenir les rênes, ne pouvait être qu'explosive. Surtout lorsqu'on se souvient des "exercices d'assouplissement" que Stroheim infligeait à ses interprètes : « Je les écrase, je les fustige avec de la satire, avec des paroles dures, avec le mépris ; ils sont prêts à abandonner. Alors j'atteins l'âme réelle et l'aide à s'épanouir naturellement. »[9]

Les disputes entre Stroheim et Mae Murray sont passées à la postérité. Le réalisateur n'a pas non plus oublié son douloureux apprentissage du "star system" ni la duplicité du vice-président de la compagnie, Louis B. Mayer. Celui-ci ne lui avait-il pas promis que Mae Murray « s'agenouillerait devant lui et mangerait dans sa main. » ?[10] L'actrice avait rapidement compris que Louis B. Mayer, partisan inconditionnel du "star system", était son meilleur allié. Elle en avait eu la preuve avant même le début du tournage lorsqu'il avait convoqué Stroheim parce qu'elle n'aimait pas son rôle. Le ton de l'entretien s'était vite détérioré et le metteur en scène avait reçu du vice-président un coup de poing qui l'avait envoyé au tapis ![11] Irving Thalberg par contre ne donnait pas toujours tort à Stroheim. Et le jour où May Murray alla se plaindre auprès de lui de l'immoralité du film, Thalberg lui répondit : « Cet homme est un génie. Il donne sa dimension au film, il dépeint la dégénérescence. Et vous allez le laisser faire. »[12]

Le récit du tournage de *The Merry Widow* est une succession d'escarmouches où le metteur en scène affronte tour à tour la production et la star.

Stroheim était habitué à lutter contre les règlements des studios. Il aimait par exemple tourner la nuit et s'arrêtait rarement avant cinq heures du matin. Toute son équipe était alors payée au tarif des heures supplémentaires. Mais les figurants ne recevaient aucune rétribution spéciale. Lorsqu'ils allèrent se plaindre auprès du directeur de production J. J. Cohn, celui-ci résolut leur problème en ordonnant au chef du département électricité de couper le courant à minuit précise ! Stroheim parla de sabotage.

Les désaccords avec les stars, infiniment plus fréquents, étaient pour Stroheim autant d'expériences nouvelles. John Gilbert se montra relativement docile, on ne cite à son sujet qu'un seul accrochage sérieux avec le metteur en scène. Exaspéré par les moqueries de Stroheim qui lui reprochait son manque d'aisance, il menaça d'abandonner le tournage. Le metteur en scène s'en fut le trouver dans sa loge et ils se réconcilièrent devant une bouteille de whisky. Dès lors, leur bonne entente ne se démentit plus.[13] Mais avec Mae Murray, pas un jour ne se passait sans altercation. Généralement, et pour les décisions importantes, Stroheim ne cédait pas. Il refusa catégoriquement de modifier l'équilibre de son scénario pour centrer le film autour de la fameuse valse, comme l'aurait désiré la star. Il était tout aussi strict pour les jeux de scène. Ainsi, pour la promenade au bois de Boulogne, il exigea de Miss Murray qu'elle descendît de cheval correctement, au lieu de sauter à terre avec désinvolture. Pour le grand bal de l'ambassade, Stroheim avait consenti à ce qu'elle portât l'une des robes extravagantes qu'elle s'était commandée. La star attendait avec impatience ce moment où elle comptait bien briller grâce à ses talents de danseuse. Elle avait appartenu à la troupe des Ziegfeld Follies, et estimait que personne mieux qu'elle ne pouvait régler la chorégraphie. Valérie von Stroheim assistait quotidiennement aux prises de vues. Elle raconte que son mari a essayé d'indiquer à la vedette le pas qu'elle devait exécuter.[14] La réaction ne s'est pas fait attendre : « Espèce de sale boche, vous croyez tout savoir ». Mae Murray arracha sa coiffe de plumes de paon, la jeta à terre et la piétina. Le "sale boche" et sa femme quittèrent le plateau pendant que Mae Murray continuait à tempêter. Comme il fallait s'y attendre, L. B. Mayer fut immédiatement informé du scandale. Consciemment ou non, Mae Murray avait bien choisi son moment : Irving Thalberg était malade, J. J. Cohn, l'autre responsable du film, était à Palm Spring, et L. B. Mayer était en conférence avec des exploitants. « Messieurs - annonça-t-il à ses hôtes - vous allez être témoins d'un moment historique... Je vais "virer" von Stroheim, ici même, et sur-le-champ ! »[15] Livré à lui-même, Mayer avait décidé de frapper un grand coup. Il convoqua Stroheim dans son bureau et le mit solennellement à la porte des studios. Mais le comportement odieux de Mae Murray avait eu des témoins car il y avait sur le plateau en plus de l'équipe de tournage 350 figurants et un journaliste. Sans parler de la "garde prétorienne" de von Stroheim, une dizaine de figurants, anciens combattants pour la plupart, qui lui étaient entièrement dévoués. Au début de l'après-midi, Monta Bell, le jeune réalisateur qui avait été désigné pour remplacer Stroheim, se présenta sur le plateau. L'atmosphère était chargée d'électricité. Quelques voix s'élevèrent : « We want von Stroheim ! »[14] (Nous voulons von Stroheim !) Le slogan fut bientôt repris par l'ensemble des figurants et des techniciens. Et lorsque les manœuvres du studio refusèrent à leur tour de travailler, le désordre gagna les plateaux voisins. Mayer se fit accompagner par Eddie Mannix, son garde du corps, pour aller haranguer les grévistes. Il les abreuva d'insultes et quand l'un d'eux fit mine de s'approcher, Mannix l'étendit à terre d'un coup de poing. La mutinerie était réprimée.

Mais les problèmes de Monta Bell n'était pas résolus pour autant. L'équipe de Stroheim n'avait pas déposé les armes, et Mae Murray exigeait des excuses. Deux "officiers" de la "garde prétorienne" parvinrent à organiser une rencontre entre les adversaires. Un accord fut signé à minuit entre la star, le metteur en scène et le producteur. Von Stroheim recouvrait pleine et entière autorité pour diriger son film... mais sa "garde prétorienne" devait être dissoute et désarmée. Mayer organisa un simulacre de conférence de presse au cours duquel il se posa en pacificateur. Le 29 janvier 1925, le *Los Angeles Record* titrait « Mae-Von sign Peace » (Mae et Von signent un traité de paix). Les membres de l'équipe de Stroheim ne furent pas dupes, ils célébrèrent sa victoire en lui offrant quelques jours plus tard un étui à cigarettes en or sur lequel ils avaient fait graver leurs signatures.[16]

Bien qu'elle n'ait retardé le tournage que de 24 heures, cette crise et sa résolution n'en constituent pas moins un fait unique dans les annales des studios. Tout le personnel avait pris parti pour le réalisateur contre l'administration et la vedette. Cette attitude est la preuve la plus éclatante de l'estime et de la sympathie que ses collaborateurs éprouvaient pour Erich von Stroheim. Ce dernier recueillait ainsi les fruits de sa fidélité envers ses techniciens et acteurs habituels, dont certains travaillaient avec lui depuis *Blind Husbands* et l'avaient suivi jusque dans la vallée de la Mort. Ils étaient même parvenus à entraîner dans leur mouvement les figurants, qui n'avaient pas les mêmes raisons qu'eux d'apprécier "von".

Ce conflit, parce qu'il a eu lieu pendant que Thalberg n'était pas là, révèle indirectement la nature du rôle qu'il a joué. La réalisation de *The Merry Widow* devait faire l'objet d'une surveillance discrète mais constante, il fallait que le metteur en scène eût en permanence à sa disposition un interlocuteur aussi adroit que perspicace, toujours prêt à se transformer en conciliateur. Thalberg, en opposant Mae Murray à Stroheim, avait mis au point un système génial, mais que lui seul savait faire fonctionner. Il a suffi qu'il s'absentât pour que la mécanique s'affole. L'idée de base était simple, utiliser une star pour neutraliser l'autre, mais encore fallait-il canaliser l'énergie produite par la réaction. Thalberg était passé maître dans cet art et savait s'interposer avec habileté. Ne pouvant corriger le tempérament perpétuellement insatisfait de Stroheim, il avait réussi à déplacer ses revendications qui s'exerçaient maintenant dans un domaine où elles pouvaient être fécondes. Il cessait d'être l'ennemi héréditaire, et le réalisateur pouvait éventuellement solliciter son alliance. Ainsi, Thalberg avait trouvé le moyen de superviser Stroheim.

On peut dire, en schématisant, que *The Merry Widow* doit sa valeur cinématographique au talent d'Erich von Stroheim, et son succès commercial au talent d'Irving Thalberg. Une collaboration fructueuse qui aurait très bien pu servir de leçon au réalisateur si celui-ci n'avait pas été aussi indocile. Pour le réalisateur, il était inimaginable de n'être qu'un maillon dans une chaîne hiérarchique aussi formelle.

On comprend qu'il ait été profondément choqué de voir qu'une formule aussi éculée avait pu lui être appliquée et s'était de plus avérée efficace. Lui qui exigeait dans son travail une liberté totale et une indépendance absolue, lui qui estimait n'avoir d'ordre à recevoir de personne, découvrait soudain que ses principes pouvaient être transgressés avec bonheur.

Le miroir à deux faces

Il était prévu dans son contrat que Stroheim aurait le droit de jouer dans l'un des trois films qu'il devait chaque année à la MGM. Lorsqu'il fut question de l'opérette de Franz Lehar, le choix d'une participation éventuelle ne pouvait se porter que sur le rôle du ténor, le seul personnage masculin intéressant. Stroheim renouait ainsi avec son passé viennois, ses faits d'armes, ses conquêtes féminines et ses ascendances aristocratiques. Le retour des armées en manœuvres est un récit à peine modifié des campagnes militaires auxquelles il prétend avoir participé. Mille détails sont censés être autobiographiques, du paysage aux servantes de l'auberge. De même, l'ambiance volontairement réaliste des parties fines doit persuader le spectateur qu'il s'agit d'authentiques souvenirs. Leur tournage a d'ailleurs fait scandale à l'époque.[17] Les soupers en cabinet particulier et les tête à tête galants... simple réminiscence du quotidien d'un jeune et brillant officier. Par contre, renverser une assiette de soupe pour obliger une femme à se dévêtir évoque un souvenir plus récent et plus précis, en l'occurrence le prélude de ses fiançailles avec Margaret Knox. Pour la première fois, Erich von Stroheim présente son père et sa mère aux spectateurs. Comme il se doit, il améliore un peu leur statut social, ils sont roi et reine. Il aura fallu attendre *The Merry Widow* pour que Stroheim se risque à divulguer la métamorphose qu'il a fait subir à ses parents. Prisonniers de la raison d'état, leur apparence un peu ridicule, leurs conceptions surannées, ne laissent pas d'être attendrissantes. Pour justifier leur comportement, ils opposent au monde moderne un bon sens désabusé teinté d'un soupçon de machiavélisme. « Depuis quand l'amour a-t-il quelque chose à voir avec le mariage ? » déclare la reine à son neveu.

La réalité d'Erich von Stroheim est dans l'imaginaire. Pour exister, il doit faire apparaître à l'écran toutes les composantes de sa personnalité : l'aristocrate européen, héritier de traditions d'honneur, de loyauté, de désintéressement, mais aussi l'antihéros haïssable et sans moralité plébiscité par les spectateurs américains. Pour faire accepter cette dualité, Stroheim eut l'idée de scinder en deux individus distincts le personnage principal qu'il se promettait bien d'interpréter. Erich von Stroheim part du principe qu'en ajoutant un personnage, il augmente ses chances d'avoir un rôle. Mais lequel ? Celui de Danilo ? C'est a priori le type même du contre-emploi. Stroheim l'espère peut-être, même s'il ne se fait guère d'illusion. Denis Marion fait remarquer « qu'une tradition bien établie à Hollywood voulait que la promotion d'un acteur célèbre pour avoir incarné des personnages antipathiques consistât, non à lui en chercher de plus importants, mais à le faire changer d'emploi et à lui faire jouer de beaux rôles ».[18] Cette coutume correspondrait au désir de Stroheim qui, à 39 ans, n'aurait plus envie de déguiser sa "véritable nature" et souhaiterait la faire découvrir au grand public.

A défaut d'un emploi de jeune premier, Stroheim pensait pouvoir compter sur le rôle de Mirko qui est en fait une synthèse et une caricature des rôles de vilain qui l'ont fait connaître. Cela aurait été pour le studio la solution de la facilité. Mais Thalberg interdit à Stroheim de jouer dans *The Merry Widow*.

Stroheim avait remarqué au théâtre un comédien au sourire agressif qui excellait dans les tics nerveux et les mimiques grimaçantes. Il fit engager Roy D'Arcy par la MGM. Ce que Stroheim attendait de lui était une imitation burlesque de lui-même, ou plus exactement de l'image que, selon lui, il donnait au public. L'acteur fut donc prié d'exhiber de façon humoristique tous les vices des créations antérieures de son modèle. Cruel et brutal comme les "dirty hun" d'antan, lâche et menteur comme von Steuben, homme à femmes cynique et intéressé comme Karamzin, Mirko porte l'uniforme avec une aisance prétentieuse et laisse tomber à travers son monocle un regard méprisant sur le reste du monde. Il prendrait volontiers sa méchanceté pour de l'intelligence et pense que ses ricanements féroces font de lui quelqu'un de spirituel. Jaloux et rancunier, il prend un plaisir trouble à détruire le bonheur des autres, et en particulier celui de son cousin. Il ne manque jamais une occasion de le provoquer et de se battre avec lui. Le roi et la reine sont d'ailleurs obligés de les séparer à deux reprises. Roy d'Arcy a si bien réussi le pastiche de Stroheim qu'il s'est trouvé enfermé dans sa parodie et n'a jamais plus joué d'autre personnage.

L'aimable Danilo est l'autre face de l'image de lui-même que Stroheim voudrait imposer, celle qu'il considère comme son être véritable. Mais il est encore trop tôt pour que le public l'accepte dans ce rôle. Danilo est un jeune homme au physique agréable qui, malgré sa simplicité, est aussi bien né que le prince héritier. Il vient d'ailleurs immédiatement après lui sur la liste des prétendants au trône du Monteblanco. Danilo est loin d'être parfait et ses qualités ne s'opposent pas terme à terme aux défauts de Mirko. Tel qu'on le découvre au début du film, il apparaît aussi volage que son cousin, amateur de joyeuses réunions, de femmes légères, d'images libertines et de boissons alcoolisées. Mais il est capable d'éprouver des sentiments et de tomber amoureux. Sa passion aura de profondes conséquences sur sa conduite. Enthousiasmé par la découverte du bonheur, il se révèle droit et vertueux, mais lorsque des obstacles se présentent, on voit qu'il est toujours vulnérable. Stroheim ne nous montre pas les parents de Danilo, qui est probablement orphelin. Mais le roi et la reine l'aiment autant que leur propre fils, et Danilo le leur rend bien. Il obéit aux conseils paternels que lui donne Nikita 1er et se laisse consoler par Milena. Les souverains traitent les deux cousins comme leurs enfants.

Danilo et Mirko sont en vérité beaucoup plus proches que deux frères puisqu'il s'agit d'un même individu. Leurs querelles sont donc des conflits internes où s'affrontent les différents instincts qui cohabitent dans une même personnalité complexe. Parce qu'ils ne font qu'un, le metteur en scène a pris soin de les montrer ensemble le plus souvent possible, ou bien de les faire intervenir l'un après l'autre dans une situation similaire. Au total, le temps de présence de chacun d'eux à l'écran est identique. Mirko, de fort méchante humeur, arrive le premier au village et trouve l'ambiance campagnarde extrêmement désagréable. Un peu plus tard, Danilo descend de voiture, souriant, et se montre enchanté par tout ce qui déplaisait à son cousin. Lorsqu'arrivent les danseuses des "Manhattan Follies", Danilo et Mirko posent un même regard sur la jambe que découvre Sally qui vient d'accrocher son bas. Pendant le dîner, les deux officiers sont assis de part et d'autre de la jeune femme et se comportent de façon symétrique. C'est ainsi que la botte droite de Mirko rencontre la botte gauche de Danilo parce que Sally a prudemment mis ses pieds sous sa chaise. Lorsqu'ils vont la voir danser à l'opéra, ils la regardent tous deux avec des jumelles, mais l'un fixe son visage, tandis que l'autre ne voit que son corps. Le baron Sadoja, lui, regarde de façon perverse les chaussons de la danseuse. C'est un fétichiste du pied. La juxtaposition des trois personnages, la comparaison entre le charme de Danilo, l'arrogance de Mirko, et la décrépitude du vieux banquier sont les étapes d'une inéluctable dégénérescence. Celle-ci est suggérée de façon fort amusante par l'abaissement de la ligne de visée des jumelles. Pendant le grand bal de l'ambassade, les deux cousins portent l'un et l'autre la grande tenue de colonel de l'armée montéblanquine. Ils invitent successivement Sally à danser et sont chacun à leur tour victimes de sa coquetterie. Mirko et Danilo cessent d'être les deux faces d'une même médaille lorsqu'ils se battent en duel. Les deux coups de feu sont nettement séparés. Danilo tire le premier en prenant soin de n'atteindre personne. Mirko au contraire, lorsqu'il est sûr de n'être pas blessé, fait tout son possible pour tuer son cousin. Le duel perd son caractère noble et cesse d'être équitable, Mirko n'est plus qu'un assassin. Les dernières images font triompher la morale : Mirko meurt, victime d'un attentat, pendant que Danilo revient à la vie.

Pour plaire à la jeune Américaine, Mirko et Danilo ont déployé les seules armes qui leur restaient, l'héritage dérisoire des pays ruinés, noblesse, tradition et apparat. Les historiens du cinéma insistent d'ailleurs très souvent sur les intentions satiriques de Stroheim qui se moque des trop vieilles monarchies. Sally n'était au départ qu'une petite danseuse anonyme et gracieuse, indigne d'un prince du sang. Une combinaison assez peu honorable en a fait une baronne et une femme riche, aux dépends d'ailleurs du Monteblanco. Elle est devenue de ce fait un parti tout à fait acceptable et Mirko la trouve soudain très intéressante. Danilo cependant n'avait pas attendu cette mutation pour en être sincèrement amoureux. *The Merry Widow* est en somme l'histoire de deux aristocrates européens qui veulent faire la conquête de l'Amérique. Le metteur en scène a fait de l'opérette frivole une parabole qui évoque l'attitude du Vieux Continent devant le Nouveau Monde. Stroheim, en ce qui le concerne, se défend d'être autre chose qu'un Danilo, et accepte même que Mirko, son ancien alter ego, soit tué par un homme du peuple, un portier qu'il avait frappé.

Cette mort, qui semble fortuite, résulte en réalité d'une nécessité impérieuse et a des résonances plus profondes. Erich von Stroheim, pour exister, avait dû faire disparaître le petit juif qu'il était dans sa jeunesse. S'il veut maintenant continuer à progresser, il faut que le "sale boche", ce personnage de transition témoin de ses débuts cinématographiques, soit éliminé à son tour. L'exécution de ce plan promet d'être d'autant plus délicate que c'est grâce à des personnages antipathiques qu'il est devenu un homme en vue. Il importe d'être circonspect et de limiter les risques. C'est probablement pour cette raison que Stroheim s'est montré d'une exceptionnelle docilité, afin de sauvegarder ce qui pour lui était essentiel, l'invention d'une nouvelle métamorphose.

Dans *The Merry Widow*, Stroheim dévoile ce qu'il n'avait jamais montré auparavant, toutes les phases de la transformation de son héros. Il ne dissimule aucun des états d'âme du futur roi du Monteblanco, qui passe de la gaîté au désespoir, de la révolte à la résignation, du désir de tuer à celui de se donner la mort. A la fin du film, Danilo a atteint un nouvel équilibre, Sally l'a suivi in extremis dans son évolution, et ceux qui n'ont pas voulu changer sont morts.

Pour la première fois, le réalisateur a préféré situer l'action d'une de ses œuvres dans un pays imaginaire et a même accepté de tourner dans des décors truqués. On ne sait s'il s'agit d'une principauté balkanique à prédominance slave, ce qui expliquerait les inscriptions en caractères cyrilliques, ou bien d'une enclave italo-autrichienne, ce qui justifierait la consonance des noms de lieux, ou encore d'une simple caricature de Vienne et de la cour impériale, ramenée aux dimensions du Monténégro. Stroheim vit dans cet univers peuplé d'officiers en uniformes blancs et de femmes légères. Il s'amuse à nous faire visiter les différentes régions de ce royaume d'illusion qui lui ressemble et dont il est le démiurge.

Et si *The Merry Widow* était le plus réaliste des films d'Erich von Stroheim ?

"Unhappy End"

Le 14 avril 1925 le contrat qui liait Stroheim à la MGM est rompu par consentement mutuel. Le metteur en scène laisse en plan le montage de *The Merry Widow*. Irving Thalberg le termine en respectant le découpage prévu par Stroheim, qui lui sait gré de n'avoir supprimé que la valeur d'une bobine.

Rien ne laissait prévoir le départ aussi brutal du réalisateur, même si l'on admet que la MGM ne lui a pas ménagé les sujets de mécontentement. Un phénomène de saturation peut expliquer en partie sa décision, mais ne justifie pas le moment de son départ. Stroheim a fait preuve de beaucoup de bonne volonté pour supporter les conditions de travail qui lui ont été imposées et a tourné beaucoup plus vite qu'à son habitude, 18 plans par jour en moyenne. Une fois l'effort accompli, la tension nerveuse est retombée, il a pu céder à la lassitude. Il a compris qu'il avait été manipulé et ne désire pas renouveler l'expérience. Plutôt que de devenir un "bon faiseur", il préfère retrouver son indépendance. Sans doute a-t-il été déçu par la mesquinerie des producteurs qui n'ont pas fait un geste pour le remercier de sa conduite exemplaire. Encore sous le coup de sa récente détresse financière, il n'avait pas eu le temps de faire le rapprochement qui lui permet maintenant de voir que tout ce qui lui a été demandé n'avait d'autre but que de faire gagner davantage d'argent à la MGM. La qualité du film est un détail qui n'a d'importance que dans la mesure où elle peut être monnayé. Toutes ces insatisfactions ravivent l'amertume et la rancœur qu'il ressasse depuis le massacre de *Greed*. Ce que Thalberg a fait là est impardonnable et Stroheim ne veut plus entendre parler de lui. On ne saura jamais exactement pourquoi il n'a pas fini le montage de *The Merry Widow* ni quel prétexte a emporté sa décision. On peut envisager une hypothèse si l'on se souvient qu'à cette époque il a soumis au comité de lecture de la compagnie un projet qui a été refusé : *The Crucible*, son premier script, écrit en 1918. Il faut croire que Stroheim tenait particulièrement à cette sombre histoire de guerre, d'amour et de trahison puisque, six ans plus tard, il n'a pas toujours pas renoncé à l'envie de la porter à l'écran.

Lorsque Stroheim quitte la MGM, il n'a aucun travail en vue. Mais le succès considérable de *The Merry Widow* assoit définitivement auprès du public sa réputation de grand metteur en scène. En 1925, son film sera classé aux Etats-Unis parmi les dix meilleurs, aux côtés de *The Gold Rush* (*La ruée vers l'or*) et de *The Big Parade* (*La grande parade*). La prestation qu'il a réussi à obtenir de Mae Murray lui vaut une nouvelle et sérieuse réputation de "dompteur de star". Et les bénéfices prodigieux du film, 996 226, 24 $, démontrent qu'il est capable d'enrichir un producteur.

Le metteur en scène ne touchera jamais un centime des recettes de son film. La MGM avait prévu qu'il serait physiquement responsable s'il enfreignait les termes de son contrat, comme cela c'était précisément passé. Elle manœuvra si bien que la somme qui aurait dû revenir au réalisateur, 25 % des recettes, correspondait exactement au déficit de *Greed*. Stroheim essaya d'intenter une action judiciaire qui n'aboutit pas.

Dix ans après, en 1933, la compagnie, souhaitant produire un remake de *The Merry Widow*, lui offrira généreusement... 5 000 $. Le nouveau scénario suivait de beaucoup plus près le livret de l'opérette.

Vengeance immanente ? Le film, réalisé par Ernst Lubitsch, fut à l'époque un fiasco.

Stroheim aimait dénigrer le film qu'il avait autrefois tourné, mais il aimait aussi les compliments. Voici ce qu'il raconta à Thomas Quinn Curtiss... quelques années seulement après la mort de Franz Lehar : « Le compositeur déclara dans une lettre ouverte qu'il éprouvait pour le film et sa mise en scène une grande admiration, ajoutant même que s'il n'avait pas déjà écrit la partition de l'opérette, ce spectacle cinématographique lui aurait donné envie de le faire. »[19]

X

THE WEDDING MARCH - THE HONEYMOON
(La symphonie nuptiale - Mariage de prince)

L'art de persuader

Patrick A. Powers, producteur indépendant, était spécialiste des films à petit budget distribués dans les salles à bon marché. Lorsqu'il proposa à Stroheim de financer sa prochaine réalisation, il avait simplement l'intention d'offrir à une jeune personne un rôle qui la ferait connaître. Quelques heures plus tard, il était entendu que le metteur en scène allait tourner pour le producteur un grand film où l'on retrouverait la Vienne d'avant-guerre et toute la magnificence de l'empire des Habsbourg. Il n'était plus question de la vedette féminine... Subjugué par l'art de persuader de Stroheim, Powers avait décidé de relever le défi et de se lancer dans un projet d'envergure.

Powers avait pu apprécier les avantages et les inconvénients de cette entreprise à haut risque. Il devrait emprunter des capitaux, se plier aux caprices de Stroheim qui pouvaient fort bien le conduire à la ruine, s'aventurer dans un domaine où il n'avait guère d'expérience. Par contre, son audace allait le faire connaître, son association avec Stroheim lui conférerait une certaine notoriété artistique, et le récent succès de *The Merry Widow* lui laissait espérer de gros bénéfices.

La perspective de n'avoir de compte à rendre à personne, sinon à Powers, ne pouvait qu'enchanter Stroheim. Il allait enfin s'affranchir des servitudes imposées par une administration puissante et bornée. Il serait désormais son propre maître d'œuvre. Il pourrait s'octroyer simultanément tous les privilèges et jouir de la liberté dont il avait toujours rêvé.

L'actualisation des rêves

Pour stimuler son imagination, Stroheim avait besoin de "faire retraite". Avec son ami Harry Carr, engagé en qualité de collaborateur, un secrétaire et un assistant, il partit pour la montagne de San Jacinto, à 60 miles de Los Angeles. Les quatre hommes s'installèrent dans un confortable chalet, mais dès la première nuit, ils durent se rendre à l'évidence : la maison était hantée. Si l'on accorde quelque crédit au récit que Stroheim a conté à Herman G. Weinberg, il ne s'agissait pas de fantômes ordinaires. Ni suaires, ni chaînes, pas de hurlements. Mais à 4 heures du matin des « ondes terrifiantes » envahirent la demeure, et un orgue électrique, couvert de toiles d'araignées, se mit à jouer tout seul de la musique de Jean-Sébastien Bach. L'agent immobilier qui leur avait procuré la location ne fut pas surpris de voir revenir ses clients. Il leur expliqua qu'une malédiction pesait sur la maison depuis le double suicide de son premier propriétaire et de sa femme. Tous deux, bien qu'à une semaine d'intervalle, s'étaient donné la mort à 4 heures du matin dans la chambre où avait dormi Stroheim. L'agence avait à plusieurs reprises indemnisé des locataires et leur avait procuré une résidence plus tranquille. Or, à la stupéfaction générale, Stroheim décida qu'ils reviendraient au chalet. Ils n'eurent effectivement plus à se plaindre de leurs hôtes surnaturels. En fait, la perspective de cohabiter avec quelques spectres plaisait infiniment au metteur en scène : « Ça ira. J'aime l'idée d'écrire l'histoire de *The Wedding March* dans un tel endroit. C'est ce qu'il faut.... D'une certaine manière, *The Wedding March* est aussi une histoire de fantômes. »[1]

On peut ne voir dans le récit de cette aventure qu'un témoignage supplémentaire de l'incorrigible superstition stroheimienne. Sans s'attarder sur la véracité des phénomènes physiques ni sur l'objectivité de leur compte rendu, cette anecdote livre pourtant l'une des clefs du film. Dans un monde révolu, des personnages qui ne peuvent plus exister vivent une aventure anachronique. De la Vienne d'avant-guerre ne reste qu'un empire fantomatique habité par des esprits. Stroheim rappelle à ses contemporains qu'il a fait partie de cette société brillante et chamarrée aujourd'hui disparue. Le héros du film, le prince Nikki, est l'image de l'homme qu'il était en ce temps. Le commentaire de Stroheim dissimule, à peine, une troisième et dernière interprétation : l'officier que l'on voit vivre sur l'écran n'est lui-même qu'une apparence trompeuse. Mais le déguisement est si parfait qu'on ne peut déceler la supercherie que si l'on connaît la vérité, si l'on sait que cet officier n'a jamais existé que dans la biographie imaginaire de Stroheim. C'est ce fantôme-là qui hante son film, domine et dirige les autres revenants. Stroheim croit à la réalité de son propre fantôme. Et c'est pour rester logique avec lui-même qu'il est obligé d'être superstitieux.

La Cinémathèque française conserve dans ses archives des documents très révélateurs de la manière dont Stroheim a construit son scénario. Il s'agit d'une série de schémas où figurent les noms de tous les personnages du film, reliés entre eux par un réseau compliqué de flèches et de traits qui précisent leurs relations réciproques. Bien que peu lisibles, ces graphiques montrent que Stroheim avait besoin d'une représentation visuelle pour résoudre un problème d'ordre intellectuel.

Stroheim avait toujours travaillé seul pour rédiger les scénarios de ses films, jusqu'à *The Merry Widow*. On se souvient de l'inactivité de Benjamin Glazer, suggérée par Thalberg et encouragée par Stroheim. Pour *The Wedding March*, le metteur en scène va enfin accepter que son collaborateur travaille avec lui. Stroheim avait probablement choisi Harry Carr en raison de sa profession : il était journaliste. Il a d'ailleurs raconté dans une série d'articles[2] comment avait été élaboré *The Wedding March*. N'en déplaise au lobby des fantômes californiens, la plus grande partie du script a été rédigée à

La Jolla, au bord de la mer, et non à la montagne. Stroheim se levait à midi et commençait sa journée de travail en discutant pendant deux ou trois heures avec Harry Carr des idées qu'il avait eues la veille. Ils partaient ensuite pour la plage, où Stroheim dictait à son secrétaire les scènes qu'ils avaient mises au point. Après le dîner, ils reprenaient leurs discussions. Lorsque tout le monde était couché, Stroheim s'enfermait dans son bureau et écrivait jusqu'à trois heures du matin. Somme toute, et de façon systématique, Carr intervenait deux fois dans la conception de chaque scène. Mais Stroheim ne déléguait jamais ses prérogatives à son ami qu'il faut bien se garder de considérer comme le coauteur de *The Wedding March*.

Stroheim s'imposait donc volontairement un emploi du temps très chargé qui ne prévoyait aucun répit. Pour mieux s'identifier au prince Nikki, il avait pris l'habitude de porter un sabre de cavalerie pendant qu'il écrivait, ce qui ne manquait pas de faire sourire ses compagnons. Mais Harry Carr a été encore plus surpris le jour où Stroheim a entrepris d'inventer l'histoire d'un personnage auquel il ne devait même pas être fait allusion dans le film. Stroheim croyait à l'hérédité, au déterminisme social, il avait besoin pour créer un personnage de connaître ses origines. Or Cecelia, une des principales héroïnes du film, une jeune handicapée pleine de délicatesse et de sensibilité, ne pouvait pas ressembler à son père, un commerçant enrichi et sans éducation. A partir des caractéristiques essentielles de Cecelia, Stroheim a composé un portrait vraisemblable de sa mère, décédée depuis longtemps, a imaginé ce qu'avaient été sa vie et sa mort, et s'est servi en retour de ces éléments pour parfaire sa fille.

Il est difficile de ne pas voir dans cette démarche intellectuelle le reflet de la propre mutation d'Erich von Stroheim, tant est frappant le parallélisme des deux techniques de conception. Après qu'il eût décidé d'être noble, Stroheim a entrepris de reconstruire ses parents afin de se définir lui-même de façon plus approfondie. Il en est logiquement résulté un être mieux équilibré et plus cohérent, du moins en apparence. En élaborant Cecelia devant témoin, Stroheim livre son propre "secret de fabrication". Mais qui pourrait penser qu'il l'a d'abord expérimenté sur lui-même et qu'il est la première de ses créations ? De là viendrait son aisance à imaginer et manipuler avec naturel les personnages les plus divers.

Synopsis

La noble famille des Wildeliebe-Rauffenburg[3] est complètement ruinée. Ils ne semblent avoir d'autre moyen d'échapper au dénuement que de marier leur fils avec une jeune fille bien dotée. Ces difficultés financières et leur solution ne semblent pas troubler outre mesure le prince Nikki, qui mène sans passion une existence de joyeux célibataire.

Ses fonctions l'appellent ce jour-là, à l'occasion des cérémonies de la Fête-Dieu, devant la cathédrale Saint-Stephan, où il commande la garde impériale à cheval. Il forme avec ses hommes la haie d'honneur qui contient la foule venue acclamer l'empereur. Nikki remarque parmi les spectateurs une ravissante jeune fille qui ne le quitte pas des yeux. Mitzi est venue avec son père, sa mère et son fiancé, Schani, un garçon boucher à l'air brutal. Malgré la sourde hostilité de ce dernier, Nikki et Mitzi continuent à se regarder, déjà follement épris l'un de l'autre. Le cortège impérial va quitter la cathédrale, annoncé par un feu de salve. Effrayé par le bruit, le cheval du prince renverse la jeune fille. Une ambulance l'emmène. Schani, qui commençait à faire du scandale, est arrêté par la police.

Nikki ne manque pas d'aller voir Mitzi, qui se remet dans une chambre d'hôpital d'une blessure sans gravité. Dès qu'elle est sortie, il va lui rendre visite au restaurant de plein air où elle accompagne à la harpe son père qui joue du violon. Il entreprend une cour empressée, mais sincère et délicate. Schani, après quelques jours de détention, retrouve sa liberté et apprend qu'il a un rival. Il entre en fureur : « Je vais écraser son monocle et en faire du goulasch. Et puis je lui ferai cracher ses dents et je t'en ferai un collier. » Cependant, Nikki, bien qu'amoureux, continue à fréquenter les filles de joie de l'accueillant établissement de la Kelnerhofgasse, au numéro 69. Alors qu'il annonce à ces dames qu'il doit s'éclipser pour aller retrouver une charmante jeune fille dont il est épris, son père s'occupe de son avenir. Dans un autre salon du bordel, il est en grande conversation avec un certain Schweisser, fabricant d'emplâtres coricides de son état, mais surtout multimillionnaire. Ce dernier lui propose une affaire très intéressante : faites de ma fille une princesse et je vous donne un million de couronnes. Le marché ainsi conclu est généreusement arrosé. Pendant ce temps, Nikki retrouve Mitzi qui, définitivement conquise, le laisse entrer dans sa chambre et se donne à lui.

Le matin suivant le prince apprend la décision qui a été prise par son père. Nikki proteste tout d'abord, fait remarquer que la fille de Schweisser boite, que lui-même est peut-être amoureux d'une autre... Puis se laisse persuader par l'argumentation de sa mère qui le rappelle à la réalité : « L'amour est une chose et le mariage une autre ». De son côté, le vieux Schweisser annonce la nouvelle à sa fille. Cecelia répond par des objections naïves mais sensées. Comment le prince pourrait-il l'aimer suffisamment pour l'épouser alors qu'il ne l'a jamais vue ? Son père la rassure : elle est riche, elle sera princesse, l'amour viendra avec le temps. Mitzi ne se doute encore de rien et va se confesser à la cathédrale.

La veille de son mariage, Nikki, profondément désolé, vient faire ses adieux à Mitzi. Le jour venu, Schani se moque d'elle en lui montrant le journal. Il tente alors de la violer mais le père de Mitzi intervient et l'en empêche. Ivre de colère, comprenant qu'elle aime toujours Nikki, le boucher menace d'assassiner le prince après la cérémonie. Le parvis de Saint-Stephan connaît de nouveau une grande affluence. Les jeunes mariés sortent de l'église. Au moment où Schani va saisir son arme, Mitzi intervient, lui promettant de l'épouser s'il épargne Nikki. Et Cecelia demande à son mari : « Nikki... qui est cette jeune fille qui pleure... et qui est cet horrible bonhomme ? » Après un instant d'hésitation, il répond : « Je ne les connais pas, c'est la première fois que je les vois ».

Le voyage de noce du jeune couple les conduit dans les Alpes où la famille von Wildeliebe-Rauffenburg possède un château. Il pleut et une roue de la voiture casse. Cecelia tombe en franchissant le seuil de la demeure ancestrale. Mais elle essaie de braver tous ces mauvais présages. Elle comprend l'amertume désabusée de son mari et lui promet de faire tout son possible pour être à son côté la meilleure des épouses. Elle lui demande innocemment comment elle doit s'y prendre pour devenir « une femme amusante ». Touché par tant de gentillesse, Nikki est sur le point de répondre à l'amour naissant de Cecelia, mais il ne peut oublier Mitzi. Il se retire dans ses appartements et la laisse seule dans sa chambre. Le lendemain matin, il lui annonce qu'il va à la chasse.

A Vienne, Schani oblige Mitzi à tenir sa promesse. Ils sont à l'église, un prêtre va consacrer leur union, mais au moment de dire "oui" la jeune femme fait semblant de s'évanouir. Hors de lui, le boucher jure qu'il va cette fois-ci tuer son rival et se met sur-le-champ en devoir de rattraper le prince. Mitzi part également, dans l'espoir de sauver celui qu'elle aime toujours. Au même moment, Cecelia prie pour son mari dans la chapelle du château. Une prémonition l'avertit soudain qu'il court un grand danger. Malgré son handicap, elle se lance sur le chemin qui mène au refuge de montagne où elle retrouve Nikki. Mitzi fait alors brusquement irruption dans le chalet, Schani arrive sur ses talons et tire sur le prince, avant qu'elle n'ait eu le temps de le prévenir. Mais Cecelia s'est jetée devant son mari et c'est elle qui reçoit la balle. Sa blessure, extrêmement critique, exige une immobilité totale. Comprenant la qualité de l'amour qui unit son mari et Mitzi, Cecelia enfreint les ordres du médecin. Elle se traîne jusqu'au pied d'un crucifix géant où elle expire.

De retour à Vienne, Nikki essaye en vain de retrouver Mitzi, mais celle-ci a disparu, ainsi que toute sa famille. Il reprend ses habitudes chez Madame Rosa. La guerre est déclarée, et Nikki est envoyé à la frontière de la Hongrie et de la Serbie pour lutter contre des bandes de pillards qui terrorisent la population. Il est un jour appelé au secours par des religieuses de l'ordre du Sacré-Cœur. Il a la surprise de trouver avec elles Mitzi qui a précisément choisi leur couvent pour faire retraite. Une coïncidence en appelant une autre, le lieutenant du chef des assaillants n'est autre que Schani. Les armées impériales s'opposent à la horde hurlante dans une héroïque mêlée. Nikki sauve in extremis Mitzi que Schani s'apprêtait à violer. L'alerte passée, l'aumônier du couvent marie enfin les deux amoureux. Mais la troupe doit repartir, Nikki et Mitzi devront attendre la fin des hostilités pour être à nouveau réunis.

Ainsi se terminait le scénario écrit par Erich von Stroheim. Le film qui a été tourné suivait fidèlement ce récit jusqu'à la mort de Cecelia. La suite était par contre notablement différente. Schani se tuait en montagne en cherchant à échapper aux serviteurs du prince qui le poursuivaient. On insistait sur la douleur du père de Cecelia qui pleurait sur le cercueil de sa fille et maudissait sa folle ambition. Nikki et Mitzi étaient libres de se marier. Le film s'arrêtait avant la déclaration de la guerre. La copie qu'on peut voir à la Cinémathèque française s'arrête au mariage de Nikki et de Cecelia. L'unique exemplaire de la deuxième partie a malheureusement brûlé en 1957.

Car tel est notre bon plaisir

Stroheim a composé à sa guise le scénario de *The Wedding March*. Personne ne lui a donné la moindre directive ni imposé la plus infime contrainte. Il en a été de même pour les décors. Richard Day conçut et fit édifier 36 plateaux différents. La plupart d'entre eux furent construits au Selig Zoo Studio (Associated Studio). Stroheim exigeait des décors complets et praticables. Le plus impressionnant fut évidemment la cathédrale de Vienne. La façade et le parvis avec les rues avoisinantes, la nef, le maître-autel, un confessionnal et même les grandes orgues. Mais il y avait aussi les salons luxueux de la maison de Madame Rosa, le bureau de l'empereur, toutes les pièces du palais des Wildeliebe-Rauffenburg, le hall, les chambres et la chapelle du château où Nikki emmenait Cecelia. Moins grandioses mais également irréprochables, la chambre d'hôpital, la guinguette au bord du Danube avec son verger, la maison des parents de Mitzi et l'entrepôt du boucher. Le chalet alpin fut reconstruit sur le mont Alice, dans les High Sierras, des croix et des calvaires au bord des chemins achevèrent de transformer en montagnes autrichiennes les escarpements américains. Stroheim exultait, on avait reconstruit Saint-Stephan pour son film. Il était vengé de la frustration qu'il avait ressentie lorsqu'il préparait *Merry-Go-Round*. Il était si content de ses reconstitutions qu'il raconta cette histoire à son biographe officiel : « Le résultat était si convaincant que lorsque l'archiduc Léopold, petit neveu de François-Joseph, vint visiter le décor du Graben et de la Cathédrale, il en demeura d'abord bouche bée puis il déclara qu'il se sentait brusquement transporté, comme par un tapis magique, dans la cité de sa jeunesse. »[4]

Stroheim fait approuver les compliments qu'il s'adresse à lui-même par une autorité incontestable. Une altesse impériale se retrouve, grâce à lui et avec lui, dans un monde à jamais disparu. Ce n'était certes pas le premier venu qui aurait pu soulever une telle émotion !

Mais la ville que Stroheim voulait montrer aux spectateurs devait être habitée par des Viennois au moins aussi réalistes que les décors. Il fallait un échantillonnage complet de toutes les classes de la société en toutes circonstances. Stroheim, qui ne perdait pas une occasion de rappeler ses nobles origines, se devait d'affecter un goût marqué pour le libertinage et la licence aristocratique. Il a certainement pris un malin plaisir à animer l'accueillante maison de

Madame Rosa. Il se procura du vrai champagne et de l'alcool de contrebande, il engagea parmi les figurants d'authentiques filles de joie, le décor fut entouré de hautes palissades. Fay Wray (Mitzi) fut pendant quelque temps priée de rester chez elle. Comme Stroheim l'avait prévu, chacun prit son rôle très à cœur. Et les caméras reçurent l'ordre de tout filmer. Au delà du réalisme et du naturalisme, Stroheim, cette fois-ci, expérimentait le réel. De fait, il avait véritablement créé un bordel. Le contenu de ces scènes et les indiscrétions qui circulèrent à propos de leur tournage soulevèrent un énorme scandale. On a longtemps pensé que tout avait été orchestré à des fins publicitaires. Mais Hal Mohr, l'un des opérateurs présents sur le plateau, confirme ce que Stroheim a toujours affirmé.[5] Il a décrit sans ambiguïté et en termes assez crus ce dont il avait été le témoin. Bien qu'une grande quantité de pellicule ait été impressionnée, il ne reste aujourd'hui que quelques images assez sages. Mais le bruit court de temps en temps que le négatif original aurait été retrouvé...

Alors qu'il concevait son scénario, Von Stroheim avait déjà en tête la plupart des acteurs qu'il comptait employer. Il se réservait évidemment d'interpréter le prince Nikki. Pour le rôle de Mitzi, il voulait une actrice qui présentât le juste équilibre entre l'innocence et la sensualité. Il voyait une jeune femme blonde, jolie et plus petite que lui. Fay Wray, une jeune artiste presque débutante, semblait répondre aux exigences morales du rôle, mais elle était brune et mesurait 1,60 m. Son impresario lui conseilla d'adopter une coiffure plate et des chaussures sans talons pour se présenter devant Stroheim. Et tout se passa très vite. Quand elle réalisa qu'elle était engagée, Fay Wray éclata en sanglots. Cette réaction spontanée acheva d'enthousiasmer le metteur en scène, il n'y eut même pas de bout d'essai.

Les autres rôles furent attribués à des acteurs qui avaient déjà tourné à plusieurs reprises sous la direction de Stroheim. Zasu Pitts trouve un emploi complètement différent de celui qu'elle tenait dans *Greed* (Trina), mais tout aussi pathétique (Cecelia). Cesare Gravina reprend le rôle du père noble de la jeune fille du peuple qu'il avait tenu dans *Merry-Go-Round*. Dale Fuller, qui dans ce même film était la femme et la victime du méchant Huber, interprète la mère de Mitzi. Stroheim aurait voulu donner le rôle de Schani à Wallace Beery (Huber dans *Merry-Go-Round*), mais, celui-ci n'étant pas libre, Matthew Betz est engagé à sa place. Georges Fawcett, le père de

Mirko et l'oncle de Danilo dans *The Merry Widow*, devient le père du prince Nikki. Maude George, l'une des "cousines" de Karamzin (*Foolish Wives*) et la couturière diabolique de *The Devil's Pass Key*, incarne la mère débauchée de Nikki. Sidney Bracey continue à jouer les valets et Anton Wawerka l'empereur François-Joseph.

Aucun acteur n'a donc été imposé à Stroheim, rien ni personne ne lui a été refusé. Il en est allé de même pour l'équipe technique où figurent une fois de plus Edward Sowders et Louis Germonprez, assistants réalisateur, et Richard Day, chef décorateur. Stroheim dut abandonner ses opérateurs favoris qui étaient sous contrat à la MGM. Ils furent remplacés par deux techniciens expérimentés, Bill McGann et Harry Thorpe. Ces derniers ne supportèrent pas longtemps les horaires fantaisistes et le travail forcené qu'on voulait leur imposer. Ils quittèrent bientôt le plateau pour ne plus revenir. Hal Mohr et Buster Sorenson furent appelés à les remplacer. Le premier fut nommé chef opérateur, le deuxième, qui n'était alors qu'assistant, fut promu caméraman. Leurs témoignages offrent l'avantage de fournir une chronique presque quotidienne du tournage et de ses incidents.

Hal Mohr n'a pas oublié l'entêtement de Stroheim qui refusait de modifier la répartition des accessoires alors que les lois de la perspective exigeaient de les déplacer pour que la scène reste vraisemblable. Les opérateurs devaient systématiquement effectuer ce travail en cachette. Stroheim ne voulait pas entendre parler de laboratoire pour réaliser ses fondus enchaînés. Il fallait que tout fût fait à la main, en rebobinant à chaque fois la pellicule dans la caméra. Cela impliquait que les plans ainsi liés les uns aux autres devaient tous être bons. Or, on comptait, par exemple, cinq fondus d'affilée lorsque Mitzi se confessait !

Stroheim voulait un verger avec des pommiers en fleurs. Plutôt que d'attendre le retour du printemps, il fit confectionner à la main des milliers de fleurs en cire qu'on accrocha aux branches des arbres. Elles devaient tomber sur les deux amoureux à l'instant voulu avec grâce et docilité. Décidément, tout absolument devait obéir à Stroheim ! Le tournage de cette scène fut pour Fay Wray l'occasion de son premier tête à tête avec son partenaire masculin. Très impressionnée, elle était plus morte que vive. Le metteur en scène consacra plus d'une heure à la réconforter afin de lui rendre son assurance. Il était d'ordinaire moins patient et ses collaborateurs se seraient inquiétés si une journée s'était achevée sans qu'il ne se fût emporté. Ils savaient qu'après l'orage il retrouvait son calme et s'excusait toujours de ses paroles un peu vives.[6] La malheureuse Fay Wray ne fut par la suite pas mieux traitée que les autres.[7] Stroheim passait son temps à l'insulter, à l'injurier et à l'humilier, jusqu'à ce qu'il obtienne le meilleur d'elle-même.

En plus de ses accès de colère, Stroheim était sujet à de véritables crises de sadisme. Hal Mohr a assisté en direct au supplice de Matthew Betz. La scène se passait dans l'arrière-boutique de la boucherie et l'odeur des quartiers de viande suspendus en plein soleil depuis plusieurs jours empoisonnait l'atmosphère. L'opérateur a vu de ses yeux le metteur en scène obliger son acteur à afficher un air d'intense réflexion alors qu'il mâchait un morceau de viande crue, heureusement plus fraîche que celle qui pendait alentour. Et Stroheim prolongeait comme à plaisir la prise de vue, exigeait que l'on recommençât le plan, sans se soucier des spasmes qui torturaient l'estomac de Matthew Betz. La recherche du réalisme ne saurait en aucun cas justifier ce comportement, bien au contraire.

Peut-être Stroheim avait-il besoin d'adversité, sans quoi il n'arrivait pas à éliminer toute l'agressivité qu'il avait en lui. Lors des tournages précédents, les producteurs lui avaient toujours fourni une bête noire que, consciemment ou non, le metteur en scène avait utilisé comme exutoire. Cette fois-ci, il n'a plus d'opposant légitime, et ses collaborateurs, acteurs et techniciens, bénéficient de tout son "potentiel d'hostilité". Ainsi, Stroheim leur faisait payer le prix de sa liberté.

Mais il n'oubliait pas d'être sévère avec lui-même, achetant ce faisant le droit d'être intransigeant avec les autres. Ce procédé lui permettait de couper court à toute velléité de rébellion, tout en soutenant qu'il cherchait à obtenir le meilleur résultat possible. Lorsqu'il se mettait lui-même en scène, Stroheim demandait à chaque fois son opinion à Harry Carr. Il était on ne peut plus fâché lorsque ce dernier trouvait que la toute première prise était bonne. Avec une mauvaise foi des plus déconcertantes, Stroheim adorait discréditer ses talents d'acteur. Son ami, nullement contrariant, lui suggérait donc toujours de recommencer. Ce que le réalisateur acceptait en déplorant d'être aussi mauvais.

On sait que Stroheim avait pour habitude de multiplier les prises. Avec *The Wedding March*, il bat tous ses records. « Il lui arrivait de recommencer 30 ou 40 fois une prise sans donner aucune indication supplémentaire aux acteurs. Il attendait quelque chose, mais il ne savait pas exactement quoi. Et il espérait que chaque nouvelle prise l'en rapprocherait. »[8]

Jusqu'à ce film, Stroheim n'avait pas eu l'audace d'ériger en principe les facteurs irrationnels qui influençaient son travail. Son comportement tel qu'il est décrit montre qu'il comptait sur le concours d'un mystérieux état de grâce pour trouver la solution idéale.

L'absence d'une autorité supérieure devait en théorie préserver le film de Stroheim de ses prédateurs habituels et lui laisser l'entière responsabilité du résultat. Autant dire qu'il se trouvait dans l'obligation de produire un chef-d'œuvre.

Tes père et mère honoreras

Partant du roman de Frank Norris, Stroheim avait été capable de faire revivre l'Amérique de 1900. Partant de ses propres souvenirs, il fait revivre la Vienne d'avant-guerre. *Greed* avait encouru le reproche d'être trop réaliste. Stroheim espère bien que *The Wedding March* suscitera la même critique. Il sait qu'une partie des spectateurs considérera en toute bonne foi son film comme un document autobiographique. Quant aux autres, s'ils contestent la vérité historique de l'intrigue, ils ne pourront pas douter de la fidélité du témoignage d'un aristocrate viennois sur son propre milieu. Sa sévérité est gage de sa probité. Le caractère exagérément mélodramatique du scénario plaide aussi en faveur de la réalité du monde où il se déroule. Même si les faits sont inventés, ou transposés, leurs composantes sont justes. Les gens, leurs habitudes et leur mode de vie, leur mentalité et leurs raisonnements, n'existent peut-être pas en tant que tels mais sont forcément le résultat d'une synthèse de l'univers que Stroheim a connu dans sa jeunesse. Et si Erich n'a pas vécu ce qui est arrivé au prince Nikki, il était certainement un jeune homme dans son genre...

Comme son uniforme, le rôle de Nikki est taillé sur mesure pour convenir à Stroheim. Et c'est ainsi que le metteur en scène évoque la vie quotidienne qu'il menait à Vienne. Il nous présente ses parents, sa maison et ses domestiques, expose avec complaisance les fonctions de sa charge et les tenues d'apparat qu'il se doit de revêtir, décrit ses distractions et ses complices de débauche. Le monde dans lequel il évolue et le luxe qui l'entourent le trouvent indifférent et blasé. Tout cela n'avait en effet rien d'exceptionnel pour l'héritier d'un grand nom. Sans forfanterie, Stroheim fait découvrir aux Américains la haute société dont il est issu. Il en montre les fastes spectaculaires, les vices ordinaires et la secrète détresse. Au début du film, Nikki est parfaitement à l'aise dans ce climat équivoque. Mais il n'avait pas envisagé qu'il pourrait un jour devenir amoureux, et que ce sentiment, dont il avait toujours ignoré l'existence, le transformerait aussi profondément. Le coup de foudre qui frappe Mitzi et Nikki surprend chacun d'eux dans son environnement naturel. Insolite et déplacé, il atteint Nikki alors que les exigences de son service l'obligent à rester immobile et imperturbable. Mitzi, quant à elle, est encadrée par ses parents et son fiancé. Ces contraintes sauvent paradoxalement cette scène d'une mièvrerie latente. Stroheim utilise avec virtuosité les ressources du cinéma muet. Le seul dialogue entre les deux jeunes gens passe par des regards plus éloquents que des paroles. Puis Mitzi glisse un bouquet de violettes dans la botte du cavalier. Respirant doucement le parfum des fleurs, Nikki montre qu'il a compris la réponse délicate mais sensuelle de la jeune fille. Une ruade du cheval, qui ne fait peut-être que trahir le trouble de son cavalier, renverse Mitzi. Heureux accident qui met un terme à cette première rencontre et appelle la suivante. Nikki n'est déjà plus tout à fait le même. En lui vont maintenant coexister deux états d'esprit différents. Il continue à fréquenter les salons de Madame Rosa mais on le voit aussi se rendre à l'hôpital. Il a usé de son influence pour que Mitzi ait une belle chambre, il s'ingénie à lui offrir de petits cadeaux, s'attarde à son chevet, fait la connaissance de son père. Il devient progressivement accessible aux sentiments, découvre l'affection et oublie ses préjugés sociaux. Ces émotions inconnues, toutes nouvelles pour lui, le conduisent quelques jours plus tard dans le jardin du restaurant. Scène capitale où Nikki va être révélé à lui-même. Stroheim n'a pas ménagé les allusions : l'orchestre joue "Paradise", les pommiers du verger sont en fleurs, deux statues représentent Adam et Eve. Les deux amoureux s'émerveillent de ce qui leur arrive, rien n'existait auparavant, la vie commence à cet instant, ils sont encore seuls au monde. Il ne reste plus qu'un homme et une femme, toutes les conventions ont été abolies. Mitzi frissonne, le prince lui donne son manteau. Plus qu'une preuve d'attention, ce geste souligne l'égalité retrouvée, le retour à la simplicité originelle. Nikki se dépouille des insignes de son grade, et son vêtement retrouve sa véritable fonction : protéger du froid. Mais, même dans ce jardin édénique, quelques indices rappellent les incertitudes et les dangers du monde extérieur. Un Christ en croix suggère la souffrance, la chute des fleurs de pommier rappelle l'irréversibilité des destinées et la légende de l'homme de fer, racontée par Mitzi, évoque le malheur et la mort. Parfois, des créatures mystérieuses apparaissent au bord du Danube. Celui qui voit des jeunes filles vêtues de blanc est assuré d'être heureux, mais celui qui voit un homme en armure sortir de l'eau et enlever l'une d'elle doit s'attendre au pire. Mitzi est raisonnablement superstitieuse, elle espère simplement que l'homme de fer ne se présentera jamais devant ses yeux. Nikki trouve charmante cette crédulité et ne s'en moque pas. Il est trop loin de l'état d'innocence et de spontanéité de sa compagne pour être sensible à ces manifestations surnaturelles, car selon Stroheim, c'est là l'apanage des cœurs purs et des esprits supérieurs.

Nikki saisit mal ce qui lui arrive. Pour la première fois, il a l'occasion de comparer l'amour vrai et l'amour vénal. Il est précisément au bordel, entouré de cinq femmes, lorsqu'il leur annonce sans détour qu'il va les quitter pour rejoindre une fille merveilleuse. Au lieu des rires et des sarcasmes qu'il pensait soulever, il trouve compréhension et sympathie. Personne dans son entourage n'aurait pu lui donner un conseil aussi désintéressé. Il avait besoin de cet appui, de cette approbation, pour être sûr de lui. Il part, plein d'une passion qui ose maintenant dire son nom et va rejoindre Mitzi. Nikki vient d'avoir une révélation, il partage désormais la foi de Stroheim, qui a toujours affirmé qu'il croyait à l'amour.

Le lendemain matin, de retour au palais des Wildeliebe-Rauffenburg, Nikki apprend avec stupeur que son père l'a vendu pendant la nuit au roi du coricide. La perspective d'un mariage sans amour lui apparaît insupportable. « O, love, without thee, marriage is a sacriledge and mockery ! »[9] (O, amour, sans toi le mariage est un sacrilège et une moquerie !) Cette phrase, écrite par Stroheim sur la première page de son manuscrit, est devenue la devise du prince. Celui-ci pense échapper à ce mariage arrangé en avouant la vérité, mais avant même qu'il se soit expliqué, son père et sa mère lui opposent une ironie méprisante. Ils sont, dans leur cynisme et leur cupidité, moins humains que les prostituées. Nikki avait trop présumé de ses forces nouvelles et se laisse facilement réduire à merci.

Il se retrouve brutalement dans le milieu social qui a toujours été le sien, tel qu'il était, paresseux et sans volonté, égoïste et lâche. Sa mère assure définitivement son emprise en se livrant à une scène de séduction des plus ambiguës.

Nikki, résigné, accepte sans plus de révolte le marché conclu par son père et va tristement faire ses adieux à Mitzi. A partir de ce moment, il cesse pratiquement d'évoluer. Il est toujours amoureux de Mitzi mais il subit désormais les événements avec une passivité mélancolique. Le héros démissionne mais l'action continue et les personnages féminins prennent le relais du protagoniste.

Cecelia accepte avec docilité l'époux qu'on lui propose. Elle ne se laisse pas plus éblouir par les titres de noblesse que par l'argent, et ne tarde pas à comprendre que Nikki n'éprouve pour elle que de la sympathie et un peu de pitié. Elle décide de consacrer sa vie à essayer de le rendre heureux, espérant dissiper un jour la peine qu'elle devine chez lui et changer son propre destin. Elle prend maintenant l'initiative des sentiments, puisque Nikki a renoncé. Quant à Mitzi, elle prend en charge la progression de l'action. Son amour a atteint son paroxysme et de façon définitive. Elle commence par sauver la vie de Nikki en détournant sur elle-même la colère de Schani. Mais par la suite, elle ravive l'aversion que ce dernier n'a jamais cessé d'éprouver pour Nikki.

Dans la scène décisive, les sentiments passent à l'action, aussi bien la haine de Schani pour son rival que l'amour des deux jeunes femmes pour le prince. Elles s'engagent dans une généreuse compétition dont le prix est le salut de celui qu'elles aiment. Mitzi est devancée de justesse par Cecelia qui, abandonnant sa réserve contemplative, s'interpose physiquement entre les deux ennemis et reçoit le coup mortel. Son sacrifice est l'apothéose de la vie d'une sainte. Stroheim a consciencieusement instruit le procès en béatification. Parmi toutes les vertus de la candidate, il a surtout retenu la richesse et la qualité de son amour, exempt de tout sentiment d'égoïsme, la sincérité de son désintéressement et la pureté de son innocence. Le dossier doit comporter la relation d'un certain nombre de miracles accomplis par la postulante. On notera qu'elle a été mystérieusement prévenue du danger encouru par son mari pendant qu'elle était en prière, qu'elle a ensuite réussi à atteindre le chalet par une voie extrêmement escarpée alors qu'elle ne marche d'ordinaire qu'avec difficulté, qu'elle est arrivée à temps pour ne pas mourir en vain. Une dernière manifestation providentielle devrait réduire définitivement au silence l'avocat du diable : la conversion du vieux Schweisser qui se repent de ses fautes et pleure amèrement sur le cercueil de sa fille. Tous ces événements n'ajoutent rien à la gloire de Nikki, qui reste l'enjeu presque inconscient de passions qui le dépassent. Sa volonté semble abolie, comme elle l'avait déjà été devant ses parents.

Dans le scénario original, Stroheim permettait à son héros de se racheter. Il se battait avec vaillance pour défendre son pays et protéger un couvent contre des brigands. Cette conduite méritoire le rendait enfin digne de retrouver Mitzi. Pour faire bonne mesure, il devait l'arracher des mains de Schani qui figurait parmi les bandits. Mitzi, de même, avait le temps de mesurer tout ce qu'elle devait au sacrifice de Cecelia. Elle se retirait dans un cloître pour expier le mal dont elle s'estimait responsable. La fin qui a été filmée ne fait que sous-entendre cette double évolution. Et Nikki fait presque figure de profiteur, d'autant plus que sa mère a le mauvais goût de lui faire remarquer qu'il a tout compte fait réalisé « une excellente opération financière ».

Les antécédents

On a souvent rapproché, non sans raison, *The Wedding March* de *Merry-Go-Round*. Les deux films commencent par un coup de foudre réciproque, on y trouve les mêmes thèmes principaux : les amours contrariées d'un noble et d'une jeune fille du peuple, la transformation d'un débauché en honnête homme. Certains personnages semblent identiques et sont confrontés à des situations tout à fait comparables. Les deux héroïnes s'appellent Mitzi et sont également pures et vertueuses, elles appartiennent au monde des forains et des petits musiciens, elles tombent amoureuses d'un aristocrate qui veut les épouser. Plusieurs scènes relatent des événements d'esprit analogue : le spectacle du cortège impérial à l'occasion des cérémonies religieuses, les divertissements orgiaques des nobles débauchés, les petits levers tardifs de ces mauvais sujets, les soirées populaires dans les guinguettes des bords du Danube, le pieux sacrifice d'un être disgracié et malheureux pour assurer le bonheur de la personne qu'il aime, les différentes tentatives de viol de l'héroïne par la méchante brute. (On peut à ce propos signaler que

Huber Kallafati se prénommait également Schani).[10] D'autres scènes se retrouvent pratiquement inchangées, comme les confessions respectives des deux Mitzi à Saint-Stephan.

Mais les thèmes du noble ruiné, de la mésalliance et du mariage d'argent préoccupaient Stroheim depuis bien plus longtemps. Enfant, il avait assisté à la faillite de l'entreprise de son père ; jeune émigrant, il avait connu la misère. On n'a pas oublié qu'en 1912 il avait écrit une pièce de théâtre intitulée *In the Morning*. Un jeune officier noble, qui s'appelait déjà Nicki, se trouvait dans une situation presque analogue à celle du prince de *The Wedding March*. Ruiné, il refusait d'épouser la fille d'un riche commerçant juif. Il découvrait ensuite l'amour désintéressé et les qualités de sa maîtresse, une jeune actrice aux mœurs assez légères du nom de Mizzi. Lorsqu'il retrouvait sa fortune, il promettait de changer de vie et, en dépit des conventions sociales, restait fidèle à son ancienne amie. Cette héroïne ne préfigure en rien celles qui l'ont immédiatement suivie dans l'œuvre de Stroheim, et qui dans le meilleur des cas sont écervelées, coquettes et irresponsables. Il faut attendre *Merry-Go-Round* et surtout *The Wedding March* pour que Stroheim se permette de montrer des femmes sans défaut, Mitzi et Cecelia.

Nicki, le jeune officier de *In the Morning*, est beaucoup plus proche du prince de *The Wedding March* que le comte Franz Maximilian de *Merry-Go-Round*. Dès le début, Stroheim savait où il voulait aller, il avait défini l'idéal qu'il lui fallait atteindre. Mais *In the Morning* n'a pas été filmé et le premier Nicki n'a jamais acquis pour Stroheim, ni pour le public, la moindre réalité. Au cours des années, le metteur en scène a su convaincre les foules pour imposer progressivement sa création. Son dernier film, *The Merry Widow*, donnait pour témoins d'évolutions les soupirants de la Veuve Joyeuse. On a longtemps pris Stroheim pour Mirko, il va démontrer qu'il est surtout Danilo. Et Nikki ressemble d'ailleurs à celui-ci comme un frère, même s'il ne se trouve pas dans une situation tout à fait analogue. Leurs personnalités se rencontrent sur bien des points : lorsqu'ils découvrent l'amour leur vie se transforme de façon identique, ils accèdent également au bonheur, ils expérimentent les mêmes souffrances, mais montrent la même passivité devant l'adversité. Danilo est la dernière étape avant Nikki.

En interprétant lui-même le rôle du prince Nikki, Stroheim grâce à l'image cinématographique, donne vie et réalité au personnage qu'il prétend avoir été. En le faisant évoluer, il rectifie son passé et le vit au quotidien dans les moindres détails, pour lui et pour les autres.

Que le spectateur de 1926 ait pu prendre *The Wedding March* pour une œuvre autobiographique, voire pour un film à clef, n'a pas dû troubler Stroheim outre mesure. N'avait-il pas déjà dévoilé dans *Blind Husbands* quelques bribes de son passé ? Le fait patent est que Stroheim a l'ambition de faire croire à son public qu'il ne fait pas œuvre d'imagination, même s'il lui arrive de transposer. Quant à lui, il y a si longtemps qu'il a inventé son passé, que ce qu'il raconte appartient presque au domaine de ses souvenirs. Rappelons l'aisance avec laquelle Stroheim s'était à nouveau identifié à Nikki plus de vingt-cinq ans après le tournage.

Pour donner l'impression d'un reportage, Stroheim ne laisse rien dans l'ombre. On le suit depuis son réveil pour ne le quitter qu'à l'aube du matin suivant. C'est ainsi qu'on partage toutes ses activités, des assiduités dont il poursuit la femme de chambre jusqu'aux soirées frivoles, en passant par ses obligations militaires et familiales. On assiste à son évolution au travers de ses diverses réactions, devant ses parents, devant ses camarades, devant ses maîtresses et devant ses ennemis. On voit comment il découvre peu à peu les gens qui l'entourent et apprend à connaître et à aimer les autres. Jusqu'à maintenant, Stroheim avait surtout mis l'accent sur la supériorité de l'intelligence, estimant sans fausse modestie qu'il n'était pas défavorisé. Dans *The Wedding March* il insiste sur ses qualités de cœur. Non seulement il a renoncé aux compositions cyniques et à l'imposture (!) mais bien plus, il a complètement fait disparaître ce type de rôle. Nikki est un noble capable de réfléchir, de comprendre et de se corriger. Il n'a pas sur les femmes les préjugés méprisants et condescendants de ses prédécesseurs, de von Steuben à Mirko, en passant par Karamzin. Stroheim, pour la première fois, a mis en scène deux héroïnes exceptionnellement admirables. Il est symptomatique de son évolution qu'il ait choisi *The Wedding March* pour exposer ses nouvelles convictions sur les femmes. Erich von Stroheim lui-même a évidemment servi de modèle pour camper le personnage du prince. Jamais blason n'a été aussi irréprochable, où la noblesse de naissance s'allie à celle de l'esprit et des sentiments. Il ne lui manque pour être apprécié aux Etats-Unis que la ceinture d'or de la réussite. Qu'à cela ne tienne, le destin lui offre sans rien exiger en retour la fortune pour laquelle il était prêt à sacrifier son amour. La résolution facile et artificielle de ces problèmes d'argent montre bien qu'ils n'intéressaient pas Stroheim.

La théorie de la prédétermination héréditaire, base des régimes aristocratiques mais aussi du réalisme stroheimien, est ici fortement battue en brèche. Dans *Greed*, Stroheim avait jugé indispensable d'inventer pour Mac Teague un père alcoolique et une mère ambitieuse. Pour rédiger le scénario de *The Wedding March*, on se souvient qu'il avait éprouvé le besoin d'imaginer la mère de Cecelia. Mais comment se fait-il que Nikki, flanqué d'une mère aussi perverse et d'un père aussi veule, puisse développer tant de vertus ? Ne doit-on pas tout simplement conclure qu'il ne faut pas confondre les idées que Stroheim professe et le fond de sa pensée... Le fils du chapelier a su s'élever au-dessus de la condition modeste de ses parents, prouvant ainsi que la prédestination sociale n'est pas inéluctable. Dans un autre domaine, celui de la morale, pourquoi Nikki ne parviendrait-il pas lui aussi à faire oublier ses parents ?

Tout avait si bien commencé...

Le 30 janvier 1927, ordre fut donné à Stroheim d'arrêter les prises de vues. La dernière partie de son scénario ne sera jamais filmée. Après le mémorable tournage des fameuses scènes d'orgie, Pat Powers avait compris que l'entreprise dépassait ses moyens et avait confié la production de *The Wedding March* à la Paramount. Stroheim devait désormais rendre des comptes à Adolph Zukor et Jesse L. Lasky. Ils le laissèrent finir les scènes qui se passaient à la montagne, mais lui interdirent de filmer celles qui devaient avoir lieu dans le couvent. Stroheim, un peu déçu, se mit en devoir de monter son film et suggéra bientôt de le projeter en deux épisodes, *The Wedding March* et *The Honeymoon*. La deuxième partie commencerait au lendemain du mariage de Nikki et de Cecelia. Le principe fut accepté et le metteur en scène commença le montage. Huit mois plus tard, son travail n'était pas achevé lorsque, le 8 octobre 1927, il fut remercié sans préavis par la compagnie. Le film fut alors confié à Josef von Sternberg, mais celui-ci aboutit à un résultat qui ne convenait pas à la Paramount. Julian Johnston produisit enfin une version qui fut acceptée.

Après bien des vicissitudes, le film fut présenté à la presse dans une salle d'Anaheim, près de Los Angeles. Le personnage de Nikki fut jugé artificiel et insignifiant. Johnston retoucha son montage et cette autre version fut projetée quelques semaines plus tard à Long Beach. Il fallut attendre le 14 octobre 1928 pour que le film, qui était prêt depuis le mois de janvier, sorte enfin à New York au Rivoli Theatre. Ce retard est évidemment lié à l'avènement du cinéma parlant et à la révolution qui s'ensuivit. La Paramount avait longtemps hésité avant de trouver la solution convenable pour mettre le film au goût du jour. Il sortit finalement accompagné de disques sur lesquels étaient enregistrés une partition musicale et des effets sonores. Bien qu'il s'en soit défendu, Stroheim a discrètement supervisé cette opération. Les recettes, encourageantes au début, s'amenuisèrent rapidement. Tous les journalistes s'accordèrent pour reprocher au film la complexité de son découpage, l'usage trop fréquent de gros plans et une insupportable lenteur. Ils l'accusaient en fait de ne pas être parlant.

The Wedding March sortit en France au mois de juillet 1929. Il fut accueilli avec plus d'objectivité. Les journalistes saluèrent l'intelligence et la qualité de sa sonorisation. On loua aussi son intensité dramatique, son réalisme, son pessimisme et sa force. Dans un article très admiratif, Robert Desnos commenta le film avec enthousiasme. On ne peut qu'être troublé par le caractère étrangement intuitif de ses réflexions. « Voilà enfin le film humain dans toute son émouvante et tragique beauté. Cette histoire, Stroheim, vous l'avez vécue. J'ai retrouvé les personnages de *Folies de femmes*, des *Rapaces*, des *Chevaux de bois*. Quelle douleur portez-vous en vous depuis si longtemps, quelle douleur si grande que vous ne vous lassez pas de revivre sans cesse ces circonstances et de rejouer incessamment un rôle terrible assumé par vous jadis sans aucun doute ? »[11]

The Honeymoon, qui fut présenté en 1931, eut moins de succès. Il faut dire qu'une bonne moitié du film se contentait de résumer *The Wedding March* et que les séquences qui suivaient s'enchaînaient sans trop de cohérence. Stroheim avait été si contrarié du montage réalisé par la Paramount qu'il avait tout fait pour interdire la projection de cette deuxième partie. Il avait obtenu gain de cause pour les Etats-Unis, et le film ne fut diffusé qu'en Europe et en Amérique du Sud. Il sortit en France sous le nom de *Mariage de prince*. Lorsqu'à la Cinémathèque française un incendie réduisit en cendres l'unique copie connue de *The Honeymoon*, quelques mois après la mort de Stroheim, Henri Langlois suggéra que le fantôme du metteur en scène était venu se venger.

Le montage de *The Wedding March* fut remanié par Stroheim lui-même à Paris en 1953. Thomas Quinn Curtiss avait envoyé à son ami une copie de la version sonore américaine et le réalisateur entreprit de la réorganiser. Lotte Eisner écrit : « Patiemment, des jours et des jours, il travailla à la Cinémathèque avec sa femme et l'excellente monteuse Renée Lichtig. Il était presque heureux. »[12] C'est cette copie qui est encore projetée de nos jours. Les changements que Stroheim a introduits concernent principalement le rythme et l'ordre des plans. Le metteur en scène a aussi supprimé des intertitres et intercalé des vues de Vienne qui venaient de *Merry-Go-Round*. Comme il désirait conserver la bande son de son film, les modifications qu'il pouvait apporter étaient relativement limitées et particulièrement difficiles à mettre en place. La véritable carrière de *The Wedding March* commença à ce moment, lorsque cette nouvelle version fut présentée au public de la Cinémathèque française en présence de Stroheim. Le succès ne se démentit pas au festival de Sao Polo qui eut lieu quelques mois plus tard. *The Wedding March* accédait alors et définitivement au statut de chef-d'œuvre. Claude Mauriac écrivit : « *La symphonie nuptiale*, revue en 1954 avec son admirable sonorisation de l'époque, m'apparut plus moderne que le plus récent des films. »[13] L'ensemble de la critique partagea cette admiration.

Les spectateurs qui ont plébiscité *The Wedding March* en 1954 n'étaient évidemment pas les mêmes que ceux qui l'avaient boudé en 1929. A l'époque, les "Majors" interprétèrent cet échec financier comme une conséquence évidente de la trop grande liberté accordée à Stroheim. Ils se souvenaient des recettes fabuleuses de *The Merry Widow* et étaient convaincus que la MGM les devait à l'autorité de Thalberg.

Comme le metteur en scène, l'acteur est peut-être allé trop loin. Il est sorti trop brutalement et sans prévenir des limites que lui avait assignées implicitement le public américain. Preuve en est l'insolite absence du sempiternel débat de moralité qui suivait d'ordinaire la sortie de chacun de ses films. Un journaliste américain trouvait même Nikki trop anodin et se demandait si le prince n'était pas victime du tempérament de Mitzi![14]

L'espace d'un film, Stroheim a "réalisé", dans les deux sens du terme, un rêve. La fiction et le documentaire se rejoignent, se mélangent et se confondent. Cette volonté d'égarer, de supprimer les repères, est à mettre en parallèle avec la structure de la personnalité de Stroheim en 1929.

La copie et l'original

L'événement était hautement improbable. Des milliers de kilomètres, une guerre et la chute d'un régime les séparaient. Pourtant, le hasard a voulu que Stroheim se trouvât un jour confronté à l'un des représentants les plus huppés de l'aristocratie autrichienne, en l'occurrence Léopold de Habsbourg[15], proche parent du défunt Empereur. Il n'avait pas renoncé à son titre et avait même essayé de rétablir la monarchie en Hongrie au bénéfice de son cousin Charles, le successeur éphémère de François-Joseph. Son Altesse était arrivée aux Etats-Unis en 1927 dans le but bien précis de vendre aux enchères un certain nombre d'objets de valeur qui faisaient partie du trésor des Habsbourg. Les fonds ainsi rassemblés devaient servir à financer la restauration de l'empire austro-hongrois. Mais la vente n'eut pas de succès. L'archiduc était à la Nouvelle Orléans lorsqu'il reçut un télégramme de Ben Westland, l'agent de publicité chargé de promouvoir *The Wedding March*. Il l'invitait à Hollywood pour lui montrer le nouveau film de Stroheim et solliciter son opinion. Tout ceci fut organisé à l'insu du metteur en scène. C'est ainsi que l'archiduc rencontra Erich von Stroheim qui, visiblement, ne s'attendait pas à un tel honneur.

Si l'on s'en tient aux seules certitudes, on sait que Léopold de Habsbourg s'est rendu aux studios de la Paramount pendant l'été 1927, qu'il a vu le film d'Erich von Stroheim, et qu'il s'est entretenu avec lui. Deux témoignages seulement mentionnent cette rencontre et la décrivent. D'une part celui de Thomas Quinn Curtiss citant les propos de Stroheim[16] ; d'autre part une série d'articles parus dans *Photoplay* qui rapporte en exclusivité les impressions de l'archiduc sur Hollywood.[17]

Thomas Quinn Curtiss et Erich von Stroheim affirment que S.A.I. a visité les décors construits pour *The Wedding March*. Or, le tournage avait été arrêté à la fin du mois de janvier 1927. Au moment de l'entrevue, dix mois plus tard, les décors n'étaient-ils pas démontés. L'innocent mensonge de Stroheim serait d'autant mieux prouvé que l'archiduc a déclaré qu'il avait trouvé le metteur en scène en train de revoir le montage de son film et qu'il le lui avait projeté.

L'entretien qui suivit a été rapporté différemment par chacun des deux interlocuteurs. Selon l'archiduc, le metteur en scène resta sans voix pendant une demi-heure puis se mit soudainement à discourir : « Quand on lui parle, il possède la remarquable capacité de mettre la conversation sur la Grande Guerre aussitôt que possible. Même si vous commencez par lui parler de la vieille porcelaine de Vienne, vous en arrivez à la Grande Guerre. Avant de vous en rendre compte, il est occupé à vous faire le récit d'une des grandes offensives. »[17]

L'étonnement de l'archiduc semble sincère et même amusé. Lieutenant-colonel, il avait pris une part active aux opérations militaires. Eu égard à son appartenance à la famille impériale, il avait été en contact avec l'Etat-Major. Stroheim, qui avait passé en Amérique toute la durée des hostilités, n'avait de cette période qu'une connaissance indirecte et livresque, pour ne pas dire journalistique. Il semble étrange qu'il se soit sciemment engagé dans une voie qu'il maîtrisait moins bien que son interlocuteur. Cependant il se disait officier et en présence d'un autre officier, il a dû se sentir obligé de parler de la guerre.

Si Stroheim affirme que l'archiduc a été émerveillé par la reconstitution de Vienne, *Photoplay* ne cite aucun des commentaires qu'a pu faire Léopold après avoir vu le film. Il est hors de doute qu'il a remercié le réalisateur et impensable qu'il ne lui ait pas adressé quelques compliments, même de pure forme. Et quel spectateur, voyant sa ville à l'écran, pourrait rester sans réaction ?

Il est intéressant de comparer ces deux cas de mémoire sélective. Stroheim se rappelle qu'on a admiré ses décors, l'archiduc qu'on a parlé de la guerre. Il apparaît ainsi que l'un et l'autre ont retenu le sujet qui les concernait. Il est bien connu que dans un dialogue, chacun se souvient plus volontiers de ce qu'il a dit plutôt que des réponses qu'il a reçues. Il convient donc d'ajouter les deux témoignages et non de les opposer. On peut ainsi supposer, sans grand risque de se tromper, qu'au cours de leur conversation, le réalisateur n'a pas manqué de vanter la magnificence de ses décors et de sa mise en scène. L'archiduc l'aura sans doute écouté d'une oreille distraite. Lorsque Stroheim s'est mis à parler de la guerre, le même archiduc aura été tout heureux de pouvoir s'exprimer sur un sujet qui lui était familier, sans soupçonner qu'il devait peut-être à l'habileté de son interlocuteur cette occasion de briller. Chacun est même allé jusqu'à revendiquer pour l'autre le fameux silence qui a précédé l'entretien ! En conclusion, il semble que les deux parties aient été satisfaites l'une de l'autre. L'entrevue n'a pas eu les conséquences qu'on aurait pu redouter.

Ben Westland pensait que Stroheim serait très honoré de rencontrer un ancien compatriote d'un rang aussi élevé. Il a semble-t-il oublié de tenir compte des susceptibilités nationales. Il n'a pas pensé que le passé récent de Stroheim, qui n'était citoyen américain que depuis le 19 février 1926, pourrait déplaire à un Autrichien. Le réalisateur s'était en effet conduit comme un renégat, presque un traître, qui non seulement ne s'était pas battu pour son pays mais avait en plus mis son talent d'acteur au service de la propagande antigermanique. La Paramount a été ce jour-là bien maladroite et s'est montrée fort imprudente sans le savoir.

L'épisode le plus important de l'entrevue, celui d'ailleurs que *Photoplay* cite en premier lieu, fut la demi-heure pendant laquelle Erich von Stroheim garda le silence. Pour qui le connaît, un tel mutisme est extraordinaire et ne pouvait résulter que d'une émotion violente doublée d'une nécessité impérieuse. Paul Kohner et Josef von Sternberg apportent l'une des clefs de l'énigme : ils avaient remarqué depuis longtemps que Stroheim parlait l'allemand avec l'accent « d'un cocher viennois ».[18] Il a sans doute longuement hésité avant d'oser prendre la parole et, partagé entre divers sentiments, s'est accordé une période d'observation pour réfléchir sur la conduite qu'il allait tenir. L'étiquette exige que l'on attende d'une altesse qu'elle vous interroge avant de lui parler. Respect ou flagornerie, Stroheim gagnait au moins du temps ! Il avait devant lui la vraie noblesse, il comparait enfin son mensonge à la vérité. Son admiration muette s'apparentait à celle d'un faussaire de génie devant le tableau du maître qu'il vénère. Mais en même temps, sa propre situation a dû lui paraître bien fragile, et on imagine son appréhension. S.A.I. allait-elle l'interroger sur sa famille autrichienne ? Que penserait-elle de son accent si peu distingué, de ses manières trop caricaturales ? Irait-elle l'accuser d'usurper son nom, ou encore deviner qu'il était juif ? Toutes ces remarques psychologiques sont bien évidemment condamnées à rester à l'état d'hypothèse. Une chose est pourtant avérée, il ne s'est rien passé qui aurait pu désarçonner Erich von Stroheim. N'oublions pas que s'il avait pressenti un incident, il lui aurait été extrêmement facile de l'éviter en s'éclipsant. Et s'il y avait eu malgré tout le moindre scandale, les échotiers n'auraient pas manqué de s'en emparer.

La façon dont Stroheim a raconté cette journée à Thomas Quinn Curtiss montre bien qu'il n'en conserve que de bons souvenirs. et met en évidence la satisfaction et la fierté qu'il a ressenties... après les événements. Le personnel du studio pouvait désormais témoigner qu'un authentique archiduc était venu rendre visite à Erich von Stroheim et s'était entretenu avec lui d'égal à égal. Le metteur en scène ne pouvait rêver consécration plus solennelle et plus tangible de sa noblesse.

L'interview de l'archiduc par *Photoplay* est beaucoup plus sobre et légèrement moqueuse. Il semble éviter à dessein tout ce qui de près ou de loin pourrait ressembler à un compliment. Son ironie confine à l'indifférence. Pour autant qu'on puisse en juger, il est encore moins expansif en racontant sa visite qu'il ne l'a été lors de la projection de *The Wedding March*. Il n'est pas interdit de penser que ce n'est qu'après son passage à la Paramount qu'il a pris connaissance des activités cinématographiques de Stroheim pendant la guerre. Ce n'est pas en Autriche qu'il aurait pu voir *The Hun Within* (*L'ennemi est dans nos murs*), *For France* (*Pour la France*) ou *The Unbeliever* (*Le sceptique*) !

L'archiduc a-t-il été dupe, a-t-il percé à jour une partie au moins des secrets de Stroheim ? De par sa naissance, il connaissait évidemment, ne serait-ce que de nom, l'élite de l'aristocratie et en particulier les familles nobles de Vienne. Il savait donc avant même de voir le metteur en scène que sa particule ne correspondait à aucun titre. D'autre part, il avait sans doute remarqué qu'il y avait aux Etats-Unis beaucoup plus de "von" qu'en Allemagne et en Autriche. Le lieutenant-colonel aura peut-être compris, surtout en l'entendant parler de la guerre, qu'Erich von Stroheim n'avait jamais été officier. Il a pu penser qu'il avait devant lui un ancien militaire qui trichait sur son grade. Enfin, le neveu de l'empereur, élevé à la cour, rompu aux usages et à la fréquentation d'une société raffinée, n'a certainement pas été abusé par la présentation et le comportement du réalisateur. Les lacunes de son éducation, tout ce qu'il y avait d'artificiel dans son attitude, ne pouvaient pas passer inaperçus. Léopold de Habsbourg avait devant lui un acteur qui s'était inspiré de la réalité sans chercher à la reproduire à l'identique. Le personnage qui en résultait correspondait à l'idée que le public américain se faisait d'un aristocrate germanique. La noblesse de Stroheim était un spectacle. Et il semble bien que l'archiduc soit entré dans le jeu sans réticence apparente. Par la suite, il a eu l'occasion de rencontrer dans les studios une catégorie particulière de figurants, « The Former Officer »[17] (les anciens officiers), des militaires allemands et autrichiens sans ressource, dont on utilisait les compétences pour les films de guerre et les reconstitutions. A l'occasion de "l'affaire Mae Murray" lors du tournage de *The Merry Widow*, on a vu qu'ils étaient au mieux avec Stroheim. Dans ses souvenirs, il est visible que l'archiduc assimile le metteur en scène à ces hommes.

Cette attitude peut s'expliquer très simplement si l'on considère que l'archiduc ne disposait d'aucun pouvoir politique ni juridique. L'Autriche n'était plus un empire, et depuis 1919 Léopold de Habsbourg avait perdu ses titres et ses droits à la succession monarchique à la suite de son mariage morganatique avec la baronne Nicolics-Podrinska.[19] Il était de plus complètement ruiné et fut tout heureux d'être engagé comme simple figurant. Pendant les six mois qu'il passa à Hollywood, il apparut dans cinq films. Il ne lui aurait pas déplu de travailler davantage. « J'ai du sang bleu, disait-il, mais malheureusement cela ne se photographie pas ».[17] John Ford lui procura un petit rôle dans *Four Sons* (*Les quatre fils*) et son cachet lui permit d'acheter son billet de retour pour l'Europe.

D'autre part, pourquoi l'archiduc se serait-il montré discourtois envers un metteur en scène qu'on lui présentait comme l'un des plus grands et dont la célébrité ne pouvait que faire honneur à l'Autriche impériale. Quels que soient ses sentiments personnels, il n'avait aucun intérêt, et sans doute pas la moindre envie, de s'ériger en redresseur de torts. Il semble bien que le secret le plus intime de Stroheim, ses origines juives, n'ait pas été découvert par l'archiduc. Le roturier transparaissait peut-être derrière la caricature de l'aristocrate, le petit juif était trop bien caché par la caricature du Teuton. Mais d'autres savaient qui n'ont jamais rien dit : ils étaient émigrants viennois, ils étaient juifs et avaient travaillé avec Stroheim. Témoin cette déclaration de Billy Wilder à un journaliste, presque cinquante ans plus tard : « Stroheim a pu en tromper d'autres, mais pas moi. Je suis Viennois et son accent était un accent typique des faubourgs. Avec moi vous n'aurez pas de problème : je vous le dis tout de suite, je ne suis pas noble et je suis juif. »[20]

Pourquoi l'aurait-on trahi ? Sa réussite pouvait éveiller l'envie et la jalousie. Si Stroheim savait se faire admirer, il savait aussi se faire détester. Il pouvait provoquer la haine et inspirer le désir malsain de nuire. A l'inverse, il y avait, aussi, bien des raisons pour qu'on ne le dénonçât pas. Il est dit dans les écritures qu'il est interdit de dévoiler les secrets des autres, à moins qu'une vie humaine ne soit en danger. Dans l'antiquité, celui qui avait enfreint cette loi était condamné à avoir les yeux crevés. Toujours prudent, Stroheim a évité toute sa vie durant de trop se commettre avec la communauté des immigrants originaires d'Europe Centrale. Son cercle d'amis était presque uniquement composé d'Américains, d'Irlandais et d'Anglais, dont un pasteur.[21-22] Il avait volontairement écarté tous ceux qui auraient pu savoir.

Il est à peu près certain qu'entre gens avisés, on devait rire de ces grands airs qui donnaient à Stroheim tant de plaisir et aux autres si peu de peine ! Mais cela n'empêchait personne de reconnaître son talent ni de préserver son mystère. Thalberg exaspérait Stroheim, Stroheim détestait Thalberg, mais Thalberg admirait Stroheim ! Et Thalberg était juif. Longtemps après la mort de Stroheim, quelques initiés (Billy Wilder, Paul Kohner, Leonard Spigelgass) ont révélé ce qu'ils avaient toujours su, lorsqu'ils ont été sûrs de ne causer aucun préjudice à son œuvre ni à sa mémoire.

L'archiduc Léopold figure au générique de *The Wedding March*. Il a été élevé à la dignité de "Historical Consultant"... en remerciement de ses "services exceptionnels". Et pour faire bonne mesure, Erich von Stroheim a modifié la liste des rôles en décidant que le personnage interprété par son ami Don Ryan serait l'archiduc Léopold-Salvator, le père de son illustre visiteur !

XI

QUEEN KELLY
(La reine Kelly)

Lorsqu'en octobre 1927 Stroheim fut définitivement mis à l'écart du montage de *The Wedding March*, on parla d'un remake de *Blind Husbands*, mais l'idée fut abandonnée. Joseph Schenck, président-directeur de United Artists fit alors appel à Stroheim pour qu'il rédige, en collaboration avec Lewis Milestone, le scénario de *Tempest*. « Il s'agissait de l'aventure d'un officier tsariste qui, tombé en disgrâce, devenait révolutionnaire et était nommé commissaire du peuple pendant le bouleversement politique de 1917. »[1] Stroheim et Milestone consacrèrent plusieurs semaines à la rédaction de ce scénario. Le film, mis en scène par Sam Taylor, sortit en 1928. Le générique désigne comme unique auteur C. Gardner Sullivan qui s'est contenté d'achever le travail d'écriture. Faute de documents, on ne pourra malheureusement jamais savoir ce que *Tempest* doit à Stroheim.

On peut être surpris par la soudaine placidité de Stroheim, qui a pour ainsi dire travaillé dans l'anonymat sans jamais manifester son mécontentement. Cela peut s'expliquer si l'on se souvient qu'il avait été sollicité par United Artists alors qu'il était lié par contrat à la Paramount.

L'idée de *Queen Kelly* est incontestablement d'Erich von Stroheim. Mais le film n'a pu être entrepris que grâce à l'initiative de Gloria Swanson, épaulée par Joseph P. Kennedy, le père du futur président. Gloria Swanson devait sa célébrité aux nombreux films qu'elle avait tournés pour la Paramount, où elle interprétait invariablement le rôle de l'héroïne sentimentale. En 1926, elle quitte cette compagnie et fonde sa propre société de production, en liaison avec United Artists. Le premier film réalisé dans ces conditions, *The Love of Sunya* (*Sunya*), est aussi anodin que les précédents. Il n'obtient pas grand succès. Elle décide alors de changer de registre et s'entend avec Raoul Walsh pour porter à l'écran une nouvelle de Somerset Maugham : *Rain* (*Pluies*). Il s'agit de l'histoire d'une prostituée, Sadie Thompson, qui se réfugie dans une île de l'océan Pacifique et pervertit le prêtre qui veut qu'elle se repente. Cette œuvre avait déjà été adaptée au théâtre et la pièce avait soulevé quelque scandale. Alliant la ruse à la diplomatie, Gloria Swanson obtient de Will Hays une autorisation qui fait beaucoup de bruit et autant de jaloux. L'entreprise s'avérant rapidement plus onéreuse que prévu, et les questions administratives toujours plus accaparantes, Gloria Swanson trouve celui qui va résoudre tous ses problèmes en la personne de Joseph Kennedy, qu'elle qualifie plaisamment « d'hybride de banquier, de distributeur et d'universitaire. »[2]

Joseph Kennedy disposait de capitaux non négligeables, acquis, entre autres spéculations, en produisant des films à bon marché. Il désirait depuis quelques temps investir dans des projets plus ambitieux et plus intéressants. Il va financer l'achèvement de *Sadie Thompson* et prendre en main la gestion des Gloria Swanson Productions, qui deviendront les Gloria Productions. Avant même que les recettes ne confirment l'intérêt du public pour le nouveau personnage incarné par la star, et ne démontrent de ce fait l'efficacité de l'organisation Kennedy, celui-ci prend une option sur l'avenir : « Vous m'avez dit vous-même que *Sadie Thompson* était votre meilleur film parce que le scénario était le meilleur que vous ayez jamais eu. Il faut aller de l'avant. Logiquement, votre prochain film doit avoir un grand scénario et un grand metteur en scène. »[2] Kennedy prend alors contact avec Erich von Stroheim et lui demande d'écrire un synopsis à l'intention de Gloria Swanson. Quelques jours plus tard, le metteur en scène évoque devant l'actrice les grandes lignes de son projet, intitulé *The Swamp*. Gloria Swanson se souvient dans ses mémoires de la politesse un peu énervante de Stroheim. Ils avaient pourtant sympathisé en découvrant qu'ils avaient l'un et l'autre été victimes des coupes abusives imposées à leurs films par la Paramount, leur commun employeur. Durant tout l'entretien, Stroheim ne s'était pratiquement adressé qu'à Gloria Swanson, semblant mépriser quelque peu Kennedy en qui il ne voyait qu'un homme d'affaire. Mais loin de se formaliser, ce dernier n'avait pas caché son enthousiasme. L'actrice, bien que plus réservée, décida finalement de faire confiance à l'instinct de son conseiller.

Dans cette association tripartite, Stroheim, Swanson et Kennedy croyaient chacun être le seul meneur de jeu. Pour Stroheim, cela allait de soi. Gloria Swanson, quant à elle, pouvait se réclamer de sa célébrité et surtout faire valoir ses droits de producteur. Ni l'un ni l'autre ne soupçonnaient le pouvoir de Kennedy. Il n'avait pas seulement éliminé le nom de Swanson de l'en-tête de la société de production, il avait aussi renvoyé tous les anciens collaborateurs de l'actrice pour les remplacer par les siens. Il était de plus en excellents termes avec la star. Kennedy voulait que le futur chef-d'œuvre de Stroheim portât sa marque. Il s'estimait capable de maîtriser la mégalomanie du metteur en scène : « Je saurai le tenir à l'œil »[3] avait-il assuré à Gloria Swanson.

Kennedy dégagea Stroheim de ses obligations contractuelles. Pat Powers le libéra le 19 mai 1928. La presse avait cependant annoncé dès le 30 avril la future collaboration de Gloria Swanson et d'Erich von Stroheim. Le réalisateur s'était mis au travail depuis plus longtemps encore.

Synopsis

Stroheim consacra l'été 1928 à la rédaction du scénario du film qu'il préparait. Gloria Swanson a conservé soigneusement tous les documents rédigés par Stroheim pour le tournage de *Queen Kelly*. Elle les a déposés à la George Eastman House. Mais il se trouve que

Stroheim n'a pas tout à fait filmé ce qu'il avait écrit. Le résumé qui suit est établi à partir de la copie récemment restaurée que possède la Cinémathèque française.

Dans le palais de Kronberg, capitale du petit royaume de Cobourg-Nassau[4], la reine Regina V surveille jalousement son fiancé, le prince Wolfram. Celui-ci mène une existence des plus libertines, pour ne pas dire dissolue. Le destin qui l'attend ne semble guère l'enthousiasmer.

Au petit matin, la reine, qui n'a pas pu dormir de la nuit, se sert une nouvelle coupe de champagne. Voilant sa nudité d'un chat angora blanc, elle va à son balcon et assiste au retour mouvementé du prince. Il est complètement ivre, et les filles qui l'ont accompagné se moquent de lui lorsqu'il tombe de cheval. Peu de temps après, la reine fait son entrée dans la chambre du jeune homme. Elle est vêtue de noir et serre toujours son chat dans ses bras. Le prince, en chemise, est vautré sur son lit. Un petit chien noir dort à son côté. Furieuse, la reine invective son fiancé, le frappe, et lui ordonne d'aller faire faire l'exercice à son escadron. Réveillés par les éclats de voix, les deux animaux ont déjà commencé à se battre... comme chien et chat.

A la tête de ses cavaliers, Wolfram croise sur la route de Kambach les élèves d'un pensionnat de jeunes filles. Elles vont à la promenade, en rang, étroitement surveillées par des religieuses. Il salue, sabre au clair, ces demoiselles répondent par de gracieuses révérences. Le prince a tôt fait de remarquer Kitty Kelly, qui répond à ses regards avec un charmant naturel. Mais voilà les soldats qui éclatent de rire et les couventines qui pouffent et se moquent d'elle. « Vous avez perdu votre... chose » indique Wolfram en montrant du bout de son sabre la petite culotte de Kitty qui est tombée sur ses pieds. Horriblement vexée, la jeune fille roule l'objet en bouchon et le jette à la figure du prince... qui s'en saisit et le range précieusement dans les fontes de sa selle. Avant que l'escadron ne poursuive sa route et que les pensionnaires ne reprennent le chemin du couvent, Wolfram et Kitty ont eu le temps de tomber amoureux l'un de l'autre.

Plutôt amusées, les religieuses, réunies en assemblée dans la chapelle, critiquent sévèrement la conduite de leur élève. Pour sa pénitence, elle sera privée de dîner et restera en prière devant la croix jusqu'à minuit.

Banquet royal au palais, Wolfram apprend qu'il doit épouser la reine le lendemain. Dès qu'il peut se libérer, il part pour le couvent, accompagné de son aide de camp : « Je ne peux pas l'oublier. Et je ne veux pas l'oublier ! Je la reverrai cette nuit même ! » Les deux hommes se glissent subrepticement dans le couvent et déclenchent un simulacre d'incendie pour que tout le monde se réveille. Wolfram retrouve Kitty, elle s'évanouit dans ses bras. Il l'enlève et l'emmène au château. Un souper fin, avec des huîtres et du champagne, est servi dans les appartements du prince. Scène de séduction. Déclarations enflammées réciproques. Mais la reine fait irruption dans la chambre, surprend le couple, et chasse Kelly du palais à coups de fouet. Humiliée par l'outrage qu'elle vient de subir, désespérée par le mariage imminent de Wolfram et de Regina V, elle pense à se donner la mort.

Wolfram refuse catégoriquement d'épouser la reine, puisqu'il aime Kelly. Ordre est donné de l'incarcérer à la prison militaire. Il n'en devient que plus amoureux.

Kitty s'est jetée dans le fleuve. Un agent de police l'a heureusement sauvée de la noyade et la ramène chez les sœurs. Un télégramme l'attend. Elle doit se rendre à Dar-Es-Salam au chevet de sa seule parente, dont les jours sont comptés.

Kitty arrive en Afrique. Elle comprend que sa tante est la tenancière d'une maison close de bas étage et n'a aucune fortune personnelle. Elle apprend aussi que c'est Jan Vryheid, un planteur très riche, client assidu du bordel, qui a payé son voyage et son éducation. La malade, qui ne peut plus parler, montre à sa nièce quelques lignes écrites auparavant par lesquelles elle lui demande de devenir la femme de son bienfaiteur. Kitty, très impressionnée, accepte inconsidérément. Jan ne se fait pas attendre et Kelly découvre avec horreur l'être vicieux et répugnant qu'elle a promis d'épouser. Un prêtre catholique noir vient administrer les derniers sacrements à l'agonisante. Dans la pièce voisine, deux prostituées s'ingénient à déguiser Kelly en jeune mariée. Une moustiquaire poussiéreuse sera son voile nuptial. Le prêtre appelle bientôt Jan et Kitty dans la chambre et les unit sous les yeux apaisés de la mourante.

Le film s'arrête ici, un épilogue écrit succède aux images. Après la mort de sa tante, Kelly refuse de vivre avec son mari. Elle devient la nouvelle "Madame".

En Europe, le prince Wolfram, libéré de prison, retourne en vain au couvent pour retrouver Kelly (cette scène est illustrée par quelques plans). Il s'engage dans les troupes coloniales de l'empire et finit par débarquer à Dar-Es-Salam. Sous la direction de Kitty, le bordel miteux est devenu un établissement de grande classe. "Madame" le dirige avec infiniment de distinction, on l'appelle "la Reine Kelly". "Happy end" : Wolfram retrouve Kitty, Jan est tué au cours d'une bagarre dans un bar, la reine Regina V meurt victime d'un attentat à l'opéra. On rappelle le prince à Kronberg pour qu'il lui succède. Il accepte d'être roi et épouse enfin Kelly, qui devient une vraie reine.

Le tournage

Dès que le bruit d'une association Swanson-Stroheim a commencé à se répandre, on a pu lire dans la presse que le metteur en scène se faisait fort de réaliser un film en dix semaines. Le plan de travail définitif rédigé par Stroheim en octobre 1928 est à peine plus réaliste que les rumeurs qu'il a laissé courir, puisqu'il ne prévoit que quatorze semaines de prises de vues. Le tournage doit commencer le 29 octobre 1928 et s'achever le 23 janvier 1929.

Le principal rôle féminin était évidemment déjà attribué. Stroheim semble avoir oublié l'aversion qu'il vouait d'habitude aux stars. Il a écrit *Queen Kelly* en fonction de la personnalité de Gloria Swanson qu'il avait eu l'occasion d'observer au cours des négociations. Mais il a également tenu compte des deux images que connaissait son public, l'ingénue des mélodrames et la prostituée du dernier film. D'après la comédienne, Stroheim mit longtemps avant de découvrir la vedette masculine du film. « Son choix se fixa sur un jeune acteur anglais, Walter Byron, dont c'était le second rôle au cinéma en Amérique, et qu'il considérait idéal pour jouer le fougueux et tapageur prince allemand. »[5] Byron avait obtenu quelques succès en Grande-Bretagne sous le nom de Walter Butler, mais sa renommée n'était pas arrivée jusqu'aux Etats-Unis. Comme de coutume, Stroheim a engagé un interprète peu connu qu'il allait pouvoir modeler à sa guise. Un tel partenaire convenait aussi à Gloria Swanson qui avait la réputation d'éviter les talents qui risquaient de concurrencer le sien. Seena Owen, qui incarne Regina V, a visiblement été sélectionnée selon les mêmes critères, mais aussi pour son allure. Elle interprétait déjà une princesse, Attarea, dans l'épisode babylonien de *Intolerance*. Les historiens du cinéma ont eu beaucoup de mal à identifier l'actrice qui joue le rôle de la tante de Kitty. Les rapports de l'assistant de Stroheim confirment qu'il s'agit bien de Florence Gibson, et non de Sylvia Ashton, comme on l'a longtemps cru. Florence Gibson apparaissait dans le prologue de *Greed*, elle était la "vieille Hag" et le père de MacTeague mourait entre ses bras dans le bordel de la mine. Les autres personnages correspondent à des emplois classiques dans les films de Stroheim, et sont joués par des acteurs qui lui sont familiers. On retrouve Tully Marshall, le vieillard dégénéré, Sidney Bracey et Lucille van Lent, les inévitables serviteurs, Wilhelm von Brincken, l'officier et l'ami du héros.

Les décors européens, le palais et le couvent, furent construits dans les studios de la F.B.O., devenue entre temps la RKO. (A l'exception de la scène du banquet qui fut filmée au Selig Zoo Studio). Gloria Swanson en a gardé un souvenir émerveillé ; Stroheim, de son côté, était ravi du résultat.[6] Richard Day, qui était encore sous contrat à la MGM, avait pour cette fois été remplacé par un certain Gordon Wiles. Malgré cela, il n'y a pas de solution de continuité entre le style des décors de *Queen Kelly* et celui des films précédents de Stroheim. Ce qui prouve à nouveau que le réalisateur intervenait de façon significative dans ce domaine.

Les décors africains, et en particulier la maison de la rue Poto-Poto, avaient été édifiés aux studios Pathé à Culver city. « On avait fabriqué un décor sur deux niveaux. En bas, il y avait un bar gigantesque avec des arbres qui poussaient à travers le plafond. En haut de l'escalier, il y avait un grand couloir avec des chambres. »[7]

Pour les extérieurs, et en particulier la rencontre des couventines et des militaires, Stroheim avait initialement prévu de tourner dans le Griffith Park de Los Angeles. Ce fut finalement le Lasky Ranch, dans la vallée de San Fernando, qui fut retenu.

Stroheim avait, suivant son habitude, dessiné les costumes de son nouveau film. Ils ont été réalisés, comme ceux de *The Wedding March*, par Max Ree, qui devait par la suite être nommé chef du département costume de la RKO. Pour les figurants, Stroheim fit confectionner des centaines de toilettes et d'uniformes tous plus somptueux les uns que les autres. Pour Regina V, il avait imaginé des déshabillés suggestifs et des robes bordées de fourrure blanche. Quant à Gloria Swanson, elle s'inquiétait par avance de la réaction du public qui ne la verrait vêtue que « d'une robe de novice et d'une chemise de nuit ».⁸ Elle oubliait toutefois les tenues excentriques et luxueuses prévues pour la deuxième partie du film.

Stroheim n'a pas choisi les membres de son équipe parmi le personnel de la F.B.O. Déçu par les essais tournés sur film panchromatique par Nicholas Musaraca, il avait engagé à sa place Gordon Pollock, un caméraman réputé pour sa maîtrise des effets spéciaux. Celui-ci, se sachant moins habile dans l'art de composer un éclairage, fit à son tour appel à son ami Paul Ivano. Ivano n'était pas tout à fait un inconnu pour Erich von Stroheim, car il avait participé au tournage de *Greed*, filmant les essais de Zasu Pitts, et quelques vues de la vallée de la Mort. Il avait ensuite acquis une certaine réputation, et venait de signer la photographie, très remarquée dans le milieu professionnel, du film de Sternberg *The Sea Gull*. Gloria Swanson fut enthousiasmée par son talent et dès le quatrième jour de tournage, elle lui fit exercer les fonctions de directeur de la photographie. Gordon Pollock tomba malade. Lorsqu'il revint quelques temps plus tard la situation se trouvait inversée de fait, sinon officiellement. Et Pollock, tout en conservant son titre et son salaire initial, assista Ivano devenu chef opérateur. Cependant, celui-ci reconnaît en toute honnêteté que Stroheim est pour beaucoup dans la qualité des images qu'il a réalisées, les meilleures, selon lui, de sa carrière.⁷ Stroheim, dit-il, savait exactement ce qu'il voulait. Pour l'obtenir, il prenait en considération toutes les suggestions qui lui étaient proposées. Il savait même, à l'occasion, profiter de l'intervention du hasard, d'une ombre fortuite, d'un flou involontaire. L'un des opérateurs du film, William Margulies, était extrêmement ennuyé parce qu'il avait perdu la mise au point pendant un mouvement de caméra. Il pensait que Stroheim allait se mettre en colère et le renvoyer. Mais au moment de la projection, il eut la surprise de l'entendre s'écrier : « Parfait ! Exactement l'effet que je voulais ! »⁹

Le metteur en scène avait fait engager ses fidèles assistants, Edward Sowders et Louis Germonprez. Mais Joseph Kennedy avait discrètement introduit dans la place William Le Baron et Benjamin Glazer qui avaient pour mission de surveiller Stroheim et, au besoin, d'endiguer ses éventuels débordements. Gloria Swanson leur faisait a priori confiance, puisqu'ils avaient été personnellement choisis par Joe Kennedy. Elle écrit dans ses mémoires : « Vers la mi-décembre, j'acquis la certitude qu'au rythme actuel le film ne serait terminé que dans plusieurs mois, et que le budget ne serait pas respecté. Mais Le Baron et Glazer ne manifestaient toujours pas la moindre irritation, et M. von Stroheim continuait à ronronner d'aise en visionnant les rushes. Il fallait donc croire que tout allait bien. »[10]

On n'a pas oublié que Thalberg avait autrefois réussi à contrôler le metteur en scène en mettant à ses côtés le même Benjamin Glazer. Mais on se souvient aussi que ce dernier avait reçu l'ordre de ne rien faire et s'était, sur ce point, montré très consciencieux... Dans des conditions somme toute analogues, Glazer a travaillé pour Kennedy comme il l'avait fait pour Thalberg. Mais Kennedy n'a pas su renouveler l'exploit de son prédécesseur.

Le tournage commença par la scène de la rencontre des couventines et des cavaliers. Stroheim a réalisé ce jour-là des images qui sont passées à la postérité, où les contraintes du cinéma muet apparaissent comme des aubaines. La situation filmée imposait naturellement l'absence de dialogue. Les mouvements d'ensemble, le jeu des regards, la discrétion des gestes, le choix des mimiques, sont plus éloquents que les plus spirituelles des réparties. Pour Gloria Swanson, ce fut le temps des révélations et des enchantements. Elle découvrait une manière de travailler qu'elle ne connaissait pas, où rien n'était négligé, où le souci de perfection était la règle, et qui engendrait des images fabuleuses. « Tous les jours, mes propres scènes défilaient sous mes yeux comme des tableaux de maître représentant une jeune femme que je ne connaissais pas vraiment. Erich von Stroheim avait réussi à effacer douze années de ma vie. Je paraissais seize ans. »[11]

Stroheim avait trouvé la façon la plus adroite de flatter l'actrice qu'il dirigeait pour se concilier les bonnes grâces de la productrice dont il dépendait. Gloria Swanson était une véritable artiste qu'il ne fallait pas traiter comme une vedette ordinaire, par exemple comme Mae Murray. Stroheim passait donc ses nerfs sur les autres interprètes et sur ses collaborateurs, mais évitait de s'en prendre directement à la star. Habile stratégie, mais aussi estime véritable, il conserva cette attitude pendant toute la durée du tournage. Gloria Swanson, pour sa part, ne cessa jamais d'admirer Stroheim et d'apprécier son talent. Faisant allusion à la bonne entente qui régnait sur le plateau, Stroheim confiait au reporter du *New York Times* : « J'ai changé, j'agis maintenant en adulte, quand je tourne un film, je suis plus philosophe. Il faut croire que j'ai mûri. »[12]

Cette déclaration est à rapprocher de l'engagement qu'il avait pris de tourner son film en dix semaines. Le metteur en scène se devait d'apprendre à son public qu'il n'était plus le même et qu'il avait accédé à la sagesse. Car s'il n'avait rien dit, personne ne s'en serait aperçu ! Gloria Swanson manquait évidemment de points de comparaisons puisqu'elle n'avait auparavant jamais travaillé avec Stroheim, mais elle trouvait tout de même qu'il battait quelques records de minutie et de lenteur.[11]

Le témoignage de Paul Ivano ne contredit en aucun cas les souvenirs de la comédienne. Il n'appréciait pas particulièrement le mépris de Stroheim pour les horaires de travail et pour l'heure en général. Le réalisateur oubliait si facilement la réalité qu'il s'obstinait à tourner une scène de jour alors que la nuit était tombée depuis longtemps. Le soleil était sur le point de se lever lorsqu'il manifestait ensuite le désir de passer à une scène de nuit. Des algarades sans motif apparent opposaient quotidiennement Erich von Stroheim et Paul Ivano. Gloria Swanson savait comment s'interposer et réussissait toujours à désamorcer la querelle.

Contrairement à ce qu'il avait promis, Stroheim prit un retard considérable par rapport aux prévisions. En treize semaines, seul le tiers du scénario avait été filmé. Force est donc de constater qu'il était resté le même ! Cedric Belfrage, de la revue *Film Weekly*, a pourtant découvert l'indice d'un changement incontestable. Stroheim voulait que le chat blanc se hérisse sur commande et lance des regards aussi cruels que ceux de la reine. Mais le paisible félin s'endormait dans les bras de l'actrice. On appela à la rescousse Ranger, le chien du plateau voisin. Il grogna, il aboya : le chat bailla. Stroheim abandonna son projet et filma l'animal endormi. Et le journaliste de conclure : « Il y a deux ans, il aurait fait venir dans le studio tous les chiens de Hollywood. »[13]

Ce chat n'était pas prévu dans le scénario. Stroheim l'avait engagé au dernier moment parce que Seena Owen ne voulait pas qu'on la photographiât complètement dévêtue lorsqu'elle sortait de son lit. L'actrice tenait donc le chat dans ses bras et se cachait de son mieux derrière lui. Cette solution, pour le moins ambiguë, privait la censure d'une intervention trop commode. La scène où Kitty Kelly perd sa culotte ne prévoyait, à l'origine, aucune image répréhensible, car la robe de la jeune fille arrivait à ses chevilles. Elle jetait ensuite avec rage le sous-vêtement à la figure du prince, qui le rangeait soigneusement. Mais après quelques prises, Stroheim ne put résister à l'envie d'ajouter une note d'érotisme. Il pria Byron de humer la petite culotte avant de la prendre en otage. « Montrer cela au cinéma en 1928 était tellement impensable que "La Formule" ne mentionnait même pas une telle possibilité ».[10] Gloria Swanson, qui avait trouvé la première version « titillante, charmante et inoffensive »[10], ne s'opposa pas directement au nouveau jeu de scène imaginé par Stroheim, et décida d'attendre le moment opportun pour exercer son droit de veto.

Les vraies difficultés allaient commencer avec les scènes africaines. Afin de n'effrayer personne, Stroheim, dans son scénario, avait pris soin de baptiser « Dancing » la maison de tolérance de Dar-Es-Salam. Gloria Swanson prétend avoir été dupe, bien que cela semble peu probable, car Stroheim décrit le personnel, les clients et le décor de la maison de la façon la plus explicite. Qu'un prêtre catholique noir ose s'aventurer dans ce lieu de perdition pour porter les derniers sacrements à une mourante, cela peut se concevoir. Mais qu'une parodie de bénédiction nuptiale suive immédiatement l'extrême-onction, voilà qui était à la limite du supportable. D'autant plus que ce mariage unit un vieux dégénéré et une pure jeune fille. Puis, l'ancienne élève des bonnes sœurs trouvait sa vocation et se révélait une talentueuse mère maquerelle !

Swanson s'inquiétait, non sans raison, des difficultés qu'allait rencontrer auprès de la censure la deuxième partie du film. Elle envisageait sérieusement d'obliger Stroheim à reprendre toutes ces scènes qui lui déplaisaient. Elle ne voyait d'ailleurs pas le rapport qui les reliait à l'épisode européen et trouvait sordide et grossier le réalisme de leur mise en scène.

Le 21 janvier 1929, Stroheim décide d'apporter quelques retouches à la scène du mariage. Il demande à Tully Marshall de laisser couler du jus de chique sur la main de Gloria Swanson lorsqu'il passe à son doigt l'anneau nuptial. C'en était trop, écœurée et furieuse, l'actrice bondit sur le téléphone. Quelques secondes plus tard, Joe Kennedy appelait Stroheim pour lui signifier qu'il était renvoyé. Le temps des réconciliations était bien fini et avec lui le huitième film d'Erich von Stroheim. Il cessa donc de tourner deux jours avant le 23 janvier, date fixée pour les dernières prises de vues...

Stroheim ne s'est à l'époque pas livré à des protestations publiques et spectaculaires. Il avait l'habitude qu'on lui reprochât ses retards, sa lenteur, sa prodigalité, son goût du réalisme. On conçoit aussi qu'après deux films consécutifs inachevés il devait ménager les producteurs s'il voulait ne pas perdre tout crédit et retrouver du travail. Des années plus tard, il mettra en cause l'avènement du cinéma parlant en affirmant que les banquiers avaient dès 1928 enterré le cinéma muet et ne consentaient plus à subventionner que des production sonores. Cette explication a posteriori, universellement admise et popularisée par des films comme *Sunset Boulevard*, est en l'occurrence un peu insuffisante. D'abord parce que *Queen Kelly* devait être partiellement sonorisé, ensuite parce qu'en 1929 la proportion de films parlants en circulation était encore modeste. Certes, entreprendre à ce moment le tournage d'un film muet, alors que les capitaux ne manquaient pas, avait quelque chose d'anachronique, mais le réalisateur avait promis que son film serait achevé bien avant la fin de l'année. Stroheim, une fois de plus, a oublié les faits. Vers la fin de sa vie, il ne se souvient plus de Joseph Kennedy. Il n'a pas non plus gardé de rancune envers Gloria Swanson.

Celle-ci l'avait pourtant fort proprement mis à la porte. On a déjà vu qu'elle reprochait à Stroheim "l'affaire du jus de chique" et bien d'autres manquements à la décence. « *Sadie Thomson* était de l'eau bénite comparé à ce que *Queen Kelly* est en train de devenir. Le film est fichu ! Horrible ! »[14] déclara l'actrice. La productrice quant à elle voyait venir les ennuis avec la censure et les problèmes d'argent. Gloria Swanson était persuadée que c'était elle, et elle seule, qui congédiait Stroheim. Le metteur en scène était un employé des Gloria Productions presqu'au même titre que l'homme d'affaire qu'elle chargeait d'exécuter ses ordres. Cinquante ans plus tard Gloria Swanson a pardonné à Stroheim. Le coupable est Joseph Kennedy, qui n'a pas surveillé le réalisateur comme il l'avait promis.

Joseph Kennedy s'était montré d'une efficacité parfaite pour restructurer les Gloria Productions et pour lancer l'opération *Queen Kelly*. Cette affaire, comme celles qu'il avait l'habitude de diriger, aurait dû normalement fonctionner sans qu'il ait besoin d'intervenir. A vrai dire, il s'intéressait beaucoup plus à Gloria Swanson qu'à l'art cinématographique. Le tournage le laissait à ce point indifférent qu'il était en Floride au moment crucial où Stroheim abordait les scènes les plus scabreuses. L'actrice a retenu les premiers mots prononcés par son amant après l'éviction du metteur en scène : « Je n'ai jamais connu un échec de ma vie. »[15] Joseph Kennedy ne se soucie pas de la perte du film, seule compte à ses yeux la déconvenue qu'il vient d'essuyer. S'il est venu à Hollywood sur la demande de la comédienne, il ne s'est rendu chez elle qu'après avoir tout réglé à sa manière. L'alternative était la suivante. Moyennant 400 000 $, quelques mois de délais, et un zeste de diplomatie, il pouvait sauver le film. En renvoyant Stroheim, il sabordait la production mais arrêtait la note de frais. Il opta pour cette deuxième solution.

C'est ainsi que Gloria Swanson, Erich von Stroheim, et avec eux tous les historiens du cinéma, ont expliqué pourquoi *Queen Kelly* était resté inachevé. On oublie trop facilement que Kennedy était un homme d'affaires des plus avisés. Il n'était pas dans ses habitudes de perdre de l'argent. Entré dans l'industrie cinématographique par le biais de la finance, il avait acquis une compagnie de second ordre, la F.B.O. (Film Booking Office of America), qui produisait des films médiocres à la portée des salles peu fortunées, fréquentées par une clientèle rurale et peu exigeante. Sous sa direction, l'entreprise se mit à réaliser d'importants bénéfices. Les géants de Hollywood ne faisaient aucun cas de cette modeste société jusqu'à ce que Kennedy ait l'idée géniale d'inviter douze d'entre eux (dont Marcus Loew, Harry Warner et Adolf Zukor) à prononcer des conférences à l'Université de Harvard. Ce séminaire, savamment orchestré, remporta un très grand succès. Et Joe Kennedy eut la satisfaction de voir son nom désormais lié à ceux des magnats du cinéma. Il acheta ensuite une chaîne de distribution et réunit les deux compagnies. Un an plus tard, après avoir fusionné avec la R.C.A., la nouvelle société prendra le nom de RKO. Il lui fallait cependant une consécration suprême, il se devait de produire un chef-d'œuvre. La star était toute trouvée, on a déjà vu comment il choisit le scénario et le metteur en scène.

Parallèlement à cette évolution, les manœuvres et les décisions de Joseph Kennedy méritent d'être examinées d'un point de vue financier.[16] Il a acquis la F.B.O. pour le prix dérisoire d'un million de dollars. Les gains de la société ont couvert rapidement l'investissement initial et ont rapporté d'importants bénéfices. Pour cinq millions de dollars, la F.B.O. a également acquis la chaîne de distribution Keith-Albee-Orpheum. Kennedy s'attribue un salaire de 6 000 $ par mois comme président du conseil d'administration des deux sociétés. Après la fusion avec la R.C.A., il s'octroie une prime de 150 000 $, en récompense de ses efforts. Ces sommes s'ajoutent bien évidemment aux dividendes touchés en qualité d'actionnaire. On conçoit que dans ce contexte, les prodigalités de Stroheim n'auraient pas constitué une charge insupportable. Par contre, un scandale ou un échec retentissant auraient immédiatement dévalorisé tout l'édifice. Kennedy a déjà réalisé une excellente affaire au moment où il renvoie Stroheim. L'actrice et le metteur en scène sont bien loin d'imaginer la plus-value que leurs renommées, et peut-être même leurs déboires, ont ajouté aux actions de son entreprise. Si Kennedy regrette son "échec", il ne déplore aucune perte d'argent. Il est simplement déçu dans ses espérances spéculatives, car *Queen Kelly* aurait pu décupler la cote de ses sociétés, sans parler des bénéfices nets et du prestige artistique. Fin 1929, Joseph Kennedy se désintéressera de l'industrie cinématographique et revendra ses parts pour six millions de dollars.

Il était dans la nature de Stroheim de dénoncer pour chacun de ses films l'action malfaisante des financiers. Paradoxalement, *Queen Kelly* échappe à la règle. Stroheim n'était évidemment pas rompu aux pratiques et aux ruses de la haute finance. Il n'avait ni l'expérience ni les informations nécessaires pour comprendre qu'il avait été le principal élément d'une spéculation, un paramètre dans une équation. Il a été éliminé lorsque Kennedy a calculé qu'il lui faisait courir plus de risques qu'il ne lui laissait espérer de gains.

Les tribulations d'un film inachevé

L'histoire de *Queen Kelly* se poursuit désormais sans Stroheim. Kennedy avait alloué une certaine somme pour rendre présentable ce qui avait été tourné. Edmund Goulding fut engagé comme "script doctor". Il devait également filmer les scènes qu'il jugerait bon d'ajouter. Paul Stein dirigea une semaine d'enregistrements sonores. Goulding évalua rapidement l'ampleur et la difficulté du travail qu'il devait entreprendre. L'aventure était loin de lui plaire. Il préféra consacrer les fonds dont il disposait à la réalisation de *The Trespasser* (*L'intruse*), un film classique et sans surprise, tourné en 18 jours, avec Gloria Swanson. Mais la star ne voulait décidément pas laisser sous le boisseau les images où Stroheim et Paul Ivano l'avaient si bien mise en valeur. Plusieurs scénaristes furent successivement confrontés au casse-tête qui consistait à utiliser tout le matériel disponible pour en faire un film entièrement différent. Les projets les plus insolites furent proposés, entre autre une opérette dont Franz Lehar aurait composé la musique. Aucun n'aboutit. En 1931, Gloria Swanson fut finalement convaincue de l'inanité de tous les efforts d'adaptation. *Queen Kelly* ne pouvait être que ce que Stroheim avait voulu en faire. Elle fit appel à Viola Lawrence, une collaboratrice de longue date du réalisateur. Celle-ci monta les scènes qui avaient été tournées dans la manière de Stroheim. Gloria Swanson, qui ne voulait toujours pas entendre parler du "Poto-Poto Saloon" décida simplement que Kitty réussirait son suicide. Elle demanda donc à Gregg Toland de tourner un épilogue où on la voyait morte, veillée par le prince dans la chapelle du couvent. Mais on était en 1932 et il n'était plus question de projeter des films muets en Amérique.

A l'occasion d'un voyage en Europe, l'actrice présenta *Queen Kelly* en première exclusivité au cinéma Falguière, une petite salle parisienne fréquentée par un public de cinéphiles. L'accueil fut excellent, la presse parla de chef-d'œuvre. Le film fut montré dans plusieurs pays européens, il fut apprécié, mais ne connut pas de véritable diffusion. Par la suite, Gloria Swanson le projeta chaque fois que l'occasion lui en était offerte. C'est ainsi que les américains purent le voir lors de la sortie de *Sunset Boulevard.* L'actrice fit enfin don des copies qu'elle possédait à divers musées. Quelques-unes des bobines des scènes africaines, que l'on croyait perdues, furent retrouvées en 1965.[17] Mais cette découverte passa inaperçue et personne ne vit jamais ces rushes.

Après le décès de Gloria Swanson, en 1983, Kino International racheta les documents cinématographiques qui figuraient dans sa succession. Cette même société chargea Denis Doros de ressusciter *Queen Kelly*. Il conserva le montage de Viola Lawrence, supprima la conclusion imaginée par Gloria Swanson, et rajouta les scènes africaines. Continuant ses recherches, il mit à jour deux bobines jusque-là totalement ignorées. Il y trouva des plans qui faisaient le lien entre la tentative de suicide de Kitty et son arrivée à Dar-Es-Salam. Comblant les lacunes du film par des intertitres et des photos fixes, il rétablit l'œuvre dans sa cohérence, et nous avons grâce à lui une idée précise de ce que Stroheim voulait faire. Cette reconstitution de *Queen Kelly* fut présentée à Paris le 16 octobre 1985. La musique d'accompagnement avait été composée en 1930 par Adolf Tandler, à partir des directives laissées par Stroheim.

Marais d'Afrique et d'ailleurs

Stroheim aurait voulu que son film s'appelât *The Swamp*, le marécage. Il y renonça la mort dans l'âme devant l'insistance du département publicité de United Artists qui redoutait qu'un tel titre n'effrayât les spectateurs. La scène la plus dramatique, juste avant l'épilogue, montrait Kitty Kelly attachée à un arbre au milieu des marais. L'eau montait et les crocodiles s'impatientaient. Le prince Wolfram arrivait à temps pour sauver la jeune femme. Or, marécage se dit "Poto-Poto" dans le dialecte local.[18] Et tel est précisément le nom de la rue où se trouve la maison close de la Reine Kelly. On comprend sans peine le rapprochement fait par Stroheim entre l'eau croupissante, le mauvais lieu, et la faune qui le hante. Lorsque Jan entre dans le saloon, il est amicalement interpellé par les filles : « Eh bien, vieux crocodile, tu as abandonné ton marais puant ! »

Y a-t-il, en dépit des apparences extérieures, une si grande différence entre le bordel de Dar-Es-Salam et le palais royal de Cobourg-Nassau ? Le pays tout entier surnomme le prince "Wolfram le libertin". Il est rare qu'il ne soit pas ivre et escorté d'un essaim d'hétaïres lorsqu'il regagne à l'aube ses appartements. Il arrive même qu'il transforme le palais en maison de rendez-vous avec la complicité des domestiques de la reine. Regina V est irrésistiblement attirée par Wolfram qui la dédaigne mais la redoute. Que penser de cette souveraine hystérique qui s'enivre et fume le cigare dans son lit, déambule à demi nue et porte des fourrures à même la peau ? Stroheim a tout fait pour affirmer la similitude entre les deux reines et leurs royaumes. La toilette provocante de Seena Owen n'a rien à envier à celle de Gloria Swanson lorsqu'elle règne sur son lupanar.

Regina ordonne au prince de l'épouser, le jette au cachot parce qu'il refuse, et chasse Kitty à coups de fouet. La reine Kelly, pour sa part, dirige avec énergie un lieu de perdition, éconduit superbement son mari. Une scène était prévue où elle devait faire tournoyer une béquille au-dessus de sa tête pour disperser la foule. Selon Stroheim, le pouvoir absolu quel qu'il soit engendre tyrannie et dépravation. La succession des trois parties que le réalisateur avait prévues pour son film devait nous mener des turpitudes dorées de Regina V à la décrépitude de Jan dans son royaume pestilentiel, en passant par le luxe tapageur de Kelly en son bordel. Stroheim met en scène les extrêmes pour mieux montrer qu'ils sont semblables.

Les personnages masculins de *Queen Kelly* n'échappent pas à cette règle bien qu'elle se manifeste plus discrètement. On a déjà signalé dans *The Merry Widow* que le baron Sadoja était une image du sort qui menaçait Danilo s'il persistait dans son inconduite. Tully Marshall, qui jouait le rôle du vieux banquier infirme et lubrique, interprète ici Jan Vryheid, qui ne vaut guère mieux. Tous deux, également riches et répugnants, se déplacent avec des béquilles, fréquentent les prostituées et épousent une femme jeune et séduisante. Le prince Wolfram, d'abord débauché impénitent, se transforme comme le prince Danilo en amoureux romantique. Par la suite, il se montre un peu moins passif. Mais si Wolfram ose refuser d'épouser la reine Regina, il n'en reste pas moins son sujet humble et servile. La comparaison s'arrête pourtant là, car Stroheim n'a pas vu la nécessité d'imaginer un héros équivalent à Mirko. En d'autres termes, il n'a pas jugé opportun d'inventer pour *Queen Kelly* un rôle à sa propre mesure. C'est la première fois qu'il se prive volontairement de l'occasion de jouer les aristocrates de la vieille Europe.

Un tel sacrifice est aussi étonnant qu'inhabituel de la part d'Erich von Stroheim. On peut supposer qu'il commençait à se trouver trop âgé pour jouer les jeunes premiers, et trop jeune pour interpréter les vieux dégénérés. Gloria Swanson, qui produisait le film, aurait sans doute pris ombrage d'avoir à partager la vedette avec un autre acteur célèbre. Et la confrontation des deux stars aurait entraîné une rivalité de tous les instants fort nuisible à une collaboration harmonieuse. D'autre part, tous les hommes sans exception ont, à des degrés divers, des rôles subalternes dans le scénario. Soldats, valets et clients du Poto-Poto sont de simples figurants. L'aide de camp du prince et le prêtre africain se contentent d'exécuter les ordres qu'ils reçoivent. On a déjà évoqué la subordination hiérarchique de Wolfram et les handicaps physiques de Jan. L'explication nous est suggérée dès la rencontre des deux héros. Dans *The Swamp* il était prévu que pendant une cérémonie, Wolfram, encore ivre, tombait de cheval. Kelly se précipitait à son secours et faisait sa conquête en devenant son infirmière. Une scène qui affirmait sans ambiguïté l'infériorité de l'homme mais restait un peu plus réservée quant aux femmes, êtres dévoués à l'autorité limitée. Cette rencontre, qui s'inspirait visiblement de celle de Nikki et Mitzy dans *The Wedding March*, a été complètement remaniée au moment du tournage. Kitty, dans une situation ridicule et vexante, réagit avec fierté et affirme sa supériorité en prenant l'initiative des opérations. Wolfram est sous le charme. Stroheim a donc délibérément décidé que les personnages clefs de *Queen Kelly* seraient des femmes. Ce choix ne pouvait que satisfaire Gloria Swanson, actrice et femme d'affaire, et plaire à Joseph Kennedy, dont la maîtresse était doublement "mise en valeur".

Patricia Kelly est irlandaise, ce qui selon Stroheim permet de justifier son tempérament passionné et la vivacité de ses réactions. Elle sait aussi être entreprenante, voire effrontée, et se révèle une femme de tête, tenace et intelligente. Kennedy a sans doute été sensible à la discrète allusion aux origines de son clan. Gloria Swanson n'a pu qu'être flattée d'avoir à interpréter une jeune personne aussi sensible qu'avisée. Elle pouvait sans peine découvrir dans le scénario une délicate évocation de l'évolution de sa carrière. L'ingénue romantique des premiers films, rêvant au prince charmant, correspond évidemment à la couventine qui rencontre Wolfram. En arrivant à Dar-Es-Salam, Kelly rejoint l'univers de Sadie Thompson. Elle prend en main la direction de la maison, de même que Gloria Swanson est devenue son propre producteur. Le récit de Stroheim atteint, toutes proportions gardées, une dimension presque biographique. Exceptionnellement, il s'intéresse à une autre vie qu'à la sienne. Il anticipe même en prédisant le succès des gestions respectives de Gloria et de Kitty. Le bordel devient un établissement luxueux : les Gloria Productions vont bientôt rivaliser avec les plus grandes compagnies ! Le prince Wolfram fait de Kitty la reine d'un royaume imaginaire : Erich von Stroheim va faire triompher Gloria Swanson et son film sera le couronnement de sa carrière !

Ce parallèle mis à part, Stroheim a donné au personnage de Kitty une vie, un caractère et des sentiments rares et originaux. On retrouve dans *Queen Kelly* l'admirable prédilection du metteur en scène pour les contrastes. Du jour au lendemain, une adolescente "vêtue de probité candide et de lin blanc" découvre les "sentiers obliques" de l'existence. Et pourtant, Kelly ne cesse à aucun moment d'être vraisemblable. Ses mutations s'inscrivent dans la logique de son caractère entier et instinctif. Elle sait, dans une situation embarrassante, tenir tête à un escadron de cavalerie et faire la conquête de son capitaine. Puis, le même soir, elle rencontre l'aventure, l'amour, et l'humiliation qui la pousse au désespoir. Encore trop inexpérimentée pour triompher d'une telle accumulation d'épreuves, elle ne doit son salut qu'à une intervention providentielle.

A Dar-Es-Salam l'attendent la mort, le mariage sans amour et le vice. Mais Patricia Kelly est désormais capable de faire face, et va s'adapter à sa nouvelle vie avec une rapidité qui défie les lois de l'évolution, même si on admet que celle-ci peut-être orientée par la nécessité. Tout d'abord, Kitty trouve dans la mort de sa tante le prétexte qui lui permet de tenir Jan à distance et d'éloigner les clients trop familiers. Avant qu'ils n'aient le temps de s'en apercevoir, elle assimile son nouveau métier et l'exerce avec maestria. Stroheim, ne l'oublions pas, croyait à la transmission héréditaire des aptitudes ! Mais Patricia n'avait-elle pas été à bonne école ? Elle avait pu observer en Europe, tant au couvent qu'au palais, comment une seule personne, grâce à un système hiérarchique bien organisé, peut imposer sa volonté. Vu sous cet angle, un bordel n'est pas différent d'un couvent ou d'un petit royaume ! Pour Stroheim cette équivalence ne fait aucun doute. Il devait d'ailleurs se réjouir à l'avance du scandale que ne saurait manquer de soulever cette opinion subversive.

Kitty Kelly est catholique, comme l'est Kennedy, et aussi comme Stroheim prétend l'être avec plus d'insistance que jamais.[19] Les éléments religieux, et en particulier les sacrements, jouent un rôle actif dans les articulations dramatiques du scénario. Au début du film, la jeune fille est soumise, du moins de façon formelle, aux bonnes sœurs qui l'éduquent. Accusée d'inconduite devant un aréopage de cornettes, elle est condamnée à une veillée de prière. Il ne lui vient pas à l'esprit de se révolter contre l'autorité bienveillante de la mère supérieure, mais elle triche sur la pénitence imposée en demandant à Dieu de lui ramener le prince. A peine rendue à la vie civile, elle assiste à une extrême-onction et subit le sacrement de son mariage, encore plus funeste. Lorsque Jan l'attache à l'arbre du marais[20], son supplice rappelle celui de la croix. Mais l'expiation de Kitty prend fin quand Wolfram la délivre. Et c'est un couronnement, cérémonie religieuse enfin triomphante, qui consacre le "happy end". Les arrangements que Kelly prend avec les préceptes qu'on lui a enseignés l'amènent à pratiquer une religion très personnelle. Elle compromet son salut éternel en tentant à deux reprises de se donner la mort. Une première fois, lorsque déçue et humiliée, elle est ignominieusement chassée du palais par la reine qui lui signifie que Wolfram n'est pas libre. Une seconde fois, quand le prince débarque à Dar-Es-Salam. Que va-t-il penser de sa réussite sociale ? Certes, elle s'est gardée pour lui, mais elle est unie à Jan par les liens du mariage qu'elle considère comme sacrés et indissolubles. Wolfram a su braver

Regina V et rester célibataire. Et Kelly sait d'expérience jusqu'où peut aller la colère de la reine envers qui la contrarie.

Regina V porte sur ses épaules le poids de la lourde hérédité qui l'a fait naître reine. Elle représente l'aristocratie décadente qui fascine tant Stroheim. Il a choisi de ne jamais nous montrer la reine dans l'exercice de ses fonctions de souveraine, mais uniquement préoccupée de sa vie privée. Pour satisfaire sa nature autoritaire, elle abuse des droits que lui confère sa naissance. Ce n'est pas par hasard que le dallage du hall du palais ressemble à un damier noir et blanc. Regina évolue avec la même aisance que la reine d'un échiquier. Elle a autour d'elle des pions, des cavaliers et des fous. Kitty apparaît évidemment comme la reine du camp adverse. Regina V détourne le pouvoir politique de sa destination première et l'utilise pour combler ses désirs personnels. Son comportement, tant vis-à-vis du futur prince consort que de Kitty Kelly suffit à jeter le discrédit sur ses compétences royales et politiques. Son assassinat est la conséquence des haines qu'elle a suscitées parmi ses sujets. Elle est aussi responsable, plus ou moins directement, de sa propre infortune. N'a-t-elle pas ordonné au prince de mener son escadron sur la route du couvent où il a rencontré Kitty ? Ne l'a-t-elle pas incité à brusquer les événements en fixant au lendemain la date de leur mariage ? Et la sauvagerie de sa réaction n'a-t-elle pas enfin conforté l'amour naissant que le prince éprouvait pour la jeune fille ? Kelly a affronté une femme enragée, violente et brutale. Wolfram va subir un châtiment plus réfléchi et plus pervers. Il sera de toute façon privé de sa liberté : la prison s'il refuse d'épouser la reine, l'esclavage s'il accepte. Un intertitre plusieurs fois répété indique la vraie nature de la passion de Regina V : « Il est à moi ». Exclusive, jalouse et égoïste, ses désirs seuls comptent. Et si Wolfram ne veut pas d'elle, elle le prendra de force. Obsédée par le pouvoir, elle convoite moins le prince pour lui-même que parce que toutes les jeunes filles de Cobourg-Nassau sont amoureuses de lui. Regina entend prouver en l'épousant qu'elle est non seulement la reine mais aussi la femme la plus redoutable de son royaume.

Lorsque Regina surprend Kitty et le prince, elle se trouve directement confrontée à l'une de ses rivales anonymes. Son instinct de possession ne la trompe pas, elle voit immédiatement le danger qui la menace, en dépit des dénégations de Patricia Kelly, qui ignorait que le prince Wolfram était fiancé. Faisant fi de toute dignité, elle donne libre cours à son agressivité et chasse elle-même l'intruse du palais, sans prêter attention aux rires des gardes qui se moquent de sa fureur de démente. La reine éprouve un plaisir indéniable à fouetter la jeune couventine. L'instrument de sa vengeance, un fouet de cuir tressé à longue mèche, s'ajoute à tous les autres détails empruntés au folklore sadomasochiste.

La décoration du palais, la chambre de la reine et, pour tout dire, les goûts de Regina et la vie qu'elle mène s'accommoderaient très bien d'une maison close de grand luxe, fréquentée par une clientèle raffinée. Que l'on se souvienne du bordel de *The Wedding March* et de ses esclaves vêtues de cuir et de métal. Mais la censure interdisait à Stroheim de montrer de façon plus explicite les tendances dominatrices de sa "Vénus à la fourrure".

A côté de Regina, les prostituées professionnelles sont, comme toujours chez Stroheim, des créatures humaines et compréhensives. Celles qui raccompagnent le prince au début du film rient et s'amusent avec lui sans la moindre arrière-pensée. Les filles publiques de Dar-Es-Salam ne sont pas montrées sous un jour aussi réjouissant, mais elles soignent leur maîtresse avec dévouement. L'une d'elle va chercher Kitty au débarcadère et l'accueille avec autant de simplicité que de sympathie. Lorsqu'un peu plus tard deux autres, Kaly et Coughdrops[21], improvisent une robe de mariée, leur intention n'est pas de ridiculiser la jeune fille, mais de lui être agréable. Elles veulent lui offrir une vraie cérémonie dont elle pourra se souvenir. Ce que l'on possède du film et du scénario ne permet pas de voir si les pensionnaires évoluent avec autant de bonheur que l'établissement, mais le surnom de "Queen Kelly" qu'elles donnent à leur nouvelle Madame laisse supposer que la bonne entente continue à régner.

La tante de Kitty n'apparaît à l'écran que pour mourir aussitôt, mais son rôle dramatique n'en est pas moins primordial. C'est elle qui, de loin, s'est occupée de sa nièce depuis son enfance. Elle a également l'intention d'organiser sa vie future. Les solutions adoptées par l'excellente femme se ressentent singulièrement de son activité professionnelle : Kitty va hériter d'un bordel dont elle sera la patronne. Comme l'affaire n'est pas très florissante, elle épousera le client le plus assidu, et surtout le plus riche, de la maison. Jan Vryheid n'est, certes, pas très séduisant, mais il a l'avantage d'être vieux. Il s'apprête le plus sérieusement du monde à jouer les

Arnolphe. C'est en pensant sincèrement agir pour le bien de sa nièce que la mourante exerce sur elle une sorte de chantage pour précipiter la célébration du mariage. La tante de Kitty soumet la jeune fille à une domination tout à fait comparable à celle que Regina V imposait à son fiancé. Mais elle agit par bonté, quand l'autre agissait par méchanceté. Et paradoxalement, le résultat est le même. C'est ainsi que Stroheim montre comment les rapports de pouvoir pervertissent les rapports humains.

Mission accomplie

Faute d'avoir pu terminer *The Wedding March*, Stroheim avait été privé du couvent qui devait en être le décor. Il n'est donc pas surprenant qu'il ait précisément exigé qu'on reconstituât un couvent pour le début de son nouveau film ! N'avait-il pas agi de même naguère avec la cathédrale de Vienne ? Peut-être aussi caressait-il le secret espoir d'achever *The Wedding March*. Il entendait en tout cas démontrer le parti artistique qu'il pouvait tirer d'un tel décor, tout en prouvant qu'il ne demandait rien que d'utile et de raisonnable. Innocente revanche, mais qui illustre assez bien le caractère obsessionnel du metteur en scène. Il lui était impossible de laisser inemployés une idée, un personnage, un décor, qui lui tenaient à cœur. A défaut d'avoir pu tourner la fin de *Queen Kelly* dans les marais du Poto-Poto, il écrira tout de même quelques années plus tard un scénario qui porte ce titre. Cet attachement au décor, à la façade, est hautement caractéristique de la personnalité d'Erich von Stroheim, dont l'être tout entier vit dans l'apparence. Il n'y a pour lui d'autre vérité que l'image qu'il donne de lui-même. Il a mené cette forme à l'état d'ultime achèvement.

Stroheim est lui-même, selon la terminologie aristotélicienne, en entéléchie. L'être qu'il a conçu est parfaitement accompli. Mais comme toute création artificielle, comme tout ce qui n'appartient pas tout à fait au règne du vivant, il est incapable de dépasser la finalité à laquelle il doit d'exister. Une fleur artificielle ne va pas se faner, mais elle ne donnera jamais de fruit. Le cas est encore plus compliqué lorsque le créateur et la création ne font qu'un. Stroheim s'est trouvé dans une situation idéale pour un faussaire mais impensable pour un véritable artiste : son œuvre est si parfaite qu'elle n'est plus perfectible. Serait-ce la caution exigée par la vérité pour tolérer un mensonge aussi sublime ?

Chaque film de Stroheim contribuait à son édification personnelle, le rapprochait de la réalité idéale qu'il cherchait à atteindre. Qu'en est-il de *Queen Kelly* ?

L'autorité des hommes en général et la prédominance des aristocrates en particulier sont de plus en plus illusoires. Les femmes ont pris le relais devant la démission des hommes, mais elles ne sont pas non plus à l'abri de la décadence. Regina V est aussi folle que ses sujets sont veules. Tout se passe comme si Stroheim détruisait les modèles aristocratiques qu'il avait mis si longtemps à reproduire, au risque d'attenter à sa propre création.

Stroheim ose stigmatiser les défauts qu'il décèle chez ses pairs, il n'a pas son pareil pour démasquer les imposteurs, il sait reconnaître, où qu'elle se trouve, la vraie noblesse, celle du cœur, et lui rend hommage. Sans fausse modestie, il s'érige en juge suprême et infaillible de l'aristocratie. Aux yeux du monde, la légitimité de sa charge est aussi peu contestée que sa personnalité. A ses propres yeux, son droit régalien est la récompense de ses efforts et de son génie.

Mais nul ne peut être juge et partie. Statutairement, Stroheim ne pouvait s'autoriser à jouer lui-même dans son film. Cependant, il a fait en sorte que les spectateurs soient obligés de penser à lui pour comprendre et apprécier *Queen Kelly*.

XII

WALKING DOWN BROADWAY
(En descendant Broadway)

Walking Down Broadway est le seul film parlant mis en scène par Erich von Stroheim. Il n'a cependant jamais été diffusé. Il n'en reste aujourd'hui que quelques scènes disséminées dans un film remanié entièrement par d'autres cinéastes et qui s'intitule *Hello, Sister* ! Avant ce tournage, qui sera sa dernière réalisation, la carrière d'Erich von Stroheim a connu de nombreuses vicissitudes.

Le purgatoire

A l'échec financier de *The Wedding March* vient s'ajouter la faillite de *Queen Kelly*. Les actions de Stroheim sont au plus bas. Aucun producteur ne serait assez fou pour lui proposer la moindre réalisation. Mais son crédit en tant qu'acteur est resté intact. Par chance, sa voix et son accent s'accordent avec son aspect physique. Lorsque James Cruze lui demande d'interpréter le rôle d'un ventriloque dans son prochain film, il accepte sans fausse honte. Si l'on en croit Thomas Quinn Curtiss, les deux hommes étaient amis. Esprit libre et indépendant, James Cruze avait à son actif plus de cinquante films muets. Il n'avait pas du tout l'intention de voir sa carrière s'interrompre à cause du cinéma parlant. Le sujet du film, sa réalisation et son interprétation devaient démontrer la maîtrise avec laquelle il saurait tirer parti des toutes nouvelles techniques sonores. *The Great Gabbo* (*Gabbo le ventriloque*), qui n'était qu'une production à petit budget, connut un grand succès. La prestation exceptionnelle de Stroheim est restée dans l'histoire, et James Cruze a si bien réussi sa conversion qu'il a continué à tourner sans interruption jusqu'en 1938.

Stroheim appréciait ce film et, quelques années plus tard, il essaya même d'en acquérir les droits. La valeur artistique de l'œuvre et la magnifique performance de l'acteur ne suffisent pas à justifier cet engouement. Une raison plus personnelle expliquerait peut-être pourquoi il se sentait si proche de Gabbo : dans sa folie, le ventriloque de James Cruze n'arrive plus à séparer sa vie privée de l'image qu'il donne à son public. Stroheim voyait-il dans la démence de l'homme de spectacle une évocation prophétique des dangers qu'il encourait lui-même ?

Mais le péril était plus immédiat et résidait dans le succès de *The Great Gabbo* : aux yeux de Hollywood, Stroheim n'était plus metteur en scène, il était redevenu comédien. On le lui fit bien voir. Aucun des projets qu'il présenta à cette époque n'aboutit. En 1930, l'état de ses finances est à ce point alarmant qu'il se voit dans l'obligation d'accepter de jouer les "sales boches", comme au début de sa carrière. Jack Warner l'engage pour interpréter un espion dans *Three Faces East* sous la direction de Roy del Ruth. Selon Stroheim, le tournage se déroule dans une ambiance des plus déplaisantes. Le producteur l'estime, mais le metteur en scène et la vedette féminine le jalousent. Il dit supporter d'un front serein toutes les humiliations. L'insignifiance de *Three Faces East* permit au film d'être rapidement oublié, sans nuire à la réputation de Stroheim.

Stroheim reprit espoir quand l'Universal lui demanda de réaliser un remake parlant de *Blind Husbands*, mais l'échec de ce projet le contraignit à redevenir, en 1931, le vilain Teuton. Il est cette fois-ci engagé par la RKO pour interpréter l'espion allemand dans *Friends and Lovers* (*Le sphinx a parlé*), de Victor Schertzinger. Les critiques de l'époque regrettèrent que son rôle soit si court. Le personnage qu'il jouait était tué bien avant la fin du film.

C'est alors qu'il signe avec la Fox le 2 septembre 1931 le contrat aux termes duquel il doit adapter et réaliser *Walking Down Broadway*. Un mois plus tard, la RKO le sollicite pour un rôle de premier plan. Deux propositions en même temps : les mauvais jours semblent révolus. Stroheim est enthousiasmé par le personnage qu'il doit interpréter dans *The Lost Squadron* (*Quatre de l'aviation*), mais il ne veut pas dénoncer son contrat de metteur en scène. La Fox accepte de surseoir à ses engagements du 7 octobre au 31 décembre, le temps du tournage. L'acteur Stroheim pourrait ainsi effacer le désagréable souvenir des deux rôles sans intérêt de *Three Faces East* et *Friends and Lovers*. Pendant les trois mois que dura le tournage, le réalisateur n'en continua pas moins de mettre au point son scénario. Consciencieux à l'extrême, Stroheim était comédien le jour, écrivain la nuit. Il interprétait von Furst, un metteur en scène d'origine allemande, épris de réalisme, arrogant et autoritaire. Autant dire que Paul Sloane lui demandait de se caricaturer lui-même ! Stroheim semblait prendre le plus grand plaisir à s'amuser ainsi avec sa propre image. *The Lost Squadron* avait entre autres avantages celui de rappeler au public que Stroheim était avant tout un grand metteur en scène. En outre, la démesure du personnage tournait en dérision ses prétendus instincts de patriote borné et haineux.

On proposa ensuite à Stroheim un rôle aux cotés de Greta Garbo dans un film qu'allait réaliser George Fitzmaurice d'après la pièce de Luigi Pirandello *Come tu mi vuoi* (*Comme tu me veux*). Il accepta sans hésiter, car il y avait tant de dissensions intestines au sein de la Fox que personne ne semblait plus se préoccuper du tournage de *Walking Down Broadway*. Mais *As You Desire Me* était produit par la MGM, et il y avait là-bas Irving Thalberg et Louis B. Mayer qui s'étaient jurés de ne plus avoir affaire à Stroheim... Greta Garbo, par contre, ne voulait pas entendre parler d'un autre partenaire. Elle menaça de tout abandonner si elle n'obtenait pas satisfaction. Thalberg et Mayer durent céder.[1]

Exceptionnellement, Stroheim se conduit avec une sagesse calculée, en essayant de ne ne rien faire qui risque de compromettre son avenir. Nul ne doit oublier qu'il est acteur, réalisateur, scénariste, et qu'il excelle dans chacun de ces domaines.

Les limbes

Pour la première fois depuis dix ans, Stroheim metteur en scène est contraint à l'inactivité. Malgré sa notoriété, il se retrouve de fait dans une situation semblable à celle de ses débuts. Pour sortir de cette impasse, il va appliquer la même méthode qu'autrefois. C'est ainsi qu'il se met à rédiger plusieurs projets afin de les présenter à divers producteurs.

Il se souvient d'abord que Joseph Schenck l'avait pressenti en 1925 pour adapter et réaliser le roman de George Barr McCutcheon *East of the Setting Sun*.[2] Mieux vaut tard que jamais. Stroheim se met au travail. L'ouvrage original avait pour toile de fond la montée du communisme dans les petits pays d'Europe orientale. Ce sujet intéressait Stroheim autant qu'il l'inquiétait. Mais paradoxalement, il élude prudemment ce thème. Le héros n'est plus journaliste, c'est un simple représentant des usines Ford. Stroheim préfère insister sur la décomposition des anciennes monarchies. Le "climax" prévu par George Barr McCutcheon était l'invasion du royaume par les troupes bolcheviques d'un état voisin. Dans le projet de Stroheim, on atteint le sommet dramatique lorsque l'ignoble prince Vladimir enlève la délicieuse princesse Milena. Aux conflits sociaux et politiques se substituent donc des affaires de famille. Stroheim avait précisé dans son scénario le nom des acteurs qu'il souhaitait voir dans les divers rôles. George Fawcett devait être le roi et Josephine Crowell la reine Draga. Ainsi se trouvaient reconstitués pour la circonstance le couple royal de *The Merry Widow* et sa cour d'opérette. Il est permis de supposer que les souverains du royaume d'Axphainia auraient ressemblé à leurs prédécesseurs et auraient été comme eux de braves gens sans malice. Stroheim se réservait le rôle de Vladimir, qui cumulait pratiquement tous les vices qui avaient rendu célèbre "l'homme que vous aimeriez haïr".

Tout porte à croire que le scénario d'*East of the Setting Sun* a été élaboré de façon à séduire les producteurs en leur proposant un dispositif qui avait déjà fait ses preuves. Mais Joseph Schenk et United Artists se récusèrent, prétextant que Stroheim ne pourrait diriger et jouer en même temps. La MGM estima quant à elle que l'intrigue manquait d'originalité. Peut-être les producteurs se sont-ils méfiés de l'apparente soumission de Stroheim et de son excès de zèle ? Un amusant surcroît de précautions s'avéra tout aussi inopérant. Le rapport de lecture de la MGM signale que le rôle de Milena a été écrit à l'intention de Norma Shearer. Or, cette actrice, liée par contrat à la compagnie, était aussi la femme d'un de ses membres les plus influents : Irving Thalberg !

Peine perdue, Stroheim ne réussit à convaincre aucun producteur. Mais il est engagé par la MGM le 4 septembre 1929 pour écrire un scénario original. On lui promet 15 000 $. Cependant, le 20 janvier 1930, le compagnie refuse son manuscrit et ne lui donne que 5 000 $. Seul le titre de ce projet nous est parvenu : *Wild Blood.* Il pourrait s'agir d'un mélodrame social dont les acteurs appartiennent aux milieux pauvres de New York. *Wild Blood* est peut-être le brouillon de *Walking Down Broadway* ?

L'espoir d'une nouvelle réalisation est offert à Stroheim par l'Universal. Carl Laemmle Jr. remplace maintenant son père qui a pris sa retraite. Le jeune homme a l'ambition de redonner à la compagnie la tenue artistique qu'elle avait autrefois. L'Universal va à nouveau réaliser de grands films, comme *All Quiet on the Western Front (A l'ouest rien de nouveau)* de Lewis Milestone. Paul Kohner, ancien impresario et admirateur de Stroheim, est entre-temps devenu producteur. Il plaide si bien la cause de son ami qu'au mois de juin 1930 on apprend que celui-ci doit tourner un remake parlant de *Merry-Go-Round.* 10 000 $ sont versés pour l'achat des droits d'adaptation. Quelques semaines plus tard, la compagnie change d'avis et demande au metteur en scène de reprendre *Blind Husbands*. Nouveau chèque de 5 000 $. Il est à peu près certain que les raisons de ce choix sont d'ordre financier. *Blind Husbands* avait en effet rapporté beaucoup plus d'argent que *Merry-Go-Round.* D'autre part, la reconstitution d'un hameau tyrolien ne risquait pas, malgré toutes les prodigalités de Stroheim, de coûter aussi cher que celle de Vienne et de sa Cathédrale.

Ici s'inscrit dans la vie de Stroheim un épisode assez remarquable mais relativement peu connu : Erich, Valérie et leur fils Joseph vont passer en Europe l'été de 1930. Ces vacances en famille n'ont pas intrigué les historiens du cinéma. Rien de plus naturel pour un émigré que l'envie de revoir son pays d'origine. Mais ce qui serait normal chez tout autre prend dans le cas présent une dimension différente. Que l'on se souvienne des conditions du départ de

Stroheim, des raisons mystérieuses qui l'ont motivé, de la série de ruptures qui l'a accompagné. Que l'on prenne enfin en considération l'absence de toute relation entre Erich et sa famille depuis 1909. Tous ces éléments s'accordent mal avec la perspective d'un voyage d'agrément qui va les conduire d'abord à Rome puis dans le Tyrol et en Autriche.

Stroheim seul avait en main toutes les données utiles et pouvait juger de l'opportunité de ce séjour. Il a certainement pesé de façon très minutieuse le pour et le contre avant de prendre la décision de partir, car il allait mettre sa propre création en grand danger. C'est donc sciemment qu'il a décidé de se jeter dans la gueule du loup en allant défier les témoins de son imposture. Cette fois-ci, jouer avec le feu pouvait réellement déclencher un sinistre.

Le 30 avril 1930, deux mois avant son départ, il avait été interviewé par *Motion Picture Classic*. Il avait longuement parlé de l'Autriche au journaliste et lui avait fait part de sa nostalgie : « Je ne retournerai jamais à Vienne. J'aurais l'impression d'aller à la morgue pour identifier le corps d'un être cher. »[3] Derrière cette affirmation péremptoire se cache une curiosité indéniable mais aussi beaucoup d'appréhension. Une rancune tenace pouvait subsister dans l'esprit de certains Autrichiens, tels les anciens combattants ou les aristocrates. Stroheim n'ignorait pas qu'il ne jouissait pas d'une grande sympathie dans les pays germaniques. Il y avait aussi un risque d'ordre plus personnel, qui pourtant n'impliquait aucune malveillance. A cette époque, pour étonnant que cela puisse paraître, Valérie ne savait pas que son mari était juif. Elle a reconnu spontanément son ignorance lorsque Richard Koszarski l'a interrogée.[4] Si Stroheim tenait à garder son secret, il devait absolument éviter que sa femme rencontre sa famille. Par contre, bien des obstacles avaient été supprimés qui lui interdisaient naguère de retourner dans son pays. Il n'a plus à craindre de représailles officielles pour sa conduite pendant la guerre car il est citoyen des Etats-Unis depuis 1926. Avec l'abolition de la monarchie les titres de noblesse n'ont plus d'existence légale, leur usurpation n'est donc plus un délit.

Erich voulait revoir sa mère. Il avait pour elle une affection qui ne s'est jamais démentie. Il ne se séparait jamais de sa photographie et lui avait dédié *Greed*, son plus grand film. Jusqu'à maintenant, ce voyage s'était avéré matériellement impossible. Aujourd'hui, non seulement il vient de recevoir 15 000 $, mais il est sûr de retrouver son travail quand il reviendra. Il ne va pas laisser passer un tel concours de circonstances. Joignant l'utile à l'agréable, il pourra rapporter des accessoires et des costumes authentiques qui figureront dans son film, rendu plus réaliste encore par le souvenir de ses observations récentes. D'autre part, il était sûr de faire plaisir à sa femme : il avait suffisamment montré dans ses films que les épouses américaines adoraient les maris qui les emmenaient en Europe !

C'est alors qu'un télégramme vient donner le signal du départ, en appelant Stroheim au chevet de sa mère gravement malade. L'urgence de la situation est cependant sujette à caution, car les Stroheim, au lieu de gagner Vienne le plus rapidement possible, s'arrêtent d'abord à Rome. Ils s'attardent même au Vatican, où ils sont reçus en audience privée par le Pape. Pour Valérie, de naissance catholique, cette entrevue avec sa Sainteté Pie XI a été le sommet de leur voyage. Son mari a déclaré plus tard à la presse américaine qu'il avait été extrêmement impressionné par le faste du Saint-Siège. L'émotion de Stroheim devant la splendeur du Vatican est d'autant plus sympathique qu'elle est sincère. Lui qui avait fait construire tant de décors somptueux s'est trouvé, sans doute pour la première fois, dans un vrai palais, dont la magnificence dépassait tout ce qu'il avait pu imaginer. La justesse de ses conceptions artistiques était confirmée par l'exemple. Et Stroheim lui-même a encore gagné en assurance. Il s'était fait noble et catholique dans un pays à majorité protestante. Il vient d'être reconnu catholique parmi les catholiques.

Etape suivante : le Tyrol. Stroheim pense à son prochain film, et parcourt la campagne pour acheter des objets usuels fabriqués par les paysans et des vêtements de montagnards. Mais Valérie n'aurait pas compris qu'il n'allât pas à Vienne voir sa mère. Il aurait même été naturel qu'il lui présentât sa femme et son fils. Mais Erich avait décidé que cette entrevue ne devait pas avoir lieu. Il eut alors recours à un petit scénario probablement prémédité. Il s'agissait de faire croire à Valérie qu'il pouvait être dangereux pour elle et son enfant de l'accompagner : « Il avait trouvé dans un journal allemand une caricature bordée de noir qui le représentait avec une corde autour du cou. La légende précisait que tel serait son sort s'il revenait à Vienne, cette ville qu'il avait tant calomniée dans ses films. Il s'affubla d'une fausse barbe avant de prendre le train. »[4]

Le plus surprenant est encore la crédulité de Valérie qui a pris au sérieux cette mascarade ! Elle a pu être flattée de constater que le monde entier connaissait son mari, même s'il s'agissait de le pendre. Et dès lors, quelle admiration ne devait-elle pas à son courage ? L'air martial et dégagé, Erich laissa femme et enfant à Innsbruck et partit seul pour Vienne.

C'était pour lui le moment le plus important de son séjour, mais on ne saura probablement jamais ce qui s'est passé entre la mère et le fils. Stroheim devait être partagé entre la fierté de montrer ce qu'il était devenu et une certaine inquiétude. Qu'il ait été accueilli avec des propos affectueux ou des reproches, il ne s'est en tout cas pas attardé à Vienne. Sans doute ne tenait-il pas à renouer avec ce qu'il avait voulu fuir, et sa femme et son fils l'attendaient à Innsbruck.

Stroheim est de retour en Californie au début de l'automne. Il retrouve ses habitudes, donne des interviews, et savoure le plaisir de vivre au grand jour. Il est las de l'incognito auquel il a dû s'astreindre pendant ces trois mois d'été.

Mais qu'avait-il rapporté de ses vacances ? Incontestablement Stroheim s'était mis en paix avec sa conscience filiale. Il avait fait le point. Il avait pris la mesure du chemin parcouru depuis sa fuite. Il était revenu sur les lieux de ses premières ruptures, de ses premiers mensonges. Peut-être attendait-il de ce pèlerinage en Autriche qu'il aidât son personnage à sortir de l'impasse où il se trouvait ? Peut-être espérait-il qu'en soignant la racine l'arbre reprendrait sa croissance ?

Dès son retour, Stroheim s'installe au bord du lac Arrowhead et commence sans plus tarder à rédiger le nouveau scénario de *Blind Husbands*. Huit semaines plus tard, il rencontre Paul Kohner et lui montre le résultat de son travail. « Cela ressemblait à deux annuaires téléphoniques, deux annuaires de maintenant. Je lui ai dit : Von, tu es fou, c'est trop épais ! Tu ne penses pas que M. Laemmle va lire tout cela ? »[5]

"Von" entreprend alors d'élaguer son manuscrit. Du 15 décembre 1930 au 4 avril 1931, il propose successivement neuf versions différentes du même scénario avant d'obtenir le feu vert. Le texte de 163 pages conservé par la Cinémathèque française (daté du 30 mars 1931) est probablement le dernier et le plus élaboré de ces projets.[6]

Le scénario dactylographié comporte 27 séquences, désignées par une ou deux lettres de l'alphabet. La structure dramatique est identique à celle du film muet, mais l'action est traitée de façon beaucoup plus progressive. Si Sepp n'a pas changé, les autres protagonistes ont des traits de caractères plus marqués que leurs prédécesseurs. Le docteur, devenu obstétricien, témoigne à plusieurs reprises de l'intérêt qu'il porte aux enfants. Il espère bien être un jour père de famille. Sa bonté et son dévouement se sont encore accrus, de même que son animosité et sa vindicte s'expriment avec plus de vigueur. Sa femme est plus faible qu'autrefois. Elle a les mêmes principes moraux, mais les ferait taire sans scrupule ni déplaisir. Le lieutenant Hans Carl Maria, baron von Treuenfels[7] est plus actif qu'Erich von Steuben. Véritable coq de village, pas un jupon ne lui échappe. Il va même à la messe pour séduire Leni, la rosière du hameau. Il s'attaque à Margaret sous le regard jaloux de Stanzi, la servante qui l'a si gentiment accueilli le premier soir. Il semble avoir besoin d'un public, de la réprobation de Sepp et de l'aveuglement du mari. L'épilogue est identique, mais Treuenfels ne meurt pas. Petit clin d'œil humoristique en guise de moralité, un nouveau lieutenant arrive au village à la dernière page du scénario.

La Cinémathèque française conserve une série encore inédite de dessins aux crayons de couleur[8] qui précisent le costume et l'allure de tous ceux qui apparaîtront à l'écran. On notera au hasard quelques spécimens. Le bourgmestre est un grand blond à moustache, il porte une veste verte et un pantalon gris. Roselin, la femme de l'aubergiste, est une vigoureuse matrone qui fume la pipe et n'abandonne jamais son trousseau de clés. Un enfant de chœur, chaussé d'énormes souliers de montagne, agite une crécelle. Il porte un surplis de dentelle blanche sur des vêtements bleu blanc rouge. Viennent ensuite les touristes et les estivants : un professeur d'allemand, armé d'un filet à papillons, et sa fille, deux anglais vêtus de costumes à carreaux, deux étudiants bernois au visage balafré portant une faluche rouge à visière verte. Des familles, également stéréotypées, complètent ce microcosme. Elles sont invariablement constituées du père, de la mère, d'un fils et d'une fille. Les anglais sont vêtus de tissus écossais et, très curieusement, ils ont tous la bouche ouverte. Les enfants de la famille allemande sont rangés par ordre de taille, le père mimant le "Feldwebel".

L'une de ces esquisses est intitulée « La famille juive ».[8] Le père, qui fume un énorme cigare, arbore l'air suffisant du commerçant enrichi. Sur la liste des costumes[9], il est précisé qu'il doit avoir une grosse chaîne en or et quatre bagues ornées de diamants. Sa femme doit également être couverte de bijoux, bracelets et boucles d'oreilles. La fillette, qui promet de devenir aussi plantureuse que sa mère, est déjà habillée comme elle. Ils ont tous le nez crochu et des cheveux noirs et bouclés. Dans ses autres dessins, Stroheim avait utilisé une sorte de rose pour colorier le visage, les jambes et les mains de ses personnages. Ici, il s'est servi d'un crayon jaune. Le jaune fut autrefois la couleur des trompeurs avant de devenir celle des trompés. Il symbolisait le reniement, l'infamie et la traîtrise. Au moyen-âge, à l'issue du concile de Latran, il avait déjà été ordonné aux juifs de porter sur leurs vêtements une rouelle jaune. Il ne faut pas oublier que pendant longtemps l'Eglise catholique a considéré que le peuple d'Israël était l'objet d'une malédiction divine. Stroheim ne pouvait pas ignorer la signification de la couleur qu'il avait choisie. S'il reprend les clichés que l'iconographie chrétienne et populaire prête à Judas, c'est pour affirmer qu'il n'est pas juif. Il se comporte comme il pense que le font les catholiques. Et ce faisant, il les tourne en dérision. Depuis son arrivée en Amérique, Stroheim a pratiqué, sans jamais s'en vanter, ce système d'identification inverse. Il fonctionne à la perfection, mais condamne l'homme à vivre dans le mensonge et le comédien à dissimuler la caricature par l'habileté de son jeu.

Dans son nouveau scénario, Stroheim n'a supprimé aucune des références à la religion chrétienne et en a même ajouté d'autres. Cette fois-ci, il fait en plus appel au diable. L'action se passe à Teufelsbourg et sur les rives du Teufelsee, au pied du Monte Diavolo.[10] Le héros avait été initialement baptisé : lieutenant Lucifer, baron von Höllenstein ! Hans von Treuenfels conserve de cette ascendance de nombreux regards qualifiés de "diaboliques". Ces allusions infernales étaient un moyen commode de distinguer le bien du mal.

On ne saura jamais si la magie qui transformait les scénarios extravagants d'Erich von Stroheim en chefs-d'œuvre du cinéma muet aurait continué à se manifester. Comme ce qu'il voulait faire voir, Stroheim a décrit ce qu'il voulait que l'on entendît, prévoyant tous les bruits, du moindre murmure jusqu'aux coups de tonnerre. Les effets sonores forment un ensemble cohérent mais relativement indépendant des images. Certains sons situent les actions dans le temps, d'autres participent plus effectivement à la progression de l'intrigue. Stroheim comptait enregistrer le son sans truquage, ce qui selon lui était indispensable au réalisme. Il s'est à ce point obstiné dans cette conviction qu'elle servit de prétexte à son renvoi.

C'est en effet à cause d'un carillon qu'il réussit à s'attirer les foudres de l'Universal. A la veille du tournage, il demanda que les cloches de l'église soient transportées jusqu'au lac Arrowhead et suspendues au-dessus de l'eau. Il avait l'intention de faire entendre le carillon en fond sonore d'une conversation au bord du lac. On lui expliqua qu'il fallait d'abord filmer la scène en enregistrant le dialogue, puis ajouter sur la piste sonore les bruits qui manquaient. Le réalisateur s'entêta : « les cloches n'ont pas le même son quand elles sont au-dessus de l'eau ! ».[11] Il quitta le plateau dans un état voisin de la fureur. La réaction ne se fit pas attendre. L'état major de l'Universal, exceptionnellement présidé par Carl Laemmle père et fils, décida le jour même que Stroheim était mis à la porte et que le film ne se ferait pas. La compagnie avait suffisamment souffert des excentricités du metteur en scène pour conserver à son endroit une méfiance des plus légitimes. L'incident la rappelait brusquement à la prudence. D'autant plus qu'il avait été décidé que Stroheim serait non seulement réalisateur mais aussi acteur, comme dans *Foolish Wives*... Carl Laemmle Jr. risquait de se trouver aux prises avec les mêmes désagréments qui avaient jadis tourmenté son père... « Renvoyez le metteur en scène et vous n'aurez plus l'acteur. »

Il en fallait plus pour décourager Stroheim qui peu de temps après se présente à la MGM avec un scénario inédit : *Her Highness*. Ce mélodrame se situe en Europe centrale, on y retrouve les personnages favoris de l'auteur (un vieillard riche et vicieux, un officier débauché, un aristocrate). Une jeune fille ambitieuse devient veuve et joyeuse, elle aime deux hommes en même temps. Stroheim se réservait de jouer le rôle du plus âgé, espérant ainsi inaugurer une carrière de séducteur aux tempes grisonnantes. Le comité de lecture de la MGM apprécia *Her Highness* mais demanda au scénariste de trouver une fin spectaculaire. Stroheim aurait peut-être consenti à modifier ce qu'il avait écrit, si une perspective plus attrayante ne s'était offerte à lui.

En descendant Broadway

On n'a pas oublié que Stroheim s'était engagé à réaliser *Walking Down Broadway* pour le compte de la Fox. La compagnie se trouvait à l'époque dans une situation économique embarrassante. Winfield Sheehan, l'un des administrateurs, estimait qu'elle retrouverait sa prospérité à condition de produire des œuvres d'une valeur artistique indéniable. L'arrivée de F. W. Murnau, en 1926, avait donné une première impulsion et stimulé les autres réalisateurs attachés à la Fox. Sheehan pouvait se montrer optimisme, mais il était toujours à l'affût d'un film dont le prestige rejaillirait sur la compagnie. Erich von Stroheim avait besoin d'argent et cherchait l'occasion de démontrer qu'il était capable de mettre en scène un film parlant. Sheehan pensait qu'il obtiendrait, s'il parvenait à mener son projet à terme, un résultat intéressant, et peut-être même un chef-d'œuvre. En outre, la Fox pourrait s'enorgueillir d'avoir su dompter le plus désobéissant des metteurs en scène !

Stroheim proposa à Sheehan d'adapter une œuvre inédite de Dawn Powell. Les personnages qu'affectionnait cet écrivain étaient généralement des provinciaux qui venaient se fixer à New York pour fuir l'atmosphère étouffante de leurs bourgades. « Je ne pense pas, disait-elle, être un auteur satirique. Je suis réaliste. Cela n'a rien de drôle. Je dis juste la vérité. »[12] Une déclaration digne de Stroheim !

Le texte original de la pièce est conservé par l'United States Copyright Office. Il ne brille ni par sa cohérence ni par sa puissance dramatique. Il aborde avec beaucoup de naturel mais sans finesse les thèmes de l'union libre et de l'avortement. De quoi faire bondir les Américains... et ravir Stroheim !

Le contrat que Sheehan fit signer à Stroheim est à lui seul un petit chef-d'œuvre. On y retrouve presque autant de clauses que la carrière du metteur a scène a compté de facéties ! Cette fois, tout semble prévu pour éviter la moindre récidive. Malgré leur rigueur, les différents articles ne semblent imposer aucune contrainte artistique, mais il est stipulé que Stroheim restera sous la tutelle d'un "business manager" omnipotent. Cette fonction échoit à R. L. Hough. Il a pour mission de surveiller Stroheim, de l'empêcher de faire des dépenses inconsidérées, et de l'obliger à finir son film sans dépassement de budget.

Rédaction du scénario

La Fox mit l'un de ses lecteurs, Leonard Spigelgass, à la disposition de Stroheim, pour qu'il l'aidât à élaborer son scénario et à résoudre les problèmes spécifiques liés au cinéma parlant. C'est grâce à son témoignage qu'on connaît l'atmosphère pour le moins insolite dans laquelle ils ont travaillé. L'ardeur laborieuse du metteur en scène, qui écrivait surtout pendant la nuit, a fortement impressionné

Spigelgass. Il se souvient aussi de leurs collaborateurs : une charmante secrétaire rousse... et un jeune prêtre. « Souvent, ajoute-t-il, d'autres prêtres et quelques religieuses venaient nous rejoindre pendant ces sessions nocturnes. Ils s'asseyaient sans rien dire et nous regardaient travailler. De temps en temps, M. von Stroheim les emmenait avec lui dans une pièce voisine où ils s'entretenaient en privé. »[14] Spigelgass souffrait visiblement du peu d'estime que lui témoignait Stroheim. Il était surtout profondément indigné lorsqu'il lui arrivait de l'entendre grommeler en yiddish. « Pour moi qui suis juif, et qui savais qu'il était juif, cela signifiait qu'il en avait honte. Je ne peux pas vous dire ce que j'ai ressenti. Nous n'aimons pas les juifs qui se convertissent. »[14]

Toute considération de judaïsme mise à part, la présence d'une armada de curés pendant l'adaptation d'un ouvrage tel que *Walking Down Broadway* semble parfaitement incongrue. Peut-être Spigelgass a-t-il deviné juste. Peut-être Stroheim, porté par un élan de mysticisme, s'est-il converti. Les prêtres et les bonnes sœurs seraient ses frères en Dieu auprès desquels il s'instruit et s'efforce de trouver un nouvel équilibre. Mais pourquoi les faire venir sur son lieu de travail et les imposer à ses collaborateurs ? Il n'avait certes pas une minute à lui, puisqu'il tournait le jour et écrivait la nuit, mais il aurait pu patienter quelques semaines de plus. N'aurait-il pas plutôt utilisé Spigelgass pour réaliser une expérience ? Celui-ci n'a jamais connu de la vérité que ce que Stroheim a bien voulu lui révéler. S'il a entendu des phrases en yiddish, c'est parce qu'elles ont été prononcées à son intention. Si Stroheim a si peu caché son zèle religieux, c'est pour le pousser à bout. Spigelgass a réagi comme prévu, puisque quarante ans plus tard il traite encore Stroheim de « bigot stupide, idiot, narcissique et bestial »[13] et ne met pas en doute sa conversion. Stroheim s'est donc volontairement mis dans une situation extrême en livrant son secret à un homme dont il n'avait à attendre aucune indulgence. Or, il ne se passa rien. L'épreuve, suicidaire en cas d'échec, avait réussi. Le réalisateur savait désormais qu'il pouvait compter sur la discrétion de la communauté israélite, même s'il s'en faisait haïr.[15] C'est presque à regret que Spigelgass avoue son admiration pour le génie dramatique de Stroheim.

Mais la Fox est en difficulté. Les crédits manquent. Entre autres mesures d'austérité, on prie Winfield Sheehan de prendre trois mois de vacances. Sol Wurtzel le remplace et annule le contrat de

Stroheim. Le scénario tel qu'il est déjà rédigé devient donc propriété de la compagnie. Mais on ne parle pas pour l'instant de le mettre effectivement en scène.

A la faveur d'un nouveau remaniement directorial, Winfield Sheehan retrouve son poste initial. Le 21 juin 1932, il réactive le contrat de Stroheim, qui reprend immédiatement le travail. A la fin du mois de juillet, le metteur en scène soumet son texte à deux membres du "Hays Office", Jason Joy et Lamar Trotti.[16] Ils travaillent ensemble pendant trois jours et c'est un scénario approuvé par la censure que Stroheim remet à la Fox le 9 août 1932.

Peggy et Millie, deux jeunes ouvrières, descendent en flânant l'avenue de Broadway. Deux garçons les suivent et les abordent. Peggy est un peu gênée alors que Millie, très à l'aise, n'hésite pas à engager la conversation. Elle s'adresse à Jimmy, le moins bavard des deux, pendant que Mac, très volubile, entreprend Peggy. Soucieux de confirmer ce préambule, Mac entraîne le petit groupe dans un bar où on sert de l'alcool de contrebande. Rendez-vous est pris pour le surlendemain.

Peggy est loin de partager l'enthousiasme de Millie, qui se réjouit de la tournure que prennent les événements et se félicite d'avoir suivi le conseil de leur amie Mona : il suffit de descendre Broadway !

Les quatre jeunes gens se retrouvent dans un dancing et découvrent, au moment de se séparer, qu'ils habitent dans des immeubles voisins. Sur le chemin du retour, trois incidents vont révéler les sentiments encore inexprimés de chacun des héros. Jimmy et Peggy ramassent un petit chien qu'une voiture vient de blesser. Très émus, ils l'emmènent pour le soigner et décident d'un commun accord de l'adopter. La compréhension réciproque et spontanée qui s'établit entre eux est douloureusement perçue par Millie. Elle est à ce point perturbée qu'elle néglige de regarder devant elle et tombe dans une tranchée boueuse ouverte sur le trottoir. Jimmy la tire de ce cloaque, mais elle doit rentrer chez elle pour se laver et changer de vêtements. Un peu plus loin, ils rencontrent Mona, une grande blonde sans préjugés, qui les invite à finir la soirée dans son appartement. Mac voit tout de suite à qui il a affaire et trouve le compliment qui va la séduire. « N'avez-vous pas servi de modèle pour décorer l'emballage d'un bloc désodorisant ? » Peggy, s'imaginant que Mona veut accaparer les deux hommes, se retire dans sa chambre. Mais Jimmy va la rejoindre, sous prétexte de lui apporter un sandwich. La pièce où elle vit prend jour par un vasistas. Les deux jeunes gens montent sur une table pour admirer les lumières de New York. Serrés l'un contre l'autre et la tête émergeant de l'étroite lucarne, ils s'embrassent. Millie les surprend et se désespère, car elle comprend qu'aucun des deux garçons ne s'intéresse à elle. Pendant ce temps, Mac a obtenu de Mona tout ce qu'il désirait. Il entre maintenant dans la chambre de Peggy, mais celle-ci n'est pas dans les mêmes dispositions. Elle se débat. Mona, réveillée par le bruit, vient chasser l'intrus manu militari.

Les couples sont formés. Millie semble résignée. Elle se console en inventant des histoires aussi romanesques qu'imaginaires, qu'elle raconte à Miss Platt, une vieille fille, bibliothécaire de son état, qui lui rend visite de temps en temps. Peggy perd son emploi parce qu'elle s'évanouit trop souvent. Elle va voir un médecin qui lui apprend qu'elle est enceinte. Elle l'annonce à Jimmy que la nouvelle remplit de joie. C'est la veille de Noël. Il court chez son patron et demande une augmentation qui lui est accordée, tant son enthousiasme est communicatif. Les deux amants décident de se marier sans plus attendre et se donnent rendez-vous au bureau où sont délivrées les licences de mariage. Alors qu'il se dépêche, Jimmy rencontre Mac et lui annonce sa décision. Mais ce dernier, pour se venger de Peggy, prétend qu'elle s'est également donnée à lui dès le premier soir. Très troublé, Jimmy interroge Millie qui, par jalousie, affuble Peggy d'un passé des plus mouvementés, peuplé d'innombrables amants. Rencontrant enfin Peggy, Jimmy, fou de rage, lui signifie, sous une pluie battante, qu'il ne veut plus la voir.

Lorsque Mona est mise au courant, elle s'efforce de dissiper les malentendus. Mais Jimmy, dûment chapitré par Mac, refuse de rien entendre. En sortant de chez eux, les deux garçons voient des flammes jaillir d'un immeuble qu'ils connaissent bien. Jimmy se précipite au secours de Peggy, mais il ne trouve que Millie dans l'appartement.

En réalité, Peggy est à la gare et s'apprête à quitter New York. Elle apprend par hasard en lisant un journal du soir qu'un incendie a ravagé son immeuble. Elle se rend à l'hôpital Roosevelt et trouve Jimmy au chevet de Millie. Sa camarade confesse ses mensonges : elle avoue que prise de remords devant leurs conséquences, elle a ouvert le gaz pour tenter de se suicider.

Quelques années plus tard, Jimmy et Peggy rencontrent Mona qui pousse une voiture d'enfant. Elle a épousé Mac. Mais dans le landau, il n'y a que des bouteille de whisky.

Stroheim n'a conservé que le canevas de l'œuvre de Dawn Powell et a même supprimé toute allusion à un éventuel avortement. Chacun des personnages est maintenant doté d'une personnalité bien définie. Millie est devenu la principale héroïne. Le metteur en scène avait écrit ce rôle pour Zasu Pitts, l'inoubliable Trina de *Greed*, ce qui signifiait qu'il voulait une actrice au physique un peu ingrat mais expressif et qu'il pourrait façonner à sa guise. Millie est responsable de la rencontre de Jimmy et de Peggy comme de la rupture de leurs fiançailles. Elle mène le jeu, mais de manière négative. Eternelle victime, tout ce qu'elle fait se retourne contre elle ou provoque des désastres. Dès le premier soir, elle est éperdument amoureuse de Jimmy et exhibe ses sentiments sans la moindre retenue. Le lendemain Jimmy tombe amoureux de Peggy. Millie souffre maintenant d'une inextinguible jalousie qui s'ajoute à sa neurasthénie chronique. Lorsqu'elle décide de se donner la mort, elle manque son suicide, mais réussit à embraser tout l'immeuble. Extrêmement superstitieuse, elle laisse volontiers son esprit errer dans le domaine de l'irrationnel. C'est grâce aux histoires qu'elle invente que son personnage ne sombre pas dans la folie. Quelle que soit sa stabilité, cet équilibre n'en est pas moins malsain. Il relève incontestablement d'un cas de psychiatrie. L'une des distractions favorites de Millie est d'assister à l'enterrement de gens qu'elle ne connaît pas pour pleurer tout à son aise. Sans doute cherche-t-elle inconsciemment un endroit où il est normal d'être triste et de verser des larmes. Persuadée d'être poursuivie par la malchance, comment pourrait-elle échapper à son destin si elle est sûre d'être condamnée par avance ? De même, comment pourrait-elle sortir de sa solitude si elle s'enferme dans l'imaginaire ? Sa mélancolie et son désespoir permanents se justifient si l'on considère qu'elle se sait l'artisan de son propre malheur. On voit que Stroheim avait composé pour Zasu Pitts un personnage des plus complexes, dont certains traits pourraient être autobiographiques (superstition, mensonge, affabulation).

Mona, l'amie des deux filles, n'est pas explicitement désignée comme étant une prostituée. Simple précaution d'écriture pour ne pas effaroucher le producteur et les acteurs. Cette restriction mise à part, Stroheim décrit sans fausse pudeur un personnage qu'il a toujours considéré avec sympathie, celui de la fille de joie bienveillante. Mona veut aider Millie et Peggy à trouver un compagnon. Son conseil est celui d'une spécialiste, elle sait d'expérience qu'il suffit de descendre Broadway en ne marchant pas trop vite... Chaque fois que le destin hésite, elle intervient comme par hasard pour indiquer le bon chemin. C'est parce qu'elle invite chez elle les quatre jeunes gens qui se connaissent à peine que leur aventure ne sera pas sans lendemain. De même, elle corrige les erreurs d'affinités d'où pourraient résulter des couples mal assortis. Stroheim a donné à Mona une véritable responsabilité dramatique. Son action, contrairement à celle de Millie, est positive. Le sort que lui réserve Stroheim à la fin du scénario est assez cruel. En dépit de tout le bien qu'elle a fait, Mona mène une existence misérable proche de la déchéance. Stroheim ne lui a pas permis d'échapper à son hérédité, parce qu'elle a commis l'erreur d'épouser Mac. Peggy et Jimmy ont un enfant. Dans le landau que pousse Mona, il n'y a que des bouteilles de whisky de contrebande.

Il y a peu de choses à dire sur Jimmy et Peggy. Ils ont les mêmes goûts, le même caractère, et viennent tous deux de la campagne. Ils ne sont visiblement pas faits pour vivre à New York où il faut grimper sur une table pour apercevoir le ciel. Naturels et romantiques, raisonnables et réservés, ils se révèlent par contraste avec les autres protagonistes. Sous le coup d'une émotion forte, ils sont capables de réactions énergiques. Le reste du temps, crédules et influençables, ils se laissent guider. La réussite de leur couple assure le "happy end" du film. Stroheim a transformé les héros de Dawn Powell en personnages secondaires, dont le rôle est surtout d'assurer la continuité du récit.

Le seul ami de Jimmy, Mac, est en complète opposition avec lui. Séducteur de bas étage vulgaire et vaniteux, c'est aussi un individu méchant et malintentionné. Jimmy est probablement hypnotisé par l'aura douteuse de ce caïd de pacotille. Il admire sans doute son aisance à évoluer dans la grande ville, sa faconde et ses bonnes fortunes. Michel Ciment, qui a pu avoir accès au scénario de Stroheim, cite plusieurs scènes où Jimmy se laisse gruger sans protester, mais fait également mention de rixes entre les deux garçons.[17] On voyait Mac acheter chez un boucher une escalope qu'il appliquait sur son visage tuméfié. Cet intermède rappelait qu'il était loin d'être invulnérable, et que sa force physique était aussi lamentable que sa mentalité. Irrémédiablement corrompu, il n'a même pas soupçonné la valeur de Mona lorsqu'elle s'est intéressée à lui ; il l'a au contraire entraînée dans sa chute, comme le montrait la dernière image du film.

Un tournage sans histoires

Si l'on excepte Zasu Pitts, la distribution ne comportait que des acteurs peu connus. Une discrétion inhabituelle a entouré la réalisation de *Walking Down Broadway*. La Fox a réduit au minimum les communiqués de presse et a négligé d'inviter les journalistes sur le plateau.

Une petite énigme subsiste cependant. Le tournage de *Walking Down Broadway* a été commencé et achevé dans les temps ; le budget initialement prévu (300 000 $) n'a pas été dépassé. Pourtant, Stroheim n'a pas changé ses méthodes de travail (direction d'acteur implacable, répétitions innombrables, journées de 36 heures). Sans doute s'est-il efforcé de respecter le scénario qu'il avait écrit en s'interdisant d'ajouter des développements et des personnages supplémentaires au moment des prises de vues.

Le 5 novembre 1932 Stroheim peut s'enorgueillir d'avoir officiellement et effectivement rempli son contrat. Il est en si bons termes avec la compagnie qu'on envisage de lui confier une autre réalisation et qu'on lui achète pour 25 000 $ le scénario de *Her Highness*.

De *Walking Down Broadway* à *Hello, Sister !*

Une projection privée fut organisée à la Fox. Spigelgass entendit cette réflexion : « Ce film ne pourrait être montré qu'à un congrès de psychanalyse ! » D'un commun accord, les dirigeants des studios condamnaient *Walking Down Broadway*. Le film de Stroheim fut accusé d'exhibitionnisme psychologique puisque, si bien, on ne pouvait s'en prendre à sa moralité, qui avait été cautionnée par la censure.

Walking Down Broadway subit ensuite un test en salle, devant un public populaire, dans la banlieue de Los Angeles. Les spectateurs éclatèrent de rire, car ils avaient l'habitude de voir Zasu Pitts dans des rôles comiques. (Lewis Milestone avait déjà été victime d'une même mésaventure lorsqu'il avait réalisé *All Quiet on the Western Front*.)[18]

Sol Wurtzel se montra l'opposant le plus acharné. Son jugement trouva de multiples échos car il occupait un poste important à la Fox et beaucoup de ses collègues avaient intérêt à le flatter. Pourtant son opinion était influencée par des considérations éminemment personnelles. Il se trouvait en rivalité directe avec Winfield Sheehan et n'allait pas laisser passer l'occasion de le desservir en éreintant le film que celui-ci avait parrainé. Lorsqu'il proposa de remanier de fond en comble *Walking Down Broadway*, tout le monde l'approuva, y compris Sheehan qui ne tenait pas à compromettre sa situation pour un film qui somme toute ne l'enthousiasmait pas. Stroheim avait parfaitement compris qu'il était « pris dans un conflit entre deux hommes »[19], mais il ne disposait d'aucun moyen légal pour sauver son œuvre, et ne pouvait se permettre de protester avec véhémence.

Triste conclusion. Stroheim s'était conduit de manière irréprochable, il avait fait preuve d'une docilité exemplaire, et en remerciement, *Walking Down Broadway* allait être encore plus maltraité que ses œuvres précédentes. Ce n'était pas la peine, assurément, de changer de comportement !

Sol Wurtzel chargea Edwin Burke, un scénariste attaché à la Fox, de fabriquer un film "psychologiquement correct" à partir de *Walking Down Broadway*. Il fallait avant tout que ne subsistât aucun des désordres psychiques ou moraux filmés par Stroheim. La principale difficulté était d'imaginer les scènes de substitution qui devaient donner au film un sens différent. Burke s'acquitta rapidement de sa besogne. Le metteur en scène Alfred Werker fut désigné pour diriger avec lui les prises de vues des "retakes". On sait pourtant que quelques scènes, en particulier celle de Coney Island, ont été réalisées par Raoul Walsh.[20] Le tournage dura cinq semaines et la Fox annonça qu'il n'avait coûté que 62 000 $. Le copyright de *Hello, Sister!* est daté du 23 mars 1933.

Bien qu'il contienne un grand nombre de plans extraits de *Walking Down Broadway*, *Hello, Sister!* n'est pas un film d'Erich von Stroheim. Mais ce n'est pas non plus le film de quelqu'un d'autre. Ceux-là mêmes qui ont participé à l'élaboration de *Hello, Sister!* n'ont pas souhaité en endosser la paternité. Le film est sorti sans signature. Seul Spigelgass n'a pas pu éviter, à son grand regret, d'être crédité au générique en tant que scénariste. Le 5 mai 1933 le film sortit discrètement dans une petite salle de la 7ème avenue. Seuls deux journalistes citèrent le nom d'Erich von Stroheim dans leur article, qui n'en fut pas plus élogieux pour autant. *Hello, Sister!* fut à l'unanimité déclaré sans intérêt et bien vite oublié. On crut ensuite ce film perdu, jusqu'à ce qu'en 1970 une copie fût découverte dans les caves de la Fox par l'historien William K. Everson.

L'intrigue de *Hello, Sister!* est en réalité déjà contenue dans le scénario de *Walking Down Broadway*. Les faits sont identiques, mais leur enchaînement diffère : il est maintenant commandé par une logique simpliste et ne résulte plus des sentiments ni de la psychologie des personnages. Les passions qui hantent les héros sont affaiblies, elles sont devenues impuissantes à provoquer d'elles-mêmes des actes concrets ou à engendrer une quelconque progression. Il n'a été conservé du caractère des protagonistes que le strict minimum sans lequel le film aurait été totalement incompréhensible. Pour rétablir des transitions vraisemblables, divers événements et quelques personnages, parfaitement étrangers au film original, ont dû être ajoutés. L'absence d'évolution et de sentiments agissants a comme autre conséquence d'accélérer le cours de l'action. Les responsables du remaniement de *Walking Down Broadway* estimaient sans doute qu'ils amélioraient ainsi l'intérêt d'une œuvre désormais moralement aseptisée.

Ce procédé est manifeste dès les premières images de *Hello, Sister!* On fait au début du film la connaissance d'un ivrogne qui cache sous son matelas des cartouches de dynamite. L'immeuble pourra ainsi prendre feu à la fin sans que Millie ait besoin de se suicider. Le doute et l'ambiguïté cèdent la place à la banalité. Il suffit maintenant d'une seule soirée, au lieu d'une semaine, pour que Mac et Jimmy parviennent à leur fin en rencontrant deux filles qui n'attendaient que cela. Bien qu'un peu abrégés, les épisodes du sauvetage du chien et de la chute de Millie ont été conservés pour permettre aux garçons d'entrer dans l'immeuble habité par les filles. Cet incident précipite et semble même provoquer la formation des couples. Parce que Millie s'enferme dans la salle de bain, Jimmy et Peggy se trouvent en tête à tête pendant que Mac s'occupe de Mona. La scène de la lucarne, que Stroheim avait amoureusement fignolée, ne paraît pas avoir trop souffert. Les plans se succèdent dans un mouvement ascendant, partant du petit chien qui se trouve sous la table pour monter jusqu'au toit où Jimmy et Peggy voient passer un chat de gouttière. Cependant, le plan où Zasu Pitts surprenait le couple debout sur la table a été éliminé. Il fallait éviter d'éveiller prématurément la jalousie de Millie, et il valait mieux ne pas montrer au spectateur les jarretelles de Peggy ! Le contraste savamment échafaudé par Stroheim entre la partie supérieure et la partie inférieure de la scène a disparu. On voit toujours en haut la poésie d'une idylle naissante au clair de lune. On ne voit plus en bas le drame qui se prépare et les allusions précises à la sexualité. Jimmy ne quitte Peggy que le lendemain matin, d'assez bonne heure, car il ne veut pas arriver en retard à son travail. Edwin Burke voulait ainsi signifier que leur aventure prenait d'ores et déjà des allures conjugales. Mac n'a pas ces scrupules, lorsqu'il sort de la chambre de Mona, il se dirige vers celle de Peggy. Mona intervient à temps. Il en résulte un superbe pugilat. Mona se rue sur Mac qui visiblement ne fait pas le poids. Elle l'empoigne et l'entraîne hors de la chambre. Les deux combattants roulent au bas de l'escalier, en un amas confus d'où émergent des chaussures, de la dentelle et des coups de poings ! Millie aperçoit la mêlée depuis sa porte entrebâillée qu'elle repousse ensuite sans bruit. Cette séquence, entièrement réalisée par Erich von Stroheim, a été intégralement insérée dans *Hello, Sister !* Elle n'a toutefois pas la même force, car la raison qui motive le refus de Peggy a changé. Autrefois, son aversion pour Mac était instinctive et viscérale, aujourd'hui, elle le repousse parce qu'elle est la femme de Jimmy. Zasu Pitts (Millie) est la première victime des restrictions psychologiques imposées à *Walking Down Broadway*. Elle était profondément perturbée, elle n'est plus que jalouse. Son trouble et sa rancœur ne s'extériorisent plus que par des manifestations mineures. Quand elle apprend que Peggy est enceinte, elle brûle la robe qu'elle repasse ; lorsque Jimmy vient l'interroger, elle calomnie son amie. Elle n'avouera la vérité qu'au moment de l'épilogue. *Hello, Sister !* s'écarte alors résolument de l'œuvre de Stroheim. Les dernières scènes sont dignes d'un mauvais film d'action. Jimmy retrouve Mac et entreprend de lui infliger la correction qu'il mérite. Une formidable détonation l'interrompt : la dynamite de l'ivrogne vient d'exploser. Jimmy vole au secours de Peggy. Il escalade l'immeuble embrasé, brise la vitre de la lucarne et se glisse dans la chambre. Il en extrait Peggy, inanimée, puis gagne l'immeuble voisin en traversant sur une poutre le brasier incandescent. Les pompiers se rendent enfin maîtres du sinistre et tout finit par de tendres aveux.

En résumé, *Hello, Sister !* est l'histoire d'un amour qui commence mal et finit bien. Une aventure triviale qui débute dans la rue et se termine par une union légitime et heureuse. Edwin Burke a assorti le rôle du médecin qui examine Peggy d'un sermon moralisateur sur les dangers de l'adultère. La caméra s'attarde sur une reproduction de la "Cène" de Léonard de Vinci et s'arrête longuement sur le visage du Christ. Peggy, épouse fidèle avant même d'être mariée, saura se garder pure malgré un environnement assez peu favorable. Jimmy, américain modèle fort de sa vertu, de ses poings et de son courage, est tout juste un peu vulnérable devant la ruse et la méchanceté. Il y a aussi les méchants : un voyou rancunier vexé d'avoir été repoussé, une presque vieille fille, jalouse de sa jeune amie. Mais quelques coups de poings suffisent pour neutraliser Mac, et Millie est sensible aux remords. Mona quant à elle n'intervient qu'au démarrage et pour éviter le viol de Peggy. Son roman a disparu comme ont aussi disparu les sentiments tortueux et morbides qui tourmentaient Millie, ainsi que la malhonnêteté vicieuse dont s'enorgueillissait Mac.

Hello, Sister ! n'est plus, avons-nous dit, un film d'Erich von Stroheim, mais il a le mérite d'exister encore et vaut mieux que le mépris qui a salué sa sortie. Au spectateur inattentif, il ne propose qu'un mélodrame populiste sans originalité. A celui qui sait voir, il montre ce qu'a été *Walking Down Broadway.*

De nouveaux horizons

La majorité des travaux consacrés à *Walking Down Broadway* s'attache à rechercher derrière les images de *Hello, Sister !* les liens de parenté qui l'unissent aux autres films de Stroheim. Mais on s'est beaucoup moins occupé de savoir ce que *Walking Down Broadway* contenait d'inédit. On a trouvé les analogies, on a oublié de regarder les divergences.

Tout d'abord, il s'agit d'un film parlant. Stroheim semble avoir surmonté les difficultés inhérentes à cette nouvelle technique. Et si le film dans son ensemble a déplu à ceux qui l'ont vu, sa bande sonore n'a pas été contestée. Les documents dont on dispose aujourd'hui confirment que Stroheim a su respecter un équilibre naturel entre l'image et le son. L'expérience qu'il avait acquise en préparant la version parlante de *Blind Husbands*, les rôles qu'il avait tenus récemment, avaient été autant d'occasions d'apprendre.

Autre innovation, le metteur en scène s'intéresse à New York, la plus emblématique des cités américaines. La ville de *Greed* résultait de la juxtaposition des individualités immigrantes qui la peuplaient, celle de *Walking Down Broadway*, à l'inverse, crée ses habitants. Broadway abrite une faune qui lui est propre, et que New York est seule capable d'engendrer. Mac et Mona, un voyou et une prostituée, en sont à tous égards les archétypes. Mais Stroheim préfère ce que l'on pourrait appeler les formes évolutives. Peggy et Jimmy, d'origine rurale, réussissent à conserver leur identité parce qu'ils sont amoureux. Millie est rejetée sans pitié, reléguée dans la folie, parce qu'elle ne correspond pas à un schéma acceptable. Elle est laide, introvertie et tourmentée. Ses efforts voués à l'échec, sa névrose, son désespoir, sa mythomanie, lui valent par contre toute la considération de Stroheim. Il laisse libre cours à la fascination que lui inspire ce cas de pathologie féminine et destructrice en confiant à Zasu Pitts le rôle auquel il attache le plus d'importance. Il avait déjà mis en scènes des femmes que leur passion rendait insensées, de Marushka (*Foolish Wives*), à Regina V (*Queen Kelly*), en passant par Trina (*Greed*). Le désir de possession, de l'or ou d'un homme, les conduisait également à une mort violente. La démence de Millie rappelle celle de Trina, d'autant plus qu'il s'agit de la même actrice, mais c'est l'or qui déclenche la maladie de Trina, alors que c'est la ville qui initie l'évolution de celle de Millie. La folie de Millie, contrairement à celle de Trina, se développe parce qu'il ne lui arrive rien. Le spectateur qui recommandait le film aux docteurs en psychanalyse l'avait effectivement bien compris. Ceux qui l'ont transformé en *Hello, Sister!* n'ont pas pensé que le genre pourrait intéresser le grand public. Avec *Walking Down Broadway* Stroheim choisit comme protagoniste exclusif une femme et sa démence alors qu'il utilisait d'habitude ce type de personnage pour exalter le jeu des héros principaux. Il s'agit peut-être d'une nouvelle voie qu'il désirait explorer.

Ce serait donc par souci d'objectivité expérimentale qu'il prend soin d'uniformiser les circonstances et les êtres qui gravitent autour de la folie qu'il veut examiner. Cela expliquerait qu'il n'y ait dans *Walking Down Broadway* pratiquement aucune distinction de classe entre les personnages. Cela justifierait qu'ils évoluent dans un cadre résolument banal et qu'il ne leur arrive rien d'exceptionnel.

"The end of the road"

Walking Down Broadway présente une particularité qui lui donne une place à part dans l'œuvre de Stroheim : il semble que son auteur ait désiré s'exclure radicalement de son propre film. Aucun rôle ne pourrait lui convenir, rien de ce qui se passe dans cette histoire n'a de rapport avec sa vie. Comme s'il n'éprouvait plus le besoin de se préoccuper de son plus grand chef-d'œuvre, lui-même. A moins qu'il ne s'en préoccupe autrement. Peut-être estime-t-il, après huit longs métrages et vingt et un ans de mensonges, qu'il est enfin devenu celui qu'il rêvait d'être. Il jouit donc en abordant *Walking Down Broadway* d'une liberté à laquelle il n'est pas habitué. Le comte Erich von Stroheim redoute probablement, comme nous l'avons vu à propos de *Queen Kelly*, de se trouver dans une impasse. Peut-il s'évader en changeant de registre ? Va-t-il accepter de donner sa chance à Erich Stroheim ? N'est-il pas trop tard ? Les mérites de l'aristocrate survivront-ils à ce sacrifice ? Après avoir révisé son passé, Stroheim veut peut-être penser et vivre au présent. Parmi ses neuf films, *Walking Down Broadway* est le seul qui soit à la fois américain et contemporain. Il n'y a ni palais, ni uniforme, ni hiérarchie artificielle. Le public, qui en son temps avait dédaigné *Greed*, saura-t-il apprécier *Walking Down Broadway* en faisant abstraction de l'homme et de sa légende. Reconnaîtra-t-il les qualités intrinsèques de l'œuvre alors qu'elle ne porte plus pour le séduire le label prestigieux du noble européen ? Stroheim spéculait en somme sur l'intelligence et la clairvoyance des spectateurs. Il escomptait une victoire personnelle, dont lui seul pourrait vraiment mesurer la valeur, une victoire qui ne devrait rien au mensonge et tout à son talent. Mais la Fox et Sol Wurtzel ont préféré miser sur la niaiserie et l'aveuglement du public. Nul ne saura jamais si Stroheim aurait gagné ou perdu ce pari.

Walking Down Broadway est la dernière mise en scène de Stroheim. Pourtant tout dans ce film semblait annoncer une nouvelle période artistique. Stroheim avait inauguré une seconde carrière dans le cinéma parlant en réalisant, dans une relative simplicité, un film à petit budget, avec des acteurs peu connus. Lorsque la Fox confisque et anéantit *Walking Down Broadway*, Stroheim comprend qu'il est définitivement condamné à rester celui qu'il est devenu.

XIII

DERNIERS VOYAGES

Les années noires

Depuis son arrivée aux Etats-Unis, Stroheim avait connu bien des moments difficiles. Il n'imaginait pas en 1933 que les trois années à venir allaient être le temps de tous les désespoirs. Non seulement plus personne n'envisage de l'engager comme metteur en scène, mais une série de catastrophes s'abat sur sa famille et sur lui-même. Valérie von Stroheim, gravement brûlée au visage, doit être hospitalisée plusieurs mois durant. Son fils Josef tombe malade et doit lui aussi faire un séjour en clinique. Mae Jones choisit ce moment pour réclamer à son ex-mari plusieurs échéances impayées de pension alimentaire. Autant dire qu'il ne reste plus un sou chez les Stroheim qui ont vendu ou hypothéqué tout ce qu'ils possédaient. Emus par cette détresse, les anciens collaborateurs du metteur en scène organisent une collecte la veille de Noël et lui en envoient le montant accompagné d'une carte de vœux.[1] Stroheim est touché mais horriblement humilié, pour ne pas dire vexé. Il refuse qu'on l'aide de cette façon et menace de se suicider.

Ses amis comprennent alors que Stroheim entend gagner son argent. Ils interviennent pour qu'il soit engagé comme conseiller militaire pour le tournage d'*Anna Karenine* de Clarence Brown. Il obtient ensuite un poste de scénariste à la MGM. A partir du mois de mars 1935, Stroheim va toucher le salaire minimal prévu pour cet emploi, c'est-à-dire 150 $ par semaine. Dans la majorité des cas, ses interventions restent ponctuelles, car il n'est pas payé pour concevoir des scénarios, mais pour essayer d'améliorer ceux qui ont été écrits par d'autres. On relève toutefois une exception avec *General Hospital*. Les réminiscences autobiographiques ne laissent aucun doute sur l'origine de son inspiration. L'auteur se souvient de ce qu'il a vu et vécu quand il passait ses journées et ses nuits au chevet de Valérie. L'héroïne de son scénario est, elle aussi, défigurée à la suite d'un accident. Son mari la veille sans relâche. Stroheim se compare tout naturellement à ce médecin pauvre mais admirable dont la compétence rivalise avec la grandeur d'âme. Le film, réalisé par George B. Seitz sous le titre *Between Two Women*, n'obtint qu'un succès relatif.

Richard Koszarski a découvert que, pendant cette période, Stroheim avait également écrit une pièce de théâtre, *The Alienist*, qui connut un certain succès sous le titre de *May Wine*. Elle met en scène un célèbre psychiatre que l'adversité conduit au désespoir et à la folie. Elle ne rapporta pourtant pas un centime à son auteur.

Après plus de trois ans de labeur consciencieux et patient, la situation n'a pas évolué. Conscient d'être dans une impasse, Stroheim n'attend maintenant que l'occasion d'en sortir. Celle-ci lui vient de France. Raymond Hakim lui propose un rôle qui l'intéresse, celui d'un officier supérieur, chef du service de contre-espionnage allemand. Il aura pour partenaire Edwige Feuillère. Le film s'appelle *Marthe Richard au service de la France*.

Nouveau départ

Le 27 novembre 1936, Stroheim part pour la France. Il laisse sa femme et son fils en Amérique car il a l'intention de rentrer chez lui dès la fin de son engagement. C'est ainsi que commence le troisième et dernier acte de la vie de Stroheim. Erich s'installe à nouveau dans un pays dont il ne parle pas la langue. Il abandonne à l'indifférence américaine son passé glorieux et ses espérances déçues. A la différence des ruptures qui ont, autrefois, jalonné l'élaboration de son personnage, celle-ci n'est pas préméditée. Elle ne se réalise que progressivement, sans jamais s'imposer comme irrévocable.

Or Stroheim ne tarde pas à constater avec quelque émotion qu'il jouit en France d'une considération certaine et qu'il est même populaire. Le tournage du film de Pierre Chenal est à peine achevé que Jean Renoir le prie d'accepter un rôle dans *La grande illusion*. Son retour aux Etats-Unis est donc repoussé à une date ultérieure. La rencontre qui a inauguré l'une des collaborations les plus prestigieuses de l'histoire du cinéma eut lieu en présence de Charles Spaak, le scénariste du film, et de Jacques Becker qui était alors assistant réalisateur. Stroheim a été très ému par l'accueil de Jean Renoir. Celui-ci n'avait pas oublié *Foolish Wives*, *Greed* ni *The Merry Widow*. Pour lui, ces chefs-d'œuvre n'appartenaient pas à un passé révolu mais restaient actuels et vivants. Il considérait même leur auteur comme responsable de sa vocation : « Si je fais du cinéma, c'est beaucoup à cause de Stroheim »[2] Infiniment flatté par l'admiration sincère de son interlocuteur, Stroheim retrouve d'un seul coup son enthousiasme. Toutes les relations de cette rencontre, est-ce involontaire, rappellent d'ailleurs l'époque où il travaillait avec D. W. Griffith. Mais aujourd'hui, les rôles sont inversés.

A plus de cinquante ans, Erich von Stroheim entrevoit avec ravissement des perspectives artistiques qui n'ont rien d'utopiques. Une deuxième chance se présente qu'il n'a pas l'intention de laisser échapper. Toutes proportions gardées, sa situation peut se comparer à celle qu'il a connue au moment de son arrivée à Hollywood. Il peut envisager une évolution et des succès analogues à ceux qui ont fait sa gloire. Il se sent le courage de remonter la pente et de s'adapter.

La première rencontre avec Jean Renoir a visiblement joué un rôle déterminant. Si elle n'a pas convaincu Stroheim de rester en

France, elle l'a du moins persuadé qu'il ne pourrait plus vivre aux Etats-Unis.

La grande illusion

Stroheim a été pour Jean Renoir et *La grande illusion* beaucoup plus qu'un simple acteur. On sait qu'il est à l'origine d'une modification fondamentale qui renforce l'équilibre du scénario et accroît l'importance de son propre rôle. Il devait interpréter un officier allemand. Renoir lui laissait le choix entre le chef d'escadrille et le commandant de la forteresse. Stroheim proposa d'incarner les deux personnages qui n'en feraient plus qu'un. Une blessure de guerre devait justifier la nouvelle affectation du commandant. On se demandait encore, à la veille du tournage, si Stroheim jouerait avec des béquilles ou dans un fauteuil roulant. Il trouva mieux.

On le vit, un matin, arriver sur le plateau engoncé dans un impressionnant appareillage cervical. La minerve fut plébiscitée d'enthousiasme par Jean Renoir et toute son équipe. Cet accessoire, le plus célèbre peut-être de toute l'histoire du cinéma, impose sa présence souveraine, même dans les plans les plus serrés, parce qu'il est inséparable du visage. On ne peut pas plus l'oublier que l'invalide ne peut s'en passer. Les décorations de von Rauffenstein attestent de sa bravoure ; la prothèse de la gravité de son infirmité. L'as de l'aviation devenu geôlier est en réalité encore plus captif que les prisonniers de guerre dont il a la garde, enfermé dans sa forteresse, sa minerve et son devoir de soldat. Nul espoir d'évasion, nul espoir d'oubli.

Stroheim a également participé activement à l'élaboration de ses costumes. Il est aussi responsable de la mise recherchée de l'infirmière de Wintersborn. Mais Renoir lui a formellement interdit de décorer le mess des officiers allemands comme un bordel viennois et de suspendre des rideaux noirs derrière les vitraux de la chapelle qui lui sert de chambre. Pourtant, il ne l'a pas empêché de choisir ses livres de chevet, Heine et Casanova, ni d'aligner comme à la parade des souvenirs militaires à côté d'un vaporisateur, ou de prêter à la mère de von Rauffenstein le visage de sa propre mère.

Jean Renoir et Erich von Stroheim furent très satisfaits de leur collaboration. L'estime et l'amitié qu'ils éprouvaient l'un pour l'autre ne se sont jamais démenties.

On a souvent commenté l'influence qu'a eue Erich von Stroheim sur *La grande illusion*, mais s'est-on jamais préoccupé de l'influence de *La grande illusion* sur Erich von Stroheim ?

Von Rauffenstein est un être de synthèse, où se retrouvent toutes les qualités correspondant aux diverses acceptions de l'adjectif "noble". De même, ses défauts sont ceux que les idées reçues attribuent traditionnellement à la noblesse héréditaire. Mais si von Rauffenstein est tout cela, il n'est que cela. Aviateur au temps où la chasse aérienne était le dernier refuge de la chevalerie, animé d'un sens aigu de l'honneur et du devoir, plein de respect pour le courage et la valeur de ses adversaires, inflexible mais généreux, il est persuadé de sa supériorité naturelle et de celle de ses pairs. Il a aussi l'honnêteté d'admettre qu'il n'est plus qu'un vivant anachronisme. Cette schématisation en fait un être idéal mais relativement artificiel, élaboré par Jean Renoir pour les besoins de sa démonstration. Erich von Stroheim s'empare sans hésitation de ce rôle qu'il connaît si bien, puisqu'il le joue sans relâche depuis près de trente ans en se faisant passer pour un aristocrate. C'est sans aucun doute l'une des raisons de l'excellence de sa prestation.

Pour concevoir von Rauffenstein, Jean Renoir est parti d'une définition presque académique. Pour concevoir le comte Erich Hans Oswald Karl Maria Stroheim von Nordenwall, le fils de Benno Stroheim et Johanna Bondy est parti de préjugés extrêmement conventionnels. On a pu vérifier, en particulier grâce à l'un de ses dessins (« The jewish family »), qu'il était parfaitement au fait de tous les clichés, plus ou moins antisémites, véhiculés par l'opinion populaire. D'où sa décision de se démarquer de ses origines en s'éloignant le plus qu'il le pouvait de cette image. Pour ce faire, il a décidé de cultiver en lui les caractéristiques inverses de celles que l'on prête aux juifs. Stroheim se fait raser le crâne parce que les juifs sont représentés avec des cheveux noirs et bouclés. Stroheim est inflexible, raide et cassant, il salue en claquant des talons, parce que l'on dit des juifs qu'ils sont obséquieux, tout en ruses et en courbettes. Stroheim méprise l'argent et n'a aucun talent pour les affaires parce que les juifs incarnent le sens du commerce et symbolisent l'avarice. Stroheim se dit officier, parce que les militaires n'aimaient pas les juifs, il se dit noble, parce qu'en principe les nobles ne sont pas juifs. Toutes ces circonlocutions amènent Stroheim à une composition qui se rapproche beaucoup de celle que lui propose Renoir. Le héros qu'il lui soumet lui va donc comme un gant. Il arrive même à point nommé. Nous avons vu comment, depuis *Queen Kelly*, Stroheim essayait de faire sortir son personnage de l'impasse où il l'avait conduit. Jean Renoir lui apporte des idées neuves qui vont lui permettre de donner un second souffle à sa création. C'est ainsi que Stroheim peut observer les relations amicales de von Rauffenstein avec les gens de son monde et prendre conscience de l'internationale de la noblesse qui, malgré son patriotisme, ignore les frontières. De même il va pouvoir réfléchir sur le comportement qu'un aristocrate doit avoir dans la souffrance et l'adversité, apprendre l'art de vieillir, et envisager celui de disparaître. Erich von Stroheim a trouvé dans *La grande illusion* l'occasion d'évoquer sous un jour nouveau son thème favori : la dégénérescence de la noblesse et sa fin inéluctable. Von Rauffenstein n'appartient plus tout à fait au monde des vivants. La rigidité de sa colonne vertébrale est à l'image de la sclérose de sa classe sociale et de tout ce qu'elle représente.

La démarche de Stroheim, d'inspiration négative, consistait surtout à s'écarter d'un pôle de répulsion. Celle de Renoir, par contre, est essentiellement positive, parce qu'elle se dirige vers un idéal. Grâce à lui, Stroheim peut enfin mettre la dernière main à son chef-d'œuvre. L'acteur et le menteur vont pouvoir accéder à un point mythique qu'ils n'auraient jamais dû atteindre, et qu'on peut comparer au point à l'infini où une courbe mathématique rejoint son asymptote. Un cas de figure aussi singulier ne peut qu'entraîner des conséquences extrêmes. On commence ainsi à entrevoir comment l'utopie de Renoir a pu se transformer en piège.

Le succès mondial de *La grande illusion* parachève la rupture de Stroheim avec l'Amérique. Il acquiert dès la sortie du film la réputation d'un très grand acteur. La France entière le connaît et l'apprécie. Il est au faîte de sa gloire. Von Rauffenstein a séduit le public au point qu'il n'a plus vu que lui. Et c'est ainsi que les spectateurs ont oublié à son profit le passé brillant d'un homme qui, dix ans auparavant, était l'un des géants du cinéma muet.

Après *La grande illusion*, Stroheim devient une vedette française à part entière. L'intuition qui avait conduit Stroheim à s'investir presque corps et âme dans le rôle de von Rauffenstein lui a rendu sa notoriété, mais l'a définitivement interdit de mise en scène, car c'est l'acteur, et non le réalisateur, qui est passé à la postérité. La foule se déplace pour voir son image. Quel intérêt y aurait-il à la cacher derrière la caméra ! Pourquoi renoncer à une recette assurée pour investir dans une entreprise à haut risque ? Les applaudissements du public ont refermé le piège. Stroheim est condamné à l'actorat.

Les dialogues de Charles Spaak prennent alors une allure prophétique. L'officier allemand qui ne peut plus se battre, n'en a « pas fini de traîner une existence inutile ».[3] Il y a un parallélisme évident entre l'as de l'aviation devenu simple geôlier et le réalisateur de génie contraint « de faire l'acteur ».[4] « C'est le seul moyen qu'il me reste encore de me donner l'air de servir ma patrie »[3] explique amèrement von Rauffenstein. Comment s'empêcher aujourd'hui de transposer ces paroles et d'entendre Stroheim, un peu aigri, déclarer : « jouer dans les films des autres, c'était le seul moyen qu'il me restait de travailler pour le cinéma ».

La deuxième guerre mondiale

En moins de trois ans, on voit Stroheim dans 17 films français. Selon ses propres termes, il fait « de la figuration à 1 000 $ par jour ».[5] Les rôles qu'il interprète confirment cependant qu'il est devenu un grand acteur de composition. Dans *L'alibi*, de Pierre Chenal, il partage la vedette avec Louis Jouvet. Christian-Jaque lui fait ensuite jouer le personnage le plus sympathique de toute sa carrière, le professeur d'anglais des *Disparus de Saint-Agil*. Dans *Menaces*, un film d'Edmond T. Gréville, il est le professeur Hoffman, un médecin autrichien désespéré par l'imminence de la guerre. Mais, Stroheim compte bien redevenir metteur en scène. Deux projets se précisent, *La dame blanche*, un scénario original sur fond de légende viennoise, et *La couronne de fer*, d'après un roman inédit de Joseph Kessel. Stroheim a déjà signé un contrat de réalisateur avec la société Demofilm.[6]

En attendant, il interprète un petit escroc dans *Paris New-York*, un film de Yves Mirande qui réunit une pléiade d'acteurs célèbres. Le tournage a lieu à bord du paquebot Normandie pendant une traversée aller retour. Stroheim embarque avec Denise Vernac, une jeune française, qui est devenue sa compagne et le restera jusqu'à la fin de sa vie. Une véritable lune de miel ! De retour à Paris, il commet l'imprudence d'expliquer à son producteur, Max Cassvan, comment il entend réaliser *La couronne de fer*. Effrayé, celui-ci décide d'abandonner complètement le projet.

En septembre 1939, les allemands envahissent la Pologne. La France et la Grande-Bretagne entrent en guerre. Stroheim, si l'on en croit Peter Noble et Denise Vernac, tente alors de s'engager dans la Légion Etrangère avec le grade de capitaine ! On ne l'aurait refusé qu'en raison de son âge. Vraie ou fausse, cette anecdote témoigne de l'amicale affinité qui unit maintenant Stroheim à la France. Maurice Bessy a reproduit dans son ouvrage une photographie où on le voit participer à la campagne antinazie organisée par la radio française pour répondre à la propagande de Radio Stuttgart. Stroheim ne veut pas abandonner la France, mais une offre arrive des Etats-Unis. La Fox lui propose l'un des rôles principaux de *I Was an Adventuress* de Gregory Ratoff. Ne souhaitant pas indisposer la compagnie américaine par un refus catégorique, il se contente de demander un salaire exorbitant... qui lui est aussitôt accordé. Il faudra toute la force de persuasion de Jean Renoir pour convaincre Stroheim de partir pour Hollywood. En novembre 1939, il s'embarque pour l'Amérique avec Denise Vernac. *I Was an Adventuress* l'occupe jusqu'à la mi-février. Il se précipite ensuite à Washington. Denise Vernac a confié à Richard Koszarski les raisons de cette démarche. « Il voulait vendre à l'armée américaine l'une de ses inventions, un casque de soldat avec masque à gaz incorporé. L'état-major ne fut pas intéressé. ».[7] Lorsqu'au mois de juin 1940 les allemands entrent dans Paris, il ne peut plus être question pour Stroheim et sa compagne de revenir en France.

Le contrat que Stroheim avait obtenu de la Fox pouvait lui faire croire que les producteurs américains avaient enterré la hache de guerre. Mais il ne tarde pas à perdre ses illusions, car personne ne consent à l'engager comme metteur en scène ni même ne s'intéresse aux projets de scénario qu'il présente (*Abri-50 personnes*, *Wild Blood*). Il travaille quelques jours pendant l'été de 1940 pour interpréter un officier nazi dans *So Ends Our Night* (*Ainsi finit notre nuit*) de John Cromwell. Mais il est trop tôt pour endosser à nouveau l'uniforme du "sale boche" car l'Amérique n'est pas encore entrée en guerre. Stroheim, totalement désargenté, est finalement engagé par une troupe théâtrale pour tenir dans *Arsenic and old lace* (*Arsenic et vieilles dentelles*) le rôle créé par Boris Karloff. A 56 ans, il supporte vaillamment les difficultés de son nouveau métier et les fatigues d'une tournée qui dure presque un an. Le 8 novembre 1942, Eisenhower débarque en Afrique du Nord. Le peuple américain se sent maintenant directement concerné par le conflit et l'épopée militaire reprend ses droits. En 1943, Billy Wilder fait appel à Stroheim pour tenir le rôle du maréchal Rommel dans *Five Graves to Cairo* (*Les cinq secrets du désert*). Erich est ravi d'abandonner le théâtre et sa vie d'acteur itinérant. Il veille avec passion au réalisme et à l'authenticité de tous les accessoires qui l'entourent. Il s'intéresse à la personnalité de ce chef de guerre hors du commun, que même ses adversaires respectaient. Il se vanta par la suite d'avoir reçu du propre fils de Rommel un télégramme de félicitations. Mais l'Amérique devait bientôt prendre conscience des atrocités commises par les nazis. Fort de ses opinions antifascistes, sûr maintenant de n'être pas confondu avec son personnage, Stroheim accepte de jouer dans *North Star* de Lewis Milestone. Il interprète le docteur von Harden, un médecin militaire fanatique, qui se livre aux expériences les plus atroces sur des populations entières. Avant de regagner la France libérée, Stroheim tourne encore cinq films. Dans *Storm over Lisbon* (*Tempête sur Lisbonne*) de George Sherman, il est chef du contre-espionnage allemand au Portugal. Dans les autres films, il se contente d'interpréter des héros qui, à des degrés divers, n'ont pas toute leur raison. En 1945, la France est libre, Erich von Stroheim et Denise Vernac s'embarquent sur le premier cargo en partance pour l'Europe.

Ainsi, Stroheim a finalement traversé ces années de conflit dans les meilleures conditions possibles, malgré quelques soucis financiers. Il n'a pas eu pendant la dernière guerre mondiale plus de contact direct avec les Allemands qu'il n'en avait eu en 1914-1918. C'était d'ailleurs la solution de la sagesse, car, pour de nombreuses raisons, rester en France pendant l'occupation lui aurait certainement été fatal.

Les articles publiés en Allemagne et en Autriche pendant l'entre-deux guerre font état d'une incontestable animosité à l'encontre de Stroheim. On demandait au public de boycotter les films de ce traître qui avait mis son talent au service de l'ennemi.[8-9] Non content d'avoir joué les détestables prussiens des films de propagande, il s'était fait naturaliser américain et avait eu l'impolitesse de devenir célèbre dans un autre pays que le sien ! Il n'avait jamais cessé de se moquer ouvertement de ses anciens compatriotes et continuait à les brocarder, en dénonçant le ridicule des régimes politiques qu'il avait connus, l'hypocrisie qui régnait en Europe Centrale.[10] L'antigermanisme de von Stroheim, également reconnu par les deux adversaires, ne fait aucun doute. Lui-même insistait avec complaisance sur l'hostilité que déclenchaient ses films en Allemagne. « Si je tournais un épisode de la Bible, on dirait là-bas que je fais de la propagande antigermanique. »[11]

La montée du nazisme ne fait que renforcer cette animosité. Ses adeptes ne se privent pas d'exciter la haine réprobatrice du public. Willy Haas, par exemple, évoque le commando de croix gammées qui, en 1926, a déclenché le fameux scandale de *Greed*.[12] Dix ans plus tard, les nazis sont au pouvoir. Ils font interdire *La grande illusion* en Allemagne et en Italie. Les idées sociales et le communisme philanthropique de Jean Renoir avaient tout pour leur déplaire. Rapprochement des peuples, amitié franco-allemande, générosité internationale, autant de concepts qui n'avaient pas leur place dans la politique d'hégémonie et d'expansion territoriale du IIIème Reich. Pourtant, en 1937, la presse nazie n'a pas jugé opportun de critiquer ouvertement le scénario du film. Elle s'est par contre déchaînée pour « réprouver la présence de l'anti-allemand von Stroheim parmi la distribution ».[13] *La grande illusion* bénéficiait de la perfection de sa facture et pouvait ne pas déplaire à bon nombre d'anciens combattants allemands. Une légende veut que Goebbels ait demandé à voir le film avant de le condamner. Il aurait déclaré ensuite : « Nous n'avons jamais eu d'officiers de ce genre... ». Un spectateur lui aurait répondu « Tant pis pour vous ! »[14] L'authencité de cette anecdote est sujette à caution, mais Stroheim aimait beaucoup la raconter, tant il était fier d'être détesté par les nazis.

On a du mal à croire que la Gestapo n'ait pas mené une enquête sur le passé autrichien de Stroheim. L'état civil israélite avait, certes, été soigneusement mis hors de portée des investigations indiscrètes, mais pour une organisation aussi puissante, il n'était guère difficile de constituer un dossier solidement documenté au sujet de quelqu'un qui était né et avait vécu pendant plus de vingt ans à Vienne. Gernot Heiß cite un article paru en 1930 dans un journal pronazi, *Der Kuckuck*.[15] Les auteurs, Anton Kuh et Siegfried Weyer, prenaient prétexte de la sortie de *The Wedding March* pour divulguer le passé et les origines de Stroheim. On pouvait grâce à eux lire le récit des mésaventures militaires de Stroheim, apprendre que sa mère était blanchisseuse et qu'il était juif. Denis Marion a pour sa part trouvé dans la presse française de l'époque des allusions à cet article. Leur auteur contestait les accusations des nazis qui selon lui ne correspondaient qu'à un sordide désir de se venger. Il écrivait ensuite que Stroheim avait déclaré : « Si je suis juif, le Pape l'est aussi ».

Une chose est sûre : ces révélation n'ont pratiquement eu aucun retentissement. Nous sommes en 1930, et cette information, noyée dans le flot de la propagande allemande, avait peu de chance d'être remarquée et prise au sérieux par l'opinion française. Même des publications extrémistes comme *Je suis partout*, n'ont jamais songé à attaquer Stroheim. En 1937 ce ne sont que compliments pour le réalisateur « que Hollywood a stupidement boycotté alors qu'il devrait être un de ses plus illustres metteurs en scène ».[16] L'acteur n'est pas oublié : « l'infortuné von Stroheim, enfin employé d'une façon digne de lui dans *La grande illusion*. ».[17] Manifestement, Lucien Rebatet, qui signe ces articles, ignorait la vérité. Après le mois de juin 1940, il ne sera plus jamais question de Stroheim dans la critique cinématographique de *Je suis partout*, qui est désormais totalement inféodé aux allemands. Le 6 octobre 1940, Tixier-Vignancourt, chef des Services de la Radiodiffusion et du Cinéma du Gouvernement de Vichy avertit la Direction des Services de l'Armistice qu'il a fait interdire *La grande illusion*.[18] On peut trouver étonnant que les nazis aient fait preuve d'autant de discrétion. Ils ont éludé la question, de même qu'ils proscrivaient Stroheim, son image et son nom. Dès qu'ils en avaient la possibilité, ils interdisaient les films où il apparaissait. Pendant toute l'occupation, le gouvernement de Vichy a publié d'innombrables listes de juifs et de francs-maçons. *Au Pilori*, un hebdomadaire qui dénonçait comme criminel tout ce qui n'était pas fasciste, les reproduisait fidèlement. Or, entre 1940 et 1944, il n'est à aucun moment fait mention du nom de Stroheim. Traiter ainsi par le mépris un juif qu'ils tenaient pour un ennemi du régime n'était pas dans les habitudes des nazis. Stroheim, même à leurs yeux, était donc un cas à part. Peut-être, forts de leurs théories racistes, ont-ils considéré qu'il était plus prudent de ne pas dénoncer les origines juives de celui qui, pour le monde entier, et même pour les Allemands, était un spécimen exemplaire du Prussien.[19] Cette apparence morphologique conduisait à un paradoxe des plus embarrassants. Si le racisme était fondé, Stroheim ne pouvait pas être juif, et si Stroheim était juif, le racisme était une aberration. N'aurait-il pas de surcroît été très maladroit de traîner dans la boue l'acteur qui avait interprété von Rauffenstein, l'officier moralement irréprochable de *La grande illusion* ? Enfin, pendant la guerre,

Stroheim était aux Etats-Unis et n'avait pas une influence politique suffisante pour justifier une campagne de dénigrement aussi dispendieuse qu'incertaine.

Cependant, lorsque Stroheim revient en France, il clame bien haut que son nom figurait en bonne place sur la liste noire des nazis. Il serait presque en droit de se considérer comme une victime de guerre ! Les Allemands l'ont contraint à mener pendant cinq ans une existence précaire aux Etats-Unis, privé de la considération qu'il avait acquise en France. En interdisant ses films, il s'en est fallu de peu qu'ils anéantissent jusqu'au souvenir de son image et détruisent ainsi ce qui lui tenait le plus à cœur.

Stroheim s'est dépêché de rentrer en France, impatient de savoir ce qui l'attendait. Tout était à craindre et à espérer. La réalité fut assez nuancée. Le public français appréciait toujours le comédien, mais aucun producteur n'envisageait de confier une réalisation au metteur en scène. Stroheim eut la satisfaction de voir peu à peu reconstitués les films d'avant-guerre où son personnage avait été censuré. La confusion qui régnait dans l'industrie cinématographique ne lui permettait pas de choisir ses engagements en toute connaissance de cause. Il y eut quelques mauvaises surprises, en particulier avec l'adaptation et l'interprétation de *La danse de mort*, d'après la pièce d'August Strindberg. De retour en France, Stroheim ne devait plus jouer que dans une quinzaine de films, un par an en moyenne. Cette raréfaction ne trahit pas une baisse de sa cote auprès des producteurs, car son nom faisait toujours recette. En fait, le petit nombre de films où il apparut fut d'abord une conséquence de la situation matérielle difficile du cinéma français. Après 1950, la santé déclinante de l'acteur le contraignit à réduire son activité. Il n'en continuait pas moins d'imaginer et de rédiger des projets de films, des scénarios et des romans. C'était pour le metteur en scène, condamné à rester prisonnier de l'acteur, l'ultime possibilité de s'évader d'une cellule de plus en plus étroite.

Sunset Boulevard (Boulevard du Crépuscule)

Stroheim venait de terminer *Le signal rouge* (Ernst Neubach) lorsqu'il apprit que Billy Wilder lui proposait un grand rôle dans son prochain film, *Sunset Boulevard*. Son ami de longue date, Paul Kohner, allait de nouveau servir d'intermédiaire. Il lui envoya une longue lettre et reçut un mois plus tard une réponse qu'il a, par bonheur, conservée. Ce document, récemment publié, permet de mieux comprendre les circonstances et les motivations qui ont conduit Stroheim a accepter un rôle dont il ignorait presque tout.[20] Il savait que Billy Wilder voulait qu'il incarnât un réalisateur fou, et il avait deviné que ce réalisateur serait le grand Erich von Stroheim. Cette idée l'avait séduit. N'avait-il pas déjà éprouvé quelque plaisir à se livrer à cet exercice en tournant *The Lost Squadron* ? Il semble même qu'il ait considéré comme un compliment de ne pas être pris pour quelqu'un de tout à fait normal ! Il demandait ensuite quelques garanties et exigeait un salaire trois fois plus élevé que celui qui lui était offert. « Billy me rappelle pour que j'interprète mon propre personnage... ou ce qu'il croit en savoir... ou même ce qu'il croit qu'en sait le public... Mon rôle sera sans doute très explicite, je connais mon Billy. A toi, Paul, de rappeler aux bailleurs de fonds, qu'on ne joue pas gratis pro Deo avec la réputation de quelqu'un. »[20]

On remarque avec quelque surprise que Stroheim n'a pas exigé que le scénario lui soit communiqué avant de se décider. Lorsqu'il apprit ce que Billy Wilder attendait de lui, il jugea de très mauvais goût que l'on pût trouver quelqu'analogie entre sa propre vie et l'histoire de ce metteur en scène déchu qui devient valet de chambre. Mais, fidèle à son habitude, il comptait bien composer avec son personnage pendant le tournage.

Ces revendications latentes le mettaient dans un état d'esprit un peu particulier. Stroheim n'aborde pas *Sunset Boulevard* avec le même optimisme que *La grande illusion*. Pourtant, il est en pays de connaissance : Hollywood, Billy Wilder et surtout Gloria Swanson. Malgré leurs différends d'autrefois, ni l'un ni l'autre n'avait gardé de rancune, bien au contraire. Gloria Swanson se souvenait du metteur en scène qui l'avait si bien mise en valeur, Erich von Stroheim de la vedette qui avait vécu si intensément le rôle de Patricia Kelly. Tous deux, stars d'une époque révolue, étaient maintenant de simples acteurs, que l'on payait pour jouer leur drame personnel. Billy Wilder espérait que de cette confrontation naîtraient des moments magiques animés par une vérité presque surnaturelle. Pour rendre plus tangible le tragique de la situation, les caractères ont été outrés : Norma Desmond (Gloria Swanson) est à demi folle, Max von Mayerling (Erich von Stroheim) est au service de la démence de sa maîtresse. Cette exagération fait aussi allusion aux personnages mélodramatiques qui avaient fait les beaux jours du cinéma muet. Mais Billy

Wilder et Charles Brackett ne s'étaient-ils pas inspirés de ce que pouvait croire et imaginer le grand public ? Pire encore, n'allaient-ils pas l'influencer ? Cette interprétation avait de quoi inquiéter Stroheim. S'il ne lui déplaisait pas qu'on le prît pour un fou - il préférait être considéré comme un cinéaste maudit - nul n'avait le droit de dire qu'il était fini. Il était urgent de supprimer toute ambiguïté éventuelle concernant sa déchéance. Il fallait donc insister sur les raisons qui avaient conduit Max von Mayerling à accepter cet état servile. Stroheim ne voulait pas passer pour l'une des « figures de cire ». Le spectateur devait comprendre que c'était uniquement par amour que son personnage avait abandonné la mise en scène et se prêtait maintenant à cette mascarade. La passion démesurée qui anime Max von Mayerling n'a d'autre objectif que de préserver le bonheur et les illusions de celle qu'il n'a jamais cessé d'aimer. Pour lui faire croire que le public ne l'a pas oubliée, il écrit lui-même des dizaines de lettres d'admirateurs. Cette idée a été proposée par Erich von Stroheim à Billy Wilder, qui l'a adoptée avec enthousiasme. Il refusa par contre catégoriquement de filmer Max en train de repasser amoureusement la lingerie de Norma. Cette suggestion est encore plus révélatrice des préoccupations de Stroheim. La scène aurait montré de façon symbolique mais incontestable que la passion de Max n'était pas exempte de sensualité. Une image aussi forte aurait écarté définitivement toute velléité d'expliquer autrement que par l'amour la condition de l'ancien cinéaste.

Max voudrait apprivoiser le temps pour qu'il ne puisse pas blesser Norma. Or, celle-ci ne se lasse pas de revoir ses anciens succès qui, à ses yeux, n'ont pas pris une ride. Stroheim, soucieux d'émotions vraies, demanda, paraît-il, que le film qu'il lui projette fût un extrait de *Queen Kelly*. Grâce à son majordome, Norma Desmond est toujours une actrice, qui joue au quotidien son rôle de star. Elle n'a devant elle ni public, ni caméra, mais elle vit dans un décor somptueux et elle a son metteur en scène personnel. Il organise tout, et la dirige à son insu comme il sied que l'on dirige une grande vedette. Par ses mensonges à répétition, Max von Mayerling construit une fiction de tous les instants. Il se consacre à Norma comme Erich von Stroheim s'est toujours consacré à lui-même. Personne à l'époque ne pouvait apprécier le caractère hautement exceptionnel de cet événement, où pour la première fois de sa vie Stroheim apparaissait presque tel qu'il était.

Cette sincérité forcée n'eut pas l'heur de lui plaire. « Ce film était indigne de moi »[21] déclara Stroheim quelques années plus tard, « Je n'avais rien à y faire ».[21] On peut peut-être voir dans ce rejet l'écho d'un malaise plus profond, comme si *Sunset Boulevard* réveillait en lui une certaine difficulté d'être. Billy Wilder a exigé de Stroheim qu'il s'interroge sur des sujets que d'ordinaire il préférait éviter. Il l'oblige à réfléchir sur la légitimité de l'utilisation du mensonge et n'hésite pas à affirmer que sa carrière appartient désormais au passé. Stroheim pouvait accepter que Gloria Swanson interprétât une actrice qui n'avait pas su s'adapter au cinéma parlant, mais il ne voulait pas que le public pensât la même chose du metteur en scène Max von Mayerling. Les dernières images ne montraient-elles pas qu'il pouvait encore diriger, et de façon magistrale, aussi bien que Cecil B. DeMille ? Erich von Stroheim espérait que son amour pathétique pour la star déchue suffirait à expliquer qu'il ait abandonné son métier. Mais malgré tous ses efforts, il n'avait pas été autorisé à modifier suffisamment son personnage pour le transformer selon son désir. Aussi, le public n'eut d'autre choix que de confondre son destin avec celui de Norma et des « figures de cire ».

Le succès de *La grande illusion* avait immortalisé un acteur, celui de *Sunset Boulevard* portait un réalisateur au Panthéon. Mais seuls les morts ont droit à cet honneur suprême et Stroheim comprit qu'on venait de l'enterrer vivant. On voit qu'il avait quelques raisons de détester ce rôle qui l'interdisait à jamais de mise en scène. Il traita désormais avec mépris ce « minable emploi de valet »[22], préférant garder pour lui ses véritables griefs.

12 mai 1957

Stroheim rentre en France dès la fin du tournage de *Sunset Boulevard*. Il retrouve "le château" de Maurepas qu'il habitera avec Denise Vernac jusqu'à la fin de sa vie. Il se sait atteint d'un cancer des os. La maladie et le traitement médical, très éprouvants, l'affaiblissent et n'améliorent pas son caractère. Il n'interrompt pourtant pas son activité. Il tournera encore huit films, publiera deux romans et rédigera de nombreux projets, avant que son état ne l'oblige à rester alité, presque complètement paralysé.

En vérité, l'acteur Stroheim ne continue à jouer que parce qu'il a besoin d'argent. Il n'interprète pratiquement plus que des rôles épisodiques, mais reste toujours aussi persuasif, malgré les souffrances qu'il endure.

Même s'il a perdu tout espoir de redevenir metteur en scène, Stroheim n'a pas renoncé à raconter des histoires. Il écrit inlassablement, comme s'il avait besoin pour continuer à vivre d'inventer sans cesse d'autres vies. *Les feux de la Saint-Jean* développent un projet de film qui n'a pas abouti. 1 346 pages, deux volumes, une débauche de personnages secondaires et d'événements invraisemblables, des situations extrêmes, un style visuel, réaliste... et exécrable. Stroheim a repris la plupart de ses thèmes favoris, l'avarice, la méchanceté, la folie, la vengeance, dans leurs manifestations les plus effrayantes. Mais il a surtout développé deux sujets qui lui tenaient particulièrement à cœur : la religion et la superstition. Leur point de rencontre est évidemment la nuit de la Saint-Jean, une fête qui conserve de ses lointaines origines son mysticisme païen et qui symbolise aussi l'espoir de la rédemption. Les flammes qui s'élèvent du feu sont en même temps l'image du culte solaire et du buisson ardent. On chercherait en vain un épisode du roman qui ne soit imprégné de croyances surnaturelles. Le comble de l'horreur est atteint à la fin du premier tome lorsque le docteur Stahl est obligé de dépecer l'enfant mort-né dont sa femme ne peut accoucher. Il se croit encore libre-penseur, alors que son épouse est confite en dévotion. Pendant toute l'effroyable opération, un dialogue intérieur oppose Stahl à celui qu'il appelle le « Monstre-Dieu ». Un dieu jaloux, vindicatif et cruel, qui assassine le bébé pour affirmer sa puissance et convaincre l'athée de son existence.

« "Ce n'est que Moi !... Le Monstre !... Le bourreau !... Le tortionnaire !... Comme tu M'appelles !... Je t'ai déjà parlé en bas !..." entend-t-il clamer la voix au ton grégorien. "Tu m'as nié et défié !... Mais maintenant tu vas constater Mon existence... Et mesurer le pouvoir que J'ai de te châtier pour tes blasphèmes !" »[23]

Une telle imprécation trahit un esprit inquiet et perturbé. En 1951, Stroheim se sait condamné, même s'il ne veut pas y croire.[24] Sans doute éprouve-t-il la nécessité d'une recherche métaphysique. Il espère peut-être conjurer son angoisse en imaginant un héros qui la mène à son paroxysme. Pourrait-on supposer que l'innocente victime représente, à l'insu d'Erich von Stroheim, cet enfant juif qu'il a privé du droit d'exister ? Le Dieu d'Israël se fait accusateur : Stroheim l'a nié et défié, il va maintenant constater son existence, et mesurer le pouvoir qu'il a de le châtier pour ses blasphèmes ! Dans le deuxième volume, paru en 1954, l'ambiance morbide s'amplifie, les événements tragiques se multiplient. Ce qui ressemblait à un roman feuilleton devient maintenant digne du Grand Guignol.[25] Meurtre, agonie, viol, épidémie. La superstition semble triompher lorsque les villageois immolent un chat noir. Mais le docteur est en prière à côté de son ami, le père Ambrose, qui n'a jamais douté de sa conversion.

Nous avons retrouvé le prêtre qui desservait l'église de Maurepas dans les années cinquante. L'abbé Eric de Martels[26] se souvient que Stroheim assistait assez irrégulièrement aux offices mais ne manquait aucune fête paroissiale. Il s'entretenait volontiers avec lui et toujours en allemand. Nous avons constaté avec quelque surprise qu'il ignorait que Stroheim était juif et qu'il n'était pas noble. Cependant, et aujourd'hui encore, il ne remet pas en question la sincérité des convictions religieuses de son paroissien : « Il m'a dit qu'il était devenu chrétien et qu'il croyait. A son grand regret, il ne pouvait pas communier parce qu'il vivait en concubinage ».[27] On ne saura jamais la part de vérité que recouvrent les propos et la conduite de Stroheim, ni ce que veut exactement dire l'expression « devenir chrétien », mais comment s'empêcher de rapprocher son attitude de celle du docteur Stahl des *Feux de la Saint-Jean* ?

Poto-Poto est le dernier livre paru sous la signature de Stroheim, en 1956. Il reprend un scénario écrit en 1933 et le transforme en roman, s'aidant principalement de guides touristiques. Comme à son habitude, Denise Vernac se charge de la traduction française, car Stroheim écrivait toujours en anglais.

Les projets de films répertoriés après 1950 sont extrêmement disparates, tant par leur sujet que par leur degré d'achèvement. Il semble bien que Stroheim en ait mené plusieurs de front sans en achever aucun. Ils témoignent de ses centres d'intérêt mais ne nous apprennent rien de plus sur sa personnalité. On retiendra simplement l'humour de *I'll be Waiting for You* qui aurait pu être le seul film comique de l'œuvre de Stroheim. Le héros essaye de tricher avec le destin et de modifier la date prévue pour la disparition de son amie. Or, en 1950, Stroheim vient d'apprendre qu'il est malade. N'espère-t-il pas que les soins qu'on lui prodigue vont retarder la date de son trépas ? Son héros agit depuis le purgatoire, où l'on retrouve une kyrielle de célébrités en attente d'être jugées, d'Alexandre le Grand à

David Wark Griffith. Peut-être Stroheim s'est-il amusé à parodier la richesse de la distribution de *Sunset Boulevard* !

Robert Valey[28] nous a confié une anecdote inédite qui lui a été racontée par Edmond T. Gréville. Celui-ci s'entretenait un jour avec Stroheim, qui lui montrait des photos anciennes :

« - "Vous voyez", disait-il, "ici, je suis à côté de l'Empereur."
- "Mais enfin Erich, vous voyez bien que ce sont des photos de films, il y a même un numéro d'archive !"
- "Non, non, non, non, non" insistait Stroheim, "c'est l'Empereur, et c'est moi !" »

Il s'agissait sans doute de photos prises avec Anton Wawerka, un acteur qui ressemblait effectivement à François-Joseph. Vers la fin de sa vie, Stroheim semble donc plus déterminé que jamais à préserver sa légende, puisqu'il va jusqu'à contredire d'incontestables évidences. Peut-on croire qu'il soit devenu sa propre dupe alors que rien n'indique que la maladie ait jamais affaibli son cerveau avant la phase terminale ? Cette obstination rappelle plutôt les *Paradoxes* de Max Nordau. Stroheim ment, et il sait qu'il ment. Que Gréville croie qu'il a perdu la tête ou sache qu'il est conscient de mentir importe peu. Selon les principes de la philosophie de Nordau, il ne faut jamais admettre que l'on a menti. Que vaut la vérité une fois exprimée devant un mensonge mille fois répété ? Or, de sa vie, Stroheim n'a jamais avoué le plus petit mensonge...

Fin 1956 le cancer se généralise, l'ostéoporose s'aggrave, Stroheim souffre de douleurs articulaires et peut à peine bouger. On peut voir dans la paralysie qui le gagne l'image du drame de sa vie, comme si le personnage qu'il avait créé réussissait finalement à le séquestrer. En mars 1957, il est promu chevalier de la Légion d'honneur. Une délégation se rend à Maurepas et c'est dans son lit que le metteur en scène reçoit sa médaille. On l'épingle sur son pyjama de soie noire, il ébauche péniblement un salut militaire. Pour la première fois de sa vie, il porte une décoration authentique et qu'il a vraiment méritée. Cette distinction honorifique lui est décernée à titre civil par la République Française dans le domaine des Arts et Lettres, mais par son geste de remerciement, Erich von Stroheim semble l'ajouter à la brochette de médailles qu'il arborait sur ses uniformes. Denise Vernac a soigné son compagnon avec le plus grand dévouement et a réussi à lui dissimuler jusqu'à la fin le dénuement extrême dans lequel il se trouvait. Sa maison était hypothéquée, il était couvert de dettes et ne pouvait plus payer ses fournisseurs. Le père Eric de Martels a souvent essayé de lui rendre visite. Il était reçu très aimablement, mais on l'empêchait sous divers prétextes de monter dans la chambre du malade. Après avoir craint que le prêtre lui demandât de se séparer du compagnon avec lequel elle vivait en union illégitime, Denise Vernac redoutait que, pour le même motif, il lui refuse après sa mort des funérailles religieuses. Elle tenait beaucoup à ce qu'Erich von Stroheim ait une sépulture chrétienne.

« Quand j'ai appris qu'elle était sensible à tout ce qui était militaire, j'ai demandé à un aumônier catholique du S.H.A.P.E. de venir à Maurepas avec toute une escorte. Il est arrivé en voiture, accompagné de jeeps et de motards en uniforme. Tout cela a impressionné Denise, et le prêtre a pu monter. »[27]

L'aumônier américain a ensuite fait le récit de sa mission à l'abbé de Martels, dont Stroheim espérait en vain la venue. Il l'a entendu en confession, lui a donné la communion et administré le sacrement des malades. Bien sûr, on ne saura jamais de quels péchés Stroheim s'est repenti. S'est-il seulement accusé d'avoir menti ? Mais au moment de recevoir l'Eucharistie, Erich a dit : « Endlich Gott ! » (Enfin Dieu !).[27]

Erich von Stroheim s'éteignit paisiblement dans son sommeil, le 12 mai 1957, à l'âge de 72 ans. Le père de Martels l'accompagna jusqu'à sa dernière demeure.

Plus de 150 personnes ont suivi le cortège funèbre. « Les habitants de Maurepas étaient venus dire adieu à leur illustre voisin et côtoyaient quelques grands noms du cinéma français : Jacques Becker qui, très ému, portait le coussin sur lequel reposait la croix de la légion d'honneur ; Marcel Carné, Claude Autant-Lara, Jean Aurenche, Pierre Bost, Annette Wademant, Jean Grémillon. On notait également la présence de Maurice Chevalier, Maurice Carrère, Pierre Véry, M. Jean Roy, sous-préfet de Rambouillet. »[29]

La tombe de Stroheim est toujours à Maurepas, le nom de Denise Vernac figure depuis 1984 à côté du sien. Aucune croix ne surplombe la sépulture, aucun symbole religieux n'est gravé sur la dalle de granit noir. Erich von Stroheim a voulu confier son mystère à l'éternité.

CONCLUSION

Nous avons vu comment trois niveaux de mensonges se partageaient la personnalité d'Erich von Stroheim. En considérant ses œuvres les unes après les autres, nous avons essayé d'évaluer leur évolution : comment le petit juif supportait sa captivité, comment le faux noble se transformait en aristocrate, comment l'acteur et metteur en scène devenait un monstre sacré.

L'enfant juif

Les premières années de la vie d'Erich Stroheim ont été conditionnées par la formation religieuse qu'il a reçue et l'environnement familial dans lequel il a vécu. L'état civil précise simplement qu'il a quitté la communauté israélite en 1908. À partir de 1909, Erich von Stroheim est en Amérique, et il ne sera plus jamais question du jeune juif Erich Stroheim. Ses convictions religieuses n'étaient sans doute pas des plus ardentes, mais il a toutefois éprouvé le besoin de renier totalement ses origines. Ainsi, il a réduit au silence toute une partie de son être, celle que nous avions appelée le "Urstroheim". Par delà ce phénomène, c'est l'acharnement avec lequel il a toujours dissimulé sa naissance qui est remarquable, ainsi que la technique qu'il a employée. Cacher ce qu'il avait été l'obligeait à s'inventer un passé de substitution et le contraignait à mentir, mais rien ne le forçait à développer ses mensonges à l'extrême, bien au delà du nécessaire.

« Stroheim connaissait sa valeur. Il avait planifié toute sa vie pour réussir. Il s'était fait lui-même. Il était à la fois le père et la mère du personnage qu'il avait inventé. Il a obtenu ce qu'il voulait, mais en contrepartie il n'a jamais eu ni ami, ni femme, ni personne. Stroheim s'était marié avec Stroheim et était amoureux de Stroheim. »[1]

Marcel Dalio

L'appréciation de Dalio, qui interprétait Rosenthal dans *La grande illusion*, est d'autant plus intéressante que celui-ci n'a jamais caché que lui-même était juif. Il lui suffit de quelques phrases pour résumer le caractère de Stroheim et analyser sa démarche. Il ne le ménage guère, et juge avec sévérité son ambition et son narcissisme. Il ne manque pas de souligner les inconvénients inhérents au comportement qui résulte de sa méthode. Stroheim n'a jamais pu se confier à personne, et a dû supporter seul le poids de son secret. On retrouve dans le ton de cette déclaration un peu de l'acrimonie de Leonard Spiegelgass qui condamnait Stroheim avec infiniment moins de finesse.

Nous avons trouvé dans les documents de travail de Stroheim quelques cas où il était précisé, en toutes lettres, qu'un personnage était juif. Ces textes, projets de films, premières ébauches de scénario, notes et dessins n'étaient aucunement destinés à être portés à la connaissance du public. Or ces personnages ont pratiquement tous disparu des films réalisés par le cinéaste. Stroheim "oubliait-il" d'éviter ce sujet trop compromettant lorsqu'il écrivait en suivant son inspiration ? Plus simplement, il ne pouvait concevoir un univers cinématographique sans en avoir préalablement exploré toutes les composantes, même si elles ne devaient pas intervenir dans le récit. Il y avait des juifs dans ses projets parce qu'il y en a dans toutes les sociétés qui ne font pas profession de racisme. La Cinémathèque française conserve un manuscrit de Stroheim très peu connu intitulé *Eternal Triangle*. Cinq histoires différentes sur le thème de l'infidélité conjugale. L'avant-dernière, *The Hell Road*, présente la particularité de mettre en scène un héros juif et sa famille. On assiste à la mort de Jacob, le père d'Arthur Benedict, qui lègue sa fortune à son fils et lui donne d'ultimes conseils pour vivre heureux et respecté sans renier sa foi ni sa naissance.

Pour la première fois, Stroheim parle des juifs comme s'il était l'un d'eux. Les directives morales que Jacob donne à son fils Arthur avant de mourir sont éminemment respectables. Il lui recommande d'être pieux, d'être fier de sa religion, et de ne jamais se convertir. « "Ils ne te considéreront pas davantage à cause de cela... Ils t'appelleront 'juif baptisé', riront de toi et se moqueront de ta faiblesse..."»[2] Ses conseils pratiques, par contre, sont plus amers, car il semble partir du principe que seule la richesse peut rendre un juif estimable. « Tu as de l'argent... tu peux acheter tout ce que tu désires... tu n'as pas besoin d'eux... d'aucun d'entre eux... Ils viendront à toi avec des courbettes et des sourires, comme si le fait que tu sois juif ne faisait pour eux aucune différence... Ils dîneront et boiront avec toi... et ils t'inviteront à leurs réceptions... et ils t'emprunteront de l'argent... N'oublie pas cela... Ils t'emprunteront de l'argent..." »[2] Ces recettes ressemblent aux *Paradoxes* de Nordau, et la considération qui en résulte est tout aussi artificielle. On ne sait pas à quel moment Stroheim a écrit ce texte, mais on ne peut qu'être troublé par les rapports de corrélation que sa vie présente avec celle d'Arthur Benedict. Tous deux ont sacrifié les principes religieux que leur avaient inculqués leurs parents au bénéfice de la réussite sociale. Mais Benedict n'avait pas l'excuse d'être dans la gêne, et c'est pour devenir encore plus riche qu'il a renié ses origines. Stroheim voulait arriver, mais ne disposait d'aucun capital. Il devait donc inverser les conseils de Jacob Benedict s'il voulait devenir quelqu'un. En d'autres termes, il fallait qu'il ne soit pas juif. Son reniement, imposé par la nécessité, n'engage que lui-même et n'est une menace pour personne. Pouvait-on trouver moyen plus habile d'apaiser sa conscience et de s'absoudre soi-même ? Exceptionnellement, Stroheim fait allusion à son secret. Il nous présente, pour l'occasion, une explication rationnelle et respectable de son mensonge originel.

Une noblesse sur mesure

Stroheim est prêt à tout pour accroître sa notoriété. Prenant au pied de la lettre l'idée reçue selon laquelle un noble est l'inverse d'un juif, il décide de se faire de plus en plus noble. La réalisation pratique s'impose d'elle-même, il suffit qu'il reproduise à l'inverse tous les clichés exploités par les antisémites. Le résultat de ces manipulations est forcément quelque peu caricatural, mais il n'en est que plus explicite aux yeux de l'Amérique. C'est ainsi qu'à partir de cette structure initiale, Stroheim, jour après jour, film après film, a construit le personnage qu'il voulait être. On sait maintenant comment il a utilisé le mensonge et l'illusion pour engendrer sa réalité. Fidèle à son amour du réalisme, il a inlassablement perfectionné son personnage, en l'enrichissant d'éléments extérieurs soigneusement sélectionnés. Fasciné par sa propre création, il se plaisait à la mettre en scène afin que son public l'admirât et devînt l'artisan de sa réalité. En dehors de ces moments privilégiés, Erich Stroheim vivait au quotidien sous l'identité du comte Erich Hans Oswald Karl Maria Stroheim von Nordenwall. Ses collaborateurs, ses proches, sa femme et ses enfants, ne connaissaient de lui que cette apparence aristocratique. Et lorsque les journalistes interviewaient le cinéaste, il ne manquait pas d'enjoliver son blason. C'est ce noble personnage qui est devenu célèbre, plébiscité par l'enthousiasme des spectateurs qui, sans le savoir, appelaient un héros de cette envergure. Sa légende semble si vraie qu'elle éclipse toujours, pour bien des gens, une vérité plus admirable encore. Mais peut-on leur reprocher d'apprécier un chef-d'œuvre où Stroheim a mis toute son âme ? Herman G. Weinberg, auteur de plusieurs ouvrages consacrés à Stroheim et à ses films, répondit en ces termes à Denis Marion qui lui faisait part de ses découvertes : « Je pense que cela rend Stroheim encore plus passionnant et je serais navré d'apprendre qu'il n'était que ce qu'il prétendait être, comme Curtiss persiste à l'affirmer. Je pense qu'il est bien plus grand comme cela. »[3]

Le Comédien

Comme le sous-entend Weinberg, l'aristocratie de Stroheim n'est pas une solution de facilité. Il rend hommage au talent du cinéaste, à la puissance de son imagination et au surcroît de travail qu'impliquait son travestissement permanent. Son activité professionnelle exigeait de lui un double effort : un être de composition devait en créer un autre. Le comte Erich von Stroheim, réduisant l'enfant juif au silence, s'arrogeait le droit d'être un Comédien. L'aristocrate devait s'effacer devant l'auteur-réalisateur-acteur. Ces déguisements, toujours provisoires et sans cesse renouvelés, n'avaient nullement l'obligation de rendre leur antécédent invisible. On a vu qu'ils avaient souvent servi à perfectionner la valeur nobiliaire de Stroheim et, qu'inversement, le cinéaste bénéficiait d'une expérience riche de nombreuses années de mensonges. Ce dispositif était si bien rodé qu'il pouvait supporter sans dommage d'éventuelles défaillances, sans jamais se fissurer. L'enfant juif était peut-être prisonnier, mais en contrepartie, il était hors de la portée de ceux qui auraient pu lui faire du mal. Le Comédien jouissait de ce fait d'une immense liberté de création.

Stroheim disposait certes d'aptitudes exceptionnelles, mais aucun artiste n'avait connu un apprentissage aussi rigoureux que celui qu'il s'était imposé, aucun interprète n'avait répété aussi souvent que lui. Sa noblesse, son passé militaire, ses diplômes, tout chez lui était peut-être faux, mais sa réputation de Comédien n'avait rien d'usurpé. L'acteur jouait juste, le metteur en scène était réaliste et l'auteur débordait d'imagination.

En dix ans, Stroheim a mis en scène neuf films et a réalisé le noble personnage qu'il avait toujours rêvé d'être. Si sa carrière a été mouvementée, si ses ouvres ont été martyrisées et si lui-même a été prématurément mis à l'écart, son programme d'auto-génération n'en a pas été affecté. Chaque film a superbement contribué à son amélioration jusqu'à ce que l'édifice semble avoir atteint sa perfection. (N'oublions pas qu'il avait à son origine une image caricaturale). Jean Renoir, en proposant à Stroheim d'incarner Rauffenstein, lui a fourni la forme achevée sous laquelle il est entré dans l'immortalité.

« Peut-être qu'il n'était pas noble, mais il avait su se faire grand seigneur. »[4]

René Clair

L'examen auquel nous avons soumis tous les films réalisés par Erich von Stroheim et les conclusions que nous avons établies confirment parfaitement le point de vue de René Clair. Stroheim n'a jamais cédé à la facilité ni fait de concession à la médiocrité. Il n'a jamais cessé de se battre pour imposer ses idées et n'a pas craint de braver plus puissant que lui. Dur pour lui-même et pour les autres, il aimait commander et se faire obéir. On l'a contrarié, entravé, terrassé, mais on n'a jamais pu le soumettre. Son caractère entier ignorait superbement l'opportunisme, sa fierté ne craignait pas les épreuves qui auraient humilié le vulgaire. Comme le seigneur avait droit de haute et basse justice, Stroheim régnait sur la vérité. Lui seul avait le privilège de distinguer le vrai du faux.

L'ironie de Stroheim, c'est d'avoir bâti, grâce à ses mensonges, la tribune à partir de laquelle il a proclamé sa vérité et dénoncé l'hypocrisie. L'ironie du destin, c'est d'avoir puni Stroheim pour sa sincérité.

NOTES

NOTES CHAPITRE I

1 - Déclaration d'Erich von Stroheim, citée par Maurice Bessy dans son ouvrage *Erich von Stroheim*, éd. Pygmalion, Paris, 1984, p. 195.
« Je n'ai jamais transigé. Pas plus aux conventions qu'à la mode je n'ai tiré mon chapeau. Je ne l'ai jamais tendu pour qu'y tombent des piécettes. J'ai toujours dit la vérité telle que je l'ai vue. Ça a plu ou ça n'a pas plu mais en tout cas c'était la vérité telle que je l'ai vue. D'aucuns diront que j'ai tendance à voir le sordide. Non, mais je parle aussi de ce qui se passe derrière les rideaux tirés, derrière les verrous poussés, de ce que la politesse et le bon ton veulent qu'on passe sous silence, parce que c'est ce que l'on fait caché qui explique le comportement au grand jour et l'on ne peut dissocier les deux. »
Il est amusant de comparer le texte complet reproduit ci-dessus avec les propos de l'écrivain américain Frank Norris cités par Kenneth Rexroth dans la postface de l'édition américaine de *Mac Teague* (éd. Signet, New York, 1964).
« I never truckled ; I never took off the hat to fashion and held it out for pennies. By God, I told them the truth. They liked it or they didn't like it, what had that to do with me ? I told them the truth, I knew it for the truth, and I know it for the truth now. » (Je n'ai jamais courbé l'échine ; je n'ai jamais tiré mon chapeau devant la mode, je ne l'ai jamais tendu pour qu'on y jette des sous. Que l'on ait aimé ou que l'on n'ait pas aimé ce que je faisais, qu'est-ce que cela pouvait me faire ? J'ai dit la vérité, je savais que c'était la vérité, et je sais que c'est toujours la vérité.)
Une façon bien personnelle d'affirmer sa sincérité en commençant par faire siennes les paroles d'un autre !
2 - Alessandro Cappabianca, *Erich von Stroheim*, Il castoro cinema n°63, éd. La nuovo Italia, Florence, mars 1979, p. 36.
3 - Extrait du *Who's who in France*, 1955-1956, cité par Denis Marion dans son ouvrage *Stroheim*, coll. Etudes Cinématographiques, n°48-50, Paris, 1966, p. 8.
4 - Bob Bergut, *Eric von Stroheim*, éd. Le Terrain Vague, Paris, 1960, pp. 18 à 20.
5 - Maurice Bessy, *Erich von Stroheim*, éd. Pygmalion, Paris, 1984, p. 9.
6 - Fanny Lignon, "Erich von Stroheim, la grande illusion", *Positif*, mars 1993, pp. 83 à 90.
7 - Jean Renoir, *Ma vie et mes films*, éd. Flammarion, Paris, 1974, p. 150.
8 - Critique cinématographique d'origine belge, Denis Marion, de son vrai nom Marcel Defosse, était avocat. Il s'est toujours intéressé à Erich von Stroheim et écrivait déjà à son sujet dans *Cinéa Ciné Pour Tous* en 1926.
9 - Denis Marion et Barthélemy Amengual, *Stroheim*, coll. Etudes Cinématographiques, n°48-50, Paris, 1966.
10 - Entretien avec Denis Marion, La Celle Saint-Cloud, juillet 1996.
11 - Denis Marion et Barthélemy Amengual, *Stroheim*, coll. Etudes Cinématographiques, n°48-50, Paris, 1966, p. 12.
12 - Kevin Brownlow, *The War, the West and the Wilderness*, éd. Knopf, New York, 1978, p. 143.
13 - Thomas Quinn Curtiss, *Erich von Stroheim*, éd. France-Empire, Paris, 1970, p. 14.

14 - Hubert Ehalt, Gernot Heiß, Hannes Stekl (Hg.), *Glücklich ist, wer vergißt...? Das andere Wien um 1900*, éd. Hermann Böhlaus, Vienne, 1986, pp. 248 et 277.
15 - Richard Koszarski, *The Man You Loved to Hate, Erich von Stroheim and Hollywood*, éd. Oxford University Press, New York, 1983, p. 3.
16 - *Vienne, 1880-1938, L'apocalypse joyeuse*, ouvrage collectif sous la direction de Jean Clair, éd. du Centre Pompidou, Paris, 1986, p. 33.
17 - Sigmund Freud, *L'interprétation des rêves*, éd. Presses Universitaires de France, Paris, 1987.
18 - Otto Weininger, *Sexe et caractère*, éd. l'Age d'Homme, Lausanne, 1975, pp. 245 à 298.
19 - Jean-Paul Sartre, *Réflexions sur la question juive*, éd. Gallimard, Paris, 1954.
20 - Bruno Stroheim est mort en 1958 dans un asile d'aliénés près de Vienne. Il était atteint de « folie incurable », Denis Marion et Barthélemy Amengual, *Stroheim*, coll. Etudes Cinématographiques, n°48-50, Paris, 1966, p. 11.
21 - Thomas Quinn Curtiss, *Erich von Stroheim*, éd. France-Empire, Paris, 1970, pp. 19-20.
22 - Arthur Schnitzler, *Vienne au crépuscule*, éd. Stock, Paris, 1985.
23 - Lettre d'Emil Feldmar à Denis Marion, publiée dans son ouvrage *Stroheim*, coll. Etudes Cinématographiques, n°48-50, Paris, 1966, pp. 102-103.
24 - Richard Koszarski, *The Man You Loved to Hate, Erich von Stroheim and Hollywood*, éd. Oxford University Press, New York, 1983, p. 6.
25 - Bob Bergut, *Eric von Stroheim*, éd. Le Terrain Vague, Paris, 1960, p. 20.
26 - Thomas Quinn Curtiss, *Erich von Stroheim*, éd. Farrar, Straus and Giroux, New York, 1971, p. 81.
27 - Renée Lichtig, "En travaillant avec Stroheim", *Cahiers du cinéma*, n°37, 1954.
28 - Propos d'Erich von Stroheim rapportés par Karel Reisz dans son article "Stroheim in London", *Sight and Sound*, vol. XXIII, n°4, avril-juin 1954, partiellement reproduit par Denis Marion dans son ouvrage *Stroheim*, coll. Etudes Cinématographiques, n°48-50, Paris, 1966, p. 115.
29 - Jean Renoir, texte inédit présenté par Denis Marion dans son ouvrage *Stroheim*, coll. Etudes Cinématographiques, n°48-50, Paris, 1966, p. 98.
30 - Michel Ciment, *Stroheim*, Anthologie du Cinéma n°27, supplément à l'Avant-Scène cinéma n°72/73, Paris, juillet-septembre 1967, p. 332.
31 - Thomas Quinn Curtiss, *Erich von Stroheim*, éd. France-Empire, Paris, 1970, pp. 89-90.
32 - Erich von Stroheim, "Dreams of realism", article reproduit dans *Greed*, éd. Lorrimer Publishing, Londres, 1972, pp. 7-8.

NOTES CHAPITRE II

1 - Richard Koszarski, *The Man You Loved to Hate, Erich von Stroheim and Hollywood*, éd. Oxford University Press, New York, 1983.
2 - Jean-François Deniau, *Un héros très discret*, éd. Presses Pocket, Paris, 1989.
3 - Thomas Quinn Curtiss, *Erich von Stroheim*, éd. France-Empire, Paris, 1970, p. 35.
4 - Photo présentée dans le film documentaire *Erich von Stroheim, The Man You Loved to Hate*, réalisé par Richard Koszarski et Patrick Montgomery, © 1979 Film

Profiles, Inc.
5 - Bob Bergut, *Eric von Stroheim*, éd. Le Terrain Vague, Paris, 1960, p. 24.
6 - Richard Koszarski, *The Man You Loved to Hate, Erich von Stroheim and Hollywood*, éd. Oxford University Press, New York, 1983, p. 11.
7 - Richard Koszarski, *The Man You Loved to Hate, Erich von Stroheim and Hollywood*, op. cit., p. 12.
8 - Jean-François Deniau, *Un héros très discret*, éd. Presses Pocket, Paris, 1989, p. 44.
9 - Erich von Stroheim, propos rapportés par Maurice Bessy dans son ouvrage *Erich von Stroheim*, éd. Pygmalion, Paris, 1984, p. 195.
10 - Thomas Quinn Curtiss, *Erich von Stroheim*, éd. France-Empire, Paris, 1970, p. 41.
11 - Jean Arroy, article cité par Bob Bergut dans son ouvrage Erich von Stroheim, éd. Le Terrain Vague, Paris, 1960, p. 31.
12 - Thomas Quinn Curtiss, *Erich von Stroheim*, éd. France-Empire, Paris, 1970, p. 34.
13 - Thomas Quinn Curtiss, *Erich von Stroheim*, éd. France-Empire, Paris, 1970, p. 39.
14 - Bob Bergut, *Eric von Stroheim*, éd. Le Terrain Vague, Paris, 1960, p. 25.
15 - Stephen Crane, *La conquête du courage : épisode de la guerre de Sécession*, éd. Mercure de France, Paris, 1982.
16 - Edgar Lee Masters, *Spoon River Anthology*, éd. Caedmon, New York, 1967.
17 - Theodore Peterson, *Magazines in the Twentieth Century*, éd. University of Illinois Press, Urbana, 1964, pp. 430-431.
18 - *Dictionary of British Women Writers*, éd. Janet Todd, Londres Routledge, 1989, pp. 359 à 361.
19 - André Degaine, auteur peu connu d'une histoire du théâtre (manuscrit édité en offset, Auto Editions, Paris, 1992) nous a dit qu'au cours des années cinquante il avait très souvent reconnu Erich von Stroheim et Denise Vernac au Théâtre du Grand-Guignol de Paris.
20 - Thomas Quinn Curtiss, *Erich von Stroheim*, éd. France-Empire, Paris, 1970, p. 41.
21 - Peter Noble, *Hollywood Scapegoat, The Biography of Erich von Stroheim*, éd. The Fortune Press, Londres, 1950, p. 6.
22 - Bob Bergut, *Erich von Stroheim*, éd. Le Terrain Vague, Paris, 1960, pp. 25-26.
23 - Thomas Quinn Curtiss, *Erich von Stroheim*, éd. France-Empire, Paris, 1970, pp. 42-43.
24 - Thomas Quinn Curtiss, *Erich von Stroheim*, éd. France-Empire, Paris, 1970, p. 45.
25 - Bob Bergut, *Erich von Stroheim*, éd. Le Terrain Vague, Paris, 1960, p. 32.
26 - Thomas Quinn Curtiss, *Erich von Stroheim*, éd. France-Empire, Paris, 1970, p. 44.
27 - Erich von Stroheim, "In the Morning", *Film History*, vol. II, New York, 1988, pp. 283-295.
28 - N'oublions pas que Stroheim prétendait avoir donné une conférence sur la nécessité du suicide !
29 - Erich von Stroheim, *Les feux de la Saint-Jean : Veronica*, éd. André Martel, Paris, 1951 + Erich von Stroheim, *Les feux de la Saint-Jean : Constanzia*, éd. André Martel,

Paris, 1954.
30 - Erich von Stroheim, *Paprika*, éd. André Martel, Paris, 1949.
31 - Max Nordau, *Paradoxes sociologiques*, éd. Félix Alcan, Paris, 1897 + Max Nordau, *Paradoxes psychologiques*, éd. Félix Alcan, Paris, 1897.
(La traduction française de *Paradoxa* de Max Nordau que nous avons consultée a été imprimée en deux volumes : *Paradoxes sociologiques* et *Paradoxes psychologiques*).
32 - Max Nordau, *Paradoxes sociologiques*, éd. Félix Alcan, Paris, 1897, pp. 50-51.
33 - Max Nordau, *Paradoxes sociologiques*, éd. Félix Alcan, Paris, 1897, pp. 51 à 53.
34 - Bob Bergut, *Eric von Stroheim*, éd. Le Terrain Vague, Paris, 1960, p. 27.
35 - Max Nordau, *Paradoxes sociologiques*, éd. Félix Alcan, Paris, 1897, p. 110.
36 - Max Nordau, *Paradoxes sociologiques*, éd. Félix Alcan, Paris, 1897, pp.106-107.

NOTES CHAPITRE III

1 - Anita Loos, *A Girl Like I*, éd. Viking, New York, 1966, p. 123.
2 - Thomas Quinn Curtiss, *Erich von Stroheim*, éd. France-Empire, Paris, 1970, p. 58.
3 - Thomas Quinn Curtiss, *Erich von Stroheim*, éd. France-Empire, Paris, 1970, p. 56.
4 - Kevin Brownlow, *David Wark Griffith, The Parade's Gone By...*, éd. Secker and Warburg, Londres, 1968.
5 - Peter Noble, *Hollywood Scapegoat, The Biography of Erich von Stroheim*, éd. The Fortune Press, Londres, 1950, p. 26.
6 - Anita Loos, *A Girl Like I*, éd. Viking, New York, 1966, p. 124.
7 - Thomas Quinn Curtiss, *Erich von Stroheim*, éd. France-Empire, Paris, 1970, p. 72.
8 - Discours enregistré par Erich von Stroheim à Paris le 30 décembre 1948, diffusé par la B.B.C. le 31 décembre 1948, émission produite par Michael Bell. Texte retranscrit par Peter Noble dans son ouvrage *Hollywood Scapegoat, The Biography of Erich von Stroheim*, éd. The Fortune Press, Londres, 1950, pp. 23 à 28.
9 - Fred Balshofer et Arthur Miller, *One Reel a Week*, éd. University of California Press, Berkeley, 1967, p. 132, cité par Richard Koszarski dans son ouvrage, op. cit., p. 25.
10 - Anita Loos, *A Girl Like I*, éd. Viking, New York, 1966, p. 125.

NOTES CHAPITRE IV

1 - Hollingsworth, "Reader's Report : The Furnace", 11 janvier 1919, cité par Richard Koszarski dans son ouvrage *The Man You Loved to Hate, Erich von Stroheim and Hollywood*, éd. Oxford University Press, New York, 1983, p. 31. (Ce rapport a été retrouvé dans les archives du département scénario de la MGM par le Professeur Arthur Lennig, chercheur américain auteur d'une thèse intitulée *Von Stroheim*, State University of New York, 1973).
2 - Interview de Valérie Germonprez présentée dans le film documentaire *Erich von Stroheim, The Man You Loved to Hate*, réalisé par Richard Koszarski et Patrick

Montgomery, © 1979, Film Profiles, Inc.
3 - *Moving Picture World*, 5 juillet 1919, cité par Richard Koszarski dans son ouvrage, op. cit., p. 30.
4 - Interview de Paul Kohner présentée dans le film documentaire *Erich von Stroheim, The Man You Loved to Hate*, réalisé par Richard Koszarski et Patrick Montgomery, © 1979, Film Profiles, Inc.
Paul Kohner : impresario américain et ami de Stroheim.
5 - Interview de Valérie Germonprez par Richard Koszarski, Los Angeles, juin 1978, citée dans son ouvrage, op. cit., p. 35.
6 - Document Cinémathèque française - cote 3258 : « *Blind Husbands* is neither bound to time war place. It is a domestic story but is set in the Austrian Alps. It could play "any old time". (...) For the character of the play have used at random almost any wife and husband the wide world over... and as for the other man... the same. » (Blind Husbands n'a rien à voir avec la guerre. C'est une histoire domestique qui se passe dans les Alpes autrichiennes. Elle aurait pu arriver à n'importe quelle époque. (...) Les personnages, le mari et la femme, sont universels... et pour l'autre homme... c'est la même chose.)
7 - *Grande encyclopédie de la montagne*, éd. Atlas, Paris, 1975, pp. 1494-1495 + Historischer Persönlichkeiten des Alpinismus Deutsches Alpenverein, Munich, 1988, pp. 167-168.
8 - Erich von Stroheim, *Blind Husbands : notes ms. de Stroheim au crayon noir (7 f.)*, archives Cinémathèque française, cote 3258.
9 - Richard Koszarski, *The Man You Loved to Hate, Erich von Stroheim and Hollywood*, éd. Oxford University Press, New York, 1983, p. 38.
10 - Interview de Grant Whitock par Richard Koszarski, North Hollywood, 16 juillet 1971, citée dans son ouvrage, op. cit., p. 33.
11 - Richard Koszarski, *The Man You Loved to Hate, Erich von Stroheim and Hollywood*, éd. Oxford University Press, New York, 1983, p. 41.
12 - Erich von Stroheim, *Blind Husbands : scénario dactyl. annoté par Stroheim au crayon noir et à l'encre (79 f.)*, archives Cinémathèque française, cote 3262.
13 - Erich von Stroheim, *Blind Husbands : scénario dactyl. annoté par Stroheim au crayon noir (48 f.)*, archives Cinémathèque française, cote 3264.
14 - Charles Baudelaire, *Les fleurs du mal* : l'héautontimorouménos.
15 - Max Nordau, *Paradoxes sociologiques*, éd. Félix Alcan, Paris, 1897.
16 - Erich von Stroheim, "Sexe et cinéma", *Cinémonde*, n°610, 9 avril 1946.
17 - Le trucage utilisé par Stroheim n'est pas sans rappeler L'homme à la tête de caoutchouc de George Méliès.
18 - Dans l'Ancien Testament, comme dans de nombreux textes hébraïques, figure l'expression « d'une main forte ».
19 - Dans le calendrier liturgique, le dimanche est en réalité le premier jour de la semaine. Le septième est le samedi, jour du sabbat hébraïque.
20 - Erich von Stroheim, *Blind Husbands : notes ms. de Stroheim au crayon noir (7 f.)*, archives Cinémathèque française, cote 3258.
21 - Erich von Stroheim, *Blind Husbands : notes ms. de Stroheim (2 f.)*, archives Cinémathèque française, cote 3259.
22 - Herman G. Weinberg, *Stroheim, A Pictorial Record of His Nine Films*, éd. Dover Publications, New York, 1975, p. 6.
23 - Interview de Valérie Germonprez par Richard Koszarski, Los Angeles, juin

1978, citée dans son ouvrage, op. cit., p. 31.
24 - Richard Koszarski, *The Man You Loved to Hate, Erich von Stroheim and Hollywood*, éd. Oxford University Press, New York, 1983, pp. 38-39.
25 - Erich von Stroheim, "A protest to the Trade", *Motion Picture News*, 27 septembre 1919, p. 2504, cité par Richard Koszarski dans son ouvrage, op. cit., p. 39.
26 - Celia Brynn, "An Hour with a Villain", *Picture Play*, novembre 1919, pp. 60-61 et p. 103, cité par Richard Koszarski dans son ouvrage, op. cit., p. 37.
27 - "Blind Husbands", *Variety*, 12 décembre 1919, cité par Richard Koszarski dans son ouvrage, op. cit., p. 40.
28 - "The Screen", *New York Times*, 8 décembre 1919, p. 20, cité par Richard Koszarski dans son ouvrage, op. cit., p. 40.
29 - E. C. Segar, *Moving Picture Weekly*, 27 décembre 1919, p. 11, dessin reproduit par Richard Koszarski dans son ouvrage, op. cit., p. 43.
30 - Thomas Quinn Curtiss, *Erich von Stroheim*, éd. France-Empire, Paris, 1970, p. 114.
31 - Erich von Stroheim, "Sexe et cinéma", *Cinémonde*, n°610, 9 avril 1946.
32 - Erich von Stroheim, *Blind Husbands : notes ms. de Stroheim au crayon noir (7 f.)*, archives Cinémathèque française, cote 3258.
33 - Stroheim a fait don à la Cinémathèque française de tous les documents qu'il avait rédigés pour la réalisation de ce film. Ils sont commentés dans le chapitre XII.

NOTES CHAPITRE V

1 - Richard Koszarski, *The Man You Loved to Hate, Erich von Stroheim and Hollywood*, éd. Oxford University Press, New York, 1983, p. 70.
2 - Archives de l'Universal, extraits cités par Richard Koszarski dans son ouvrage, op. cit., pp. 53 à 57.
3 - *Moving Picture Weekly*, 24 janvier et 1er août 1920, articles cités par Richard Koszarski dans son ouvrage, op. cit., pp. 66 à 68.
4 - William Shakespeare, *Macbeth*, Acte IV, Scène 1.
5 - Maude S. Cheatham, "Erich von Stroheim and the Miracle", *Motion Picture Classic*, janvier 1920, pp. 34-35, p. 69 et p. 98, cité par Richard Koszarski dans son ouvrage, op. cit., p. 48.
6 - "A European Red", *New York Times*, 27 juin 1920, cité par Richard Koszarski dans son ouvrage, op. cit., p. 46.
7 - "On the Screen", *New York Tribune*, 9 août 1920, cité par Richard Koszarski dans son ouvrage, op. cit., p. 60.
8 - Peter Noble, *Hollywood Scapegoat, The Biography of Erich von Stroheim*, éd. The Fortune Press, Londres, 1950, pp. 32-33.
9 - "The Screen", *New York Times*, 9 août 1920, cité par Richard Koszarski dans son ouvrage, op. cit., p. 61.
10 - *The Bioscope*, cité par Peter Noble dans son ouvrage *Hollywood Scapegoat, The Biography of Erich von Stroheim*, éd. The Fortune Press, Londres, 1950, p. 32.
11 - *Photoplay*, cité par Georges Sadoul dans son *Histoire générale du Cinéma - vol. VI : l'art muet*, éd. Denoël, Paris, 1975, p. 196.
12 - "The New Film", *New York Globe*, 9 août 1920, cité par Richard Koszarski

dans son ouvrage, op. cit., p. 60.
13 - Albert Bonneau, *Cinémagazine*, n°4, 25 janvier 1924.
14 - Bob Bergut, *Eric von Stroheim*, éd. Le Terrain Vague, Paris, 1960, p. 45.
15 - Thomas Quinn Curtiss, *Von Stroheim*, éd. Farrar, Straus and Giroux, New York, 1971, p. 120.
16 - Lettre de Stroheim à Peter Noble, partiellement reproduite dans son ouvrage *Hollywood Scapegoat, The Biography of Erich von Stroheim*, éd. The Fortune Press, Londres, 1950, p. 37.
17 - Herman G. Weinberg, *Film Culture*, n°28, printemps 1963.
18 - Kevin Brownlow, *David Wark Griffith, The Parade's Gone By...*, éd. Secker and Warburg, Londres, 1968.

NOTES CHAPITRE VI

1 - Thomas Quinn Curtiss, *Erich von Stroheim*, éd. France-Empire, Paris, 1970, p. 121.
2 - Interview de Valérie von Stroheim par Richard Koszarski, Los Angeles, juin 1978, citée dans son ouvrage, *The Man You Loved to Hate, Erich von Stroheim and Hollywood*, éd. Oxford University Press, New York, 1983, p. 72.
3 - Jean Renoir, *Ecrits 1926-1971*, éd. Belfond, Paris, 1974, p. 40.
4 - Harriette Underhill, "Von Stroheim's *Foolish Wives*, Not So Foolish", *New York Tribune*, 22 janvier 1922, cité par Richard Koszarski dans son ouvrage, op. cit., p. 80.
5 - Claudia Fiore, *dossier de Presse de Foolish Wives*, Les Acacias-Cinéaudience, Paris, mars 1985, pp. 3-4.
6 - Richard Koszarski, *The Man You Loved to Hate, Erich von Stroheim and Hollywood*, éd. Oxford University Press, New York, 1983, p. 83.
7 - Erich von Stroheim, "Dreams of realism", article reproduit dans *Greed*, éd. Lorrimer Publishing, Londres, 1972, pp. 7-8.
8 - Thomas Quinn Curtiss, *Erich von Stroheim*, éd. France-Empire, Paris, 1970, p. 137.
9 - *Erich von Stroheim, créateur de film, et le tournage de Folies de femmes*, C.A.D. prod. avec le Concours des Acacias-Ciné Audience.
10 - Jean Renoir, *Ecrits 1926-1971*, éd. Belfond, Paris, 1974, p. 189.
11 - Thomas Quinn Curtiss, *Erich von Stroheim*, éd. France-Empire, Paris, 1970, pp. 130-131.
12 - Bob Bergut, *Eric von Stroheim*, éd. Le Terrain Vague, Paris, 1960, p. 48.
13 - Erich von Stroheim, propos rapportés par Samuel Marx dans le film documentaire *Erich von Stroheim, The Man You Loved to Hate*, réalisé par Richard Koszarski et Patrick Montgomery, © 1971, Film Profiles, Inc.
14 - Thomas Quinn Curtiss, *Erich von Stroheim*, éd. France-Empire, Paris, 1970, pp. 131-132.
15 - En 1985, on trouve, par contre, cette orthographe sur toutes les affiches annonçant la résurrection de *Foolish Wives*.
16 - Bob Bergut, *Eric von Stroheim*, éd. Le Terrain Vague, Paris, 1960, p. 51.
17 - "The Screen", *New York Times*, 12 janvier 1922, p. 15, cité par Richard Koszarski dans son ouvrage, op. cit., p. 88.

18 - Frederick James Smith, "The Celluloïd Critic", *Motion Picture Classic*, avril 1922, cité par Richard Koszarski dans son ouvrage, op. cit., p. 88.
19 - *Moving Picture Weekly*, 28 janvier 1922, p. 259, cité par Richard Koszarski dans son ouvrage, op. cit., p. 80.
20 - Harriette Underhill, "Von Stroheim's *Foolish Wives*, Not So Foolish", *New York Tribune*, 22 janvier 1922, cité par Richard Koszarski dans son ouvrage, op. cit., p. 80.
21 - Fritz Tidden, "*Foolish Wives* ", *Motion Picture World*, 21 janvier 1922, cité par Richard Koszarski dans son ouvrage, op. cit., p. 88.
22 - Extrait d'une lettre d'un directeur de salle à Carl Laemmle, publiée dans *Moving Picture World*, 3 juin 1922, p. 496, cité par Richard Koszarski dans son ouvrage, op. cit., p. 88.
23 - *Moving Picture World*, 21 janvier 1922, cité par Richard Koszarski dans son ouvrage, op. cit., p. 88.
24 - *Photoplay*, mars 1922, cité par Peter Noble dans son ouvrage, *Hollywood Scapegoat, The Biography of Erich von Stroheim*, éd. The Fortune Press, Londres, 1950, p. 36.
25 - Erich von Stroheim, *Cinémonde*, n°610-611-612, 9, 16 et 23 avril 1946. (Traduction d'un article paru dans *Decision* en mars 1941 sous le titre "Movies and Moral").
26 - Cedric Belfrage, "Classic Holds Open Court : The Case of the World Against Erich von Stroheim", *Motion Picture Classic*, juin 1930, pp. 36-37 et p. 82, cité par Richard Koszarski dans son ouvrage, op. cit., p. 80.

NOTES CHAPITRE VII

1 - Interview de Paul Kohner par Richard Koszarski, Berverly Hills, juin 1978, citée dans son ouvrage, *The Man You Loved to Hate, Erich von Stroheim and Hollywood*, éd. Oxford University Press, New York, 1983, p. 90.
2 - Leo Perutz, *Zwischen neun und neun*, éd. Rororo, Hambourg, 1988 + Walther Killy, *Literatur Lexikon - Autoren und Werke deutscher Sprache*, Munich, 1991, vol. IX, p. 118.
Ce livre, paru juste après la guerre, connut un immense succès en Allemagne et en Autriche. Leo Perutz devint célèbre du jour au lendemain. Son roman, kafkaïen avant la lettre, raconte la course folle à travers les rues de Vienne d'un jeune étudiant qui se croit coupable d'un délit. En même temps que la panique de son héros, l'auteur décrit sans complaisance Vienne, sa bourgeoisie, son hypocrisie. Stroheim a peut-être été séduit par les qualités visuelles du récit... ou par la perspective de reconstruire en studio toutes les rues de Vienne !
3 - Walther Killy, *Literatur Lexikon - Autoren und Werke deutscher Sprache*, Munich, 1991, vol. I, p. 331 + Wilhelm Kosch, *Deutsches Literatur - Lexikon Biographisch-Bibliographisches Handbuch*, Berne, 1988, vol. VII, p. 285.
Auteur autrichien, officier de l'armée impériale, affecté aux archives militaires. Après quelques essais historiques, Rudolf Hans Bartsch publie *Die Geschichte von Hannerl und ihren Liebhabern* en 1913. Paul Kohner pensait très certainement qu'un écrivain-soldat intéresserait Stroheim.
4 - *Moving Picture Weekly*, avril 1922, p. 16, cité par Richard Koszarski dans son

ouvrage, op. cit., p. 91 + Kindler, *Neues Literatur Lexikon*, Munich, 1991, vol. X, p. 79.
Ludwig Ganghofer a surtout écrit pour le théâtre. *Schloss Hubertus*, paru en 1895, est l'un de ses premiers romans.
5 - Thomas Quinn Curtiss, *Erich von Stroheim*, éd. France-Empire, Paris, 1970, p. 140.
6 - Richard Koszarski, *The Man You Loved to Hate, Erich von Stroheim and Hollywood*, éd. Oxford University Press, New York, 1983, p. 92 à 97. (Compte rendu du scénario de *Merry-Go-Round*, extraits du texte original).
7 - Par la suite, Stroheim appellera la jeune fille Mitzy.
8 - J. Winnard Hum, *Typescript of Merry-Go-Round Diary*, coll. privée Richard Koszarski, cité par Richard Koszarski dans son ouvrage, op. cit.
9 - René Clair, discours prononcé à la Mostra de Venise, septembre 1958.
10 - Assurément, Stroheim avait lu *Le crime de la rue Morgue* d'Edgar Poe !
11 - Le patronyme de Hohenegg a visiblement été inspiré par celui du comte Egge de Ludwig Ganghofer. Le "Franzl" de ce roman, le jeune homme amoureux de Mali, a donné son prénom au héros de Stroheim.
12 - *Inter-office memo dictated*, 30 septembre 1926, cité par Richard Koszarski dans son ouvrage, op. cit., p. 110.
13 - Harriette Underhill, "*Merry-Go-Round* Starts with a Rush, but 'Fades Out' ", *New York Tribune*, 2 juillet 1923, p. 8, cité par Richard Koszarski dans son ouvrage, op. cit., p. 43.
14 - Robert E. Sherwood, "The Best Moving Pictures of 1922-1923", Small, Maynard & Co., Boston, 1923, p. 87, cité par Richard Koszarski dans son ouvrage, op. cit., p. 110.
15 - "The Ten Best Moving Pictures of 1923", *Film Daily Yearbook of Motion Pictures*, 1924, cité par Richard Koszarski dans son ouvrage, op. cit., p. 110.
16 - Thomas Quinn Curtiss, *Erich von Stroheim*, éd. France-Empire, Paris, 1970, p. 151.

NOTES CHAPITRE VIII

1 - Thomas Quinn Curtiss, *Erich von Stroheim*, éd. France-Empire, Paris, 1970, p. 168.
2 - Thomas Quinn Curtiss, *Erich von Stroheim*, éd. France-Empire, Paris, 1970, p. 151.
3 - Freddy Buache, *Erich von Stroheim*, coll. Cinéma d'aujourd'hui, éd. Seghers, Vichy, 1972, p. 50.
4 - *Film Daily*, 28 novembre 1923, cité par Richard Koszarski dans son ouvrage *The Man You Loved to Hate, Erich von Stroheim and Hollywood*, éd. Oxford University Press, New York, 1983, p. 116.
5 - Georges Sadoul, *Histoire générale du cinéma - vol. VI : L'art muet*, éd. Denoël, Paris, 1975, p. 209.
6 - Denis Marion et Barthélemy Amengual, *Stroheim*, coll. Etudes Cinématographiques, n°48-50, Paris, 1966, p. 44.
7 - *Mac Teague* avait déjà été adapté pour le cinéma, justement en 1916, par Barry

O'Neil, avec Fania Marinoff et Holbrook Blinn. Ce film de 4 bobines a aujourd'hui disparu, mais on sait que Stroheim l'avait vu, puisqu'il l'a ouvertement critiqué pendant qu'il tournait sa propre version. Il contestait en particulier le jeu des acteurs. *Life's Whirlpool* avait été très mal jugé par la presse, qui lui reprochait son réalisme repoussant et sa surabondance de gros plans. Le public l'avait complètement oublié, la Goldwyn ne fit rien pour qu'on s'en souvînt.

8 - *New York Times*, 25 janvier 1920, cité par Richard Koszarski dans son ouvrage, op. cit., p. 50.

9 - Déclaration d'Erich von Stroheim improvisée en français, Palais des Beaux-Arts de Bruxelles, 29 novembre 1955.

10 - Herman G. Weinberg, *The Complete Greed*, éd. E. P. Dutton & Co., Inc., New York, 1973, épilogue.

11 - Denis Marion et Barthélemy Amengual, *Stroheim*, coll. Etudes Cinématographiques, n°48-50, Paris, 1966, p. 43.

12 - Thomas Quinn Curtiss, *Erich von Stroheim*, éd. France-Empire, Paris, 1970, p. 159.

13 - Erich von Stroheim, "Suis-je vraiment le metteur en scène le plus cher et le plus salaud du monde ?", *Ciné-Club*, n°7, avril 1949, p. 1.

14 - Erich von Stroheim, "Dreams of realism", *Confrontation*, éd. Cinémathèque belge, 1958, article traduit par Freddy Buache et publié dans son ouvrage *Erich von Stroheim*, coll. Cinéma d'aujourd'hui, éd. Seghers, Vichy, 1972, p. 108.

15 - Bob Bergut, *Eric von Stroheim*, éd. Le Terrain Vague, Paris, 1960, p. 46.

16 - Textes recueillis par Hughes Lawrence, *The Truth about Movies*, Hollywood, 1924, cités par Georges Sadoul dans son *Histoire générale du cinéma - vol. VI : l'art muet*, éd. Denoël, Paris, 1975, p. 211.

17 - Thomas Quinn Curtiss, *Erich von Stroheim*, éd. France-Empire, Paris, 1970, p. 110.

18 - Peter Noble, *Hollywood Scapegoat, The Biography of Erich von Stroheim*, éd. The Fortune Press, Londres, 1950, pp. 47-48.

19 - Gibson Gowland s'est pourtant révolté à deux reprises contre les méthodes de Stroheim. La première fois, il n'a pas accepté qu'un lanceur de couteaux professionnel plantât une lame à un pouce de son oreille et a exigé, malgré les protestations véhémentes du metteur en scène, que le plan fût tourné à l'envers et avec un fil invisible. (Karel Reisz, "Stroheim in London", *Sight and Sound*, vol. XXIII, n°4, avril-juin 1954, cité par Denis Marion dans son ouvrage *Stroheim*, coll. Etudes Cinématographiques, n°48-50, Paris, 1966, p. 115.) La deuxième fois, Gowland a menacé de porter plainte parce que Jean Hersholt, à la demande de Stroheim, avait mordu trop énergiquement son oreille. (Thomas Quinn Curtiss, *Erich von Stroheim*, éd. France-Empire, Paris, 1970, p. 166.)

20 - Frank Norris, *Les rapaces*, éd. Phébus, Paris, 1990, pp. 30-31.

21 - Interview de Paul Ivano présentée dans le film documentaire *Erich von Stroheim, The Man You Loved to Hate*, réalisé par Richard Koszarski et Patrick Montgomery, © 1979, Film Profiles, Inc.

22 - *Enciclopedia della spettacolo*, citée par Denis Marion dans son ouvrage *Stroheim*, coll. Etudes Cinématographiques, n°48-50, 1966, p. 49.

23 - Thomas Quinn Curtiss, *Erich von Stroheim*, éd. France-Empire, Paris, 1970, p. 200 (interview réalisée au moment du tournage de *The Wedding March*).

24 - Jean Hersholt a raconté par le détail l'histoire de son engagement au reporter

du *Picturegoer*. (Interview retranscrite par Peter Noble dans son ouvrage *Hollywood Scapegoat, The Biography of Erich von Stroheim*, Londres, 1950, p. 48).
25 - Richard Koszarski, *The Man You Loved to Hate, Erich von Stroheim and Hollywood*, éd. Oxford University Press, New York, 1983, p. 133.
26 - Charles Higham, *Hollywood Cameramen*, éd. Indiana University Press, Bloomington, 1970.
27 - Ces deux paramètres sont éminemment contradictoires. Ils ne peuvent être réconciliés qu'avec un diaphragme très fermé, et donc un éclairage intense. Or, il était impossible à l'époque d'intervenir sur l'éclairage extérieur.
28 - Georges Sadoul, *Histoire générale du cinéma - vol. VI : L'art muet*, éd. Denoël, Paris, 1975, p. 214.
29 - Jean Bertin, *Ciné Miroir*, 19 mars 1925.
30 - Interview de Paul Ivano par Richard Koszarski, citée dans son ouvrage, op. cit., p. 137.
31 - Interview de Paul Ivano présentée dans le film documentaire précédant la projection télévisée de *Greed* en 1993 (FR3).
32 - Thomas Quinn Curtiss, *Erich von Stroheim*, éd. France-Empire, Paris, 1970, p. 165.
33 - Johanna Laird, "Von Stroheim's San Francisco", *San Francisco Sunday Examiner and Chronicle*, 30 mars 1923, p. 11, cité par Richard Koszarski dans son ouvrage, op. cit., pp. 132-133.
34 - Thomas Quinn Curtiss, *Erich von Stroheim*, éd. France-Empire, Paris, 1970, p. 166.
35 - Peter Noble, *Hollywood Scapegoat, The Biography of Erich von Stroheim*, éd. The Fortune Press, Londres, 1950, pp. 49-50.
36 - Harry Carr, "On the Camera Coast", *Motion Picture Magazine*, avril 1924, p. 76, cité par Richard Koszarski dans son ouvrage, op. cit., p. 141.
37 - Idwal Jones, *San Francisco Daily News*, 12 janvier 1924.
38 - Entretien téléphonique avec Bob Bergut, septembre 1996.
39 - *Greed*, éd. Lorrimer Publishing, Londres, 1972.
40 - Thomas Quinn Curtiss, *Erich von Stroheim*, éd. France-Empire, Paris, 1970, p. 174.
41 - L'écureuil volant, ou polatouche, possède entre les pattes une membrane qui lui permet de planer.
42 - "Erich von Stroheim, *Les rapaces*", *L'Avant-Scène*, n°83-84, juillet-septembre 1968, p. 39.
43 - Thomas Quinn Curtiss, *Erich von Stroheim*, éd. France-Empire, Paris, 1970, p. 158.
44 - *Greed*, éd. Lorrimer Publishing, Londres, 1972, p. 94.
45 - *Greed*, éd. Lorrimer Publishing, Londres, 1972, pp. 173-174.
46 - *Greed*, éd. Lorrimer Publishing, Londres, 1972, p. 192.
47 - *Greed*, éd. Lorrimer Publishing, Londres, 1972, p. 196.
48 - "Erich von Stroheim, *Les rapaces*", *L'Avant-Scène*, n°83-84, juillet-septembre 1968, p. 43.
49 - "Erich von Stroheim, *Les rapaces*", *L'Avant-Scène*, n°83-84, juillet-septembre 1968, p. 49.
50 - *Greed*, éd. Lorrimer Publishing, Londres, 1972, p. 234.
51 - *Greed*, éd. Lorrimer Publishing, Londres, 1972, p. 348.

52 - *Greed*, éd. Lorrimer Publishing, Londres, 1972, p. 352.
53 - *Greed*, éd. Lorrimer Publishing, Londres, 1972, p. 61.
54 - Les jumeaux avaient pour prénoms Max et Moritz, comme les deux garnements d'un classique de la littérature enfantine allemande.
55 - Erich von Stroheim, propos cités par Georges Sadoul dans son *Histoire générale du cinéma - vol. VI : l'art muet*, éd. Denoël, Paris, 1975, p. 217.
56 - "*Greed*", *Harrison's Reports*, 13 décembre 1924, cité par Richard Koszarski dans son ouvrage, op. cit., p. 146.
57 - *Variety Weekly*, 10 décembre 1924, cité dans *Greed*, éd. Lorrimer Publishing, Londres, 1972, pp. 31-32.
58 - Frank Norris, *Les rapaces*, éd. Phébus, Paris, 1990, préface de Michel Le Bris, p. 14.
59 - Emile Zola, *L'Assommoir*, coll. Folio, éd. Gallimard, 1978, préface de Jean-Louis Bory, p. 11.
60 - Richard Watts Jr., "Landmark in Films Annals", *New York Herald Tribune*, 14 décembre 1924, cité par Richard Koszarski dans son ouvrage, op. cit., p. 147.
61 - Jean Bertin, *Ciné-Miroir*, 19 mars 1925.
62 - *Mon Ciné*, 25 avril 1925.
63 - Marcel Defosse (Denis Marion), *Cinéa Ciné Pour Tous*, 15 novembre 1926, cité par Georges Sadoul dans son *Histoire Générale du Cinéma - vol. VI : l'art muet*, éd. Denoël, Paris, 1975, p. 224.
64 - Egon Jacobsohn, "Der Antideutsche Hetzfilm-Hauptdarsteller kommt ! Boycott gegen die Filme eines Vaterlandverräters", *Film-Hölle*, n°8, août 1921.
65 - Luis Buñuel, *Positif*, n°118, été 1970. (Traduction d'un article écrit en 1926 par Luis Buñuel).
66 - *Réflexion faite*, éd. Gallimard, Paris, 1953.
67 - Interview citée par Peter Noble dans son ouvrage *Hollywood Scapegoat, The Biography of Erich von Stroheim*, éd. The Fortune Press, Londres, 1950, p. 2.
68 - Georges Sadoul, *Histoire générale du cinéma - vol. VI : L'art muet*, éd. Denoël, Paris, 1975, pp. 219-220.
69 - Herman G. Weinberg, *The Complete Greed*, éd. E. P. Dutton & Co., Inc., New York, 1973.
70 - Joël Finler, *Stroheim*, coll. Movie paperbacks, éd. Studio Vista, Londres, 1967, pp. 23-83.

NOTES CHAPITRE IX

1 - Bob Bergut, *Eric von Stroheim*, éd. Le Terrain Vague, Paris, 1960, p. 64.
2 - Erich von Stroheim, *Film Weekly*, avril 1935.
3 - Benjamin Glazer, "Collaborator, Scenario, and von Stroheim", *The Merry Widow Souvenir Book*, cité par Richard Koszarski dans son ouvrage *The Man You Loved to Hate, Erich von Stroheim and Hollywood*, éd. Oxford University Press, New York, 1983, p. 153.
4 - Livret de *Die lustige Witwe*, Martens Hans Günter, Deutsche Grammophon.
5 - Henri Meilhac (1831-1897) écrivit un grand nombre de pièces pour le théâtre de boulevard. Il est surtout connu pour les spirituels livrets des opéras bouffes d'Offenbach qu'il écrivit en collaboration avec Ludovic Halévy. *L'attaché d'ambassade*

date de 1861.
6 - Georges Sadoul, *Histoire Générale du Cinéma - vol. VI : L'art muet*, éd. Denoël, Paris, 1975, p. 231.
7 - Richard Koszarski, *The Man You Loved to Hate, Erich von Stroheim and Hollywood*, éd. Oxford University Press, New York, 1983, p. 173.
8 - Herman G. Weinberg, *Stroheim, A Pictorial Record of His Nine Films*, éd. Dover Publications, New York, 1975.
9 - Peter Noble, *Hollywood Scapegoat, The Biography of Erich von Stroheim*, éd. The Fortune Press, Londres, 1950, propos traduits par Michel Ciment et publié dans son ouvrage *Les conquérants d'un nouveau monde*, coll. Idées, éd. Gallimard, Paris, 1981, p. 64).
10 - Peter Noble, *Hollywood Scapegoat, The Biography of Erich von Stroheim*, éd. The Fortune Press, Londres, 1950, p. 60.
11 - Richard Koszarski, *The Man You Loved to Hate, Erich von Stroheim and Hollywood*, éd. Oxford University Press, New York, 1983, p. 162.
12 - Jan Ardmore, *The Self Enchanted*, éd. McGraw-Hill, New York, 1959, cité par Richard Koszarski, op. cit., p. 167 et Thomas Quinn Curtiss, *Erich von Stroheim*, éd. France-Empire, Paris, 1970, pp. 183-184.
13 - Extrait d'une déclaration de John Gilbert citée par Kevin Brownlow dans son ouvrage, *Hollywood, Les pionniers*, éd. Calmann Lévy, 1981, chap. 17, p. 192.
14 - Richard Koszarski, *The Man You Loved to Hate, Erich von Stroheim and Hollywood*, éd. Oxford University Press, New York, 1983, p. 168.
15 - Thomas Quinn Curtiss, *Erich von Stroheim*, éd. France-Empire, Paris, 1970, p. 188.
16 - Lewis Jacobs, *The Rise of the American Film*, éd. Teachers College Press, New York, 1968, p. 351.
17 - Kenneth Anger, *Hollywood Babylon*, éd. Dell Book, New York, 1975, p. 171.
18 - Denis Marion et Barthélemy Amengual, *Stroheim*, coll. Etudes Cinématographiques, n°48-50, Paris, 1966, p. 61.
19 - Thomas Quinn Curtiss, *Erich von Stroheim*, éd. France-Empire, Paris, 1970, p. 194.

NOTES CHAPITRE X

1 - Herman G. Weinberg, *The Complete Wedding March* of Erich von Stroheim, éd. Little, Brown and Company, Boston - Toronto, 1974, p. 15.
2 - Harry Carr, "Hollywood's One Real Genius - Von", *Photoplay*, mai 1928, cité par Richard Koszarski dans son ouvrage *The Man You Loved to Hate, Erich von Stroheim and Hollywood*, éd. Oxford University Press, New York, 1983, p. 178.
3 - Littéralement, "du château du combat de l'amour sauvage" ("Wilde" : sauvage, "Liebe" : amour, "Raufen" : combattre, "Burg" : château fort).
4 - Thomas Quinn Curtiss, *Erich von Stroheim*, éd. France-Empire, Paris, 1970, p. 202.
5 - Interview de Hal Mohr par Richard Koszarski, citée dans son ouvrage, op. cit., p. 191.
6 - B. Sorenson, "An Unretouched Close-Up", cité par Richard Koszarski dans son ouvrage, op. cit., p. 188.

7 - En 1993, dans une lettre à Wolfgang Jacobsen, Fay Wray évoque avec émotion « le metteur en scène le plus sensible avec lequel elle a jamais travaillé et la belle expérience que fut pour elle *The Wedding March* ». (Wolfgang Jacobsen, Helga Belach et Norbert Grob, *Erich von Stroheim*, Stiftung Deutsche Kinemathek und Argon, Berlin, 1994, pp. 246-247).
8 - Interview de Hal Mohr par Richard Koszarski, citée dans son ouvrage, op. cit., p. 190.
9 - Erich von Stroheim, *Notes ms. avec croquis et 3 dessins de Stroheim, crayon noir (25 f.), stylo à bille rouge (11 f.), dactyl. (6 f.). Notes ms. de Denise Vernac, stylo à bille rouge (2 f.)*, archives Cinémathèque française, cote 2151.
10 - Schani est le diminutif familier de Johann (ou de Hans). Dans le langage courant, on désigne par ce surnom les garçons de café, les serveurs de restaurant, les aides sans qualification. L'expression "Jemandem den Schani machen" (demander à quelqu'un de faire le Schani) signifie qu'on lui fait effectuer des travaux sales et sans intérêt. Du commandement "Schani, trag den Garten hinaus !" (Schani, sors les tables), est venu l'appellation de "Schanigarten" (jardin de Schani), qui dans le dialecte viennois est synonyme de guinguette. Erich von Stroheim faisait bien peu de cas du fiancé de Mitzi ! (Wolfgang Teuschl, *Wiener Dialekt Lexicon*, Verlag Karl Schwarger, Vienne, 1990, p. 198.)
11 - Robert Desnos, *Documents 1929*, n°7, repris dans *Cinéma*, éd. Gallimard, Paris, 1966, cité par Freddy Buache dans son ouvrage *Erich von Stroheim*, coll. Cinéma d'aujourd'hui, éd. Seghers, Vichy, 1972, pp. 146-147.
12 - Lotte H. Eisner, "Quelques souvenirs sur Erich von Stroheim", *Cahiers du Cinéma*, n°72, juin 1957, p. 5.
13 - Claude Mauriac, *L'amour du cinéma*, éd. Albin Michel, cité par Bob Bergut dans son ouvrage *Eric von Stroheim*, éd. Le Terrain Vague, Paris, 1960, p. 69.
14 - Welford Beaton, "At Last One Fragment of Von's Opus Reaches Screen", *The Film Spectator*, 17 mars 1928, p. 7, cité par Richard Koszarski dans son ouvrage, op. cit., p. 193.
15 - Léopold, Marie, Alphonse, Blanche, Charles, Antoine, Béatrice, Raphaël, Michel, Joseph, Pierre, Ignace descendait en ligne directe de l'Empereur d'Autriche Léopold II (1742-1792). Il appartenait à la maison de Toscane par son arrière grand-père, l'archiduc Léopold II (1797-1870), et plus précisément au rameau des Habsbourg-Salvator. Il était né prince impérial et archiduc d'Autriche, prince royal de Hongrie et de Bohême, il était chevalier de l'ordre de la Toison d'Or autrichienne.
16 - Thomas Quinn Curtiss, *Erich von Stroheim*, éd. France-Empire, Paris - 1970, p. 494.
17 - "A Hapsburg Sees Hollywood", *Photoplay*, mai 1928, pp. 30-31 et p. 92, cité par Denis Marion dans son ouvrage *Stroheim*, coll. Etudes Cinématographiques, n°48-50, Paris, 1966, p. 26, par Kevin Brownlow dans son ouvrage *The War, The West, and The Wilderness*, éd. Knopf, New York, 1978, pp. 198 à 200, et par Richard Koszarski dans son ouvrage, op. cit., p. 308.
18 - Richard Koszarski, *The Man You Loved to Hate, Erich von Stroheim and Hollywood*, éd. Oxford University Press, New York, 1983, p. 308.
19 - Docteur M. Dugast Rouillé, *Les maisons souveraines de l'Autriche - Badenberg, Habsbourg, (Habsbourg-d'Espagne), Habsbourg (Lorraine)*, Paris, 1968, pp. 205 à 207. Après son divorce d'avec la baronne, l'archiduc Léopold de Habsbourg épousa en

secondes noces une Américaine, Alice Coburn, et devint citoyen des Etats-Unis en 1953 sous le nom de Léopold Lorraine. (Lorraine : traduction de "Lothringen", nom de la lignée dont font partie les Habsbourg-Salvator). La même année, il éleva des prétentions à la couronne d'Espagne, après la mort de son frère cadet Charles. S.A.I ne renonça à faire valoir ses droits que trois ans plus tard. Il mourut dans le Connecticut en 1958.

20 - Michel Ciment, "Entretien avec Billy Wilder", *Positif*, n°120, octobre 1970.

21 - Richard Koszarski, *The Man You Loved to Hate, Erich von Stroheim and Hollywood*, éd. Oxford University Press, New York, 1983, p. 177 et p. 178.

22 - Thomas Quinn Curtiss, *Erich von Stroheim*, éd. France-Empire, Paris, 1970.

NOTES CHAPITRE XI

1 - Thomas Quinn Curtiss, *Erich von Stroheim*, éd. France-Empire, Paris, 1970, p. 211.

2 - *Gloria Swanson par elle-même, rêve d'une femme*, éd. Stock, Ramsay poche cinéma, 1981, pp. 323-324.

3 - *Gloria Swanson par elle-même, rêve d'une femme*, éd. Stock, Ramsay poche cinéma, 1981, p. 330.

4 - Ce royaume d'Europe centrale a été imaginé par Stroheim en associant deux noms de villes allemandes, célèbres par les dynasties qui en sont originaires (Saxe-Cobourg, Saxe-Cobourg-Gotha, Nassau, Hesse-Nassau, Orange-Nassau).

5 - *Gloria Swanson par elle-même, rêve d'une femme*, éd. Stock, Ramsay poche cinéma, 1981, pp. 343-344.

6 - *Gloria Swanson par elle-même, rêve d'une femme*, éd. Stock, Ramsay poche cinéma, 1981, p. 348.

7 - Interview de Paul Ivano présentée dans le film documentaire *Erich von Stroheim, The Man You Loved to Hate*, réalisé par Richard Koszarski et Patrick Montgomery, © 1979 Film Profiles, Inc.

8 - *Gloria Swanson par elle-même, rêve d'une femme*, éd. Stock, Ramsay poche cinéma, 1981, pp. 329-330.

9 - Interview de Hal Mohr par Richard Koszarski, citée dans son ouvrage *The Man You Loved to Hate, Erich von Stroheim and Hollywood*, éd. Oxford University Press, New York, 1983, p. 206.

10 - *Gloria Swanson par elle-même, rêve d'une femme*, éd. Stock, Ramsay poche cinéma, 1981, p. 351.

11 - *Gloria Swanson par elle-même, rêve d'une femme*, éd. Stock, Ramsay poche cinéma, 1981, p. 349.

12 - "Miss Swanson's New Role", *New York Time*, 27 janv. 1929, IX, 8, cité par Richard Koszarski dans son ouvrage, op. cit., p. 217.

13 - Cedric Belfrage, *Film Weekly*, 31 décembre 1928, cité par Peter Noble dans son ouvrage *Hollywood Scapegoat, The Biography of Erich von Stroheim*, éd. The Fortune Press, Londres, 1950, p. 76.

14 - *Gloria Swanson par elle-même, rêve d'une femme*, éd. Stock, Ramsay poche cinéma, 1981, p. 354.

15 - *Gloria Swanson par elle-même, rêve d'une femme*, éd. Stock, Ramsay poche

cinéma, 1981, p. 355.
16 - Peter Collier, David Horowitz, *Les Kennedy, Une dynastie américaine*, éd. Payot, Paris, 1985.
17 - Catherine Gaborit, *dossier de presse de Queen Kelly*, sortie le 16 octobre 1985, Connaissance du Cinéma.
18 - Le mot "Poto-Poto" signifie littéralement "de la boue", mais en lingala, une langue qui n'est pas parlée en Tanzanie. Il existe par contre un quartier populaire de Brazzaville (République du Congo) qui porte ce nom en raison de ses rues en terre battue facilement inondables.
19 - *Gloria Swanson par elle-même, rêve d'une femme*, éd. Stock, Ramsay poche cinéma, 1981, p. 328.
20 - Stroheim n'a pas eu l'occasion de filmer la scène du marais, son arbre et ses crocodiles. En 1933 il écrit un scénario (qui sera publié en France sous forme de roman en 1956) qu'il intitule *Poto-Poto*. On y trouve un couple dans une situation similaire, ligoté face contre face par un mari jaloux, et sauvé in extremis. Où l'on voit une fois de plus que Stroheim a de la suite dans les idées !
21 - "Coughdrops" pourrait se traduire en français par "pilule". La fille ainsi nommée est de race blanche. Elle est de plus pâle et souffreteuse.

NOTES CHAPITRE XII

1 - Thomas Quinn Curtiss, *Erich von Stroheim*, éd. France-Empire, Paris, 1970, pp. 242 à 245 + *The American Film Institute Catalog of motion pictures produced in the United States, Features Films, 1931-1940*, University of California Press, éd. Patricia King Hanson, Alan Gevinson, 1993, p. 91.
2 - Le roman de George Barr McCutcheon, *East of The Setting Sun*, a été publié en 1924.
3 - *Motion Picture Classic*, "The Vienna of von Stroheim", interview d'Erich von Stroheim par Dorothy Calhoun, 30 avril 1930, p. 30, citée par Richard Koszarski dans son ouvrage *The Man You Loved to Hate, Erich von Stroheim and Hollywood*, éd. Oxford University Press, New York, 1983, p. 234.
4 - Interview de Valérie von Stroheim par Richard Koszarski, citée dans son ouvrage, op. cit., p. 235.
5 - *Erich von Stroheim, The Man You Loved to Hate*, film documentaire réalisé par Richard Koszarski et Patrick Montgomery, © 1979 Film Profiles, Inc.
6 - Erich von Stroheim, *Blind Husbands : scénario "continuity and dialogue", projet de remake sonore, dactyl. annoté par Stroheim, daté 30 mars 1931 (163f.)*, archives Cinémathèque française, cote 3268.
7 - "Treuenfels" = Le rocher des fidèles. Stroheim a probablement choisi ce nom par dérision.
8 - Erich von Stroheim, *Blind Husbands : projets de Stroheim pour les costumes, 41 planches de dessins en couleurs avec photos n&b, annotations ms. de Stroheim au crayon noir pour le détail de certains costumes + 3 photos + 1 dessin*, archives Cinémathèque française, cote 3261.
9 - Erich von Stroheim, *Blind Husbands : dépouillement dactyl. annotations ms. non identifiées au crayon noir, rouge et bleu (144 f.)*, archives Cinémathèque française, cote 3267.

10 - "Teufelsbourg" : village du Diable, "Teufelsee" : lac du Diable, "Monte Diavolo" : montagne du Diable, "Höllenstein" : pierre de l'Enfer.
11 - Interview de Paul Kohner par Richard Koszarski, citée dans son ouvrage, op. cit., p. 236.
12 - "Dawn Powell", *Contemporary Authors*, vol. V-VIII, Detroit : Gale Research Company, 1969, p. 915, cité par Richard Koszarski dans son ouvrage, op. cit., p. 241.
13 - Interview de Leonard Spigelgass par Richard Koszarski, citée dans son ouvrage, op. cit., pp. 243-244.
14 - Leonard Spigelgass, "There Once Was a Place Called Hollywood", *Academy Leader*, novembre 1972, cité par Richard Koszarski dans son ouvrage, op. cit., p. 245.
15 - Des années plus tard, bien après la mort de Stroheim, François Bondy, l'un de ses cousins, répondait à une lettre de Kevin Brownlow. Sa famille et lui-même ne doutaient pas que Stroheim soit devenu catholique. Ils désapprouvaient sa conversion et méprisaient cordialement ses prétentions. (Kevin Brownlow, *The War, the West, and the Wilderness*, éd. Knopf, New York, 1978, p. 143).
16 - *"Hello Sister"*, *The American Film Institute Catalog of motion pictures produced in the United States, Features Films, 1931-1940*, University of California Press, éd. Patricia King Hanson, Alan Gevinson, 1993, pp. 891-892.
17 - Michel Ciment, Positif n°131, "Stroheim et l'énigme de *Walking Down Broadway*", octobre 1971, p. 29.
18 - Richard Koszarski, *The Man You Loved to Hate, Erich von Stroheim and Hollywood*, éd. Oxford University Press, New York, 1983, p. 253.
19 - Propos de Herman G. Weinberg cités par Michel Ciment dans son article "Stroheim et l'énigme de *Walking Down Broadway*", Positif n°131, octobre 1971, p. 23.
20 - Dans une lettre à Richard Koszarski datée du mois d'octobre 1971, Alfred Werker précise qu'il a travaillé pendant près de cinq semaines avec Edwin Burke sur *Hello, Sister !* Il croit savoir qu'avant son arrivée, Raoul Walsh avait tourné une scène. Interrogé par Michel Ciment en juillet 1971, Raoul Walsh « se souvient d'avoir travaillé sur ce film, en particulier sur certaines scènes de nuit ». (Michel Ciment, "Stroheim et l'énigme de *Walking Down Broadway*", Positif, n°131, oct. 1971, p. 30).

NOTES CHAPITRE XIII

1 - Texte de la carte de vœux, cité par Richard Koszarski dans son ouvrage *The Man You Loved to Hate, Erich von Stroheim and Hollywood*, éd. Oxford University Press, New York, 1983, p. 271.
2 - Jean Renoir, 1958, texte cité par Maurice Bessy dans son ouvrage *Erich von Stroheim*, éd. Pygmalion, Paris, 1984, p. 202.
3 - Extrait des dialogues de *La grande illusion*, Jean Renoir, 1937.
4 - Entretien téléphonique avec Bob Bergut, septembre 1996.
5 - Denis Marion et Barthélemy Amengual, *Stroheim*, coll. Etudes Cinématographiques, n°48-50, Paris, 1966, p. 73.
6 - *Cinémonde*, n° 503, 9 juin 1938.
7 - Interview de Denise Vernac par Richard Koszarski, citée dans son ouvrage, op. cit., p. 285.
8 - Egon Jacobsohn, "Der Antideutsche Hetzfilm-Hauptdarsteller kommt !

Boycott gegen die Filme eines Vaterlandverräters", *Film-Hölle*, n°8, août 1921.
9 - Ludwig Seel, "Offener Brief an Herrn Carl Laemmle President Universal Film Mfg. Co. New York, Universal City", *Deutsche Lichtspiel-Zeitung*, n°34, 20 août 1921.
10 - Willy Haas, *Die Literarische Welt*, "Herrn Erich von Stroheim, Regisseur in Hollywood, California", n°33, 13 août 1926.
11 - Bob Bergut, *Eric von Stroheim*, éd. Le Terrain Vague, Paris, 1960, p. 65.
12 - Arnold Höllriegel, "Erich von Stroheim", *Hollywood Bilderbuch*, Leipzig-Vienne, 1927.
13 - Thomas Quinn Curtiss, *Erich von Stroheim*, éd. France-Empire, Paris, 1970, p. 264.
14 - Bob Bergut, *Eric von Stroheim*, éd. Le Terrain Vague, Paris, 1960, p. 85.
15 - Siegfried Weyer et Anton Kuh, "Hochzeitsmarsch", *Der Kuckuck*, 2 Jg., Nr. 3, S. 4, 19 janvier 1930.
16 - François Vinneuil (Lucien Rebatet), "Le cinéma : Le crime du docteur Crespi", *Je suis partout*, n°332, 3 avril 1937 + François Vinneuil (Lucien Rebatet), "Le cinéma : Marthe Richard", *Je suis partout*, n°336, 1er mai 1937.
17 - François Vinneuil (Lucien Rebatet), "Le cinéma : La grande illusion", *Je suis partout*, n°342, 12 juin 1937.
18 - Lettre de Tixier-Vignancourt, Chargé de Mission, Chef des Services de la Radiodiffusion et du Cinéma au Ministre Secrétaire d'Etat à la Guerre, Direction des Services de l'Armistice, Etat Français, Vichy, 6 octobre 1940, document publié en annexe de l'ouvrage de François Garçon, *De Blum à Pétain, cinéma et société française (1936-1944)*, coll. 7ème Art, éd. du Cerf, Paris, 1984.
19 - « Erich von Stroheim, mehr preußig als wienerisch mit seinen kurzengeschnittenen Haaren » (Erich von Stroheim, plus prussien que viennois avec ses cheveux coupés courts), (Arnold Höllriegel, "Erich von Stroheim", *Hollywood Bilderbuch*, Leipzig-Vienne, 1927).
20 - Wolfgang Jacobsen, Helga Belach et Norbert Grob, *Erich von Stroheim*, Stiftung Deutsche Kinemathek und Argon, Berlin, 1994.
21 - Bob Bergut, *Eric von Stroheim*, éd. Le Terrain Vague, Paris, 1960, p. 88.
22 - Thomas Quinn Curtiss, *Erich von Stroheim*, éd. France-Empire, Paris, 1970, p. 280.
23 - Erich von Stroheim, *Les feux de la Saint-Jean : Veronica*, éd. André Martel, Paris, 1951, p. 550.
24 - Entretien téléphonique avec Bob Bergut, septembre 1996.
25 - Entretien avec André Degaine, février 1993, Paris.
26 - Il n'y avait pas de curé à Maurepas à l'époque où Stroheim y vivait. C'est un vicaire de Monfort-Lamaury qui venait célébrer la messe et s'occupait du village. L'abbé de Martels, actuellement rattaché à l'église Saint Paul de Versailles, est d'origine hollandaise. Il est le descendant d'une famille noble autrefois française.
27 - Entretien avec le père Eric de Martels, Versailles, septembre 1996.
28 - Entretien téléphonique avec Robert Valey, avril 1994.
En 1966, Robert Valey a réalisé avec Janine Bazin et André labarthe un film intitulé *Erich von Stroheim*. Il s'agit du deuxième volet de la série télévisée *Cinéastes de notre temps*.
29 - "Dans un paysage de l'île de France, le dernier voyage d'Eric von Stroheim", *coupure de journal non identifiée* (coll. personnelle), 17 mai 1957.

NOTES CONCLUSION

1 - Interview de Marcel Dalio présentée dans le film documentaire *Erich von Stroheim, The Man You Loved to Hate*, réalisé par Richard Koszarski et Patrick Montgomery, © 1979, Film Profiles, Inc.
2 - Erich von Stroheim, *Eternal Triangle* : textes dactyl. annotés et ms. de Stroheim à l'encre et au crayon noir (50 f.) + un texte ms. de Stroheim au crayon noir (9 f.), cote 2489.
3 - Extrait d'une lettre de Herman G. Weinberg à Denis Marion, cité par Kevin Brownlow dans son ouvrage *The War, the West and the Wilderness*, éd. Knopf, New York, 1978, p. 143.
4 - René Clair, cité par Freddy Buache dans son ouvrage, *Erich von Stroheim*, coll. Cinéma d'aujourd'hui, éd. Seghers, Vichy, 1972, p. 1.

HOMMAGE A GRIFFITH
(traduction du discours de Stroheim)

Discours enregistré par Erich von Stroheim à Paris le 30 décembre 1948, diffusé par la B.B.C. le 31 décembre 1948, émission produite par Michael Bell. Texte retranscrit par Peter Noble dans son ouvrage *Hollywood Scapegoat, The Biography of Erich von Stroheim*, éd. The Fortune Press, Londres, 1950, pp. 23 à 28, traduction par Fanny Lignon.

« On m'a demandé de parler de D. W. Griffith parce que j'ai travaillé sous sa direction pendant quatre ans, parce que j'ai été son premier assistant sur un film. Mais on m'a aussi demandé de condenser en quinze minutes tout ce que je pouvais avoir à dire. Et quinze heures n'y suffiraient pas !

Quatre années d'étroite proximité et de contacts personnels avec Griffith m'ont permis de connaître cette grande figure mieux que ne l'ont connue la plupart de ceux qui ont travaillé avec lui. Pour les gens, peu nombreux je l'espère, qui ne savent pas qui était Griffith, je peux dire qu'il fut le premier pionnier du monde du film, l'homme qui réalisa les premières grandes épopées cinématographiques : *Birth of a Nation (Naissance d'une nation)*, *Intolerance (Intolérance)*, *Brocken Blossom (Le lys brisé)*, *Way down East (A travers l'orage)*, *Hearts of the World (Les coeurs du monde)*... pour ne citer que quelques oeuvres. Il fut le premier à insuffler poésie et beauté au cinéma, qui n'était, à cette époque, qu'un divertissement clinquant et bon marché, et n'attirait pour timide clientèle que ceux qui avaient une heure à perdre en attendant le départ d'un train ou la fin d'une averse.

Griffith inventa le gros plan, et le spectateur sans fortune put voir ce qui l'intéressait d'aussi près que l'homme riche qui regardait la scène dans ses jumelles de théâtre. Une petite différence pourtant, maintenant, c'était Griffith lui-même qui décidait le moment et l'action qui méritaient l'attention du public des loges et du poulailler. Le gros plan d'un acteur sert à amplifier à un instant donné de l'action la pensée du personnage, son expression et ses réactions. Celui d'un objet inanimé accentue sa dimension dramatique. Griffith fut le concepteur de cette innovation.

Les financiers et les distributeurs pensèrent que Griffith était devenu fou. Ils refusaient de montrer au public des torses stupides. Qui donc aurait envie d'aller voir des êtres humains dépourvus de jambes ? Le but, le principe du cinéma, était de montrer des choses qui bougent, du mouvement. La pensée qui était à l'origine de ce mouvement, comme le principe de l'attraction universelle gouverne le mouvement des planètes, n'avait aucune importance.

Mais, aujourd'hui, cinquante années ont passé. Le gros plan est universellement utilisé au cinéma et nul ne conteste son utilité.

Griffith est le premier à avoir vu la totalité du pouvoir du cinéma. Il a fait de l'image animée le moyen de communication le plus populaire et le plus efficace que le monde a jamais connu. Ses films furent aussi les premiers à attirer les élites cultivées vers les salles de projection. Le premier, il comprit la puissance que le cinéma pouvait apporter à une campagne de propagande et c'est lui qui réalisa le premier et le plus important des films consacrés à la cause des Alliés pendant la première guerre mondiale : *Hearts of the World*. C'est pour le tournage de ce film que j'ai été premier assistant, conseiller militaire et assistant personnel de Monsieur Griffith. Je tenais en même temps le rôle de l'officier allemand.

J'avais commencé à travailler avec Griffith en 1914, mais, en 1917, lorsqu'il partit pour la France après l'entrée en guerre des Etats-Unis, j'ai perdu mon emploi et je me suis retrouvé sur le pavé new yorkais. C'était l'hiver. Il faisait très froid. J'avais mis mon manteau au Mont de Piété et mon unique costume de serge bleu était luisant d'usure aux coudes et aux fesses ! Je mangeais de temps en temps, au hasard d'un ticket de repas emprunté à quelqu'acteur de connaissance. J'avais rencontré, au restaurant, un aimable vieux docteur du nom de Ralk. Nous avions pris l'habitude de nous entretenir en de longues et sérieuses conversations. Or, une nuit, alors que je me trouvais dans un état particulièrement dépressif, le docteur m'apprit qu'il venait de lire dans son journal la nouvelle du retour de Griffith. Il revenait de France et d'Angleterre avec le projet d'un grand film de propagande en faveur des puissances alliées. Le docteur Ralk savait que j'avais déjà travaillé avec Griffith et il me demanda si je ne voulais pas aller voir mon ancien patron pour lui proposer mes services. J'étais trop déprimé et démoralisé pour envisager de suivre ce conseil, mais le petit docteur ne l'entendit pas de cette oreille ! A la fin de la soirée, il me pria de venir le voir à son cabinet de consultation le lendemain, à deux heures de l'après-midi.

J'étais bien décidé à ne pas y aller, parce que j'avais l'impression que tout cela ne servirait à rien, sinon à m'abaisser aux yeux de l'homme que je vénérais, mais je me trouvais pourtant à deux heures chez le docteur. Il m'ordonna d'enlever ma veste, roula la manche de ma chemise et me fit une piqûre au bras. Que m'injecta-t-il ? Je ne le saurai jamais, mais, quoi que ce fut, cela fit de l'effet. Depuis des mois, je n'avais pas osé regarder une femme, car je me savais un air si minable que je souffrais d'un complexe d'infériorité. Maintenant, traversant une rue pour atteindre le bureau de Griffith, je remarquai une jolie blonde qui arrivait en face de moi. Je la fixai avec ce que j'estimai être un regard méphistophélique et me retournai même, après son passage, pour apprécier le galbe de sa jambe. C'était bien une preuve de l'efficacité de la piqûre ! En arrivant au bureau de Griffith, un gardien subalterne prétendit m'interdire le passage. Sans lui accorder la moindre attention, je franchis d'un bond la balustrade et me rendis directement à la porte de la pièce où se tenait le Maître. Sa voix profonde me répondit : "Entrez". J'exécutai alors le claquement de talons le plus sec et le salut le plus profond de mon existence. Griffith sembla très heureux de me revoir. Après quelques préliminaires, il me demanda ce que je gagnais ces jours-ci. Cela signifiait qu'il voulait savoir le salaire auquel je prétendais. "Pour vous, Monsieur Griffith, je travaillerais pour un sandwich au jambon par jour !" Il y eut un bref silence puis : "Vous partirez cette nuit pour Los Angeles."

Voila quel fut l'effet de l'injection du Dr. Ralk, voila comment je devins, une fois de plus, l'assistant de Griffith.

On n'a jamais apprécié à sa valeur exacte la contribution du film *Hearts of the World* à la cause des Alliés. Il dessilla les yeux des centaines de milliers d'hommes et de femmes des Etats-Unis qui subissaient alors à divers degrés des influences germaniques. Démontrant l'arrogance et la brutalité des Teutons, il fut à l'origine de nombreux engagements volontaires dans l'armée américaine.

Griffith, le premier, reconnut l'indispensable utilité d'une musique d'accompagnement, mais surtout d'une musique appropriée au film. Il composa lui-même la plupart des émouvantes partitions qui renforcent ses oeuvres cinématographiques.

Griffith, le premier, fut conscient du devoir sacré de montrer toute chose de la façon la plus exacte qu'il était possible de le faire : accessoires, costumes, uniformes, coutumes ou cérémonies devaient être l'image précise de la réalité et, en ces temps archaïques, cela n'était pas aussi facile qu'aujourd'hui.

Griffith, le premier encore en ce domaine, avait conscience de la valeur éducative du film et s'estimait personnellement responsable de l'authenticité de tout ce qu'il présentait.

Griffith, le premier, comprit l'effet psychologique qu'exercent sur un acteur un costume rigoureusement spécifique et des accessoires vrais. Il insista, notamment, pour que l'aumônier de la prison eût entre ses mains un ciboire réellement consacré lorsqu'il accompagne à la potence Robert Harron dans le film célèbre *Escape (Le salut)*. L'acteur qui portait le Saint-Sacrement se sentit vraiment prêtre, comme s'il avait reçu l'ordination. Griffith faisait venir dans ses studios les vedettes les plus illustres du théâtre afin de mettre leurs talents et leurs compétences au service du cinéma et pour qu'elles contribuent ainsi à son perfectionnement. Je ne citerai que trois noms : Sir Herbert Beerbhom-Tree, Constance Collier et Douglas Fairbanks.

Par son oeuvre, Griffith porta le cinéma au niveau artistique du théâtre scénique. S'il n'avait pas été le plus grand réalisateur de tous les temps, il aurait été, peut-être, un grand poète, peut-être un grand général, peut-être même le Pape ! ... Il ne fait aucun doute qu'il aurait été grand dans tout ce qu'il aurait entrepris.

Supposons que vous viviez en France. Vous avez écrit, cinquante ans auparavant, un bon livre, ou peint un bon tableau, ou réalisé un film extraordinaire, et puis, vous n'avez plus rien produit. Vous restez cependant toujours considéré comme un artiste et on continue à vous honorer en conséquence. Les gens vous tirent leur chapeau et vous donnent du "Maître". Nul ne vous oublie.

Par contre, à Hollywood, vous ne valez que ce que vaut votre dernier film. Trois mois se passent-ils sans que vous ne produisiez rien ? Vous voilà oublié. Ce que vous avez pu réussir autrefois ne compte plus. Comportement effrayant mais malheureusement inévitable de l'opinion publique qui oblige le cinéaste à chercher sans cesse à se faire connaître, qui condamne les nouveaux arrivants à une lutte impitoyable et perpétuelle pour vivre et pour vaincre, et qui relègue les anciens aux oubliettes.

Il n'y a pas eu de dernier film de Griffith, aucune oeuvre tardive. Son dernier tournage a eu lieu dans de bien mauvaises conditions, et le producteur qui commanditait la réalisation en avait eu dès le début le pressentiment. Griffith se trouvait financièrement gêné quand quelques-uns de ses amis mirent ce projet sur pied. Au temps de sa gloire, Griffith eût été trop grand pour rien solliciter, trop indépendant pour implorer les argentiers du cinéma. Maintenant, ceux-ci étaient bien décidés à abuser de lui. Ils avaient un scénario tout prêt, un découpage tout prêt, une distribution toute prête... tout était tout prêt ! Ils poussèrent des hauts cris quand le Maître prétendit, suivant son inflexible habitude, outrepasser délais et budget. Cette première prise de contact avait été si amère que le coeur de Griffith en fut presque brisé. L'ingratitude et l'égoïsme de la polémique qui s'ensuivit l'écoeurèrent complètement. Ces hommes mesquins, pris de panique, décrétèrent que les méthodes du Maître étaient totalement périmées et qu'il convenait d'injecter un sang nouveau pour qu'il y eût dans ce film ce qu'exigeaient des temps nouveaux. Lui, Griffith, qui avait personnellement écrit et pensé les scénarios de tous ses films, qui possédait dans son esprit tout ce qu'il concrétisait au moment du tournage, sans avoir jamais besoin de consulter le moindre document, il allait devoir diriger une action qu'il n'avait pas conçue lui-même, hurler dans son porte-voix des ordres qui ne seraient pas les siens. On lui fournissait, en somme, une bouillie synthétique et préfabriquée, prédigérée même, et il devait en faire un film ! Contraint de respecter le contrat qu'il avait signé, Griffith fut obligé de s'exécuter et ne fit évidemment que ce qu'il pouvait faire. Le film n'eut naturellement aucun succès : ce n'était pas "un Griffith".

Ainsi le plus grand homme du cinéma mourut, comme il l'avait toujours souhaité, presque pauvre et oublié. Il mourut au coeur de la cité la plus dépourvue de coeur du monde entier : Hollywood. Il s'en alla et ne fut pleuré que par ceux qui avaient eu le bonheur de travailler avec lui, même aux emplois les plus modestes.

En 1914, j'ai eu l'honneur de balayer le plateau, dans la vieille grange de Prospect Avenue, qui servait de studio à la Reliance Majestic de Hollywood. Je devins rapidement "extra man", terme hollywoodien pour figurant. Je jouais de brefs bouts de rôles puis accédai à de petits morceaux d'interprétation. Et les yeux de Griffith se posèrent sur moi. Je fus promu assistant de John Emerson, un metteur en scène de l'époque, qui travaillait sous l'égide particulière de Griffith.

En 1917, Griffith revint du front français, comme je l'ai déjà dit, avec le projet de réaliser un film qui serait un plaidoyer pour le camp des Alliés. Il me choisit comme "premier assistant personnel". J'interprétais également le rôle de l'officier allemand dans ce très grand film : *Hearts of the World*. Avec ma double fonction d'assistant et d'acteur, j'eus l'occasion de connaître Griffith en tant qu'homme.

J'ai côtoyé des milliers de gens au cours de mon existence, mais je n'ai jamais rencontré personne qui égalât D. W. Ses ennemis, et il n'en manquait pas, l'appelaient "David au nez crochu" (« Hook Nose Dave ») : grand, mince, même lorsqu'il prit de l'âge, le visage taillé à coups de serpe, le nez aquilin, le crâne presque chauve, la lèvre inférieure légèrement en avant... Il aurait suffi de le draper d'une toge blanche pour qu'il incarnât un splendide sénateur de Rome.

Paradoxalement, cet homme érudit, sensible, cet esthète raffiné qui a offert au monde la poésie filmée, ce sculpteur qui était capable de projeter sur les écrans des chefs-d'oeuvre inoubliables avait pour se vêtir un goût déplorable : manteaux et costumes à carreaux voyants et campagnards, chemises de soie à rayures trop larges, et pour chapeaux des panamas mous d'une taille gigantesque. Il voulait, en réalité, et avant tout, attirer l'attention et il avait incontestablement ce qu'on appelle de l'allure. Son pas allait à un rythme royal : je ne l'ai jamais vu se hâter, il n'a jamais conduit lui-même une voiture. Ce comportement provenait peut-être de l'ancien acteur qui était toujours en lui, qui lui inspirait ses actes et ses paroles, qui le faisait agir et parler comme devant un public. Sa voix était profonde et douce, il parlait lentement, marquant des pauses entre ses mots, comme s'il les cherchait.

Tous ses collaborateurs tentaient bêtement de l'imiter, autant qu'ils le pouvaient. Certains d'entre eux allaient jusqu'à reproduire sa voix et son élocution ; d'autres, plus fortunés, portaient des chemises à rayures et quelques-uns arboraient même un panama.

Pas une seule fois, même dans les moments les plus nerveusement éprouvants des pires scènes de violence, alors que déferlait autour de lui un tintamarre qui ébranlait le sol, pas une seule fois je n'ai entendu Griffith élever la voix. Ses commandements, même les plus impératifs des "Coupez !" étaient toujours prononcés à voix basse, audibles des seuls assistants qui les répétaient alors de façon à ce que tout le monde pût les comprendre. Je n'ai jamais entendu un mot grossier de sa bouche, ni même une de ces expressions vulgaires si fréquentes dans le vocabulaire des metteurs en scène. Je ne l'ai jamais vu se mettre en colère, ou du moins il n'a jamais montré qu'il le fût, et Dieu sait qu'il avait beaucoup de raisons de s'emporter, n'eût-ce été qu'avec moi...

Comme tous les grands hommes, il savait s'entourer d'un personnel compétent. Je fus l'un de ces hommes qui travaillaient pour lui, jour et nuit, dormant peu, mangeant peu, gagnant peu, et ceci pendant des mois et des mois, non pas parce que Griffith les contraignait à travailler de cette façon, mais parce qu'eux-mêmes le voulaient. A Hollywood, travailler pour Griffith était, à cette époque le summum, la consécration suprême. Pour moi, ce fut TOUT. Il n'y avait rien de petit dans le comportement de cet homme. Il donnait une dimension à toutes choses, même aux plus insignifiantes.

Généreux jusqu'à l'extrême, il mourut pauvre comme il sied à un artiste. J'ai eu l'occasion de savoir qu'il lui était arrivé, en 1923 je crois, de déposer 37 000 dollars dans le coffre fort de l'Hôtel Alexandria de Los Angeles où il habita pendant plusieurs années. Quatre ans plus tard, le gérant de l'hôtel retrouva ce dépôt et le rappela à Griffith... qui l'avait complètement oublié ! Il ne faut pas croire que c'est l'ampleur de sa fortune qui avait rendu possible cet oubli. Non. Pour lui, l'argent ne signifiait que peu de chose à moins d'être dépensé en munificences. Il ne donnait jamais moins d'une pièce d'or de cinq dollars comme pourboire, même pour le plus infime service. Je parle, naturellement, de ce bon vieux temps où nous étions tous payés en monnaie d'or (du moins en Californie) et où Griffith était à l'apogée de sa carrière. Et même lorsqu'il eut à lutter pour son existence, Griffith fut toujours plus que généreux.

Les femmes qui lui plaisaient étaient celles qu'on pourrait qualifier "d'éthérées", à l'exemple de Lillian Gish. Il aimait danser, et je pense que c'est cela qui le gardait jeune.

Griffith n'était pas un homme qui attirait l'intimité. Il conservait toujours entre lui et ses employés ou ses collaborateurs une certaine distance qu'il savait faire respecter sans snobisme par son amabilité et son humanité compréhensive.

On peut imaginer l'émotion que j'ai ressentie lorsqu'en 1941, 25 ans après l'avoir quitté, Griffith vint me trouver dans la loge minable du théâtre de Philadelphie où je jouais en tournée aux Etats-Unis *Arsenic and Old Lace (Arsenic et vieilles dentelles)*. Mon rôle était très dur, du moins physiquement, et je transpirais abondamment. J'étais précisément en train de m'éponger après le dernier acte quand la porte s'ouvrit et D. W. entra. Il m'embrassa sur les deux joues.

Je n'ai reçu, dans ma vie, qu'assez peu de distinctions honorifiques, mais cette accolade du Maître est le suprême honneur qui m'aura jamais été décerné.

Adieu, mon Maître. Adieu D. W. »

Erich von Stroheim

FICHES SIGNALETIQUES
DES FILMS REALISES PAR ERICH VON STROHEIM

BLIND HUSBANDS

Titre original : *Blind Husbands*.
Titre de travail : *The Pinnacle*.
Titre français : *La loi des montagnes* (annoncé en 1921 sous le titre de *L'Alpe vengeresse*, parfois présenté après 1922 sous le titre de *L'école des maris* ou de *Maris aveugles*).

Production :
Production : Carl Laemmle pour Universal (Jewel de luxe).
Coût du négatif : 112 144, 83 $.
Frais de publicité et de promotion : 28 028, 51 $.
Distribution : Universal.

Equipe artistique et technique :
Réalisateur : Erich von Stroheim (le film est signé Erich Stroheim).
Scénario : Erich von Stroheim, d'après son livre *The Pinnacle*.
Cartons : Lillian Ducey.
Assistants réalisateur : Eddy Sowders, K. C. Steward.
Prises de vues : Ben F. Reynolds, William H. Daniels.
Décors : Erich von Stroheim.
Monteurs : Erich von Stroheim, Frank Lawrence, Viola Mallory, Eleanor Fried, Grant Whytock.

Informations techniques :
Pellicule : 35 mm.
Format : 1,33.
Métrage original : 9 000 pieds réduits à 7 711 pieds (8 bobines).
Durée originale : 1h32 mn.
Métrage actuel : 6 171 pieds.
Durée actuelle : 1h14 mn.

Chronologie :
Tournage : du 3 avril 1919 au 12 juin 1919.
Montage : durée, 1 mois et 2 semaines.
Avant première : 19 octobre 1919, Washington, Rialto Theatre.
Première : 7 décembre 1919, New York, Capitol Theatre.
Copyright : 21 octobre 1919 (LP14317).
Divers : en avril 1920, cinq mois après sa sortie à l'écran, *Blind Husbands* se joue encore dans de nombreuses salles. (Laemmle repoussera la sortie de *The Devil's Pass Key* de quelques mois à cause de cette longévité).

Interprétation :
La liste qui suit a été établie à partir du film et complétée à l'aide du manuscrit de Stroheim (cote 3257) lorsqu'il nous a été possible de le déchiffrer.
Erich von Stroheim (Comte Erich von Steuben, Lieutenant, 3ème régiment de

Uhlans, Archiduc 6, Armée Impériale et Royale d'Autriche), Sam de Grasse (Dr. Robert Armstrong, le chirurgien américain), Francilia Billington (Mrs. Margaret Armstrong, sa femme), Gibson Gowland (Sepp Innerkofler, dit "Sepp le silencieux", guide des Alpes), Jack Perrin (Mr. Right, le jeune marié américain), Valérie Germonprez (Mrs. Right, sa femme), Fay Holderness (Stanzi Gruber, la femme de chambre de l'hôtel), William Duvalle (Hiram Prindle, un touriste américain), Jack Matheis (Jerehmia Smith, un touriste américain), Percy Challenger (Doc Hancock, un touriste américain), Ruby Kendrick (la rosière du village), Richard Cummings (Mr. Joseph Breuner, le médecin de la municipalité de Cortina), Louis Fitzroy (Le prêtre de Cortina), Timy Sanfers (l'idiot du village), Caesare Rosanelli (le Maire de Cortina, propriétaire de l'hôtel Croce Bianca), Mrs. Hünt (Veronica, sa femme), Major Pennel (le Capitaine de la Compagnie Tyrolienne des Fusilliers Impériaux), Soewe (le Caporal Festgenstein), le chien Barry (Bob, le saint-bernard de Sepp), le sacristain de l'église Saint-Florian, une famille allemande en vacances, un facteur, un paysan, sa femme, des soldats de la Compagnie Tyrolienne des Fusilliers Impériaux, des vacanciers, des commerçants, un instituteur bossu, un postillon, un porteur de l'hôtel, le professeur Schönfeld et sa fille Brunhilde.

THE DEVIL'S PASS KEY

Titre original : *The Devil's Pass Key.*
Titres de travail : *Clothes and Treachery, His Great Success, The Charge Account, The Woman in the Plot.*
Titre français : *Les passe-partout du diable.*

Production
Production : Carl Laemmle pour Universal (Jewel de luxe).
Coût du négatif : 185 000 $.
Distribution : Universal.

Equipe artistique et technique :
Réalisateur : Erich von Stroheim.
Scénario : Erich von Stroheim, d'après un roman de la baronne de Meyer *Clothes and Treachery.*
Cartons : J. H. Buffum.
Assistants réalisateur : Edward Sowders, Jack Proctor, Jeanne Spencer.
Prises de vues : Ben F. Reynolds, William H. Daniels, Howard Oswald.
Décors : Erich von Stroheim.
Monteurs : Erich von Stroheim, Grant Whitock.

Informations techniques :
Pellicule : 35 mm.
Format : 1,33.
Métrage original : première version 8 819 pieds, version définitive 8 386 pieds (7 bobines).
Durée originale : 1h40 mn.
Métrage actuel : film perdu.

Chronologie :
Tournage : du 29 octobre 1919 au 4 décembre 1919.
Montage : hiver 1919-1920 (durée : 4 mois).
Première version : achevée le 18 mars 1920.
Version définitive : achevée le 10 avril 1920.
Projection devant la presse : avril 1920.
Première : 8 Août 1920, New York, Capitol Theatre.
Copyright : 3 septembre 1920 (LP15513).
Sortie en salle : 30 août 1920.

Interprétation :
Sam de Grasse (Warren Goodwright), Una Trevelyn (Grace, sa femme), Mae Busch (La Belle Odera), Maude George (Renée Malot), Leo White (Amadeus Malot, son mari), Clyde Fillmore (Capitaine Rex Strong), Jack Matheis (Le Comte Maurice de Trouvère), Ruth King (La Comtesse Yvonne de Trouvère), Ed Reinach (Le Directeur du Théâtre Français), Al Edmundsen (Alphonse Marier, le reporter), Mr. Woods (Le détective), Mr. Nicholson (Le commissaire de police), Jeanne Pouillet (La bonne de la Belle Odera), ? (Fifi, la femme de chambre de Grace), ? (La pédicure), Mr. ? et Mrs. ? (Un couple américain), Evelyn Gosnell.

FOOLISH WIVES

Titre original : *Foolish Wives*.
Titres de travail : *Monto Carlo*, *Foolish Wives*.
Titre français : *Folies de femmes*.

Production :
Production : Carl Laemmle pour Universal (Super Jewel).
Coût du négatif : plus de 869 285 $.
Coût total : 1 124 498 $ (750 000 $ d'après Stroheim).
Distribution : Universal.

Equipe artistique et technique :
Réalisateur : Erich von Stroheim.
Scénario et adaptation : Erich von Stroheim.
Cartons : Marian Ainslee et Erich von Stroheim.
Assistants réalisateur : Edward Sowders, Louis Germonprez, Jack R. Proctor.
Conseillers technique : William Meyers, James Sullivan, George Williams.
Prises de vues : Ben F. Reynolds, William H. Daniels.
Coloriage sur pellicule : Gustav Brock.
Chef électricien : Harry J. Brown.
Musique originale : Sigmund Romberg.
Décors : Erich von Stroheim, Elmer E. Sheeley, Richard Day, J. Lambert.
Sculpteur : Don Jarvis.
Jardinier paysagiste : Victor André.
Chef accessoiriste : C. J. Rogers.
Monteurs : Erich von Stroheim, Bob Roberts et Daniel Mandell, Arthur Ripley assisté par Edward Sowders, Julius Stern.

Costumes : Erich von Stroheim, Richard Day.

Copie remontée par l'Universal en 1928 :
Cartons : Walter Anthony.
Monteurs : Maurice Pivar, Ted Kent.

Informations techniques :
Pellicule : 35 mm.
Format : 1,33.
Pellicule impressionnée : 326 000 pieds (272 bobines).
Métrage original : 35 940 pieds (26 bobines).
Durée originale : 6h30.
Métrage copie du 11 janvier 1922 (première) : 17 850 pieds (15 bobines).
Durée copie du 11 janvier 1922 (première) : 3h30.
Métrage copie de distribution 1922 : 11 980 pieds (10 bobines).
Durée copie de distribution 1922 : 2h20.
Métrage copie 1928 : 7 655 pieds (7 bobines).
Durée copie 1928 : 1h30.
Métrage actuel : 9 682 pieds.
Durée actuelle : 1h54.

Chronologie :
Tournage : du 12 juillet 1920 au 15 juin 1921.
Montage : du mois de juillet 1921 au mois de février 1922.
    Première version : achevée le 18 août 1921.
    Deuxième version : achevée avant le 11 janvier 1922.
    Troisième version : achevée vers le 11 février 1922.
    Quatrième version : effectuée en 1928.
    Version actuelle (reconstitution) : effectuée de 1970 à 1978.
Avant première : 18 août 1921, Hollywood, Beverly Hills Hotel.
Première : 11 janvier 1922, New York, Central Theatre.
Copyright : 11 février 1922 (LP17550).
Sortie en salle : 8 mai 1922.

Interprétation :
Erich von Stroheim (Comte Wladislas Sergius Karamzin, Capitaine 3ème Hussard, Armée Impériale de Russie), Maude George (Princesse Olga Petschnikoff, cousine du Comte Karamzin), Mae Busch (Princesse Vera Petschnikoff, cousine du Comte Karamzin), Dale Fuller (Maroushka, servante du Comte Karamzin et de ses cousines) Rudolph Christians (†) et Robert Edeson (Andrew J. Hughes, Ambassadeur des Etats-Unis d'Amérique auprès de la Principauté de Monaco), Miss Dupont (Helen Hughes, sa femme), Cesare Gravina (Caesare Ventucci, graveur de Madonnes et faux monnayeur), Malvine Polo (Marietta, sa fille, attardée, sourde et muette), C. J. Allen (S. A. S. Albert Ier, Prince de Monaco), Edward Reinach (Secrétaire d'Etat de Monaco), Louis K. Webb (Le docteur Judd), Mrs. Kent (La femme du Dr. Judd), Al Edmundsen (Pavel Pavlich, un valet), Nigel de Brulier (Le moine), ? (La mère Garoupe), ? (L'officier américain manchot), Mme Kopetzky (Une actrice), Mary Philbin (Une infirme).

MERRY-GO-ROUND

Titre original : *Merry-Go-Round.*
Titre français : *Les chevaux de bois.*

Production :
Production : Carl Laemmle pour Universal (Super Jewel).
Administrateur de production : Irving Thalberg.
Coût du négatif : 389 831 $.
Coût total : 416 627 $ (dont 220 000 $ pour les séquences filmées par Stroheim).
Distribution : Universal.
Bénéfices : 336 181 $ (en 1926).

Equipe artistique et technique :
Réalisateur : Erich von Stroheim puis Rupert Julian (à partir du 7 octobre 1922).
Scénario : Erich von Stroheim puis Harvey Gates et Finis Fox (à partir du 7 octobre 1922).
Cartons : Mary O'Haran, Harry B. Johnson.
Assistants réalisateur : Edward Sowders, Louis Germonprez.
Prises de vues : William Daniels, Charles Kaufmann.
Décors : Elmer E. Sheeley, Richard Day, Archie Hall.
Monteurs : Maurice Pivar, James McKay.
Costumes : Erich von Stroheim, Richard Day.

Informations techniques :
Pellicule : 35 mm.
Format : 1,33.
Métrage : 9 178 pieds (10 bobines).
Durée : 1h48.
Divers : Le 1er novembre 1949, l'Universal détruisit les 10 bobines de négatifs de *Merry-Go-Round* ainsi que 3 bobines de rushes.

Chronologie :
Tournage : du 25 août 1922 au 8 janvier 1923.
Montage : entre le 8 janvier 1922 et le 16 juin 1923.
Première : 1er juillet 1923, New York, Rivoli Theatre.
Copyright : 16 juin 1923 (LP19121).
Sortie en salle : 3 septembre 1923.

Interprétation :
Norman Kerry (Comte Franz Maximilian von Hohenegg), Cesare Gravina (Sylvester Urban), Edith Yorke (Ursula Urban), Mary Philbin (Agnès Urban, leur fille), George Hackathorne (Bartholomew Gruber, le bossu), George Siegman (Schani Huber (Kallafati), la brute), Dale Fuller (Marianka Huber, la femme de Schani), Aitken Spottiswoode (Le Ministre de la Guerre), Dorothy Wallace (La Comtesse Gisella von Steinbrück, sa fille), Sidney Bracey (Le valet de Gisella), Albert Conti (Rudy, Baron von Leichtzinn, un ami du Comte von Hohenegg), Charles King (Nicki, Baron von Ubermut), Fenwick Oliver (Le Prince Eitel Hochgemut), Anton Wawerka (L'Empereur François-Joseph), Al Edmundsen (Nepomuck Navratil), Lilian Sylvester (Aurora Rossreiter), Maude George (Madame Elvira), Helen

Broneau (Jane, "pensionnaire" chez Madame Elvira), Jane Scherman (Marie, une autre pensionnaire de Madame Elvira), Betty Morissey (Une autre pensionnaire de Madame Elvira).
Le rôle de Huber était à l'origine tenu par Wallace Beery qui a donné sa démission lorsque Stroheim a été renvoyé. Il n'apparaît pas dans le film.

GREED

Titre original : *Greed*.
Titres de travail : *Mac Teague, The Gold Tooth, Greedy Wives*.
Titre français : *Les rapaces*.

Production :
Production : Louis B. Mayer pour Goldwyn.
Administrateur de production : Irving Thalberg (à partir du 10 avril 1924).
Directeur de production : J. J. Cohn.
Coût total : 665 603, 02 $.
Distribution : Metro Goldwyn.
Bénéfices : 274 827, 55 $.

Equipe artistique et technique :
Réalisateur : Erich von Stroheim.
Scénario : Erich von Stroheim, d'après le roman *Mac Teague* de Frank Norris.
Cartons : June Mathis, Joseph W. Farnham.
Assistants réalisateur : Edward Sowders et Louis Germonprez.
Conseiller technique : Harold Henderson.
Prises de vues : Ben F. Reynolds, William H. Daniels, Ernest B. Schoedsack, Walter Bader, H. C. Van Dyke.
Arrangement musical : James Bradford, sur le thème de "Greed" de Leo A. Kempinsky.
Musiciens : James et Jack Brennan.
Décors : Cedric Gibbons, Richard Day.
Monteurs : Frank E. Hull, Grant Whitock, June Mathis, Joseph W. Farnham.
Assistant monteur : Marguerite Faust.
Script : Eve Bessette.
Photographe de plateau : Warren Lynch.
Accessoiristes : Charles Rogers, Frank Ybarra.

Informations techniques :
Pellicule : 35 mm.
Format : 1,33.
Coloriage sur pellicule : Handschlegl Process.
Métrage impressionné : 446 103 pieds.
Métrage copie actuelle : 10 607 pieds.
Durée copie actuelle : 2h11.

Chronologie :
Tournage : du 13 mars 1923 au 6 octobre 1923 (198 jours de tournage).

Montage :
Erich von Stroheim : montage achevé le 12 janvier 1924, plus de 42 bobines, 9h30 de projection, montage achevé le 18 mars 1924, 22 bobines.
Rex Ingram : montage effectué en avril 1924, 18 bobines.
June Mathis : montage achevé le 21 janvier 1924, 13 bobines (non approuvé par Stroheim).
Joseph Farnham : montage présenté comme définitif par la Metro Goldwyn le 4 décembre 1924 (non approuvé par Stroheim).
Première : 4 décembre 1924, New York, Cosmopolitan Theatre, Colombus Circle de William Randolph Hearst.
Copyright : 10 février 1925 (LP21123).
Sortie en salle : 26 janvier 1925.

Interprétation :

PROLOGUE :
Gibson Gowland (McTeague), Jack Curtiss (Le père de McTeague), Tempe Piggott (La mère de McTeague), Florence Gibson (La vieille Hag), Jimmy Wang (Le cuisinier chinois), Gunther von Ritzau (Le docteur "Painless" Potter), Zasu Pitts (Une patiente récalcitrante).

SAN FRANCISCO :
Jean Hersholt (Marcus Schouler), Zasu Pitts (Trina Sieppe), Chester Conklin (Mr. Hans Sieppe), Sylvia Ashton (Mrs. Sieppe), Austin Jewell (August Sieppe), Oscar et Otto Gotell (Les jumeaux, Max et Moritz Sieppe), Joan Standing (La cousine Selina), Max Tryon (L'oncle Rudolph Oelbermann), Dale Fuller (Maria Miranda Macapa), Cesare Gravina (Zerkov), Frank Hayes (Charles W. Grannis) Fanny Midgley (Miss Anastasia Baker), Hughie Mack (Mr. Heise), E. "Tiny" Jones (Mrs. Heise), J. Aldrich Libbey (Mr. Ryer), Rita Revla (Mrs. Ryer), S. S. Simon (Joe Frenna), Lon Poff (L'agent de la loterie), William Barlow (Le pasteur), Hugh J. McCauley (Le photographe), William Mollenheimer (Le chiromancien), Erich von Stroheim (Un vendeur de ballons).

DEATH VALLEY :
Jack F. McDonald (Cribbens, le prospecteur), James F. Fulton (Le shérif de Placer County), James Gibson (Le shérif adjoint).

Autres acteurs :
Lita Chevrier, Edward Gaffney, Harold E. Henderson.

Copie actuelle :
Distribution : Thames Television and Turner entertainment, "Thames silent".
Musique : Carl Davis.

THE MERRY WIDOW

Titre original : *The Merry Widow*.
Titre français : *La veuve joyeuse*.

Production :
Production : Louis B. Mayer pour Metro Goldwyn Mayer.
Administrateur de production : Irving Thalberg.
Directeur de production : J. J. Cohn.
Coût total : 614 961, 90 $.
Distribution : MGM.

Equipe artistique et technique :
Réalisateur : Erich von Stroheim.
Scénario : Erich von Stroheim, assisté par Benjamin Glazer. D'après l'adaptation anglaise par Henri W. Savage du livret de Leo Stein et Victor Leon pour l'opérette *Die Lustige Witwe* de Franz Lehar.
Cartons : Marian Ainslee.
Assistants réalisateur : Edward Sowders, Louis Germonprez.
Prises de vues : OLiver T. Marsh, William H. Daniels, Ben F. Reynolds.
Opérateur technicolor : Ray Rannahan.
Musique originale : David Mendoza et William Axt, d'après Franz Lehar.
Décors : Cedric Gibbons, Richard Day.
Monteur : Frank E. Hull.
Costumes : Erich von Stroheim, Richard Day.

Informations techniques :
Pellicule : 35 mm.
Format : 1,33.
Séquence en couleur : Technicolor Process.
Coloriage sur pellicule : Handschlegl Process.
Métrage : 10 027 pieds (10 bobines).
Durée du film : 1h52.

Chronologie :
Tournage : du 1er décembre 1924 au 9 mars 1925.
Montage :
   Stroheim : du 10 mars 1925 au 14 avril 1925 (montage inachevé au moment de la rupture du contrat liant Stroheim à la MGM).
   Thalberg : après le 14 avril 1925.
Première : 26 août 1925, New York, Gloria Gould's Embassy Theatre.
Copyright : 14 septembre 1925 (LP21826).

Interprétation :
George Fawcett (Le Roi Nikita), Josephine Crowell (La Reine Milena), Roy D'Arcy (Prince Mirko, leur fils), John Gilbert (Prince Danilo, leur neveu), Mae Murray (Sally O'Hara), Tully Marshall (Baron Sadoja), Don Ryan (L'Adjudant du Prince Mirko), Albert Conti (L'Adjudant de Danilo),Wilhelm von Brincken (L'Aide de camp de Danilo), Sidney Bracey (Le valet de pied de Danilo), Dale Fuller (La femme de chambre de Sally), Lon Poff (Le valet de Sadoja), Hughie Mack (L'aubergiste), Ida Moore (La femme de l'aubergiste), Lucille van Lent (La fille de l'aubergiste), Edward Connelly (L'ambassadeur), Meriwyn Thayer (La femme de l'ambassadeur), Charles Margelis (Flo Epstein), Harvey Karels (Jimmy Watson), Estelle Clark (Le barbier français), D'Arcy Corrigan (Horatio), Clara Wallucks et Frances Primm (Les soeurs Hansen), Zack Williams (George Washington White),

Eugene Pouget (François), George Nichols (Le portier de "chez François"), Edna Tichenor ("Marie l'idiote"), Gertrude Bennett ("Virginia la pocharde"), Zalla Zarana ("Christine la Française"), Jacquelin Gadsdon ("La Madone"), Anielka Elter (La musicienne aux yeux bandés), Carolynne Snowden (Une danseuse noire), Louise Hughes (Une danseuse), Anna Maynard (Une danseuse), Helen Howard Beaumont (Une danseuse), Beatrice O'Brien (Une danseuse), Owen Martin (Un officier).

THE WEDDING MARCH

Titre original : *The Wedding March* (première partie) + *The Honeymoon* (deuxième partie).
Titre français : *La symphonie nuptiale* (première partie) + *Mariage de Prince* (deuxième partie).

Production :
Producteur : Patrick A. Powers puis Adolph Zukor et Jesse Laski pour Paramount (à partir du mois de janvier 1927).
Coût : 1 112 500 $.
Distribution : Paramount.

Equipe artistique et technique :
Réalisateur : Erich von Stroheim.
Scénario et adaptation : Erich von Stroheim et Harry Carr.
Assistants réalisateur : Edward Sowders, Louis Germonprez.
Seconds assistants réalisateur : Eddie Malone, Art Jell.
Conseillers militaires : Albert Conti, D. R. O. Hatswell.
Consultant historique : Archiduc Léopold de Habsbourg (!)
Prises de vues : Harry Thorpe et Bill McGann, Hal Mohr, Roy Klaffki, Buster Sorenson.
Opérateur technicolor : Ray Rennahan.
Musique originale : J. S. Zamecnik et Louis de Francesco.
Chanson : "Paradise" de Harry D. Kerr et J. S. Zamecnik.
Enregistrement musical : Nathaniel Finston.
Décors : Richard Day.
Monteurs : Frank E. Hull, puis Josef von Sternberg, puis Julian Johnston.
Costumes : Max Ree.

Informations techniques :
Pellicule : 35 mm.
Format : 1,33.
Séquences en couleurs : Technicolor Process.
Système sonore : Victor Talking Machine Company.
Métrage original : Première partie : 10 400 pieds ; deuxième partie : 7 273 pieds.
Durée originale : Première partie : 1h55 ; deuxième partie : 1h21.
Métrage actuel : Première partie : 10 400 pieds ; deuxième partie : film perdu.
Durée actuelle : Première partie : 1h55 ; deuxième partie : film perdu.

Chronologie :
Tournage : du 2 juin 1926 au 30 janvier 1927.
Montage :
    Frank Hull : du 31 janvier au 8 octobre 1927.
    Joseph von Sternberg : novembre et décembre 1927.
    Julian Johnston : décembre 1927 à janvier 1928.
Avant-première : 6 octobre 1928.
Première : 14 octobre 1928, New York, Rivoli Theatre.
Copyright : 8 octobre 1928 (LP25696).

Interprétation :
George Fawcett (Prince Ottokar Ladislas von Wildeliebe-Rauffenburg, Chambellan de sa Majesté, Général de Cavalerie et Capitaine de tous les Gardes), Maude George (Princesse Maria Immaculata von Wildeliebe-Rauffenburg, Dame d'atours de sa Majesté la Reine Elisabeth, épouse du Prince Ottokar), Erich von Stroheim (Prince Nicholaus Ehrhart Hans Karl Maria von Wildeliebe-Rauffenburg, dit "Nikki", Premier Lieutenant de la Garde Montée de sa Majesté), Lucille van Lent (La femme de chambre du Prince Nikki), Sidney Bracey (Navratil, le valet de Nikki), George Nichols (Schweisser, le richisme "Roi du Coricide"), Zasu Pitts (Cecelia, la fille infirme de Schweisser), Lurie Weiss (La femme de chambre de Cecelia), Cesare Gravina (Martin Schrammel, violoniste au "Alten Apfelbaum"), Dale Fuller (Katerina Schrammel, sa femme, serveuse dans le même établissement), Fay Wray (Mitzi, leur fille, harpiste dans le même établissement), Hughie Mack (Anton Eberle, propriétaire du "Alten Apfelbaum"), Matthew Betz (Johann Adalbert Eberle, dit "Schani", le fils du propriétaire, boucher de son état, fiancé de Mitzi), Anton Wawerka (L'Empereur François Joseph), Don Ryan (S.A.I. Archiduc Leopold Salvator), Capt. John Peters, Capt. Carl von Hartman, Carey Harrison, Ferdinand Schumann-Heink, Heinrich Reinhardt, Albert Conti et Wilhelm von Brincken (Les officiers de la Garde Impériale), Danny Hoy (Le guide de montagne atteint de crétinisme), Carolynne Snowden (La servante noire de la maison close), Lulee Wilson (Une servante).

QUEEN KELLY

Titre original : *Queen Kelly*.
Titre de travail : *The Swamp*.

Toutes les informations qui suivent se rapportent au film en l'état où il se trouvait en 1928.

Production :
Production : Joseph P. Kennedy pour Gloria Productions.
Directeur de production : E. B. Derr.
Coût total : 800 000 $.
Distribution : film inachevé, devait être distribué par United Artists.

Equipe artistique et technique :
Réalisateur : Erich von Stroheim.
Scénario et adaptation : Erich von Stroheim.

Cartons : Marian Ainslee.
Assistants réalisateur : Edward Sowders, Louis Germonprez.
Conseiller technique : Wilhelm von Brincken.
Prises de vues : Paul Ivano, Gordon Pollock, William Margulies.
Musique originale : Adolf Tandler.
Décors : Gordon Wiles.
Costumes : Max Ree.

Informations techniques :
Pellicule : 35 mm.
Format : 1,33.
Métrage : 8 bobines.

Chronologie :
Tournage : du 1er novembre 1928 au 21 janvier 1929.

Version présentée par Gloria Swanson (réalisée en 1931) :
Réalisateur de l'épilogue : Gregg Toland.
Monteur : Viola Lawrence.
Distribution : United Artists.
Première présentation : novembre 1932, Paris, cinéma Falguière.

Version restaurée par Kino International (1984) :
Responsable des recherches cinématographiques et monteur : Denis Doros.
Durée du film : 1h36.

Interprétation :
Gloria Swanson (Patricia Kelly, dite "Kitty"), Seena Owen (Regina V, Reine du royaume de Cobourg-Nassau), Walter Byron (Prince Wolfram von Hohenberg-Falsenstein, cousin et fiancé de la Reine), Wilhelm von Brincken (L'aide de camp du Prince Wolfram), Sidney Bracey (Le valet de chambre du Prince Wolfram), Lucille van Lent (La femme de chambre du Prince Wolfram), Madge Hunt (La mère supérieure), Ann Morgan (Une religieuse),Wilson Benge (Un valet), Tully Marshall (Jan Bloehm Vryheid, riche planteur de Dar-Es-Salam, vieux et décrépit. Futur mari de Patricia Kelly), Florence Gibson (Tante de Kitty Kelly, tenancière du "Poto-Poto Saloon"), Mme Sul Te Wan (Kali, une prostituée noire du "Poto-Poto Saloon"), Ray Daggett (Coughdrops, une prostituée blanche du "Poto-Poto Saloon").

WALKING DOWN BROADWAY

Titre original : *Walking Down Broadway.*

Production :
Production : Winfield Sheehan pour Fox Film.
Directeur de production : R. L. Hough.
Coût : 300 000 $.
Distribution : *Walking Down Broadway* n'est jamais sorti en salle.

Equipe artistique et technique :
Réalisateur : Erich von Stroheim.
Adaptation et dialogues : Erich von Stroheim et Leonard Spigelgass, d'après une pièce inédite de Dawn Powell intitulée *Walking Down Broadway*.
Assistants réalisateur : Edward Sowders, Louis Germonprez.
Prises de vues : James Wong Howe, Charles van Enger.
Ingénieur du son : Alfred Bruzlin.
Décors : William Darling.
Monteur : Frank E. Hull.
Costumes : Rita Kaufman.

Informations techniques :
Pellicule : 35 mm.
Format : 1,37.
Système sonore : Western Electric Noiseless Recording.
Métrage original : 14 000 pieds.

Chronologie :
Tournage : 19 août à mi-octobre 1932.
Montage : octobre 1932.
Avant-première : 29 novembre 1932.

Interprétation :
Boots Mallory (Peggy), Zasu Pitts (Millie), Minna Gombell (Mona LaRue), James Dunn (Jimmy), Terrance Ray (Mac), Henry Kolker (Jamieson Brewster, le vice-président de la banque), Walter Walker (Sedgwick, l'homme qui rend visite au vice-président de la banque), Hattie McDaniel (La femme noire qui habite l'immeuble).

(HELLO, SISTER !)

Modifications intervenues après le tournage de *Walking Down Broadway*.

Production :
Production : Sol Wurtzel pour Fox Film.
Surcoût ("retakes") : 62 000 $.
Distribution : Fox Film.

Equipe artistique et technique :
Transformation du scénario : Edwin Burke, Harry Ruskin, Maurine Watkins.
Dialogues additionnels : Geraldine Nomis.
Réalisateurs : Raoul Walsh, puis Alfred Werker et Edwin Burke.
Directeur de la photographie : Arthur Miller.

Informations techniques :
Métrage actuel : 5 800 pieds.
Durée actuelle : 61 minutes.

Chronologie :
Tournage des retakes : 13 février à mi-mars 1933.
Copyright : 23 mars 1933 (LP3778).

Date de sortie : 5 mai 1933, New York, Roxy.

Nouveaux interprètes :
Will Stanton (L'ivrogne), Wade Boteler (Un voisin), Claude King. (Le docteur A. Peterson), James Flavin (Le pompier), Astrid Allwyn (La secrétaire du vice-président).

SOURCES ET DOCUMENTS CONSULTES :
- Générique des films.
- *The American Film Institute Catalog, features films 1911-1920*, Patricia King Hanson et Alan Gevinson, éd. University of California Press, Berkeley, Los Angeles, Londres, 1988.
- *The American Film Institute Catalog of motion pictures produced in the United States, Features Films, 1921-1930*, éd. R. R. Bowker Company, New York et Londres, 1971.
- *The American Film Institute Catalog of motion pictures produced in the United States, Features Films, 1931-1940*, Patricia King Hanson, Alan Gevinson, éd. University of California Press, 1993.
- *American Film Index, 1908-1915*, Einar Lauritzen et Gunnar Lundquist, éd. Film Index, Stokholm, 1976.
- *American Film Index, 1916-1920*, Einar Lauritzen et Gunnar Lundquist, éd. Film Index, Stokholm, 1984.
- Richard Koszarski, *The Unknown Cinema of Erich von Stroheim : reconstruction and analysis of The Devil's Pass Key, Queen Kelly and Walking Down Broadway*, Degree Date, New York University, 1977.
- Richard Koszarski, *The Man You Loved to Hate, Erich von Stroheim and Hollywood*, éd. Oxford University Press, New York, 1983.
- Herman G. Weinberg, *Stroheim, A Pictorial Record of His Nine Films*, éd. Dover Publications, New York, 1975.
- Herman G. Weinberg, *The Complete Greed*, éd. E. P. Dutton & Co., New York, 1973.
- Herman G. Weinberg, *The Complete Wedding March of Erich von Stroheim*, éd. Little, Brown and Company, Boston, Toronto, 1974.
- Archives Cinémathèque Française, documents légués par Erich von Stroheim.

FILMOGRAPHIE

Cette liste regroupe tous les films auxquels Stroheim a apporté son concours. Ils sont classés dans la mesure du possible en fonction de leur date de sortie dans leur pays d'origine. Les fonctions de Stroheim ne sont rappelées que pour mémoire et de façon succincte.

1915 : *Birth of a Nation* (*Naissance d'une nation*).
Réalisateur : David Wark Griffith.
Stroheim : figurant, un soldat noir.

1915 : *Captain Macklin*.
Réalisateur : John B. O'Brien.
Stroheim : figurant, un officier de cavalerie.

1915 : *The Failure*.
Réalisateur : William Christy Cabanne.
Stroheim : petit rôle dont on ne sait rien...

1915 : *Ghosts*.
Réalisateur : George Nichols.
Stroheim : secrétaire dans un établissement scolaire.
Assistant costumier auprès de Georges Nichols.

1915 : *Old Heidelberg* (*Le vieil Heidelberg*).
Réalisateur : John Emerson.
Stroheim : Lutz (le valet du prince Karl).
Assistant de John Emerson et conseiller technique.

1915 : *Farewell to Thee*.
Stroheim : un aventurier portant monocle.

1916 : *His Picture in The Papers* (*Amour et publicité* ou *Son portrait dans les journaux*).
Réalisateur : John Emerson.
Stroheim : un gangster.
Un des assistants de John Emerson.

1916 : *The Flying Torpedo*.
Réalisateurs : John O'Brien et William Christy Cabanne.
Stroheim : un espion international.

1916 : *Macbeth*.
Réalisateur : John Emerson.
Stroheim : assistant d'Emerson pendant la première partie du tournage.

1916 : *Intolerance* (*Intolérance*).
Réalisateur : David Wark Griffith.
Stroheim : second pharisien et figurant.

1916 : *The Social Secretary* (*Le secrétaire mondain*).
Réalisateur : John Emerson.
Stroheim : reporter d'une feuille à scandales.
Assistant de John Emerson.

1916 : *Less Than the Dust* (*Moins que poussière*).
Production : Mary Pickford Film.
Réalisateur : John Emerson.
Stroheim : un des assistants de John Emerson.

1917 : *Panthea*.
Réalisateur : Allan Dwan.
Stroheim : le lieutenant de police.
Un des assistants de Allan Dwan.

1917 : *In Again - Out Again* (*Il court, il court, le furet*).
Réalisateur : John Emerson.
Stroheim : un des assistants de John Emerson.

1917 : *Blind Man's Luck*.
Réalisateur : George Fitzmaurice.
Stroheim : "technical director" auprès de George Fitzmaurice.

1917 : *Wild and Wooly* (*Sa revanche*).
Réalisateur : John Emerson.
Stroheim : "technical director" (non crédité au générique).

1917 : *For France* (*Pour la France*).
Réalisateur : Wesley H. Ruggles.
Stroheim : un officier allemand.

1917 : *Draft 258*.
Réalisateur : William Christy Cabanne.
Stroheim : rôle non identifié (un espion allemand ?)

1917 : *Reaching for the Moon* (*Douglas dans la lune*).
Réalisateur : John Emerson.
Stroheim : figurant (déguisé en...légume).

1917 : *Sylvia of the Secret Service* (*Sylvia du service secret*).
Réalisateur : George Fitzmaurice.
Stroheim : petit rôle non précisé.
Conseiller technique.

1918 : *The Unbeliever* (*Le sceptique*).
Réalisateur : Alan Crosland.
Stroheim : lieutenant Kurt von Schnieditz.
Conseiller technique.

1918 : *Hearts of the World* (*Les cœurs du monde*).
Réalisateur : David Wark Griffith.
Stroheim : figurant, un officier allemand.
Conseiller technique.

1918 : *The Hun Within* (*L'ennemi est dans nos murs* ou *L'ennemi dans les murs* ou *Bas les masques*).
Réalisateur : Chet Withey.
Stroheim : von Bickel.

1919 : *The Heart of Humanity* (*Le cœur de l'humanité*).
Réalisateur : Allen Holubar.
Stroheim : Eric von Eberhard.
Conseiller technique et conseiller militaire.

1919 : *Blind Husbands* (*La loi des montagnes*).
Voir fiche signalétique.

1920 : *The Devil's Pass Key* (*Les passe-partout du diable*).
Voir fiche signalétique.

1921 : *Foolish Wives* (*Folies de femmes*).
Voir fiche signalétique.

1923 : *Merry-Go-Round* (*Les chevaux de bois*).
Voir fiche signalétique.

1923 : *Souls for sale*.
Réalisateur : Rupert Hughes.
Stroheim : Erich von Stroheim.

1925 : *Greed* (*Les rapaces*).
Voir fiche signalétique.

1925 : *The Merry Widow* (*La veuve joyeuse*).
Voir fiche signalétique.

1928 : *The Wedding March* + *The Honeymoon* (*La symphonie nuptiale* + *Mariage de Prince*).
Voir fiche signalétique.

1930 : *The Great Gabbo* (*Gabbo le ventriloque* ou *Le grand Gabbo*).
Réalisateur : James Cruze.
Stroheim : Gabbo.

1930 : *Three Faces East*.
Réalisateur : Roy Del Ruth.
Stroheim : Valdar/Schiller Blecher.

1931 : *Friends and Lovers* (*Le sphinx a parlé*).
Réalisateur : Victor Schertzinger.
Stroheim : Victor Sangrito.

1932 : *The Lost Squadron* (*Quatre de l'aviation* ou *L'escadrille perdue*).
Réalisateurs : Paul Sloane puis George Archainbaud.
Stroheim : Arthur von Furst.

1932 : *As You Desire Me* (*Comme tu me veux*).
Réalisateur : George Fitzmaurice.
Stroheim : Karl Salter.

1932 : *Queen Kelly.*
Voir fiche signalétique.

1933 : *Hello, Sister !*
Voir fiche signalétique *Walking Down Broadway.*

1934 : *Crimson Romance.*
Réalisateur : David Howard.
Stroheim : le capitaine Walters.
Conseiller militaire.

1934 : *Fugitive Road* (*Poste frontière*).
Réalisateur : Frank R. Strayer.
Stroheim : le capitaine Oswald von Traunsee.
Conseiller militaire.
Collaboration à l'écriture du scénario.

1935 : *The Crime of Dr. Crespi* (*Le crime du Docteur Crespi*).
Réalisateur : John H. Auer.
Stroheim : le docteur André Crespi.

1936 : *Marthe Richard au service de la France.*
Réalisateur : Raymond Bernard.
Stroheim : Erich von Ludow.

1937 : *La grande illusion.*
Réalisateur : Jean Renoir.
Stroheim : le commandant von Rauffenstein.

1937 : *Mademoiselle Docteur.*
Réalisateur : Edmond T. Gréville.
Stroheim : le colonel Mathesius Simonis.

1937 : *L'alibi.*
Réalisateur : Pierre Chenal.
Stroheim : le professeur Winkler.

1938 : *L'affaire Lafarge.*
Réalisateur : Pierre Chenal.
Stroheim : Denis.

1938 : *Les pirates du rail.*
Réalisateur : Christian-Jaque.
Stroheim : le général Tchou King.

1938 : *Les disparus de Saint-Agil.*
Réalisateur : Christian-Jaque.
Stroheim : le professeur Walter.

1938 : *Ultimatum.*
Réalisateur : Robert Wiene (†) puis Robert Siodmak.
Stroheim : le général Simovic.

1938 : *Gibraltar*.
Réalisateur : Fédor Ozep.
Stroheim : Marson.

1939 : *Derrière la façade*.
Réalisateurs : Georges Lacombe et Yves Mirande.
Stroheim : Eric.

1939 : *Rappel immédiat* (ou *Tango d'adieu*).
Réalisateur : Léon Mathot.
Stroheim : le colonel Stanley Wells.

1939 : *Pièges*.
Réalisateur : Robert Siodmak.
Stroheim : Pears.

1940 : *Menaces*.
Réalisateur : Edmond T. Gréville.
Stroheim : le professeur Mathias Hoffman.

1940 : *Le monde tremblera* (ou *La révolte des vivants*).
Réalisateur : Richard Pottier.
Stroheim : Emile Lasser.

1940 : *Tempête* (ou *Tempête sur Paris*).
Réalisateur : Bernard-Deschamps.
Stroheim : Korlick.

1940 : *Paris-New York*.
Réalisateur : Yves Mirande et Claude Heymann, puis Georges Lacombe.
Stroheim : Ernest Conrad (Stroheim n'apparaît pas à l'écran, ayant dénoncé son contrat en cours de tournage).

1940 : *I Was an Adventuress*.
Réalisateurs : Gregory Ratoff et James Havens.
Stroheim : Andre Desormeaux.

1941 : *So Ends our Night* (*Ainsi finit notre nuit*).
Réalisateur : John Cromwell.
Stroheim : Brenner.

1941-1943 : *Arsenic and Old Lace* (*Arsenic et vieilles dentelles*).
Tournée théâtrale aux Etats-Unis.
Pièce de : J. Kesselring.
Stroheim : Johnathan Brewster.

1943 : *Five Graves to Cairo* (*Les cinq secrets du désert* ou *Les cinq tombeaux du Caire*).
Réalisateur : Billy Wilder.
Stroheim : le maréchal Erwin Rommel.

1944 : *The North Star*.
Réalisateur : Lewis Milestone.
Stroheim : le docteur Otto von Harden.

1944 : *The Lady and the Monster* (*La femme et le monstre*).
Réalisateur : George Sherman.
Stroheim : le docteur Franz Mueller.

1944 : *Storm over Lisbon* (*Tempête sur Lisbonne*).
Réalisateur : George Sherman.
Stroheim : Deresco.

1945 : *The Great Flamarion* (*La cible vivante* ou *Le grand Flamarion*).
Réalisateur : Anthony Mann.
Stroheim : Flamarion.

1945 : *Scotland Yard Investigator*.
Réalisateur : George Blair.
Stroheim : *Carl Hoffmeyer*.

1945 : *The Mask of Dijon* (*Le masque de Dijon*).
Réalisateur : Lew Landers.
Stroheim : Dijon.

1945 : *Macao, l'enfer du jeu*.
Réalisateur : Jean Delannoy.
Stroheim : Werner von Krall.

1946 : *On ne meurt pas comme ça*.
Réalisateur : Jean Boyer.
Stroheim : Erich von Berg.

1946 : *La foire aux chimères*.
Réalisateur : Pierre Chenal.
Stroheim : Frank Davis.

1948 : *La danse de mort*.
Réalisateur : Marcel Cravenne.
Stroheim : le capitaine Edgar.
Collaboration à l'écriture du scénario.

1949 : *Le signal rouge*.
Réalisateur : Ernst Neubach.
Stroheim : le docteur Mathias Berthold.

1949 : *Portrait d'un assassin*.
Réalisateur : Bernard-Roland.
Stroheim : Eric.

1950 : *Sunset Boulevard* (*Boulevard du Crépuscule*).
Réalisateur : Billy Wilder.
Stroheim : Max von Mayerling.

1952 : *Alraune* (*La mandragore*).
Réalisateur : Arthur-Maria Rabenalt.
Stroheim : le professeur Jacob Ten Brinken.

1953 : *Minuit... Quai de Bercy.*
Stroheim : le professeur Kieffer.

1953 : *L'envers du paradis.*
Réalisateur : Edmond T. Gréville.
Stroheim : le capitaine William Patrick O'Hara.

1954 : *Alerte au sud.*
Réalisateur : Jean Devaivre.
Stroheim : le commandant Nagel.

1955 : *Série noire.*
Réalisateur : Pierre Foucaud.
Stroheim : Zavaroff.

1955 : *Napoléon.*
Réalisateur : Sacha Guitry.
Stroheim : Ludwig van Beethoven.

1955 : *La madone des sleepings.*
Réalisateur : Henri Diamant-Berger.
Stroheim : Siegfried Traurig.

1956 : *L'homme aux cents visages.*
Film pilote d'une série T.V. qui n'a jamais eu de suite.
Réalisateur : Robert Spafford.
Stroheim : homme au chapeau mexicain.

STROHEIM ECRIVAIN ET SCENARISTE

PIECES DE THEATRE :
1912 - *In the Morning* ou *Brothers*.

ROMANS :
1934 - *Paprika*.
1951-1954 - *Les feux de la Saint-Jean*.
1956 - *Poto-Poto*.

SCENARIOS ET PROJETS DE FILMS :
1918 - *The Furnace* ou *The Crucible* (en collaboration avec Roberta Lawson).
1918 - *The Pinnacle* (voir *Blind Husbands*, chapitre IV).
1919 - *His Great Success* (voir *The Devil's Pass Key*, chapitre V).
1920 - *Foolish Wives* (voir chapitre VI).
1922 - *Merry-Go-Round* (voir chapitre VII).
1922-1923 - *Greed* (voir chapitre VIII).
1924 - *The Merry Widow* (voir chapitre IX).
1925 - *The Crucible* (voir *The Furnace*).
1925-1926 - *The Wedding March* (voir chapitre X).
1928 - *The Swamp* (voir *Queen Kelly*, chapitre XI).
1931-1932 - *Walking Down Broadway* (voir chapitre XII).
1927 - *Tempest* (en collaboration avec Lewis Milestone).
1927 - *An American Tragedy* (adaptation du roman de Theodore Dreiser).
1927 - *Hatrack* (adaptation d'une nouvelle de Herbert Asbury).
1929 - *East of the Setting Sun* (adaptation du roman de George Barr MacCutcheon).
1929 - *Wild Blood*.
1931 - *Blind Husbands*.
1931 - *Her Highness*.
1933 - *Poto-Poto*.
1934 - Collaboration à *Fugitive Road*.
1935 - *The Alienist*.
De mars 1935 à novembre 1936, Stroheim, scénariste à la MGM, participe à de nombreux projets. Il est presque impossible d'identifier ce que chacun d'eux doit à son intervention :
1935 - *Blind Love*.
1935 - *Hell Hole*.
1935 - *Dolly*.
1935 - *The Witch of Timbuktu*.
1936 - *San Francisco*.
1936 - *General Hospital*.
1936 - *Arsene Lupin*.
1936 - *The Emperor's Candlesticks*.
1936 - *Benefits Forgot*.
1936 - *Grace Moore Original*.
1936 - *One Came Home*.

1936 - *Man in Possession.*
1936 - *The Purple Death.*
1939 - *La dame blanche.*
1939 - *La couronne de fer* (adaptation du roman inédit de Joseph Kessel, *La toison d'or*).
1939 - *Abri-50 Personnes.*
1941 - *Wild Blood.*
1945 - *Mollie.*
1947 - *La danse de mort* (en collaboration avec Michel Arnaud et Jacques Laurent Bost, adaptation de la pièce d'August Strindberg).
1950 - *I'll be Waiting for You.*
1955 - *Cousin Bazilio.*

AUTRES PROJETS (non datés) :
Eternal Triangle.
Projet non intitulé (n°1) (cote Cinémathèque française n°2491).
Projet non intitulé (n°°2) (cote Cinémathèque française n°2151).

BIBLIOGRAPHIE GENERALE

ECRITS DE STROHEIM :

Théâtre :
In The Morning, Film History, vol. 2, New York, 1988, pp. 283-295.

Romans :
Paprika, éd. Macaulay, New York, 1935.
Paprika, éd. André Martel, Givors, 1948. (Dernière réédition, éd. Pygmalion, Paris, 1991).
Les feux de la Saint-Jean : Veronica (I), éd. André Martel, Givors, 1951. (Dernière réédition, éd. Inter-Presse, Paris, 1967).
Les feux de la Saint-Jean : Constanzia (II), éd. André Martel, Givors, 1954. (Dernière réédition, éd. Inter-Presse, Paris, 1967).
Poto-Poto, préface de Blaise Cendrars, éd. de la Fontaine, Paris, 1956. (Dernière réédition, éd. Pygmalion, Paris, 1991).

Synopsis et scenarios :
Greed - Scénario : Classic film scripts, n°26, éd. Lorrimer, Londres, 1972.
Les rapaces - Scénario : L'Avant-Scene, n°83-84, Paris, septembre 1968.
Queen Kelly - Synopsis : "Two synopsis", Film Culture, n°1, New York, janvier 1955.
Walking Down Broadway - Synopsis : "Two synopsis", Film Culture, n°1, New York, janvier 1955.
La Dame blanche - Scénario (deux séquences) : *Bianco e nero*, n°2-3, Rome, février-mars 1959.

Articles et déclarations :
"My own Story", *Film Weekly*, Londres, avril-mai 1935.
"Ma première rencontre avec Jean Renoir", *Cinémonde*, Paris, noël 1936.
"Je crois au mystère", *Pour vous*, n°459, Paris, 2 septembre 1937.
"Movies and morals", *Decision*, New York, mars 1941. (Traduction française parue dans *Cinémonde*, n°610-611-612, Paris, 9, 16 et 23 avril 1946).
"Citizen Kane", *Decision*, New York, juin 1941. (Traduction française par Michel Ciment dans *Positif*, n° 93, Paris, mars 1968).
"J'aimerais mieux casser des cailloux que d'enfiler encore cette vacherie d'uniforme (de fils de p...) d'officier prussien", *L'Ecran francais*, n°26, Paris, 26 décembre 1945.
"Sexe et Cinéma", *Cinémonde*, n°610, 611, 612, Paris, 9, 16 et 23 avril 1946.
"Stroheim's tribute to D. W. Griffith", *B.B.C.*, Londres, 30 décembre 1948. (Retranscrit par Peter Noble dans son ouvrage *Hollywood Scapegoat, The Biography of Erich von Stroheim*, éd. The Fortune Press, Londres, 1950, pp. 23-28).
"Suis-je vraiment le metteur en scène le plus cher et le plus salaud du monde ?", *Ciné club*, n°7, Paris, avril 1949.
"Da Vienna a Hollywood", *Sequenze*, Rome, octobre 1949.
"La cadrature du sexe", *Cinéisme*, n°1, janvier 1953.
"Présentation de *La veuve joyeuse*", Bruxelles, 29 novembre 1955. (Allocution improvisée en français et enregistrée au magnétophone, publiée partiellement par Giulio Cesare Castello et Freddy Buache dans *Premier Plan*, n°29, 1960).

"Dreams of realism", *Confrontation*, éd. Cinémathèque de Belgique, Bruxelles, 1958. (Traduction française par Freddy Buache, publiée dans son ouvrage *Erich von Stroheim*, coll. Cinéma d'aujourd'hui, éd. Seghers, Paris, 1972).

ECRITS SUR STROHEIM ET SON OEUVRE :

Livres :
ATASCEVA P. et KOROLEVICH V., *Erich Stroheim*, éd. Kinopechat, Moscou, 1927.
BARNA Jon, *Erich von Stroheim*, éd. Österreichisches Filmmuseum, Vienne, 1966.
BERGUT Bob, *Erich von Stroheim*, éd. Le Terrain Vague, Paris, 1960.
BESSY Maurice, *Erich von Stroheim*, éd. Pygmalion, Paris, 1984.
BUACHE Freddy, *Erich von Stroheim*, coll. Cinéma d'aujourd'hui, éd. Seghers, Paris, 1972.
    En appendice, textes de Barthélemy Amengual, André Bazin, Jacques B. Brunius, Luis Bunuel, Giulio Cesare Castello, Blaise Cendrars, Michel Ciment, René Clair, Thomas Quinn Curtiss, Robert Desnos, Lotte Eisner, Georges Franju, Edmond T. Greville, Ado Kyrou, Henri Langlois, Jean Mitry, Jean Renoir, Jacques Rivette, Marianne Sabatier et Billy Wilder.
CURTISS Thomas Quinn, *Erich von Stroheim*, éd. France-Empire, Paris, 1970.
FINLER Joel W., *Stroheim*, coll. Studio Vista, éd. Movie paperbacks, Londres, 1967.
FRONVAL Georges, *Erich von Stroheim, sa vie, ses films*, éd. Visages et contes du cinéma, Paris, 1939.
GARCIA Riero Emilio, *Erich von Stroheim*, Grandas Cineastas, n°3, Centro de Capacitaciaon Cinematografico, éd. Universitad de Guadalajara, Mexique, 1988.
JACOBSEN Wolfgang, BELACH Helga et GROB Norbert, *Erich von Stroheim*, éd. Stiftung Deutsche Kinemathek und Argon, Berlin, 1994.
KOSZARSKI Richard, *The Unknown Cinema of Erich von Stroheim : reconstruction and analysis of The Devil's Pass Key, Queen Kelly and Walking Down Broadway*, Degree Date, University of New York, 1977.
KOSZARSKI Richard, *The Man You Loved to Hate, Erich von Stroheim and Hollywood*, éd. Oxford University Press, New York, 1983.
LENNIG Arthur, *Von Stroheim, For a discussion of his religious imagery*, Degree Date, University of New York, 1973.
MARION Denis et AMENGUAL Barthélemy, *Stroheim*, coll. Etudes Cinématographiques, n°48-50, Paris, 1966.
    En appendice, textes inédits de Bob Bergut, Raymond Bernard, Pierre Chenal, Christian-Jaque, Emil Feldmar et Jean Renoir, reproductions de textes déjà parus de Louise Brooks, Lilian Gish, Renée Lichtig, Karel Reisz et Charles Spaak.
NOBLE Peter, *Hollywood Scapegoat, The Biography of Erich von Stroheim*, éd. The Fortune Press, Londres, 1950.
    En appendice, textes de Rodney Ackland, James Agate, Ernest Betts, Oswell Blakeston, Thomas Quinn Curtiss, Robert Herring, Lewis Jacobs, C. A. Lejeune, Roger Manvell, Paul Rotha et Herman G. Weinberg.
WEINBERG Herman G., *The complete Greed of Erich von Stroheim*, éd. Duton, New York, 1972.
WEINBERG Herman G., *The complete Weeding March of Erich von Stroheim*, éd. Little, Brown and C°, Boston, 1975.

WEINBERG Herman G., *Stroheim, A Pictorial Record of His Nine Films*, éd. Dover Publications, New York, 1975.

Numéros spéciaux :
Anthologie du Cinéma, n°27, "Stroheim", Michel Ciment, Paris, 1967.
Bianco e nero, n°2-3, Rome, février-mars 1959.
    Textes de Giulio Cesare Castello, Roberto Chiti, Lotte H. Eisner, René Clair, Thomas Quinn Curtiss, Tino Ramieri, Jean Renoir, Erich von Stroheim, Denise Vernac, Richard Watts Jr.
Canadian Film Archives, "Erich von Stroheim, a tribute", Ottawa, février 1966.
Ciné Club, n°7, Paris, avril 1949.
    Articles de :
    Georges Sadoul, "La machine à faire les saucisses"
    André Bazin, "La forme, l'uniforme et la cruauté"
    Roger Régent, "La 'bombe' Stroheim fascina l'autre après-guerre"
    Erich von Stroheim, "Suis-je vraiment le metteur en scène le plus cher et le plus salaud du monde ?".
Cinéma 57, n°15, Paris, 1957.
    Articles de :
    Marcel Martin, "Stroheim, poète de l'amour"
    Jean Mitry, "Stroheim le créateur"
    Etienne Chaumeton et Raymond Borde, "Le mythe".
Collection encyclopédique du cinéma, n°24-25, "Erich von Stroheim", Denis Marion, Club du livre de Cinéma, Bruxelles, 1959.
Film Culture, n°18, New York, avril 1958.
    Textes de Rudolf Arnheim, Freddy Buache, Giulio Cesare Castello, Michel Ciment, Thomas Quinn Curtiss, Lotte H. Eisner, Denis Marion, Erich von Stroheim, Richard Jr. Watts, Herman G. Weinberg.
Il castoro cinema, n°63, "Erich von Stroheim", Alessandro Cappabianca, éd. La nuova Italia, Florence, mars 1979.
Premier Plan, n°29, Lyon, août 1963.
    Giulio Cesare Castello, "Erich von Stroheim" (traduction de l'étude parue dans *Bianco e nero*, op. cit.)
    Freddy Buache, "Ses films"
    Erich von Stroheim, "Allocution à la Cinémathèque de Belgique, 1955".

TABLE DES MATIERES

Avant-propos .... p. 9
I - Autopsie d'un mythe .... p. 11
II - Un jeune émigrant .... p. 35
III - Les années d'apprentissage .... p. 59
IV - Blind Husbands .... p. 71
V - The Devil's Pass Key .... p. 105
VI - Foolish Wives .... p. 125
VII - Merry-Go-Round .... p. 153
VIII - Greed .... p. 175
IX - The Merry Widow .... p. 219
X - The Wedding March - The Honeymoon .... p. 239
XI - Queen Kelly .... p. 267
XII - Walking Down Broadway .... p. 291
XIII - Derniers voyages .... p. 315
Conclusion .... p. 335
Notes .... p. 341
Hommage à Griffith .... p. 361
Fiches signalétiques .... p. 367
Filmographie .... p. 381
Stroheim écrivain et scénariste .... p. 388
Bibliographie générale .... p. 391

Collection *Champs Visuels*
dirigée par Pierre-Jean Benghozi,
Jean-Pierre Esquenazi et Bruno Péquignot

Philippe ORTOLI, *Clint Eastwood, la figure du guerrier*, 1994.
Philippe ORTOLI, *Sergio Leone, une Amérique de légendes*, 1994.
Georges FOVEAU, *Merlin l'Enchanteur, scénariste et scénographe d'Excalibur*, 1995.
Alain WEBER, *Ces films que nous ne verrons jamais*, 1995.
Jean-Pierre ESQUENAZI (e.d), *La télévision et les téléspectateurs*, 1995.
Jean-Pierre ESQUENAZI (dir.), *Télévisions, la vérité à construire*, 1995.
J-P. ESQUENAZI, *Le pouvoir d'un média: TF1 et son discours*, 1995.
Joël AUGROS, *L'argent d'Hollywood,* 1996
Eric SCHMULEVITCH, *Réalisme socialiste et cinéma, le cinéma stalinien,* 1996
Georges FOVEAU, *Chasseurs en images, visions d'un monde,* 1996.
Patricia HUBERT-LACOMBE, *Le cinéma français dans la guerre froide,*1946-1956, 1996.
Alain-Alcide SUDRE, *Dialogues théoriques avec Maya Deren,* 1996.
Andrea SEMPRINI, *Analyser la communication,* 1996.
Khémaïs KHAYATI, *Cinémas arabes, topographie d'une image éclatée,* 1996.
Isabelle PAPIEAU, *La construction des images dans le discours sur la banlieue parisienne,* 1996.
A. BA, *Télévisions, paraboles et démocraties en Afrique Noire,* 1996.
Martine LE COZ, *Dictionnaire Gérard Philipe,* 1996.
Pierre BARBOZA, *Du photographique au numérique. La parenthèse indicielle dans l'histoire des images,* 1996.
Yves THORAVAL, *Regards sur le cinéma égyptien (1895-1975),* 1997.
Dominique COLOMB, *L'essor de la communication en Chine, publicité et télévision au service de l'économie socialiste de marché,* 1997.
Jean-Pierre ESQUENAZI, *La communication de l'information,* 1997.
Laurent JULLIER, *L'écran post-moderne,* 1997.
Gérard LEBLANC, *Scénarios du réel* (Tomes 1 et 2), 1997.
Jean-Paul DESGOUTTE, *L'utopie cinématographique. Essai sur l'image, le regard et le point de vue,* 1997.

Collection *Images plurielles*
dirigée par *Olivier Barlet*

Face à la menace de standardisation occidentale, la collection Images plurielles se donne pour but de favoriser la recherche, la confrontation et l'échange sur les scènes et écrans œuvrant de par le monde à une pluralité de l'image. Elle est ouverte aux champs de l'écriture, de l'esthétique, de la thématique et de l'économie pour le cinéma, l'audiovisuel et le théâtre. Elle privilégie, hors de toute chapelle de pensée, la lisibilité du texte, la liberté des idées et la valeur documentaire.

Déjà parus

Sada NIANG (Sous la direction de), *Littérature et cinéma en Afrique francophone : Assia Djébar et Ousmane Sembène*,
Antoine COPPOLA, *Le nouveau cinéma sud-coréen*,
Bernadette PLOT, *L'Eveil de la conscience critique - la remise en cause des normes culturelles dans la première Revue du cinéma*,
Koffi KWAHULÉ, *Pour une critique du théâtre ivoirien*,
Olivier BARLET, *Les cinémas d'Afrique noire : le regard en question*,
Yves THORAVAL, *Les cinémas de l'Inde*.
Sylvie CHALAYE, *Du noir au nègre*.

643355 - Mars 2016
Achevé d'imprimer par